《列国志》编辑委员会

主　任　陈佳贵
副主任　黄浩涛　武　寅
委　员　（以姓氏笔画为序）
　　　　于　沛　王立强　王延中　王缉思
　　　　邢广程　江时学　孙士海　李正乐
　　　　李向阳　李静杰　杨　光　张　森
　　　　张蕴岭　周　弘　赵国忠　蒋立峰
　　　　温伯友　谢寿光
秘书长　王延中（兼）　谢寿光（兼）

中国社会科学院重大课题
国家"十五"重点出版项目

列国志
GUIDE TO THE WORLD STATES
中国社会科学院《列国志》编辑委员会

厄瓜多尔

张 颖 宋晓平 编著

社会科学文献出版社
SOCIAL SCIENCES ACADEMIC PRESS (CHINA)

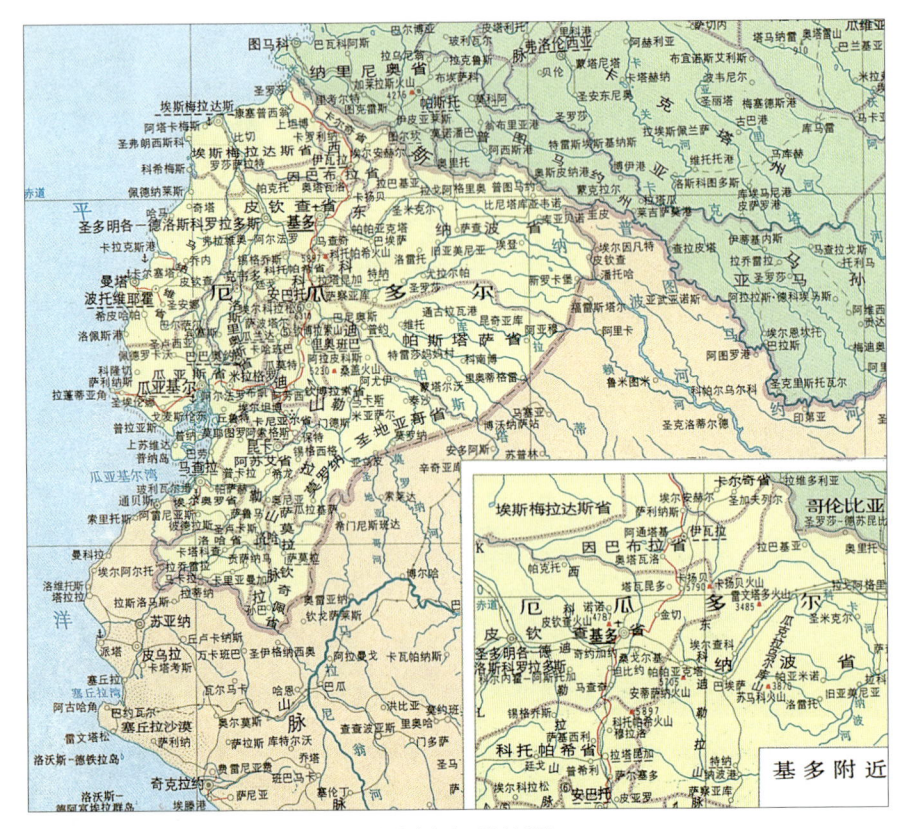

厄瓜多尔行政区划图

厄瓜多尔国旗

厄瓜多尔国徽

基多圣佛朗西斯科教堂

赤道纪念碑,底部黄线为赤道线

地跨南北半球的半球钟楼,地上黄线为赤道线

通古拉瓦火山

基多市中心广场独立纪念碑

鸟瞰首都基多

基多孔帕尼亚教堂华丽的装饰

文明于世的"巴拿马草帽"

古老的巴尔迪维亚文化的陶制品

著名画家奥斯瓦尔多·瓜亚萨明的画作

亚马孙地区的树蛙

陆地鬣蜥

加拉帕戈斯群岛的
蓝色草鹭

印第安妇女传统服饰

印第安少女

印第安传统手工艺品小市场

前　言

自 1840 年前后中国被迫开关、步入世界以来，对外国舆地政情的了解即应时而起。还在第一次鸦片战争期间，受林则徐之托，1842 年魏源编辑刊刻了近代中国首部介绍当时世界主要国家舆地政情的大型志书《海国图志》。林、魏之目的是为长期生活在闭关锁国之中、对外部世界知之甚少的国人"睁眼看世界"，提供一部基本的参考资料，尤其是让当时中国的各级统治者知道"天朝上国"之外的天地，学习西方的科学技术，"师夷之长技以制夷"。这部著作，在当时乃至其后相当长一段时间内，产生过巨大影响，对国人了解外部世界起到了积极的作用。

自那时起中国认识世界、融入世界的步伐就再也没有停止过。中华人民共和国成立以后，尤其是 1978 年改革开放以来，中国更以主动的自信自强的积极姿态，加速融入世界的步伐。与之相适应，不同时期先后出版过相当数量的不同层次的有关国际问题、列国政情、异域风俗等方面的著作，数量之多，可谓汗牛充栋。它们对时人了解外部世界起到了积极的作用。

当今世界,资本与现代科技正以前所未有的速度与广度在国际间流动和传播,"全球化"浪潮席卷世界各地,极大地影响着世界历史进程,对中国的发展也产生极其深刻的影响。面临不同以往的"大变局",中国已经并将继续以更开放的姿态、更快的步伐全面步入世界,迎接时代的挑战。不同的是,我们所面临的已不是林则徐、魏源时代要不要"睁眼看世界"、要不要"开放"问题,而是在新的历史条件下,在新的世界发展大势下,如何更好地步入世界,如何在融入世界的进程中更好地维护民族国家的主权与独立,积极参与国际事务,为维护世界和平,促进世界与人类共同发展做出贡献。这就要求我们对外部世界有比以往更深切、全面的了解,我们只有更全面、更深入地了解世界,才能在更高的层次上融入世界,也才能在融入世界的进程中不迷失方向,保持自我。

与此时代要求相比,已有的种种有关介绍、论述各国史地政情的著述,无论就规模还是内容来看,已远远不能适应我们了解外部世界的要求。人们期盼有更新、更系统、更权威的著作问世。

中国社会科学院作为国家哲学社会科学的最高研究机构和国际问题综合研究中心,有11个专门研究国际问题和外国问题的研究所,学科门类齐全,研究力量雄厚，有能力也有责任担当这一重任。早在20世纪90年代初，中国社会科学院的领导和中国社会科学出版社就提出编撰"简明国际百科全书"的设想。1993年3月11日，时任中国社会科学院院长的胡绳先生在科研局的一份报告上批示："我想，国际片各所可考虑出一套列国志，体例类似几年前出的《简明中国百科全书》，以一国（美、日、英、法等）或几个国家（北欧各国、印支各国）为一册，请考虑可行否。"

中国社会科学院科研局根据胡绳院长的批示，在调查研究的基础上，于1994年2月28日发出《关于编纂〈简明国际百科全书〉和〈列国志〉立项的通报》。《列国志》和《简明国际百科全书》一起被列为中国社会科学院重点项目。按照当时的计划，首先编写《简明国际百科全书》，待这一项目完成后，再着手编写《列国志》。

1998年，率先完成《简明国际百科全书》有关卷编写任务的研究所开始了《列国志》的编写工作。随后，其他研究所也陆续启动这一项目。为了保证《列国志》这套大型丛书的高质量，科研局和社会科学文献出版社于1999年1月27日召开国际学科片各研究所及世界历史研究所负责人会议，讨论了这套大型丛书的编写大纲及基本要求。根据会议精神，科研局随后印发了《关于〈列国志〉编写工作有关事项的通知》，陆续为启动项目

厄瓜多尔

拨付研究经费。

为了加强对《列国志》项目编撰出版工作的组织协调，根据时任中国社会科学院院长的李铁映同志的提议，2002年8月，成立了由分管国际学科片的陈佳贵副院长为主任的《列国志》编辑委员会。编委会成员包括国际片各研究所、科研局、研究生院及社会科学文献出版社等部门的主要领导及有关同志。科研局和社会科学文献出版社组成《列国志》项目工作组，社会科学文献出版社成立了《列国志》工作室。同年，《列国志》项目被批准为中国社会科学院重大课题，国家新闻出版总署将《列国志》项目列入国家重点图书出版计划。

在《列国志》编辑委员会的领导下，《列国志》各承担单位尤其是各位学者加快了编撰进度。作为一项大型研究项目和大型丛书，编委会对《列国志》提出的基本要求是：资料详实、准确、最新，文笔流畅，学术性和可读性兼备。《列国志》之所以强调学术性，是因为这套丛书不是一般的"手册"、"概览"，而是在尽可能吸收前人成果的基础上，体现专家学者们的研究所得和个人见解。正因为如此，《列国志》在强调基本要求的同时，本着文责自负的原则，没有对各卷的具体内容及学术观点强行统一。应当指出，参加这一浩繁工程的，除了中国社会科学院的专业科研人员以外，还有院外的一些在该领域颇有研究的专家学者。

前言

现在凝聚着数百位专家学者心血、约计200卷的《列国志》丛书,将陆续出版与广大读者见面。我们希望这样一套大型丛书,能为各级干部了解、认识当代世界各国及主要国际组织的情况,了解世界发展趋势,把握时代发展脉络,提供有益的帮助;希望它能成为我国外交外事工作者、国际经贸企业及日渐增多的广大出国公民和旅游者走向世界的忠实"向导",引领其步入更广阔的世界;希望它在帮助中国人民认识世界的同时,也能够架起世界各国人民认识中国的一座"桥梁",一座中国走向世界、世界走向中国的"桥梁"。

《列国志》编辑委员会
2003年6月

CONTENTS

目 录

厄瓜多尔驻华大使序 / 1

自　　序 / 1

第一章　国土与人民 / 1

第一节　自然地理 / 1
 一　地理位置 / 1
 二　地形特点 / 1
 三　河流和海湾 / 5
 四　气候 / 6
 五　火山和厄尔尼诺现象 / 8

第二节　自然资源与生态系统 / 10
 一　自然资源 / 10
 二　多样的地区生态环境 / 12
 三　植物 / 15
 四　动物 / 16

第三节　自然资源保护 / 22
 一　濒危物种 / 22
 二　生态环境保护 / 24

第四节　居民与宗教 / 26

CONTENTS

目 录

　　一　人口 / 26

　　二　印第安民族 / 33

　　三　语言 / 44

　　四　宗教 / 44

第五节　民俗与节日 / 49

　　一　民俗 / 49

　　二　节日 / 52

第六节　国旗和国徽 / 53

　　一　国旗 / 53

　　二　国徽 / 54

第二章　行政区划 / 55

第一节　行政区划 / 55

　　一　行政区划概述 / 55

　　二　行政区划 / 56

第二节　各省情况 / 57

　　一　安第斯山区 / 57

　　二　亚马孙地区 / 62

　　三　沿海地区 / 65

　　四　加拉帕戈斯地区 / 68

CONTENTS

目　录

第三节　主要城市 / 69

第三章　历　史 / 73

第一节　古印第安人时期 / 73
　　一　古印第安历史 / 73
　　二　印加帝国的征服和统治 / 79

第二节　殖民地时期 / 81
　　一　对基多地区的征服 / 81
　　二　殖民制度的建立与巩固 / 83
　　三　殖民制度的发展 / 87
　　四　殖民制度的衰落与危机 / 93

第三节　独立运动 / 98
　　一　独立运动的背景 / 98
　　二　独立运动的胜利 / 99
　　三　大哥伦比亚共和国 / 101

第四节　共和国初期 / 103
　　一　共和国的建立 / 103
　　二　自由派改革 / 107
　　三　财阀统治和民主运动 / 110

第五节　二战以后时期 / 115

CONTENTS 目 录

第六节 政治民主化与经济改革时期 / 120
第七节 重要人物 / 128

第四章 政 治 / 130

第一节 国家体制 / 130
 一 政体 / 130
 二 宪法 / 130
第二节 行政机构 / 134
第三节 立法机构 / 136
第四节 司法机构 / 139
第五节 政党、团体 / 140
 一 政党 / 140
 二 主要工会组织 / 143
 三 印第安人和农民运动 / 144
 四 其他社会运动组织 / 146

第五章 经 济 / 148

第一节 概述 / 148
 一 经济简史 / 149

CONTENTS
目 录

  二　20世纪80年代以来的经济 / 154

  三　经济结构 / 156

  四　企业规模 / 158

第二节　农牧业 / 159

  一　概况 / 159

  二　种植业 / 162

  三　渔业 / 168

  四　畜牧业 / 171

  五　林业 / 172

第三节　工业 / 173

  一　概况 / 173

  二　采矿业 / 175

  三　电力工业 / 177

  四　建筑业 / 180

  五　制造业 / 180

第四节　石油工业 / 184

  一　概述 / 184

  二　石油政策 / 185

  三　石油生产、出口和加工 / 187

  四　储存与运输 / 189

CONTENTS

目 录

　　五　环境保护 / 190

第五节　交通与通信 / 191

　　一　交通运输 / 191

　　二　电信 / 193

第六节　财政、金融 / 195

　　一　财政 / 195

　　二　金融 / 196

　　三　货币和汇率 / 198

　　四　税收 / 198

第七节　对外经济关系 / 199

　　一　对外贸易 / 199

　　二　侨汇 / 201

　　三　外国资本 / 202

　　四　外债 / 203

　　五　外汇储备 / 204

第八节　国民生活 / 205

第六章　旅游业 / 209

第一节　概况 / 209

　　一　旅游产业概况 / 209

CONTENTS

目 录

　　二　旅游资源 / 210
　第二节　名胜古迹 / 211
　　一　基多古城 / 211
　　二　加拉帕戈斯群岛 / 218
　　三　其他名胜及人文景观 / 220
　第三节　生态旅游资源 / 223
　第四节　独特物产 / 234

第七章　军　　事 / 236

　第一节　国防体制 / 236
　第二节　军事力量 / 238
　第三节　军事院校 / 240
　第四节　国防工业 / 241
　　一　军工企业 / 241
　　二　民用服务 / 242
　　三　军工造船业 / 244

第八章　教育、卫生、新闻出版和体育 / 245

　第一节　教育和科技 / 245

CONTENTS

目　录

　　一　教育发展概况 / 245

　　二　教育体系 / 249

　　三　高等教育 / 250

　　四　扫盲工作 / 251

　　五　科技 / 252

第二节　新闻出版 / 253

第三节　体育 / 253

第四节　卫生 / 255

第九章　文学和艺术 / 257

第一节　古印第安时期的文学 / 257

第二节　殖民地时期的文学 / 259

第三节　19 世纪的文学 / 267

第四节　20 世纪的文学 / 274

第五节　20 世纪 70 年代以来的文学 / 284

第六节　杂文和散文 / 294

第七节　造型艺术 / 296

　　一　古印第安人时期的造型艺术 / 296

　　二　殖民地时期的造型艺术 / 297

　　三　19 世纪的造型艺术 / 297

CONTENTS

目 录

　　四　20世纪的造型艺术 / 304
　第八节　电影 / 314
　第九节　音乐和舞蹈 / 316

第十章　**对外关系** / 318

　第一节　外交政策 / 318
　第二节　同美国的关系 / 320
　第三节　同拉美主要国家的关系 / 323
　第四节　同欧洲国家的关系 / 334
　第五节　同中国和亚洲其他主要国家的关系 / 338

附　录 / 343

　一　中华人民共和国政府和厄瓜多尔共和国政府
　　　关于鼓励和相互保护投资协定 / 343
　二　厄瓜多尔历史上的国家元首 / 349
　三　1979~2002年最高法院历届首席大法官 / 359
　四　1978~2002年最高选举法院历届首席大法官 / 360

主要参考文献 / 362

厄瓜多尔驻华大使序

列国志《厄瓜多尔》是一次十分宝贵的学术尝试，它旨在使中国读者了解厄瓜多尔。该书的作者张颖和宋晓平教授充分利用了他们作为中国社会科学院拉丁美洲研究所学者的优越条件，查阅和使用了丰富的文献资料，还充分利用了曾出访厄瓜多尔的个人经历，把出访的亲身感受融入书中。

本书内容包括了一个国家生活的最重要的各个方面，是一部包罗万象、涉猎广泛的宏伟之作。读者可通过书中的人文写实、地理概貌、经济和文化分析、对外关系情况等，对从古到今的厄瓜多尔进行全面而充分的了解。

尽管本书的重点在于介绍厄瓜多尔现今的情况，但是其内容也根植于厄瓜多尔本身的历史和地理背景之中。本书处处流露出作者对厄瓜多尔的深厚感情和浓厚兴趣，体现出他们对厄瓜多尔做出的准确定位，同时反映出作者们严谨的科学态度。另外，作者还勾勒出了中国与厄瓜多尔两国人民基于相互了解基础上的关系的更加美好的未来。

本书的独特价值还在于它是由两位卓有声誉的作者撰写、由

厄瓜多尔

中国社会科学院拉丁美洲研究所在中国支持出版的首部专门研究厄瓜多尔的中文著作,这无疑将有助于中国人民更好地理解和了解厄瓜多尔。

厄瓜多尔共和国驻华大使

罗德里戈·耶佩斯·恩里克斯

2007 年 6 月 11 日于中国北京

Introducción

El libro República del Ecuador es un valioso esfuerzo académico para difundir el conocimiento del Ecuador en China, cuyos autores la profesora Ahang Ying y el profesor Song Xiaoping utilizan con gran ventaja el ser ambos profesores del Instituto de América Latina de la Academia de China de Ciencias Sociales, que les permite tener un amplio y variado recurso bibliográfico al que han añadido una experiencia personal en un viaje corto pero muy provechoso al Ecuador.

La obra abarca todos los campos más importantes en la vida de un país y por tanto es un estudio muy ambicioso que puede dar una idea general, bastante completa, de las realidades humanas, físicas, económicas, culturales y de la proyección internacional, tanto en el pasado como el presente, respecto al Ecuador.

Aunque el énfasis de la obra está en la situación actual del Ecuador, tiene también una base histórica y geográfica que la situan en su propio contexto y, sobre todo, denota el especial interés y la rigurosidad científica de los autores, así como su buena disposición hacia el Ecuador y, además, el afán claro de que su lectura se proyecte en un futuro mejor de las relaciones entre Ecuador y China, Basado en la comprensión mutua entre sus pueblos.

El libro tiene el singular valor de ser el primer estudio comprensivo sobre la República del Ecuador que se publica en China y en idioma chino, lo cual favorecerá sin duda la mejor comprensión y conocimiento del Ecuador en la República Popular China, tanto por el prestigio de sus autores, cuando por el respaldo de su publicación por el ILAS-CASS.

Rodrigo Yepes Enríquez
Embajador del Ecuador en China

自 序

厄瓜多尔是个小国,但是独特的地理位置却赋予它丰富的地形地貌和自然财富。赤道沿首都基多北部横穿而过,赋予厄瓜多尔"赤道之国"的美称。巍峨雄伟的安第斯山脉纵贯国家中部,云雾缭绕的群山气势磅礴,连绵不断,变幻莫测的座座火山喷发出通红炽烈的岩浆,沿山川奔流而下,势不可挡,为人类带来巨大灾难的同时,也形成壮丽的自然景观和独特的自然财富。东部一望无际的亚马孙热带雨林神秘莫测,孕育着种种离奇而美妙的传说。在太平洋沿海海域分布着加拉帕戈斯群岛,远远望去,就像颗颗璀璨的明珠,镶嵌其间。

厄瓜多尔丰富多样的地理地形和气候为种类繁多的生物栖息繁衍提供了得天独厚的条件。尽管它的领土面积与美国的科罗拉多州相近,却拥有远远超过整个北美洲的植物种类。各种珍稀动物比比皆是,如加拉帕戈斯群岛上笨拙而长寿的巨龟,安第斯地区憨态可掬、让人忍俊不禁的眼镜熊。另外还有亚马孙地区的黑鳄、沿海地区的美洲鳄……正是厄瓜多尔独特的生态环境使伟大的生物学家达尔文神往。他不远万里,于1835年来到与世隔绝的加拉帕戈斯群岛进行科学考察,修正了自己关于物种起源的学说,写下了不朽的巨著《物种起源》,对生物学的发展产生了不可估量的影响。

厄瓜多尔

厄瓜多尔的文化和历史也十分丰富。古老的印第安民族世世代代生活在这片土地上,创造了多姿多彩的民族文化并把它们保留下来,成为人类宝贵的文化财富。笔者曾亲临沿海地区的巴尔迪维阿文化遗址,对巴尔迪维阿人创造的丰富文化叹为观止。目前,印第安人经过长期的迁徙、分化和融合,逐渐形成了十多个民族。他们在不断吸收外来文化营养的同时,保留和发扬自己的文化传统,并坚持不懈地为争取经济、社会和政治权益而斗争,取得了显著的成果。厄瓜多尔殖民时期的历史和文化同样值得称道。在基多,一座座殖民时期的古建筑鳞次而立,如建筑风格浓厚的殖民初期的古宅,富丽堂皇的圣弗朗西斯科教堂、孔帕尼亚教堂等。它们见证着国家饱经沧桑的历史,又蕴含着古老的民族文化内涵。正是由于此,基多享有"美洲艺术殿堂"的美称,并被联合国宣布为"人类文化遗产"。深厚的文化底蕴养育了厄瓜多尔当今一代代著名的文化大家,其中包括著名画家瓜亚萨明。

厄瓜多尔人民在现代化的发展过程中做出了不懈的努力。早在殖民时期就发展起了在西属美洲较有名气的纺织业,后来发挥本地的经济比较优势,逐渐形成了可可经济繁荣、香蕉经济繁荣和石油经济繁荣的大好形势。目前,厄瓜多尔人民正在努力探索,锐意改革,调整经济结构,促进国家经济的现代化。笔者还有幸到瓜亚基尔参观访问,现代化的都市虽然难以与欧美比较,繁华的街道、熙熙攘攘的人流、快节奏的都市生活预示着国家今后蓬勃发展的前景。

中国与厄瓜多尔虽远隔千山万水,但友好往来却源远流长。早在19世纪中叶就有不少华工来到这里谋生,开启了中厄人民友好交往的历史。厄瓜多尔政府在1971年第26届联合国大会上力排众议,支持恢复中华人民共和国在联合国的合法席位。1980年厄瓜多尔与新中国建立外交关系后,双边关系获得长足的发

自序 Ecuador

展,各方面的友好往来不断加强。两国政府高层互访频繁,双方政治沟通渠道畅通,经贸往来日益扩大,文化交流源源不断,两国人民之间的相互了解不断深化。两国均属发展中国家,在国际事务中拥有根本的利益基础和相似的立场,在国际舞台上双方相互支持和合作,为今后双边友好关系的发展奠定了牢固的基础,开辟了更加美好的广阔前景。

随着中国的改革开放不断深入,我国人民与外界的交往更加广泛,对世界各地的信息需求量日益扩大。越来越多对厄瓜多尔感兴趣的朋友,有志开拓厄瓜多尔市场的企业家和商人,探寻厄瓜多尔文化宝库的文化界人士多方索取关于厄瓜多尔的信息资料,却往往难有理想的斩获。国内关于厄瓜多尔的信息十分有限,且不系统,散见于各类报纸、杂志和书籍间,远远满足不了读者们的需要。更有甚者,人们常见的一些知识流传较广却失于精准。笔者仅举一小例。在我国,"巴拿马草帽"广为人所知。其实它的主要产地并不在巴拿马,而是在厄瓜多尔。当初,参加巴拿马运河修建的厄瓜多尔劳工大多都戴这种草帽,由此得名"巴拿马草帽"。在实际工作中,我们感到有必要全面、真实地介绍厄瓜多尔,满足同胞们各方面的需求和兴趣。

恰逢中国社会科学院组织撰写世界《列国志》这一宏大项目,我们欣然受命,承担起《列国志·厄瓜多尔》的撰写工作,整理自己出访时的所见所闻,搜集大量中外文材料,精心筛选,多方考证,遂成此书,奉献给广大读者。值得一提的是,在本书撰写过程中,中国社会科学院拉美研究所江时学、吴国平等研究员提出了很多宝贵意见,刘承军研究员提供了不少实地拍摄的珍贵照片。我们的女儿宋凡利用繁忙的学习之余,为本书翻译了不少外文资料,丰富了本书的内容。在此,对他们一并表示感谢!

特别需要指出的是,本书在写作过程中,始终得到厄瓜多尔现任驻华大使、我们的好朋友罗德里戈·耶佩斯·恩里克斯先生

的大力帮助。他热情地提供信息资料，解答疑难问题，为作者安排出访目的国，并欣然为本书作序。我们对耶佩斯大使表示诚挚的谢意！

张　颖　宋晓平
2007年6月，于北京太阳宫

第一章

国土与人民

第一节 自然地理

一 地理位置

厄瓜多尔的国名在西班牙语中是赤道的意思。赤道横贯厄瓜多尔北部,首都基多紧贴赤道线以南,是世界上离赤道最近的首都。国家独立之初,有人想取基多为国名,后因地方政治势力反对,最终以厄瓜多尔定名。厄瓜多尔故有"赤道之国"之称。

厄瓜多尔位于南美洲西北部,东北部与哥伦比亚接壤,边境线长590公里。东、南部与秘鲁为邻,边境线长1420公里。西濒太平洋。国土面积为281341平方公里。①

二 地形特点

厄瓜多尔是世界上地形最多样化的国家之一。安第斯山脉由南到北贯穿中部,把大陆国土明显分成3个垂直平行分布的地理区域:西部太平洋沿海地区、中部安第斯山区和

---

① 孟淑贤主编《各国概况:南美(2)》,世界知识出版社,1997,第20页。

厄瓜多尔

东部亚马孙地区。加拉巴戈斯群岛（亦称科隆群岛）位于太平洋近海，与大陆的距离为900~1200公里。

沿海地区 西部沿海地区约占国土总面积的24.9%，包括5个省份：埃斯梅拉达斯、马纳比、洛斯里奥斯、瓜亚斯和埃尔奥罗。

沿海地区位于安第斯山脉西侧，从安第斯山麓向西延伸150公里，直到马纳比省最西部的圣洛伦索海岸，由起伏丘陵、海岸山地、海岸低地和蜿蜒曲折的河道流域组成。由北向南分布着海拔800米以下的山丘，组成了沿海山脉。这些山丘是西安第斯山脉的延伸，越靠近沿海，山丘越低平。比较重要的山丘有：卡布拉斯山、拉斯佩尼亚斯山、圣阿娜山、埃尔卡门山、科龙切山和曼格拉拉尔托山。沿海地区最大宽度为180公里，位于瓜亚斯省，最窄处为20公里，位于埃尔奥罗省。

在瓜亚基尔湾内有几个岛屿，最大的是普纳岛。

安第斯山区 中部安第斯山区约占国土面积的23.9%，包括10个省份：卡尔奇、因巴布拉、皮钦查、科托帕希、通古拉瓦、玻利瓦尔、钦博拉索、卡尼亚尔、阿苏艾和洛哈。

安第斯山区包括山区和安第斯南部山脉的延伸地带。这一延伸地带从哥伦比亚起始，位于北部的帕斯托地带和南部的洛哈地带之间，呈狭长形，长600公里，宽100~200公里。

安第斯南部山脉由两个平行的山脉，即西科迪勒拉山脉和东科迪勒拉山脉组成。东科迪勒拉山脉比西科迪勒拉山脉宽且高，其山峰的平均高度为海拔4000米。全国最高的山峰钦博拉索火山海拔6310米，位于西科迪勒拉山脉。全国最高的活火山科托帕希火山海拔5897米，位于东克迪勒拉山脉。两个山脉之间为北高南低的高原和盆地，宽约120公里，平均高度为2650米。一条横贯山脉把西科迪勒拉山脉和东科迪勒拉山脉连接起来，人们称其为连接山脉。阿苏艾山是横贯山脉的最高点，海拔4500

米，把这一地区分割成为两个次地区，即北边的新火山区和南面的旧火山区。新火山区山峰高耸，峰尖陡峭，大部分山峰常年积雪。很多山峰为活火山，如通古拉瓦火山、瓜瓜火山、皮钦查火山、科托帕希火山和桑盖火山。旧火山区的山峰都不算高，峰尖一般为圆形，呈现出老火山的特征，火山灰质已然消失，成为丰富的植物养料。在这一地区的表层地带，蕴藏着大理石、石煤、石灰石等矿。

安第斯山区至少有22个高度在4200米以上的山峰。除了上面提到的那些火山外，著名的山峰还有卡扬贝山（5790米）、安蒂萨纳山（5758米）、阿尔塔尔山（5320米）、伊利尼萨山（5248米）、科塔卡奇山（4944米）等。

山区的气候条件和火山运动使当地的植被十分特殊，类似于荒漠的植被。这种荒漠或干旱植被覆盖的地区面积为27000平方公里，海拔高度在3500~4500米之间，环境十分适合秃鹰等动物生活。

亚马孙地区　东部亚马孙地区约占国土面积的48.3%，包括6个省：苏昆比奥斯、纳波、奥雷利亚纳、帕斯塔萨、莫罗纳—圣地亚哥和萨莫拉—钦奇佩。位于这一地区的纳波盆地长1400公里，宽1~5公里。

亚马孙地区西靠安第斯山脉，东部和南部延伸到与秘鲁和哥伦比亚交界地区。亚马孙地区76%的土地并不肥沃，适合于农业生产的土地仅占24%，大多位于河流两岸地区。这里的热带雨林植被十分茂盛，生长着奇特的植被和树木。一些树木高达45米。这里常见的树木是桂皮树（canela）、兰花楹（jacarandá）和一些豆科植物。

加拉帕戈斯地区　加拉帕戈斯群岛是厄瓜多尔的一个省份，包括17个大岛（7个岛屿面积超过100平方公里）、23个小岛和100多组礁石群。群岛总面积8010平方公里，散布于6万平方

厄瓜多尔

公里海域。

岛屿来源于 2000 米深的玄武岩层,系 500 万年以前海底火山喷发而成。大多岛屿地势崎岖,多火山锥、巉岩和峭壁。在这些大大小小的岛上,分布着 2000 多个原始火山,其中很多是活火山,像沃尔夫火山和阿尔塞多火山等至今仍很活跃。最高的火山是位于伊莎贝拉岛的阿苏尔火山,海拔 1689 米。伊莎贝拉岛是群岛中最大的岛,面积 4275 平方公里。其次是圣克鲁斯岛,面积 1020 平方公里。这些岛屿的岸边低地大多贫瘠、干旱,植被以仙人掌科为主。随着海拔高度的提升,湿度不断增大,200~500 米的山坡上生长着茂盛的常绿林,而海拔最高的地区是长满苔藓和蕨类植物的旷野。在各岛屿上没有重要的淡水源,只有一些小的湖泊和泉水。

表 1-1　加拉帕戈斯群岛的主要岛屿

单位:平方公里

岛　屿	面　积	岛　屿	面　积
伊萨贝拉(Isabela)	4275	圣科鲁斯(Santa Cruz)	1020
菲尔南迪纳(Fernandina)	750	圣萨尔瓦多(San Salvador)	570
圣克里斯托瓦尔(San Cristobal)	430	佛罗雷阿纳(Floreana)	130
埃斯帕尼奥拉(Española)	103	玛切纳(Marchena)	96
品塔(Pinta)	50	圣菲(Santa Fe)	25
品嵩(Pinzon)	17	黑诺维萨(Genovesa)	17
巴尔特拉(Baltra)	15	拉比达(Rabida)	10

资料来源:Lola Vázquez y Napoleón Saltos:*Ecuador:Su realidad 2004 - 2005*, Fudación "José Peralta", Décima Segunda edición, página 95, Quito, Ecuador, 2004.

领海和大陆架　由于厄瓜多尔拥有太平洋海岸以及加拉帕戈斯群岛,它拥有主权的领海,包括大陆沿海和群岛的沿海以及海底大陆架,十分宽阔。

1939年美洲国家在"巴拿马宣言"中宣布了200海里的安全区。1950年11月，厄瓜多尔颁布法令，宣布200海里的领海权和直到200公里深度的大陆架专属权。

1967年厄瓜多尔立宪大会宣称厄瓜多尔对南极西经84°30′与95°30′之间的32.3万平方公里拥有领土权。根据国际条约，特别是巴西人德卡斯特罗（De Castro）提出的关于南极矢量系统的主张（sistema de los vectores polares），厄瓜多尔宣布，拥有从加拉帕戈斯至南极的直接辐射面所包括的区域。①

三　河流和海湾

厄瓜多尔的河流大多发源于安第斯山区，向东流入亚马孙河，或向西流入太平洋。河流水源来自山峰融化的冰雪和雨水。山区的小溪和河流狭窄，从陡峭的山坡间急流而下。当河流流经盆地时，河面加宽，水流缓慢。当河流从安第斯山高地流向其他地区洼地时，河水又变得湍急。高地河流流入沿海地区和东部平原时，河面又变得十分宽阔。

沿海地区靠近海岸的河流大部分是流程较短的季节河，每年的12月至次年5月充沛的降雨量使河流水量充足，但一到旱季河床便干枯了。常年河流流经内海岸地区，雨季时常形成沼泽地带。

瓜亚斯河是内海岸地区最主要的河流，长60公里，发源于安第斯山脉，流向南部瓜亚基尔湾，构成内海岸地区非常重要的水利系统。瓜亚斯河在瓜亚基尔受山脉影响，河面变得狭窄，流经南部诸城市时变宽，在河口处，形成一个环绕普纳岛很宽的拥有两个河道的海湾。瓜亚斯河流域覆盖了太平洋沿岸大部分地

---

① Lola Vázquez y Napoleón Saltos: *Ecuador: Su realidad 2004 – 2005*, Fundación "José Peralta", Décima Segunda edición, página 96, Quito, Ecuador, 2004.

区，至少有12条河汇入瓜亚斯河，比较重要的有道莱河、巴巴奥约河、马古尔河、普卡河、帕翰河和科利梅斯河等。瓜亚斯盆地面积4万平方公里。

埃斯梅拉达斯河是沿海地区第二条主要河流，全长320公里，发源于基多盆地，经埃斯梅拉达斯市流入太平洋。埃斯梅拉达斯河灌溉面积为2万平方公里。

道莱河穿越沿海地区与安第斯山脉之间，在下游地区与温希斯和巴巴奥约两条河流汇合。在这里，靠近内地地区遍布森林，沿海地区生长着沼泽灌木林。

在亚马孙地区宽阔的平原和冲积山谷相间，不少宽阔的河流流经这里，其中有纳波河（1120公里）、库拉赖河（805公里）、帕斯塔萨河（643公里）、提格雷河（563公里）、莫罗纳河（418公里）、普图马约河等，这些河流均流入亚马孙河。纳波河发源于科托帕希山附近，是东部洼地用于运输的主要河流。它的上游水流湍急，在与主要的支流科卡河汇合后水流缓慢，河面宽500～1800米。帕斯塔萨河由山区的钦博河和帕塔特河汇合而成，这两条河均发源于安第斯山区。厄瓜多尔境内最高的阿格岩瀑布落差61米，位于帕斯塔萨河上。

瓜亚基尔湾是南美洲最大的海湾，普纳岛位于湾内。北侧有莫罗水道深入瓜亚基尔市；南侧有汉贝利水道与瓜亚斯河入海口连接。与大陆连接处地势平坦，有大量海潮淹地。海湾沿岸地域是厄瓜多尔最重要的地区，占全国面积的18.7%，全国最大的50座城市中有27座位于这里，其中包括全国最大的城市瓜亚基尔。

四　气候

厄瓜多尔地势差异较大，受各个地区地理位置、高度、安第斯山脉和海洋的影响，四个主要地区的气候条件

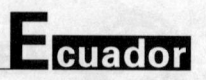

差异较大。另外，每个地区拥有不同的气候条件，气候也有所不同。厄瓜多尔具有从热带到寒带各种类型的气候。北部属热带雨林气候，气温较高，雨量丰沛。南部逐渐向热带草原气候过渡，气温较高，雨量减少。西部沿海地区的气候主要受海洋冷暖气流的影响。安第斯山区的气候变化受不同高度的影响。与这两个地区相比，东部亚马孙平原地区的气候变化相对要小一些。加拉帕戈斯群岛同时受海洋性气候和高山气候的影响。厄瓜多尔的降水量取决于季节的不同。冬季又称雨季，雨水较多。夏季又称旱季，雨水较少。

沿海地区属热带气候，受海洋冷暖气流的影响很大，气温从南向北逐渐升高。平均气温 25℃~31℃。12 月至次年 5 月为冬季即雨季。受厄尔尼诺暖流的影响，1~5 月雨水较多。6~12 月为夏季即旱季。尽管季节发生变化，但气温没有明显的起伏。降水量从北部热带雨林植被向南部热带无树平原的变化而递减，年均降水量由 3000 多毫米减少到 500 毫米。雨季气温炎热潮湿。旱季轻微潮湿，但有些闷热。

安第斯山区气候因高度不同而异，地势每升高 200 米，气温大致下降 1℃。海拔在 400~1800 米的热带，年均气温是 20℃~25℃，降水量较大。海拔在 1800~2500 米的亚热带，年均气温是 15℃~20℃，降水量适中。海拔在 2500~3200 米高度，年均气温在 10℃~15℃，年降水量为 1000 毫米。海拔 4000 米以上常年积雪。海拔 4650 米的寒冷地带，年均气温 3℃~9℃。4650 米以上是冰冻地带，年均气温在 0℃~-3℃，山顶常年冰雪覆盖。山区 11 月至次年 4 月为雨季，气候较冷。5~10 月为旱季。

首都基多年均气温为 15℃。气温变化经常引起暴风雨和大雾天气。1~6 月为冬季和雨季。7~12 月为夏季和旱季。一般下雨集中在 4 月，有时受东部气候的影响，10 月初仍为雨季。最热的月平均温度为 16℃，最冷的时候为 13℃。该地区每日温差变化很大，中午气温经常高达26℃，夜晚可降至7℃。另外，气候多变，通常早晨阳光明媚，而午后则阴云密布，雨水沥沥。降水量根据地形而变化，掩蔽的山谷年降水量通常是500毫米，裸露山坡的降水量可以达到2500毫米。基多的年降水量是1500毫米。

亚马孙地区属热带雨林气候，潮湿，炎热多雨，年均气温23℃~27℃。与上述两个地区相比，亚马孙地区气候变化相对小一些。旱季通常是11月至次年2月。本地区西部的年均气温25℃。丛林覆盖的东部洼地，雨量充沛，气温超过28℃。亚马孙地区的降雨量50%来源于内部循环系统，其余部分来自西部地区。来自安第斯山脉的气流携带着来源于大西洋和植被蒸发的水分与亚马孙盆地的湿热气流汇合，使这一地区的年降雨量高达5900毫米，位居世界前列。

加拉帕戈斯群岛为温带气候。群岛地处赤道，太平洋暖流和寒流交汇于此，气候同时受海洋性气候和高山气候影响。各岛气候有很大差异，有的潮湿炎热，有的干燥凉爽。年均气温28℃。12月至次年6月为雨季，7~11月为旱季。海平面气温21℃。海拔450米以下地区为热带和亚热带混合型气候，年均气温一般在17℃左右。海拔450米以上的地区年均气温在14℃以下。

五　火山和厄尔尼诺现象

厄瓜多尔火山众多。在历史上，火山爆发频繁，给当地人民带来巨大灾难，同时也形成了厄瓜多尔独特的地貌和自然景观。主要的火山有：钦博拉索火山、科托帕希火山、卡扬贝火山、安提萨纳火山、阿尔塔尔火山、伊利尼萨火山、通古拉瓦火山、科塔卡伊火山、因巴布拉火山等。①

---

① http://www.ecuadorexplorer.com/html/basic_ecuador_map.html

第一章　国土与人民

科托帕希火山是世界最高的活火山之一，位于南美洲安第斯山脉北段东科迪勒拉山西坡厄瓜多尔境内，北距基多56公里。山体呈圆锥形，火山口直径约700米，深约360米。1533～1904年，发生了14次大喷发，1742年的一次喷发毁灭了拉塔昆加城和基多城。最近的一次喷发发生在1975年。火山口经常溢出熔岩流，融化山坡上的冰雪，造成巨大的泥石流。科托帕希火山海拔4700米以上，终年积雪。喷发最频繁的火山是桑盖火山，海拔5230米。

频繁的火山喷发给当地居民带来很大灾害。2001年8月通古拉瓦火山连续爆发，火山喷出的瓦斯和火山灰柱高达8000米，附近房屋的房顶被厚厚一层火山灰覆盖。除此之外，当地还发生了近200次震级不等的地震。20多个村庄的4000多户家庭中有2万多人受伤。此外，喷出的火山灰和瓦斯还使得该地区95%的稻子、土豆、豆类和玉米作物受损，牲口和家禽不得不向外地转移。

1740～1773年，科托帕希和通古拉瓦火山多次爆发，并由此引发大规模的瘟疫流行，庄稼被毁，人畜大批死亡。

最为严重的灾害发生在1797年2月4日清晨。当时在波帕延至洛哈的广阔地带发生强烈的地壳变动，并引起多座火山爆发，持续时间达30天之久，几个省遭受严重创伤，"大片的平原变成了深谷，盆地变成了山丘，有些山失去了基础，倒在平原上，把平原覆盖了，大地的面貌完全变了样。库尔卡高山倒在里奥班巴城上，把大批居民埋葬在巨大的土层底下。土地裂开了，有些地方成了深谷，有些地方树木、果园、房屋和牲畜都被吞没了。与此同时，阿尔塔尔、通古拉瓦、基略托阿和伊瓜拉塔都燃烧起来了，基略托阿向四面喷射火焰，在附近吃草的牲畜受到毒性的喷射，都窒息死亡了"。里奥班巴市遭到严重破坏，后来被迫迁移到现在所在的平原地区。瓜兰达、阿劳西以及周围地区的村庄和田野都变成了废墟,状况惨不忍睹。据估计,仅这些地区以及里奥班巴和安巴托的死亡人数就达2万多人。

厄尔尼诺现象对人类生活造成很大影响,厄瓜多尔受到的损失尤为巨大。据统计,1997~1998年,厄瓜多尔遭受的损失达54亿美元。其中,农业部门达11.9亿美元,石油部门7.9亿美元,交通公路部门7.8亿美元,社会部门2.0亿美元,工业部门1.7亿美元,居民住宅1.5亿美元。[①]

第二节 自然资源与生态系统

一 自然资源

厄瓜多尔矿藏资源丰富,以石油和天然气为主,是拉美主要产油国之一。石油和天然气主要蕴藏在西部瓜亚基尔湾一带和东部亚马孙平原。此外,山区和丘陵地区还有金、银、铜、铁、锰、煤、硫磺、铅等矿藏。

能源资源 能源资源以石油为主。2003年厄瓜多尔石油公司探明的石油蕴藏量为45亿桶,天然气储量为2250亿立方米。

厄瓜多尔拥有6个沉积盆地:东部地区,包括纳波、帕斯塔萨和苏昆比奥斯;瓜亚基尔地区,包括普罗戈莱索、圣埃莱纳、瓜亚基尔湾;马纳比地区;埃斯梅拉达斯地区;太平洋沿海地区和昆卡地区。这些地区有面积达19.07万平方公里的沉积岩,其中,9.8万平方公里属于亚马孙地区(51.4%);7.7万平方公里属于沿海地区;2.5万平方公里属于大陆架地区。在这6个沉积盆地中,目前仅在前两个地区发现了石油。

---

① *Almanaque ecuatoriano*: *Panorama 2003*, Epipcentro, página 315, Riobamba, Ecuador, 2003.

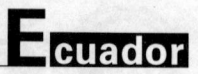

能源资源还包括煤炭。在安第斯地区蕴藏着褐煤矿,其中最有名的是阿索特—比布连矿区,储量为2500万吨。圣卡耶塔诺的罗哈煤矿区储量估计为300万吨。马拉加托斯地区也有相似储量的煤矿。

厄瓜多尔水力资源比较充沛。河流大多发源于安第斯山脉,流入太平洋沿海地区或亚马孙地区。沿海地区接收水量比重为29%,亚马孙地区为71%。根据可利用水利潜力的大小,全国可分为31个水利区域。其中,潜力大的区域主要有纳波、帕斯塔萨、巴赫、圣地亚哥和阿瓜利科地区。中等潜力的有:马约、米拉、圣米格尔德普图马约、希内帕和卡亚帕斯地区。根据经济技术数据,可利用的水力发电潜力为21520兆瓦。其中,90%集中在亚马孙地区,10%集中在沿海地区。

活跃的火山地区蕴藏着丰富的地热能源,大量高温的岩浆位于约5000米深的储藏带。蒸汽或热气从地热储藏带开出,通过蒸汽涡轮,可以用于工业生产和发电。全国共有17个地区可以开发地热能源。在厄瓜多尔与哥伦比亚边境的奇雷斯—塞罗地区,两国正在探讨合作利用地热能源,建立发电站的可能性。

厄瓜多尔位于赤道线上,每年的太阳能十分充足,平均每平方米的太阳能为3~4Kh。在最好的情况下,每天每平方米可获得5000Wh热量。每年太阳照射时间在1600小时以上的地区有因巴布拉、皮钦查、科托帕希、通古拉瓦、卡尼亚尔、钦博拉索和洛哈,另外还有波托维耶霍西南地区的狭长地带和加拉帕戈斯群岛。目前,太阳能的商业开发规模很小。[1]

森林资源 森林是厄瓜多尔国家财富的重要组成部分,全国

---

[1] Lola Vázquez y Napoleón Saltos: *Ecuador: Su realidad 2004 - 2005*, Fundación "José Peralta", Décima Segunda edición, página 168 - 170, Quito, Ecuador, 2004.

总共生长着 5000 多个树种，1200 多种蕨类植物，3254 种兰科植物。大部分森林分布在东部地区。盛产贵重木材，如红木和香膏木（或称巴尔萨木）。

据统计，60 年代初，全国森林覆盖率为 58%，90 年代降至 49.9%，2005 年为 39.2%。全国 80% 的森林集中在亚马孙地区，沿海省份占 13%，中部山区占 7%。[1]

表 1-2　森林面积及森林覆盖率

森林面积（千公顷）			森林覆盖率（%）		
1990 年	2000 年	2005 年	1990 年	2000 年	2005 年
13817	11841	10853	49.9	42.8	39.2

资料来源：Anuario Estadístico de América Latina 2006, la Cepal。

渔业资源　厄瓜多尔位于赤道地带，受到洪堡寒流和厄尔尼诺暖流的双重影响。两大洋流交汇，创造了适于鱼类繁殖的理想环境。厄瓜多尔海域主要的渔业资源有黄鳍金枪鱼、鲣鱼、大眼金枪鱼、鲯鳅、剑鱼、马林枪鱼、海鲈、鲽鱼、圆沙丁鱼、鲳鱼、马鲛鱼等。

二　多样的地区生态环境

厄瓜多尔可划分为安第斯地区、沿海地区、亚马孙地区和加拉帕戈斯地区 4 大生态系统。安第斯山脉高度错落有致，形成各个平台，每个平台都形成自己独特的微气候系统和不同的土壤。大量火山的存在形成一种微环境，构成了新物种产生的中心。加拉帕戈斯众多岛屿远离大陆，处于与世隔绝的孤立状态，形成独特的生态系统，十分有利于物种的演化、变异和

[1]　http：//www.mofcom.gov.cn/aarticle/i/l/200601/20060101272050.html

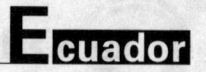

新物种的形成。厄瓜多尔多样化的环境条件造成了多样化的自然生态系统，各种物种，植物和动物遵循不同的自然生态系统条件演进，使厄瓜多尔成为一个继续产生生物多样化的重要演进中心。

厄瓜多尔地表面占世界的 0.2%，却拥有世界植物物种的 10% 和鸟类种数的 18%。

最多样性的生态区之一是热带雨林，那里生长着不同种类的树木、丰富的植物、哺乳动物、爬行动物、鸟类、脊椎动物、鱼类和两栖动物。①

很多科学家对厄瓜多尔生物遗传多样化的研究表明，这里存在着丰富的植物遗传基因，对于改善人类食品生产和栽培作物多样化具有至关重要的意义。安第斯地区是世界上把野生植物培养为人类耕种作物的重要中心之一，目前至少有 45 种具有地区和世界重要性的植物种类。其中很多种类已经适应了各种生态条件，并具有抗病虫害的能力。

沿海地区可分为 3 个次生态区：东北部的热带雨林区、中部和西南部的热带气候区，以及西部和中部半岛地区的干旱森林区。海岸地带，又分灌木林生态区以及沿海和峭壁生态区。在沿海的沼泽地区，生长着大面积的灌木林。这种植物能使沿海地区生态保持稳定，防止内地土壤流失，是很多水栖动物物种的藏身所和栖息地。位于沿海地区的瓜亚斯省有全国最重要的生态系统之一瓜亚基尔湾，该湾每秒钟流入淡水 1526 立方米。在埃尔奥罗省，受洪堡寒流的影响，生长着一种半荒漠类的植被。该省的普扬戈石化林十分有名。

亚马孙地区具有最丰富和最复杂的热带雨林生态系统。尽管厄瓜多尔只占整个亚马孙地区面积的 1.9%，这里却生存着整个

---

① http://www.vivecuador.com/html2/eng/ecology.htm

厄瓜多尔

亚马孙盆地1/3的鸟类物种。根据科学家们划分的生命带分类方法，这里发现了24种以上的热带生命带，包括沼泽红树林、干热带森林、热带云林、荒漠（南美赤道高山寒冷旱生植被）和热带低地雨林。厄瓜多尔的两栖动物的种类数量在亚马孙地区居第三位，禽类种数居第四位，爬行动物种类居第四位，猴类种数居第五位，植物种类居第六位，哺乳类居第七位。在世界上，两栖动物的种类居第三位，禽类种数居第五位，蝴蝶种类居第六位。厄瓜多尔国家保护系统、科学研究站和保护区覆盖了该地区300万公顷的区域。

西北部森林地区是美洲太平洋沿岸保存下来的最后一块热带森林。这些森林是乔科地区生态系统的重要组成部分，被认为是世界上最具生态多样化特点的地区之一。

安第斯地区也是一个生态多样化的重要地区。由于这里的荒漠处于隔绝状态，每一个荒漠地区颇具特点。这里的植物遗传资源十分丰富，是由巴比洛甫所确定的农作物形成中心之一。这里仍然存在着土豆的野生亲属科，是为地球大量生物提供营养的作物，存在着不少准粮食作物，如昆诺阿藜（quinua）和苋（amaranto），另外生长着很有价值的豆科植物，如各种豆类、红果刺桐（chocho）等，还有安第斯茎块类植物，如块基酢浆草（oca）、块根落葵（melloco）、西印度豆薯（jicama）等，还有水果类，如果茄（naranjilla）、浆果（babaco）、番木瓜（chamburo）等。

在加拉帕戈斯群岛，由于气候、海洋潮流的变化，加之生态环境没有遭到掠夺性的破坏，这里生活着大量的生物种类，例如拥有全球32%的鸟类和25%的鱼类。很多生物种类，如很多爬行动物和鸟类已是世界上仅存的。[1]

---

[1] http://www.ecuaventura.com/english/galapagos.php

第一章 国土与人民

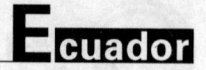

三 植物

厄瓜多尔丰富多样的地理地形和气候为种类繁多的动植物提供了得天独厚的生存条件。尽管它的领土面积与美国的科罗拉多州相近，却拥有 2.5 万种植物，甚至多于整个北美洲的总数（1.7 万种）。厄瓜多尔拥有 2725 种兰科植物，占世界总数的 11％，占整个拉美地区的 30％。据估计，在安第斯地区和西北部地区，有 1 万种植物。在亚马孙地区生长着 8200 种植物。在加拉帕戈斯群岛拥有 600 种本地植物和 250 多种外来的植物。由博物学家诺尔曼·迈尔斯（Norman Myers）确定的 12 个主要生物多样区中有 3 个可以在厄瓜多尔找到。近年来，由于遭到人为的破坏和森林的砍伐，有些植物几乎灭绝。目前，已知的濒危植物有 375 种。①

亚马孙地区的库亚贝诺植物保护区的植物品种数量达到创世界纪录的水平，有 400 种树木，449 种灌木，92 种藤本植物，96 种草本植物，22 种棕榈类植物。

厄瓜多尔盛产桃花心木、染料木和香膏木等贵重木材。还有几种世界稀有木材，如巴尔萨木，多用于做空运的箱子和文件盒。巴尔萨木生长在厄瓜多尔沿海地区，树干高且笔直，树叶宽大，呈椭圆形。它是热带森林中生长最快的树木，一般一年就可长到 4 米高，6～7 年成才。树的木质疏松，呈白色、粉红色或淡棕色，是世界上最轻的木材。厄瓜多尔还盛产象牙棕榈树，其果实可用于制作各种手工艺品。另外，厄瓜多尔还生长着一种叫做多基利亚的植物，其纤维细长，富有韧性，被用来编织各种手工艺品。

加拉帕戈斯群岛生长着大约 900 种植物。在拉毕达岛上生长着珍贵的愈疮木（palo santo）。

---

① http：//www.vivecuador.com/html2/eng/ecology.htm

厄瓜多尔

四 动物

厄瓜多尔虽然国土面积不大,却拥有世界动物种类的8%,鸟类的18%,还拥有15%的世界珍稀鸟类。全国有3800种脊椎动物,1550种哺乳动物,350种爬行动物,375种两栖动物,800种淡水鱼和450种咸水鱼。此外,还有100多万种昆虫和4500种蝴蝶。在100多万种昆虫中,有4500种是夜生活类的。在世界上的9000多种常见鸟类中,厄瓜多尔就拥有1500多种。尽管巴西国土面积是厄瓜多尔的30倍,鸟类数目仅与厄瓜多尔相近。

厄瓜多尔的亚马孙地区生存着整个亚马孙盆地1/3的鸟类物种。仅在沿海港口,就发现了1300多种鸟类,数量是美国和加拿大的两倍。在亚马孙地区未开发的热带雨林中,居住着美洲豹、小豹猫、森蚺、猴子、貘、食鱼蝙蝠、食人鱼,还有450余种鸟类。动物的多样化同样十分可观,到目前为止,发现了402种两栖动物,380种爬行动物,1559种禽类,324种哺乳动物。

栖息在加拉帕戈斯群岛上的巨龟属珍稀动物,是目前世界上最古老的动物之一,高1.2米,重约300公斤,寿命长达150年以上。巨龟每年都从海水中爬到海滩上产卵,繁殖后代。埃斯帕尼奥拉岛是世界唯一能看到当地信天翁产蛋孵卵的地方。在加德纳海湾生存着一种攻击性极强的海鳗鱼。菲尔南迪纳岛栖息着世界唯一的海生鬣蜥,其长相像龙,皮肤呈鳞状,发情期皮肤会从黑色变为蓝色和红色,背上还长着成排的刺。乌尔毕纳湾有珊瑚礁群。

加拉帕戈斯群岛定居着58种鸟类,其中28种是当地特有的,其余大约30种是候鸟。游隼(Falco peregrinus)是一种候鸟,每年的11月到来年3月间来到埃斯帕尼奥拉岛、伊莎贝拉岛、巴尔特拉岛和圣克鲁斯岛。隼的翅膀窄而尖，嘴短而宽，飞行速度极快。蓝足鲣鸟（Sula nebouxii excise）体形像鸭，嘴坚硬，尖端渐细并稍向下弯，尾较长而呈楔形，捕食鱼类。朱红京燕（Pyrocephalus rubinus）的嗓音音调很高，鸣叫十分好听。拉瓦鸥（Larus fuliginosus）据说是世界上最稀有的鸟类。它们在咸水湖的岸边栖息，在海岸边筑巢。褐色鹈鹕（Pelecanus occidentalis urinator）是一种水鸟，身材庞大，动作笨拙，但却是游泳和捕鱼的能手。加拉帕戈斯群岛还栖息着13种雀科鸣鸟。这些鸟类对查尔斯·达尔文有关进化和物种形成的思想发展至关重要。当年达尔文乘坐贝格尔号舰船出发环游全球时，他与同代的大多数人一样，认为物种是固定不变的。但是在加拉帕戈斯群岛，他观察到13种不同类的雀科鸣鸟都是由同一组祖先进化而来的。另外，他还对岛上乌龟进行观察，提出了物种可以随着时间的推移而进化的论点。

  在厄瓜多尔的热带雨林中，生活着一种毒箭蛙。毒箭蛙皮肤上具有烈性毒素。身体大小从2厘米到10厘米不等，皮肤色彩斑斑。毒箭蛙的毒素中含有镇痛作用的化学物质。迄今为止，科学家已从毒箭蛙的毒素中分离出300多种生物碱。在大森林中还生活着眼镜熊（tremarctus ornatus）。眼镜熊是乌尔希达埃（Ursidae）物种的唯一一支。雄性眼镜熊身高1.8～2米，体重一般为175公斤。雌性眼镜熊的体形一般比雄性眼镜熊小1/3。眼镜熊在其所生活的生态地区要算大型哺乳动物了。眼镜熊浑身为黑色，只是眼圈和颚骨部分为白色，颇像戴着一副眼镜。每个眼镜熊的白色部位大小和形状不一，有的可以扩展到胸部。眼镜熊为杂食动物，主要吃纤维植物、附生植物、野果、植物的浆液、鳞茎植物等，有时也吃啮齿类动物、飞鸟、野鹿，甚至有时包括山貘（tapirus pincache）。它们只是在3～10月产仔期才配对群居。雌性眼镜熊一般在4岁后有生殖能力，怀孕期在160～255

厄瓜多尔

天之间，一般为1~4胞胎，刚生下来的小眼镜熊体重在300~330克。眼镜熊生活在高度不同的地区，从亚热带地区到温带地区，以及安第斯山脉两侧的高地。目前在卡扬贝—科拉和安提萨纳生态保护区，苏马科纳波—加雷拉斯保护区、利延加纳特斯和桑盖保护区可以见到眼镜熊的踪迹。由于它们生活的区域显著缩小，近年来存活数量减少了近25%，目前，仅有2500只成年眼镜熊。任何一个生活区的眼镜熊的数量都不超过250只。

厄瓜多尔十分注重保护珍稀动物，为此专门制定珍稀动物保护法。列入法律保护的动物种类繁多，其中大多为濒危或生存受到严重威胁的动物。受到法律保护的珍贵哺乳动物主要有以下种种。[1]

毛尾狐（glironia venusta） 毛尾狐主要生活在位于苏昆比奥斯省拉加尔托克查河（Lagartococha）流域的库亚贝诺（Cuyabeno）动物保护区和帕斯塔萨省库拉莱河（Curaray）的亚苏尼（Yasuni）国家保护区。在蒙塔尔沃（Montalvo）地区的科帕塔萨河（Copataza）和帕斯塔萨河流域也曾发现毛尾狐的活动踪迹。由于人类大量捕杀，贩卖其毛皮，毛尾狐的数量锐减，很难见到其踪迹。

矮脚鹿（pudu mephistophiles） 主要生活在安第斯东部山脉，存活于埃尔安赫尔（El Angel）、卡扬贝—科卡（Cayambe-Coca）、安提萨纳（Antisana）等生态保护区，以及科托帕希、利延加纳特斯（Llanganates）、桑盖（Sangay）、卡哈斯（Cajas）和波多卡尔珀斯（Podocarpus）等保护区。矮脚鹿的存活数量不大，估计为1万只。在单个区域的存活数量一般不超过1000只。人们捕猎矮脚鹿主要用作吉祥物，通常把它们的头颅用作装饰品。

---

[1] *Almanaque ecuatoriano*：*Panorama 2003*，Edipcentro，página 420，Riobamba，Ecuador，2003.

虎猫（leopardus tigrinus） 生活在马查拉（Machala）、奥通加（Otonga）保护区，皮钦查火山山麓地区，苏马科纳波—加雷拉斯地区（Sumaco Napo-Caleras）和瓜拉吉萨地区（Gualaquiza）。生活环境为热带和温带气候。虎猫繁殖能力较差。由于人类捕杀，贩卖其皮毛，并在它们所生活的地区大肆砍伐林木，虎猫的生存受到威胁。很多人还生捕虎猫，作为吉祥物在家饲养。

安第斯山猫（oncifelis colocolo） 生活在温带地区和安第斯高山地区，以及埃尔安赫尔和安提萨纳生态保护区，奥通加（Otonga）和基多附近地区以及瓜伊利亚班巴地区（Guayllabamba）。安第斯猫的繁殖能力较弱，因此，数量很少。人类捕猎安第斯山猫，贩卖其毛皮，或把其头颅用作吉祥物和装饰品。

美洲豹（panthera onca） 生活在苏马科纳波—加雷拉斯、亚苏尼（Yasuni）和库亚贝诺（Cuyabeno）动物保护区、里蒙科查（Limoncocha）、孔多尔（Condor）山脉、科托卡奇—卡亚帕斯（Cotacachi-Cayapas）和马切—秦杜尔（Mache-Chindul）生态保护区。这些地区的自然环境没有受到严重破坏，适合美洲豹的生存。美洲豹有十分漂亮的毛皮，因此成为人类热衷捕猎的对象。

美洲狮（puma concolor） 生活的地区比较广泛，从沿海地区到海拔4500米的高地都适合它们生存。几乎在厄瓜多尔所有的国家自然保护区都可以见到它们的踪迹。目前存活量大致为1万只。最近几十年，它们的生活区域缩小了10%。

普通水獭 生活在西部地区的卡亚帕斯河、埃斯梅拉达斯河、科西梅斯河和瓜亚斯河，东部地区的阿瓜利科河、纳波河、库拉莱河、帕斯塔萨河和萨莫拉河。尽管普通水獭生活区域广泛，但它们是一种不大为人知的哺乳动物。

大水獭（pteronura brasiliensis） 生活在库亚贝诺河流域的湖泊环境以及塔拉普伊河、萨巴托河、拉加尔托克查河和格比河等。由于河流污染,生存环境恶化,现在全国存活数量不超过250只。

加拉帕戈斯毛皮海豹（arctocephalus galapagoensis） 生活在加拉帕戈斯群岛的菲尔南迪纳岛、伊莎贝拉岛和圣地亚哥岛。他们喜欢阴凉地带,生活在多礁石的海岸边和礁石群中。鼠类、狗类和猫类的死尸常常会带来传染病,对毛皮海豹形成威胁。

蓝鲸（balaenoptera musculus） 生活区域从赤道海域到南北半球交界海域。它们喜好在深海海域生活,成对成双漫游大陆沿海岸。在冬季,它们长距离跋涉寻找热带海域,夏季生活在南极海域。它们有时出没于加拉帕戈斯群岛地区。

窄翅蝙蝠（balantiopteryx infusca） 在厄瓜多尔曾两次发现这种类型的蝙蝠,一次是在19世纪末期,在埃斯梅拉达斯省的阿尔布哈地区。另一次是在1999年,在因巴布拉省距阿尔布哈地区仅50公里的利塔地区。这一地区离科托卡奇—卡亚帕斯生态保护区很近,因此有人推测,窄翅蝙蝠就生活在该生态保护区内。一般的蝙蝠生长着一对宽宽的翅膀,而窄翅蝙蝠的翅膀很窄,样子十分奇特。

大犰狳 生活在东部的热带和亚热带森林地区,是一种稀少动物。由于这种动物的肉十分鲜美,且其头顶、背部、尾部和四肢有角质鳞片,甲壳和爪子可用作装饰品,因此,遭到人类的捕猎。

大食蚁兽 生活在东部热带和亚热带地区,为稀少动物。尽管其肉质粗糙,但仍遭到人类的捕杀。亚马孙森林的大面积砍伐威胁到了大食蚁兽的生存。

水獏（tapirus bairdii） 是典型的森林生态系统动物,生活在西部热带一些地区,如在阿苏艾省的蓬斯恩里克斯地区曾发现其踪迹。现在它们的生活范围已经缩小到乔科地区、西北部地

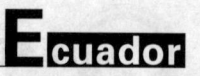

区的潮湿森林地带和科托卡奇—卡亚帕斯生态保护区。据估计，目前水獏的生存数量不超过 50 只，属于高度濒危动物。

山獏（tapirus pinchaque） 在世界上属濒危动物。山獏生活在苏马科纳波—加雷拉斯、利延加纳特斯、桑盖和波多卡尔珀斯国家保护区，埃尔安赫尔生态保护区、卡尼亚尔省的山区和卡哈斯国家保护区附近。单位区域数量不超过 250 只。

亚热带夜猴 生活在东部亚热带地区。具体分布情况不详，数量很少。

黄腹蜘蛛猴（ateles belzebuth） 生活在亚马孙低地地区、纳波河流域、苏马科纳波—加雷拉斯、亚苏尼、波多卡尔珀斯低地地区、孔多尔山区和楠加里萨河流域。蜘蛛猴尾长，四肢修长，体瘦，十分招人喜爱。由于生存数量较大，且肉质鲜美，受到人类的大量捕杀。

黑长尾猴 广泛生活在南美洲地区。但是在厄瓜多尔却为数较少，生活在亚马孙地区。

卷尾猴 主要生活在埃斯梅拉达斯省的偏僻森林地区、科托卡奇—卡亚帕斯和马塔赫（Mataje）生态保护区。在西北部潮湿的热带地区，卷尾猴常常被捕猎作为装饰物。目前存活数量不足 1 万只。

加拉帕戈斯菲尔南迪纳鼠（nezoryzomys fernandinae） 仅存活于加拉帕戈斯的菲尔南迪纳岛。为高濒危动物。由于该岛火山经常爆发，其生存受到严重威胁。

亚马孙海牛（trichechus inunguis） 生活在库亚贝诺河和拉加尔托克查河、库亚贝诺动物保护区、亚苏尼国家保护区以及阿南戈河和提普提尼河。由于亚马孙海牛肉质鲜美，被人类大量捕杀，制成罐头出口国际市场。亚马孙海牛青春期长达 10 年，繁殖能力较弱，怀孕期长达 13 个月，且每次只怀一胎，存活数量日益减少。为高濒危动物，仅存活 250 多只。

厄瓜多尔

第三节 自然资源保护

由于资源的开发，生存环境的变化，外来物种的入侵和环境污染等因素，厄瓜多尔的很多物种在消失。① 为了保护生物资源和多样化生态系统，国家成立了各种组织和机构，制定了不少保护环境的法规和措施，其中包括制定法律，建立自然保护区。目前，全国各种自然保护区占全国土地面积的18%。

一 濒危物种

在濒危物种中，有20多种哺乳动物，370多种植物，50多种鸟类，10多种爬行动物。

厄瓜多尔9种爬行动物被纳入由世界大自然联合会（Union Mundial para la Naturaleza, IUCN）出版的《濒危物种红皮书》，其中包括亚马孙地区的黑鳄、沿海地区的美洲鳄和加拉帕戈斯大乌龟。因多种原因，如受人类的影响，或因无法适应自然条件的变化，有一些动物已经灭绝，如厄瓜多尔乡村鼠（bolomys punctulatus）、加拉帕戈斯硕鼠（megaoryzomys curioi）、加拉帕戈斯达尔文鼠（nesoryzomys darwini）、加拉帕戈斯和平鼠（nesoryzomys indefessus）、加拉帕戈斯稻田鼠（oryzomys galapagoensis）、安第斯山鹿（hippocamelus andisensis）。

高度濒危动物有：菲利佩剌豚鼠（mustela felipei）、大水獭、水獏、咖啡头蜘蛛猴（ateles fusciceps）、厄瓜多尔短尾鼠（alcodon latebricola）、加拉帕戈斯菲尔南迪纳鼠、加拉帕戈斯纳波罗鼠（nezoryzomys narboroughi）、加拉帕戈斯圣地亚哥鼠

---

① http://www.ecuadorexplorer.com/html/vital_stats.html

（nezoryzomys swarthi）、圣菲稻田鼠（oryzomys bauri）、亚马孙海牛。

濒危动物有：眼镜熊、塞伊鲸（balaenoptera borealis）、蓝鲸、鳍鲸（balaenoptera physalus）、灰色豚（delphinidae sotalia fluviatilis）、玫瑰色豚（iniidae inia geoffrensis）、窄翅蝙蝠、卡夫雷拉自由尾蝙蝠（cabreramops aequatorianus）、山獏、安第斯刺鼠（anotomys leander）。

生存受到威胁的动物有：毛尾狐、矮脚鹿、虎猫、安第斯山猫、美洲豹、美洲狮、加拉帕戈斯毛皮海豹、加拉帕戈斯海狼（zalophus wollebaeki）、黄腹蜘蛛猴、卷尾猴（cebus capucinus）、吼猴（lagothrix lagotricha）等。[1] 目前，国家已经将毛尾狐、矮脚鹿、虎猫、眼镜熊等30多种珍稀动物列入法律保护范围。

原来干旱林覆盖着沿海地区280万公顷土地，但是由于人类开发，现在仅存2万公顷，不足原来的1%。木材开采主要集中在卡亚帕斯、圣地亚哥和欧恩索利等河流域。木材开采价值每月为600万美元，这还不包括非法买卖和对木材的极低利用率。

在安第斯森林区，位于海拔2000~4000米高度的森林几乎全部被农作物耕作和人类扩建居住地所破坏。仅仅在边远的地区还保留着小面积的森林。山区的林木采伐要比其他地区快2%~3%，这意味着这里每年要多采伐2800~4200公顷森林。目前，安第斯地区和荒原一带森林覆盖面积仅为3.5%。

在亚马孙地区，天然森林受到石油开采业和农业垦殖活动的影响。新开辟的交通运输路线便利了木材开采和农业垦殖。农业垦殖人口自20世纪60年代开始迅速增加，特别是在纳波地区，大面积的天然植被变成了非洲棕榈种植园、牧场和小农庄。原来

---

[1] *Almanaque ecuatoriano*：*Panorama 2003*，Edipcentro，página 415，Riobamba，El Ecuador，2003.

生活在这里的印第安人被迫迁居到更加偏远的地区。

厄瓜多尔政府希望得到更多的国际帮助,保护加拉帕戈斯群岛最有生态价值的遗产。加拉帕戈斯群岛正在遭受人口增长(增长率为6%,显著高于大陆地区2.08%的增长率)和石油开采的威胁。人口增长迫使扩大农牧业用地,以满足日益增长的人口食品需求。加拉帕戈斯海域和群岛周围40公里的海洋生态保护区内的渔业资源受到过度捕捞特别是非法捕捞的影响,74种鱼类的生存受到威胁。人类生活区域的扩大,岛外植物和动物的入侵,海洋资源的过度开发,旅游的快速发展,人口过度增长和垃圾等问题造成疾病和蚊蝎的侵袭。

二　生态环境保护

1982年厄瓜多尔制定和颁布的《野生植被和自然区域保护森林法》规定,国家负责天然森林的管理,控制木材的开发以及森林资源的恢复。通过对可开采天然林的管理促进森林的可持续发展。1992年厄瓜多尔成立森林和野生及自然区域协会,专门负责森林事务。此后,又于1996年组建了环境部,并于1999年颁布第505号法令,由环境部下属的森林司和生物多样化司负责和管理森林事务。环境部还制定了《厄瓜多尔森林可持续发展战略》。

自1976年,国家保护区系统管理局(Administración del Sistema Nacional de Areas Protegidas, SNAP)开始投入工作,实施厄瓜多尔重要野生区域保护初步战略。国家保护区系统管理局最初隶属于农牧业部的林业部门,后归属环境部。

国家保护区系统管理局的宗旨是保护厄瓜多尔野生生命的遗传多样性和特殊性,为科学研究、环境教育、生态旅游和大众娱乐提供机会,促进各社会团体参与保护大自然。

目前,国家保护区系统管理局属下的保护区有:卡哈斯国家保护区（Parque Nacional Cajas）、科托帕希国家保护区（Parque Nacional Cotopaxi）、加拉帕戈斯国家保护区（Parque Nacional Galapagos）、利延加纳特斯国家保护区（Parque Nacional Llanganates）、马查里利亚国家保护区（Parque Nacional Machalilla）、波多卡尔珀斯国家保护区（Parque Nacional Podocarpus）、桑盖国家保护区（Parque Nacional Sangay）、苏马科纳波—加雷拉斯国家保护区（Parque Nacional Sumaco Napo-Galeras）、亚苏尼国家保护区（Parque Nacional Yasuni）、里蒙科查生物保护区（Frserva Biológica Limoncocha）、加拉帕戈斯海洋生物保护区（Reserva Biológica Marina de Galapagos）、安提萨纳生态保护区（Reserva Ecológica Antisana）、埃尔安赫尔生态保护区（Reserva Ecológica el Angel）、卡亚帕斯—马塔赫沼泽灌木林生态保护区（Reserva Ecológica Manglares Cayapas'Mataje）、伊利尼萨斯生态保护区（Reserva Ecológica los Illinizas）、马切—钦杜尔生态保护区（Reserva Ecológica Mache'Chindul）、丘卢特沼泽灌木林生态保护区（Reserva Ecológica Manglares Churute）、阿雷尼利亚斯生态保护区（Reserva Ecológica Arenillas）、柯凡贝尔莫赫生态保护区（Reserva Ecológica Cofan Bermejo）、普卢拉瓦植物保护区（Reserva Geobotánica Pulalahua）、库亚贝诺动物保护区（Reserva Faunística Cuyabeno）、钦博拉索动物保护区（Reserva Faunística Chimborazo）、帕索乔阿野生物种保护区（Refugio de Vida Sivestre Pasochoa）、埃尔波利切国家娱乐区（Area Nacional de Recreación el Boliche）、圣克拉拉岛野生物种保护区（Refugio de Vica Silvestre Isla Santa Clara）、埃尔孔多尔保护区（Parque el Condor）、埃尔拉戈国家娱乐区（Area Nacional de Recreación Parque el Lago）、埃尔萨拉多沼泽灌木林动物保护区（Reserva de Producción Faunística Manglares el Salado）、克拉松岛和弗拉加塔斯野生物种保护区（Refugio de Vida Silvestre Isla Corazón e Inslas

Fragatas)、姆伊斯内沼泽灌木林生态系统野生物种保护区（Refugio de Vida Silvestre del Ecosistema de Mangla de Muisne）、拉奇吉塔野生物种保护区（Refugio de Vida Silvestre la Chiquita）、卡扬贝—科卡生态保护区（Refugio Ecológica Cayambe-Coca）。①

第四节　居民与宗教

一　人口

（一）人口概况

全国人口为1215万人。② 官方语言为西班牙语，在印第安人居住区，通行当地民族的印第安语。根据2001年普查的结果，全国人口密度每平方公里42人。

殖民时期和建国以后相当长的时期，虽然有人口统计数字，但是很不系统。根据当时的资料显示，1830年全国总人口为530500人。其中，中部山区为438000人，约占总人口的83%；西部沿海地区为78000人，约占15%；其余约2%的人口主要分布在东部皮钦查、阿苏埃和钦博拉索3省，为14500人。到20世纪初，人口达到128万。从1930年起，人口增长呈直线上升趋势。1960～1965年，人口年均增长率为3.0%。此后，人口增长速度减缓。2000～2005年，人口年增长率为1.4%，大大低于20世纪90年代的2%，80年代的2.2%和70年代的2.6%。③

---

① Lola Vázquez y Napoleón Saltos: *Ecuador*: *Su realidad 2004 - 2005*, Fundación "José Peralta", Décima Segunda edición, página 161 - 168, Quito, Ecuador, 2004.
② 为2001年第六次人口普查数字。
③ *Country Profile 2006*: *Ecuador*, Economist Intelligence Unit, p. 16, London, United Kingdom.

第一章 国土与人民

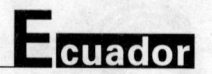

表1-3 人口增长率*

单位：%

1950~1955	1960~1965	1970~1975	1980~1985	1990~1995	2000~2005
2.6	3.0	2.9	2.7	2.1	1.4

说明：*为5年年均数。

资料来源：*Anuario Estadístico de América Latina 2006*, la Cepal。

人口增长速度下降的最主要原因是90年代末以来大量人口移居海外。另外，人口的自然增长率也在下降，这从妇女生育情况也可以看出来。1960年全国每位妇女平均拥有6.7个子女，1990~1995年平均数为3.1个，2005年为2.9个。城市下降速度要快于农村。[1]

20世纪60年代和70年代，人口增长迅速，形成了厄瓜多尔人口年轻化的特点。此后虽然人口增长率明显下降，但是人口结构仍保持着年轻化的特点（见表1-4）。2005年32.4%的人口年龄在14岁以下。

表1-4 人口年龄结构

单位：%

	2001年	2002年	2003年	2004年	2005年
0~14岁年龄组	34.0	33.6	33.2	32.8	32.4
15~64岁年龄组	60.8	61.1	61.4	61.6	61.9
65岁以上年龄组	5.2	5.3	5.4	5.6	5.7

资料来源：*Economist Intelligence Unit*; *Instituto Nacional de Estadístico y Censos del Ecuador*。

随着城市化进程的加速，城市人口增长速度明显加快，农村人口向城市集中，城乡人口比例发生了重大变化（见表1-5）。

---

[1] Lola Vázquez y Napoleón Saltos：*Ecuador*：*Su realidad 2004-2005*, Fundación "José Peralta", Décima Segunda edición, página 128, Quito, Ecuador, 2004.

厄瓜多尔

2001年的人口普查显示,农村人口比重由1950年的72%下降到2001年的39%,城市人口比重由1950年的28%上升到2001年的61%。城市人口的快速增长除了自然增长因素外,大量农村人口流入城市是一个重要因素。农村人口流入的城市主要是基多、瓜亚基尔,另外是新洛哈、马卡斯、圣多明各德洛斯克洛拉多斯。仅基多、瓜亚基尔和昆卡这3个城市就占去总人口的30%。其中,瓜亚基尔和首都基多的人口分别超过100万,占全国人口27.6%。这种现象不仅发生在上面提到的几个大城市,也发生在一些小城市,如圣多明各德洛斯克洛拉多斯、曼塔和杜兰等。根据2001年普查的结果,人口满10万人的城市有14座。

表1-5 城市人口比例

单位:%

1950	1970	1980	1990	2000	2005
28.0	39.5	47.0	55.1	60.4	62.8

资料来源:厄瓜多尔全国统计和普查协会,Anuario Estadístico de América Latina 2006, la Cepal。

沿海地区经济的发展使全国人口的地理分布有了重大变化。原来,沿海地区由于经济和政治发展落后,人口稀少,大部分人口集中于山区。1830年沿海地区和山区占全国人口的比重分别为15%和83%。直到20世纪30年代,人口还更多集中在安第斯山区。后来政府在沿海地区投入大量资金修建公路,帮助由于交通不便而未得到开发的地区建立村镇,在这些新开发地区投资从事灌溉工程、工业开发和自我垦殖,从而吸引了大批可望得到工作和较好生活条件的安第斯山区居民。自此,山区人口向沿海地区流动,沿海地区的人口迅速增长,数量超过了山区。1980年沿海地区人口所占比重上升到50%,山区则下降到48%。根

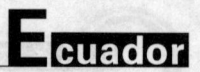

据2001年人口普查显示，沿海地区人口占总人口的49.8%，中部山区占44.9%，东部亚马孙地区占4.5%，加拉帕戈斯和其他地区占0.8%。① 沿海地区的人口密度略高于山区。②

目前，全国人口的性别比例基本保持平衡，男性人口略少于女性，城市中的女性人口高于农村，这主要是由于大量农村女性人口迁移到城市所致。在沿海和亚马孙地区各省，男性人口居多，而在山区各省女性人口居多。阿苏艾和卡尼亚尔省因国内和国际移民因素，男性人口居多。③

20世纪50年代，亚马孙地区主要居住着印第安人。目前，印第安人口只占该地区人口的30%，垦殖农占70%。在农牧业开发和垦殖法（Ley de Fomento Agropecuario y Colonización）颁布后，大量垦殖农特别是南部的莫罗纳—圣地亚哥省的垦殖农移居这里，后来70年代受东北部几个省石油繁荣的吸引，外来人口大量涌入。居住在亚马孙森林地带的印第安人以采集、狩猎、捕鱼和初始的农业粗放生产为生。但是石油开采和垦殖农及农工业企业和木材企业的生产使他们失去了土地，生存环境恶化，被迫向更加偏僻的地区迁移，或成为境况窘迫的雇佣工人。

（二）种族构成

厄瓜多尔人口由不同的种族构成，主体是印欧混血人、印第安人和白人。印欧混血人约占41%，印第安人34%，白人15%，黑白混血种人7%，其他人种为3%。上述数字仅是对种族构成的大概估计。其实，经过历史上长期的种族融合，各种族间很难划分一条明确的界限。十分有趣的是，2001年人口普查的

---

① *Country Profile 2006*：*Ecuador*，Economist Intelligence Unit，pp. 17，London，United Kingdom.
② http://www.ecuadorexplorer.com/html/people_and_culture.html
③ Lola Vázquez y Napoleón Saltos：*Ecuador*：*Su realidad 2004 - 2005*，Fundación "José Peralta"，Décima Segunda edición，página 128，Quito，Ecuador，2004.

结果表明，厄瓜多尔根据居民种族自我认同得出的统计结果与上述数字大相径庭（见表1-6）。

表1-6 根据居民自我认同划分的各省种族构成

省 份	印第安人	黑人	印欧混血人	非欧混血人	白人	其他	总计
阿苏艾	20733	1586	521933	5576	48823	835	599546
玻利瓦尔	40094	600	112800	1604	14137	135	169370
卡尼亚尔	33776	964	161226	1960	8884	171	206981
卡尔奇	4263	5916	132220	2375	8059	106	152939
科托帕希	84116	799	243654	2468	18101	402	349540
钦博拉索	153365	752	227550	2120	19634	211	403632
埃尔奥罗	5505	9095	423120	19292	67034	1717	525763
埃斯梅拉达斯	10543	91952	178984	61794	39699	251	385223
瓜亚斯	42337	82364	2518328	134558	510649	20785	3309034
因巴布拉	86986	10993	222446	5499	17828	292	344044
洛哈	12377	1063	375558	1987	13641	209	404835
洛斯里奥斯	5518	12106	651820	14987	53846	1901	650178
马纳比	6448	13030	1068290	16337	78755	3145	1186025
莫罗纳圣地亚哥	47495	234	61021	591	5898	173	115412
纳波	43456	377	29798	761	4597	150	79139
帕斯塔萨	22844	243	34478	439	3652	123	61779
皮钦查	95380	30844	1918767	47777	290734	5315	2388817
通古拉瓦	64708	1355	332563	3916	38073	419	441034
萨莫拉钦奇佩	9348	196	63729	384	2820	124	76601
加拉帕戈斯	739	261	14735	522	2300	83	18640
苏昆比奥斯	13476	3248	98787	3452	9684	384	128995
奥雷利亚纳	26249	1369	51393	1677	5677	128	86493
未划定地区	622	2025	58630	2561	8506	244	72588
总 计	830418	271342	9411890	332637	1271051	39240	12156608
百分比	6.83%	2.23%	77.42%	2.74%	10.46%	0.32%	100.00%

资料来源：*VI Censo de Población y V de Vivienda*, Noviembre 2001, INRC Lola Vázquez y Napoleón Saltos；*Ecuador：Su realidad 2004 - 2005*, Fundación "José Peralta", Décima Segunda edición, página 148, Quito, Ecuador, 2004。

白人与印第安人的混血种人被称作"梅斯蒂索"或"乔洛"。但是"梅斯蒂索"和"乔洛"又有所区别,"梅斯蒂索"在文化、生活习惯和衣着方面接近于白人,而"乔洛"则接近于印第安人。在厄瓜多尔,白人与白人血统稍重些的混血种人的区别往往是模糊的。在安第斯山区的小城镇,混血种人习惯自称白人,以有别于印第安人,但大城市里的白人或社会上层人士却称他们是"梅斯蒂索"人。收入和生活方式往往也是区别二者的重要因素,富裕的"梅斯蒂索"可以被称作白人,而穷人则被称作"梅斯蒂索"。

欧洲裔白人占人口的比重不大。他们通常是高科技专业技术人员,政府官员,富裕的商人和银行家。

非洲裔人口占全国人口的比重也不大,主要分布在沿海地区。据估计,在沿海地区生活着50万非洲裔人口。16世纪,殖民者从非洲引进很多奴隶。他们在沿海甘蔗种植园做工,由此,逐步形成了一个独特的民族集团,发展了高度的农业文化。埃斯梅拉达斯省的居民很早以前就种植稻子、玉米、豆类作物、菠萝、可可、靛蓝。他们的舞蹈、音乐、巫术和信仰至今仍保持着本民族的特点。大多数黑人从事农业劳动、捕鱼,在港口做搬运工或在种植场当雇工。妇女以捕捞贝类动物为生。20世纪60年代和70年代,一些黑人的谋生手段变为经营小店铺、小酒吧和从事其他服务行业。在种族的等级制度中,黑人的地位比印第安人略高一些。生活在边远地区的黑人讲的方言中带西班牙语。

(三) 国际移民

不少研究成果表明,向外移民成为影响厄瓜多尔人口数量变化和人口构成的重要因素。[①] 根据厄瓜多尔移民局的数字,1998~

---

① *Country Profile 2002*:*Ecuador*, Economist Intelligence Unit, pp. 14, Londom, United Kingdom.

2001年,共有40.5万厄瓜多尔人到国外去谋生。移民主要流向美国和欧洲发达国家特别是西班牙。1995年以前,65%的移民前往美国。1995年以后,更多移民青睐西班牙,他们占对外移民总数的一半。根据西班牙方面的材料,居住在西班牙的厄瓜多尔人数为39万人,是该国最大的外国移民群体。另外,意大利也是一个重要的移民目的地。

国家统计局的研究显示,对外移民主要是出于经济原因。1998年经济危机加深后,向外移民的速度和规模显著扩大。以前,移民大多来自安第斯山区,但近几年情况发生了变化,移民扩及到全国各地,包括沿海地区,但是主要还是来自南部地区,如阿苏艾、卡尼亚尔和洛哈等省。在这些地区,每10个家庭便有6个家庭有海外移民。这些移民主要是90年代末受经济危机影响陷入贫困的城市居民,通常是失业者,为了寻求生计而移居海外。移民更多的是青年人,一半以上的移民人口在20岁以下,其中36%的移民为18岁以下。目前移民汇款已成为国家外汇收入的第二大来源。

在对外移民中,妇女所占比例显著扩大,构成了对外移民的"妇女化"现象。1996~2003年,女性移民人数增加了4倍,赴美国的妇女人数增加了13倍。

(四)人口普查

根据1944年8月9日颁布的第760号法令,建立了隶属于经济部的国家统计和普查协会,作为统管全国统计和普查工作的统一领导机构。6年后,根据同一部法令的规定,于1950年11月29日进行了首次全国人口普查。由于缺少资金和组织工作不得力,普查统计结果在10年后才汇总成册。但是并不是所有的册本都得到了出版。

1962年11月25日,进行了第二次全国人口普查和第一次住宅普查。为此建立了全国普查技术委员会。这次人口统计绘制了全国的人口普查图。1974年6月8日进行了第三次全国人口普查和第二次住宅普查。新建立的全国统计办公室负责这方面的工作。1974年的普查工作采用了视听系统,动用了4.8万名普查员。这次普查工作的经验和技术甚至在拉美其他国家得到借鉴,厄瓜多尔还对其他国家提供了技术咨询。1982年11月28日,国家统计和普查协会进行了第四次人口普查和第三次住宅普查。1990年11月25日,进行了第五次人口普查和第四次住宅普查。在资料加工过程中,使用了计算机技术,计算机专业人员参加了普查。这使得省级的人口和住宅普查结果在普查当年便得以公布。2001年11月25日进行了第六次人口普查和第五次住宅普查,由国家统计和普查协会进行。[①]

二 印第安民族

印第安人世世代代生活在厄瓜多尔这片古老的土地上,经过长期的迁徙、分化和融合,逐步形成了十多个民族(nacionalidades),并创造了自己丰富的民族文化。这些印第安民族主要居住在安第斯山区和亚马孙地区。一些印第安民族与外来文化接触紧密,在保留自己的文化传统、风俗习惯的同时,接受了外来文化的影响,使用外来的西班牙语言。还有一些民族处于相对隔绝状态,较好地保留了本民族的文化,仅使用本民族的语言。

厄瓜多尔的官方语言是西班牙语。但是在印第安人的主要聚居区也讲克丘亚语等十多种印第安语。

厄瓜多尔宪法承认共和国为多民族国家,包括众多的印第安民族,允许这些民族和部落(pueblos)参与国家政治生活和决策。宪法特别承认,民族和部落具有"派出代表参加政府机

---

① http://www.inec.gov.ec/

构"的集体权利。1998年政府颁布第386号政府令,建立了厄瓜多尔民族和部落发展理事会（Consejo de Desarrollo de las Nacionalidades y Pueblos del Ecuador, CODENPE）,作为管理民族事务的官方机构。根据这一法律文件,印第安各民族派出代表参加理事会,参与民族事务的决策和管理。厄瓜多尔民族和部落发展理事会具有法人身份,隶属于总统府。在此之前,为了维护非洲裔少数民族的权益,已经建立了厄瓜多尔非洲裔发展协会。

厄瓜多尔的印第安民族在国家生活中具有越来越重要的地位和影响,这不仅因其人口数量多,而且由于最近20年来,他们在政治和社会方面的作用日益增强,已成为一支不可忽视的政治和社会力量。印第安人运动提出了自己的政治纲领,要求承认其民族地位,把厄瓜多尔建成一个多民族、多元文化的社会。

（一）各印第安民族

人们在谈及印第安社会和文化时,往往把民族、部落、社区等混为一谈,造成混乱和误解。厄瓜多尔民族和部落发展理事会对民族和部落概念进行了定义,并对厄瓜多尔印第安民族进行了划分和确定。[①] 在厄瓜多尔现行行政管理中,民族被赋予特殊的

[①] 厄瓜多尔民族和部落发展理事会是这样定义民族（nacionalidades）的："由古老的部落（pueblos）组成,这些部落早在厄瓜多尔国家形成前便已存在,是国家的组成部分。部落的定义是:拥有共同的历史认同、语言和文化,生活在特定的地域,拥有自己的组织机构和传统的社会经济、司法和政治组织形式,行使自己的权力"。

印第安部落可以理解为"是这样的原始群体（colectividades originarias）,由具有与厄瓜多尔其他阶层相区别的文化认同的社区或中心组成,它们有自己的社会、经济、政治和法律组织系统"。可以说,在一个民族之中可以存在不同的部落,它们之间保持着该民族的实质性特点,如语言,但是拥有其他相互不同的文化因素。

（转下页注）

第一章 国土与人民

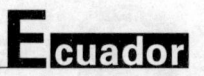

含义和功能。有关法律规定,民族具有政治和行政管理权力,有权代表特定的民族群体参与全国性或地区性政治决策机构。这成为区分民族与部落的主要标准之一。根据厄瓜多尔民族和部落发展理事会关于印第安民族和部落的划分,厄瓜多尔主要存在以下印第安民族。

克丘亚族（Nacionalidad Quichua） 是古代印加文化和印加帝国的创建者。在西班牙人到来之前,伴随着印加帝国的扩张与征服,拥有不同文化特点的部落相互融合,在此基础上产生了克丘亚民族,他们拥有自己的语言克丘亚语。

克丘亚人广布于南美洲安第斯地区,现有人口1281万人,其中62%分布在秘鲁中部和南部各省,19.5%聚集在厄瓜多尔中部的安第斯山区,18%居住在玻利维亚。另有少部分人分布在智利北部和阿根廷西北部。在克丘亚人的社会发展过程中,不断地同化和吸收其他印第安民族,到19世纪中期,除了分布在东部地区丛林中的印第安人之外,其他很多印第安部落都合并到克丘亚民族中。厄瓜多尔现有印第安人约263万多人,大部分属克丘亚人。克丘亚人主要从事农业和畜牧业,种植马铃薯、玉米、小麦等。

山区的印第安人逐步接受了克丘亚民族的认同,他们拥有一个长期共同的历史,共同的语言和世界观。根据这一世界观,世

（接上页注①）除此之外,还有另外一种基本的社会单位（unidad social básica）,即社区（comunidad）,其定义是"由定居于某个特定区域内的家庭组成,是一个民族或部落的组成部分,其生活方式基于具有相互性、共济性和平等性的集体活动,拥有一种政治、管理、经济、精神和文化组织系统"。社区是发展、再生所有文化行为的基础单位,而这些文化行为则标明了一个部落或民族的特点。

参见 Lola Vázquez y Napoleón Saltos: *Ecuador*: *Su realidad 2004 – 2005*, Fundación "José Peralta", Décima Segunda edición, página 139, Quito, Ecuador, 2004。

界、土地、人类之间存在一种和谐的关系，一切分为相对应的两极：大地与苍穹、高与矮、冷与热等。他们视集体为经济、社会和文化生活的基础。

克丘亚民族以亲属关系和共同的文化传统为基础。其社会基础组织是部落。每个部落拥有自己的文化，大多数情况下，他们以自己居住地的名称命名自己，如奥塔瓦罗、卡兰基、那塔布埃拉、卡扬贝、基图、潘萨雷奥、萨拉萨加、奇布雷奥、瓦兰卡、普卢哈、卡尼亚利和萨拉古洛。

在因巴布拉省，有奥塔瓦罗人、那塔布埃拉人和卡兰基人。因巴布拉省主要的印第安人节日来源于西班牙殖民时期以前，但是现在与天主教节日混杂在一起了，成为土著文化与外来文化结合的产物。在皮钦查省，位于基多市附近的各部落经过了较强的混血过程，传统文化成分保留不多。最重要的部落是卡扬贝、辛比萨斯、基多—卡拉斯。在科托帕希省，远离城市中心的社团更好地保留了他们的文化，如孙巴瓦、关加赫、瓜亚马和莫雷纳的印第安人。他们基本上以农业为生，辅之以牧羊。该省很大一部分印第安人迁移到了城市，从事建筑劳动。靠近省首府的社团，如普西利、萨基西利和穆拉罗混血现象比较重。在通古拉瓦省，主要的部落和社团为萨拉萨加、奇布雷奥和皮利亚罗，他们以农业和制作一些手工艺品为生。在钦博拉索省，卡恰斯、利科托斯和科尔塔斯等部落的印第安人过去曾是养身地农，与大庄园有人身依附关系。在后来的土改过程中，他们分配到了土地。近年来，随着城市化的发展，很多印第安人已迁移到城市生活。在玻利瓦尔省，很多社团采用了村镇的名字命名自己，如瓜兰达和希米亚图格。在卡尼亚尔和阿苏艾生，有卡兰基人；在洛哈，有萨拉古洛人。

总的来讲，克丘亚各部落受到白人和混血人强烈的意识形态和文化渗透，但是仍然保存了自己的文化和认同。一般来讲，他

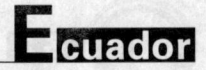

们以农业为生,主要生产作物为玉米。但是也有很多印第安人失去了土地,流入城市,受雇于服务和建筑等部门,或从事其他收入很低的工作。

亚马孙克丘亚族(Nacionalidad Quichua de la Amazonia) 亚马孙克丘亚民族包括两个部落,即纳波—克丘亚部落和帕斯塔萨克丘亚部落,他们拥有共同的语言和文化传统。

亚马孙克丘亚民族的语言是卢纳世米语,属于克丘亚语系。该地区的克丘亚民族有人口8万人。分布于苏昆比奥斯、纳波和帕斯塔萨省,位于普图马约河和圣米格尔河东部及帕斯塔萨南部和哥伦比亚及秘鲁边境的东部。他们拥有与山区克丘亚人同样的语言和文化传统。目前,亚马孙地区的克丘亚人仍保持自己的文化,使用草药,拥有自己的风俗和自己的语言克丘亚语,保持强烈的文化认同。其表现方式,如着装等发生了变化。但是他们的生活方式发生了较大变化。集约牧业和农业的发展迫使他们定居下来,并依赖于信贷机构。另外,受到垦殖农业、农工业和石油工业扩张的威胁,失去大量土地。

恰奇族(Nacionalidad Chachi) 居住于埃斯梅拉达斯省卡亚帕斯河沿岸。由467个家庭组成,分布于46个居住中心,这些中心分布于3个居住区域。在北部区域,为埃洛伊区、阿尔法罗和圣洛伦索区;中部区域为埃斯梅拉达斯区和基宁德区;南部区域为姆伊斯内区。恰奇族的语言为恰帕拉语。恰奇族居住地面积为10.5万公顷,其中8.3万公顷是原始森林和半原始森林,拥有令大工业木材公司垂涎的木材资源。

恰奇人认为,世间分为3个世界,一个是高级世界,是精神和文化的最高境界;另一个是中间世界,生活着人类和灵魂;最后一个是低级世界,介乎于上面两个世界之间。世间万象基于一种两元、双极的排斥和互补的原则。恰奇人认为自然界是一种活的系统,被一种伟大的神灵力量所支持。谁冒犯了这种神灵力

量,就会遭受灾难。所有生灵,人类、动物、植物、山川、河流、山崖和石头都有灵魂。恰奇人以耕作特别是种植香蕉、狩猎和捕鱼为生。

埃佩拉族（Nacionalidad Epera） 人口295人,拥有330公顷土地,种植可可、椰子和香蕉。根据其种族特性、语言和来源地,埃佩拉人是埃佩拉拉西亚人的分支,而后者是哥伦比亚规模较大的印第安人群体之一。埃佩拉族较晚才出现在厄瓜多尔。1964年由于厄瓜多尔乔科地区与哥伦比亚的乔科地区生活条件相似,他们从那里迁移到厄瓜多尔来。最初,他们生活在哥伦比亚的南部和厄瓜多尔的北部,特别是埃斯梅拉达斯省,处于赤贫状态。如今他们处于重新集聚过程中,逐步获得认同,具有生活在卡亚帕斯河圣罗萨镇的埃佩拉人的归属感。

萨奇拉族（Nacionalidad Tsa'chila） 人口2640人,生活在皮钦查省西南部的圣多明各德洛斯克洛拉多斯地区,离基多128公里。居民分布于离圣多明各德洛斯克洛拉多斯区很近的8个社区。原厄瓜多尔土改和垦殖协会分配给他们19000公顷土地,现在仅剩下9060公顷,其他部分已被垦殖农占有。

萨奇拉人一般被认为是"有色"人种,因为他们的发型梳理十分奇特,并用胭脂果染发。他们拒绝使用"胭脂果"这一个词,坚持称之为"萨奇拉果",意思是"真正的人"。他们靠农业、狩猎和饲养牛维持生计。尽管他们与混血社会保持着密切的接触,但是仍然保持着赋予他们文化认同的文化因素,例如仍然讲自己的语言萨菲吉语。

阿瓦族（Nacionalidad Awa） 人口3750人,分布于厄瓜多尔西北部,卡尔奇省的米拉河与圣胡安河之间的地区和埃斯梅拉达斯省的圣洛伦索地区,居住在26个居住中心。拥有10万公顷合法土地,另有5500公顷由祖上传袭但没有合法化的土地。其语言是阿瓦皮特语。阿瓦的意思为人、人类,阿瓦人也被称为

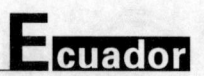

科阿伊格人（Coayquer）。他们主要以狩猎、捕鱼和种植农作物特别是木薯和香蕉为生。阿瓦人广泛种植海枣树，果实用作食品，木材用作建筑住宅的材料。

山区黑人部落（Pueblo negro de la sierra） 除了大量黑人后裔聚居在埃斯梅拉达斯省以外，一部分黑人生活在山区，形成一支少数民族。他们分布于因巴布拉和卡尔奇省，居住在乔塔河谷、米拉河谷、萨利纳斯和因塔格等地。他们根据自己的肤色自称为"黑人"，但也有不少人坚持自称为"非裔厄瓜多尔人"。

乔塔的黑人部落拥有人口约2.7万人，其中8000人居住在乔塔河谷，7000人居住在米拉河盆地，4000人居住在萨利纳斯，8000人居住在因塔格地区。黑人部落讲西班牙语，他们原来的语言已经消失了。殖民初期，乔塔河谷大量种植可可和棉花，由此产生了乔塔—米拉河谷地区的经济繁荣。后来，西班牙人引进了橄榄、葡萄生产。耶稣教会教士引进了甘蔗，他们控制了该地区的社会和经济，并拥有大规模的庄园和肥沃的土地。由于印第安人口越来越少，需要大量劳动力，耶稣会教士们引进了黑人奴隶，由此形成了厄瓜多尔民族构成的一个种族。1776年耶稣会教士被驱逐，他们的地产转入当地的大地主手中。1852年政府颁布了废奴法令，解放了黑奴，但是贫困和剥削一直折磨着黑人。目前该地区仍然是最贫困落后地区之一。由于历史原因，这里的黑人文化受到天主教会的强烈影响。

塞科亚族（Nacionalidad Secoya） 人口400人，生活在苏昆比奥斯省，主要聚居在3个社区。

西奥纳族（Nacionalidad Siona） 人口360人，生活在苏昆比奥斯省，散居于一些村庄。

由于塞科亚人和西奥纳人居住于同一地区，即普图马约河、阿瓜利科河和库亚贝诺河地区，且使用同一语言，人们往往又把他们视为同一民族，称之为塞科亚—西奥纳族。他们拥有4万公

厄瓜多尔

顷合法土地。主要以种植菜蔬为生，辅之以狩猎、捕鱼和采集野果。目前，他们的生存受到垦殖农和污染的威胁。塞科亚人在石油公司油田从事清理和建筑工作。他们信仰亚赫神（Yage），通过亚赫神获得权利和知识，与超乎自然的力量进行沟通。他们认为，存在一个地下世界和一个天堂世界。地下世界又被称作大地之家，那里生活着有生有死的人类。

科凡族（Nacionalidad AI Cofan） 厄瓜多尔境内有人口728人，哥伦比亚境内200人。沿苏昆比奥斯省的阿瓜利科河而居。他们的语言是埃恩加厄语。他们把自己称为"Ai"，为人的意思。科凡人保持着从祖先那里承袭下来的风俗，举行饮用亚赫神灵水的仪式。

他们主要以轮耕农业为生，辅之以狩猎、捕鱼和采集野果。垦殖农的到来以及石油的开采使他们失去了生活的条件，很多人被迫到石油公司打工。石油开采也影响了科凡人的聚居环境，土地大大减少了，并被分割成小的地块，而且处于边远地区和无法居住的原始森林中。贝阿诺语言协会使科凡人的文化发生了重要变化，他们很多人改信了基督教，仅把对亚赫神的崇拜用来保持其传统的价值观和文化品行。他们仍然保持着其传统服饰，这种服饰是其认同的重要象征，尽管他们之中很多人已经改穿西方的衣服。在科凡人的家庭中，劳动分工十分明确，妇女从事所有的家务劳动。

瓜拉尼族（Nacionalidad Huaoi, o Huaorani） 人口3000人，居住在奥雷利亚纳、帕斯塔萨和纳波省，聚居于28个社区。语言是瓦奥特雷罗语。从事轮耕农业，每个家庭拥有几小块土地，用于周期性的耕作和轮耕，另外从事狩猎和捕鱼。在远古时代，他们崇拜太阳神，有些人崇拜水神，河流对他们来讲十分神圣，是负责奖赏和惩罚的神。瓜拉尼人十分熟悉原始森林，每人都能掌握每种植物的4种用法。由于石油开采，他们被从其土地

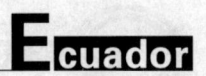

上驱逐出来，其维持生活的方式受到威胁。

萨帕拉族（Nacionalidad Zapara） 是厄瓜多尔亚马孙地区人口最少的民族。在他们的语言中萨帕拉的意思是"森林人"。该部落的历史是被西方文化冲击和剥夺的历史，特别是被橡胶开发剥夺的历史。在西班牙人来到这里时他们拥有 20 万人口，分布于 39 个聚居区。但是目前只剩下 200 多人。讲萨帕拉语。他们居住在科南波河和品多亚库河流域，生活在生态多样化的亚马孙原始森林。厄瓜多尔与秘鲁的边境冲突把他们分割了，一部分留在厄瓜多尔境内，另一部分生活在秘鲁境内。厄瓜多尔和秘鲁的萨帕拉民族的文化被联合国科教文组织宣布为人类非物质财富。

阿丘阿尔族（Nacionalidad Achuar） 由 830 户家庭组成，讲阿查尔奇查姆语。他们生活在帕斯塔萨和莫罗纳—圣地亚哥省。

舒阿尔族（Nacionalidad Shuar） 人口 11 万，讲舒阿尔奇查姆语。舒阿尔人和阿丘阿尔人实行种族联姻，语言属于同一语系，因此，有人把他们视为同一民族，称其为舒阿尔—阿丘阿尔族。他们共同生活在厄瓜多尔和秘鲁，与秘鲁阿瓜卢纳人和瓦比萨人属于同一语言系。

舒阿尔人和阿丘阿尔人把自己叫做乌苏利舒阿尔人（Untsuri Shuar），意思是"山地人"。他们生活在圣地亚哥河、莫罗纳河和帕斯塔萨河一带，在帕斯塔萨省的南部，莫罗纳—圣地亚哥和萨莫拉—钦奇佩省的东部。目前扩展到纳波、帕斯塔萨和萨莫拉—钦奇佩省。舒阿尔人合法占有土地 718220 公顷，另有 150000 公顷土地处于履行合法程序之中。由于人口的扩张和无法控制的垦殖行为，他们开始占据河岸地区和森林的土地，进入了属于阿丘阿尔人的地区。

舒阿尔人和阿丘阿尔人是亚马孙地区最大的文化群体。他们从事轮耕农业，使用刀耕火种技术。还从事畜牧业，目前他们已经定居下来，这使他们的社会文化制度发生了变化。

他们的文化有很多传说，根据这些传说，风、雷电、星辰、动物和植物是灵魂的托身，而这些灵魂是永恒的。传说中最有名的神灵是大地母亲神农奎（Nunkui）。

安多阿斯族（Nacionalidad Andoas） 除了以上各个民族外，还有一个安多阿斯族。2004年5月8日，亚马孙印第安议会（Parlamento Indio Amazónico）在普约召开会议，宣布安多阿斯人为一个民族。安多阿斯人生活在帕斯塔萨省帕斯塔萨河和波伯纳萨河岸边，人口800人，有自己的语言和服饰。占有土地10万公顷。这些土地均为原始森林。

（二）克丘亚民族的各个部落

克丘亚民族内部又分为以下主要部落。

卡兰基部落（Karanki） 讲克丘亚语和西班牙语。人口6360人，生活在安第斯山区，因巴布拉省的伊巴拉区和奥塔瓦罗区。行政组织为第49区理事会。

那塔布埃拉部落（Natabuela） 生活在安第斯地区，因巴布拉省的伊巴拉区。那塔布埃拉人组织了区理事会和部落印第安政府。讲克丘亚语和西班牙语。

奥塔瓦罗部落（Otavalo） 人口6.5万人，生活在安第斯山区，因巴布拉省的几个区。讲克丘亚语和西班牙语。聚居在157个社区，组织了区理事会。

卡扬贝部落（Kayambi） 人口14.7万人，生活在安第斯地区，皮钦查、因巴布拉和纳波省的一些地区。讲克丘亚语和西班牙语。聚居在131个社区，组织了合作协会和省联邦协会。

奇图卡拉部落（Kitu Kara） 人口10万人，生活在安第斯山区，皮钦查省各城市的郊区。讲克丘亚语和西班牙语。

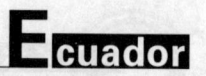

聚居在 64 个社区，这些社区的政治权力机构是社区代表大会。

潘萨雷奥部落（Panzaleo） 人口 4.5 万人，讲克丘亚语和西班牙语。生活在安第斯山区，科托帕希省南部地区。区议会和代表大会是其社区的政治代表机构。

奇布雷奥部落（Chibuleo） 人口 1.2 万人，讲克丘亚语和西班牙语。生活在安第斯山区，通古拉瓦省的东南部。聚居在 7 个社区。社区代表大会是其最高政治权力机构。

萨拉萨加部落（Salasaka） 人口 1.2 万人，讲克丘亚语和西班牙语。生活在安第斯山区，通古拉瓦省安巴托市的东部。最高决策机构是社区代表大会。

瓦兰卡部落（Waranka） 讲克丘亚语和西班牙语。生活在安第斯山区，玻利瓦尔省的中部地区。聚居在 216 个社区。居住相对分散。

普卢哈部落（Puruhá） 人口 40 万人，讲克丘亚语和西班牙语。生活在安第斯地区，钦博拉索省的里奥班巴、阿拉乌西、科尔塔、瓜莫特等区。最高权力机构是社区代表大会，由社区代表大会选举执法领导机构。

卡尼亚利部落（Kañari） 人口 15 万人，讲克丘亚语和西班牙语。生活在亚马孙地区，阿苏艾省和卡尼亚尔省的一些地区。聚居在 387 个社区，长老会和各社区代表大会是其最高政治权力机构。

萨拉古洛部落（Saraguro） 人口 6 万人，讲克丘亚语和西班牙语。生活在亚马孙地区，从洛哈省西北部到萨莫拉—钦奇佩省。社区是该部落的传统组织形式。

曼塔—万卡维尔加—普纳部落（Manta-Wancavilca-Puná） 生活在沿海马纳比和瓜亚斯省的一些地区。讲西班牙语。最高政治组织形式是由社区组成的联合会。

三 语言

厄瓜多尔的官方语言是西班牙语。英语在知识界和政府官员中也用得较多。印第安人的语言历史悠久,种类繁多,有些部落讲自己方言土语,有些语言还没有文字。在印加人征服厄瓜多尔后,印第安人学会了克丘亚语。克丘亚语在纳波河、卡内洛河以及其他东部地区都通用。还有其他印第安民族讲自己本民族的语言(见表1-7)。

表1-7 各印第安民族及其语言

民 族	地 区	语 言
KICHWA(Quichua)	山区和亚马孙地区	克丘亚语 Kichwa
AWÁ	沿海地区	阿瓦皮特语 Awapít
CHACHI	沿海地区	恰帕拉语 Cha'palaa
ÉPERA	沿海地区	希亚佩蒂语 Sia pedee
TSA'CHILA	亚马孙地区	萨菲吉语 Tsa'fiqui
A'I COFÁN	亚马孙地区	埃恩加厄语 A'ingae
SECOYA	亚马孙地区	帕伊科卡语 Paicoca
SIONA	亚马孙地区	帕伊科卡语 Paicoca
WAORANI	亚马孙地区	瓦奥特雷罗语 Wao Tiriro
SHIWIAR	亚马孙地区	西维瓦尔奇查姆语 Shiwiwar Chicham
ZÁPARA	亚马孙地区	萨帕拉语 Zápara
ACHUAR	亚马孙地区	阿查尔奇查姆语 Achar Chicham
SHUAR	亚马孙地区	舒阿尔奇查姆语 Shuar Chicham

资料来源:Consejo de Desarrollo de Nacionalidades y Pueblos del Ecuador。

四 宗教

厄瓜多尔94%的居民信奉天主教,6%信奉基督教新教和其他宗教。天主教会实行主教区制度,主教区下分

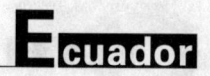

教区。全国有 3 个大主教区和 10 个主教区，25 个教区。有红衣主教 1 人，主教 26 人。全国主教会议是教会的最高权力机构。梵蒂冈在基多设有大使馆。

宗教概述 天主教是厄瓜多尔占主导地位的宗教。随着殖民者的武装入侵，很多天主教传教士、神父、修女从宗主国西班牙来到这里，对印第安人开展教化运动。1534 年，建立了基多传教中心。方济各会和多明我会先后于 1533 年和 1541 年进入基多地区。16 世纪 40 年代，殖民者开始构建宗教管理机构。1545 年建立了天主教主教区，其管辖范围为现今的厄瓜多尔、哥伦比亚南部和秘鲁北部地区。1550 年任命了基多主教。1563 年在设立了基多皇家检审庭后，主教辖区组织制度正式固定下来。

西班牙征服时期，天主教会在厄瓜多尔起了至关重要的作用。教会通过宗教裁判所审查官员的"纯洁性"，通过传播基督教教义教化印第安人，使其皈依天主教。教会十分重视对教育的垄断权，通过开办学校和从事教育传播西方"精神文明"，1622 年耶稣会创办了圣戈雷格里奥皇家大学，另一教会创办了圣托马斯大学。方济各会开办的图书馆颇为著名，藏有大量图书。教会还通过捐赠、置产业和直接购买积累了大批财富，霸占了大片土地，拥有大庄园和牧场。

当时，在基多地区，如同在美洲其他西属殖民地一样，西班牙国王根据罗马教廷的明确授权对自己在欧洲和美洲统治区的天主教会承担义务和享有权利。宗主国王室利用宗教手段对殖民地实行中央集权的专制统治。教会在世俗事务方面服从西班牙国王及其在美洲殖民地的代表。西班牙王室有权决定殖民地一切高级宗教职务，如大主教、主教、教士、神父和领俸神职人员等，有权决定建造教堂和修建修女院、修道院等宗教设施。

殖民时期天主教发展很快。17 世纪末，仅基多这个仅有 2.5 万人口的城市，就建起了 10 多座华丽的大教堂、10 个修道院、

厄瓜多尔

两所教会学校及其他一些小礼拜堂。到1780年,基多有896名神父和宗教职业人员,平均每30人左右就有一名神职人员。

厄瓜多尔独立以后,自由派曾发起反对教会势力的斗争。但是1860年,厄瓜多尔独裁总统莫雷诺上台后,放弃了自由派限制天主教会的政策,于1862年同罗马梵蒂冈教廷签署厄瓜多尔—梵蒂冈教廷条约。该条约规定,厄瓜多尔的主教由罗马教廷派遣,把国家的一切教育完全划归天主教会管理,公立和私立大学、学校按天主教教义进行教育,课本由大主教决定,禁止反宗教书籍出版,一切出版物和进口书籍必须经过天主教会的监督和审查,保留什一税等。该条约使天主教会享有比殖民统治时期更大的权力。1869年制定的宪法宣布,罗马天主教是国教,信奉天主教教义成为取得公民资格的一个必备条件。[1] 1897年自由党人阿尔法罗(1897～1901年,1906～1911年在位),实行政教分离,允许信仰自由。1906年,允许合法离婚。1908年,宣布教会的土地不得转让并被收为国有。[2]

19世纪中叶,一些非天主教徒从美国来到厄瓜多尔地区,他们传教十分困难,不仅遭到天主教会的反对,也遭到世俗权力的迫害。传播和信仰其他宗教是反对国家的行为。阿尔法罗自由派革命对政教关系产生很大影响,将政教分离,国家对教会机构实行控制。1945年的宪法再次提出宗教自由和政教分离。后来,随着解放神学运动的兴起,天主教以外的其他宗教在厄瓜多尔获得发展。很多新教教会从美国来到厄瓜多尔寻求发展。

解放神学运动 拉美解放神学运动兴起于20世纪60年代,核心力量是"拉美主教会议"(la Conferencia Episcopal Latinoamericana)。

---

[1] 莱斯利·贝瑟尔:《剑桥拉丁美洲史》第4卷,北京,社会科学文献出版社,1991,第605页。
[2] 宗教研究中心:《世界宗教总览》,北京,东方出版社,1993,第300页。

在厄瓜多尔，莱昂尼达斯·普罗尼亚奥（Leonidas Proaño）主教领导的里奥班巴主教区成为解放神学的论坛。普罗尼亚奥主教认为，"解释我们人民的定义有两个，即是受剥削的，又是信徒；要从这种意义上争取他们的解放"。他公开宣布里奥班巴教区是印第安人利益的捍卫者，并极力主张教会进行彻底改革，积极开展道德化运动。位于基多的"拉美主教协会"（"Instituto de Pastoral para América Latina"）负责协调这种实践。一些与政界、社会幕后统治集团有联系的保守天主教徒一直试图将普罗尼亚奥主教调离主教区或撤销其职务。解放神学派开始进行深刻的革新，特别是在印第安人集中的地区，对基础社区的教会进行了调整，积极支持社会变革，在印第安人中组织识字运动，帮助农民获得土地证书，建立合作社，拥护解决社会和政治问题，为农民举办无线电话学校，开办了一所培训乡村社区领袖的学院。

80年代中期，罗马教皇保罗二世先后于1984年和1986年发表了两个文件，质疑解放神学的理论。与此同时，罗纳德·里根发表的圣菲文件把解放神学视为对秩序和民主的威胁。在厄瓜多尔，费夫雷斯·科尔德罗（Febres Cordero）政府开始反对解放神学。"拉美主教会议"采取了一种中间立场，努力与国家和强势集团保持适当的良好关系，但同时也支持变革主张。

自20世纪90年代以来，厄瓜多尔教会上层反复表示维护和支持现存秩序。在各个宗教阶层中，出现一种回归精神主义实践的现象，疏远了社会承诺，加强了原教旨的立场。同时，在90年代以来印第安人和其他民众的起义事件中，教会上层采取调和立场，斡旋于政府和印第安组织之间，对平息事态起到很大作用。进入新千年以来，教会忙于处理内部事务，对社会改革的关注减弱。同时，因一些金融和政治丑闻，天主教会的威信下降。

新教 1824年不列颠及海外圣经会的成员进入厄瓜多尔，

厄瓜多尔

开始出售《圣经》。1896年建立常设传教机构。当时福音传教联合会（Gospel Missionary Union）的3名传教士承担了传教工作。福音传教联合会在亚马孙地区的吉瓦罗印第安人中及沿海低地一直较活跃，在安第斯的克丘亚人中也有相当影响。至今，福音传教联合会在厄瓜多尔仍然保持着巨大影响，是主要的新教教派。1897年开始活动的基督徒及传教同盟（The Christian and Missionary Alliance）也在沿海、山区及东部地区开展工作。1945年几个主要的美国新教教派组织成立了"安第斯印第安人联合传教团"（United Andean Indian Mission）向厄瓜多尔和其他安第斯国家的印第安人传教。目前，厄瓜多尔的第二大新教组织是"国际四方福音会"。该组织1953年出现在厄瓜多尔，1962年仅有2座教堂，70名信徒。此后因举办福音活动扩大了影响。此外，第二次世界大战以后，一些小的新教教派也陆续进入厄瓜多尔。

1965年在厄瓜多尔传教团契的基础上，各新教传教机构联合组成了"厄瓜多尔福音团契"（Ecuador Evangelical Fellowship），并于1967年与信义宗教会、圣公会以及天主教人士一道，在基多建立了一个图书馆。①

印第安人的原始宗教 印第安人的原始宗教与大自然和农业生产周期密切相关，在亚马孙地区，古老印第安人的宗教与河流和水相关。当强大的印加帝国来到这里时，这些宗教仍然存在下来。印第安人信奉太阳，视其为最高神灵。安第斯北部地区的印第安人既崇拜太阳又崇拜月亮。普鲁亚人崇拜通古拉瓦山和钦博拉索山。

后来，西班牙传教士大规模推行天主教，很多印第安人皈依了天主教。前哥伦布时期的土著宗教，很少以原样形式保存下

---

① 宗教研究中心：《世界宗教总览》，北京，东方出版社，1993，第301页。

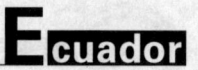

来，只有在偏远地区的个别地方才能看到。在很多印第安人聚居地区，居民们把原来的宗教信仰揉入现代基督教之中，使其具有浓厚的土著宗教色彩。这表现在很多崇拜对象上，很多古老神圣的山峰被冠以基督教圣徒的名字。基督的背后是太阳神，圣母马丽娅的背后是月亮神。

第五节 民俗与节日

一 民俗

服饰 厄瓜多尔印第安人的服饰很具民族特色。安第斯山区的印第安人穿麻布短衬裤、衬衫，披羊毛披巾，带毡帽。妇女穿裙子，胳膊外露，常常身披披肩。披肩的用途很广，既可御寒，又可作包裹。印第安人服饰的布料大多布质较粗，但图案和色彩却很鲜艳。亚马孙平原的西奥纳—塞科亚印第安人男人穿长衫，妇女穿裙子。他们大多戴着各种饰品，如项链、鼻环和长耳环等。由于阳光强烈，他们经常戴着用植物和动物羽毛编织的帽子。妇女擅长织棉布和羊驼毛布，布色鲜艳，常织有各种精美多样的动植物图案和几何图形。①

饮食 厄瓜多尔传统的食品是大米、土豆和肉类（牛肉和鸡肉到处都有，山区吃猪肉）。厄瓜多尔人可以用鸡肉、大米和鳄梨焖出鲜美的鸡肉干饭，用羊肉和大米焖出羊肉干饭，还用洋葱和西红柿烧出味道诱人的牛排。在街上的小摊上，游客可以买到玉米做的薄饼和烤嫩玉米棒。

厄瓜多尔以它独特的水果、优质的鱼和海产品以及无数种类

---

① 高放主编《耕海帆丛书：美洲大洋洲卷》，北京，新华出版社，1999，第342页。

的安第斯土豆而著名。游历厄瓜多尔各地,你可以发现一系列传统的风味食品,包括柠檬汁浸泡虾、烤玉米、夹肉糕点,可以品尝烤豚鼠肉等。

另外,厄瓜多尔人的饮食习惯和爱好因地区差异而有所不同。安第斯山区居民的饭菜仍带有古印加人烹调风味,做菜时常以玉米、土豆、瓜类、豆类为主要原料,配之以浓烈的作料。在他们的餐桌上,还经常可以品尝到浓乳酪土豆汤,里面配上鳄梨片,或加上甜食、水果,成为一道颇具当地特色的鲜汤。当地居民还十分喜欢吃一种煎土豆和乳酪小馅饼,加上各种配料,味道十分鲜美。山区的居民制作调料很讲究,他们把新鲜的辣椒和洋葱剁碎,拌在一起,加在热菜和凉菜中,十分开胃。山区居民的饮食比较清淡,而在西部沿海地区,居民以肉类、鱼类和甲壳动物为主食。

厄瓜多尔的正餐通常是先上一道汤,然后是一道主菜(主菜有肉),最后是甜点。如果想吃便餐,厨师可以为你提供美味的面包、甜糕点,如馅饼,有肉馅,还有奶酪馅,还有用土豆和奶酪做的薄馅饼。毫无疑问,汤是厄瓜多尔饭菜的特色。用奶酪、鳄梨和土豆做的一种洛克罗汤(Locro),味道有点怪,但实际上很美。还有用鱼和蔬菜做的一种杂烩汤,起源于沿海地区,现在在全国很流行

有一种辣酱油(aji)是很典型的调味品。几乎每个饭店和家庭的餐桌上都有一个装辣酱油的小碗,辣的程度根据自己口味而定。基本的食品通常有米饭、沙拉、土豆或油炸香蕉片。在沿海和亚马孙地区,土豆经常被豆子和木薯取代。

海鲜在厄瓜多尔是非常普通的和丰富的食品。你可以在沿海地区和主要城市以低廉的价格品尝到海鲜宴。在北部沿海地区的埃斯梅拉达斯省,你还可以品尝到一种用奇特的烹饪方法烹饪的海鲜叫椰汁海鲜,因为菜使用的原料包括椰汁。厄瓜多尔最有名

的一道海鲜菜叫"塞比切",以鲈鱼、虾、龙虾或海螺肉做原料,配上用苦柑汁、洋葱、蒜和油调制的作料,还可以撒上几个爆玉米花。不仅厄瓜多尔人,而且来自世界各地的游客都十分喜爱品尝"塞比切"。

厄瓜多尔的果汁饮料也是多种多样,十分鲜美,有甜橙汁、番茄汁、黑莓汁、山番荔枝汁和木瓜汁。此外,在东部地区,有几种不寻常的普通饮料十分招游客喜爱,如古柯叶、"瓜尤萨"、用经过粉碎和发酵的木薯制作的"马萨托"等。奇恰酒(chicha)是厄瓜多尔的一种传统酒,安第斯国家都有这种酒。奇恰酒由玉米、稻米和木薯发酵而制成。还有一种酒叫桂皮酒,用开水、蔗糖、乙醇、柠檬、糖和桂皮酿造而成。人们在庆祝节日时通常喝这种酒。[1]

在卡塔马约地区,人们喜欢吃驴肉。吃法主要是烹炒、烘烤,或做成鲜美的肉汤,或制作成驴肉干。人们还喜欢将驴血温热后饮用,作为家庭偏方。游客在村镇和城市周边地区的餐馆都能吃到。在超市也能买到鲜美的驴肉,驴肉一磅1.5美元。当地居民习惯用驴骨头熬汤喝。[2]

居所 在安第斯山区,居民住宅的墙壁通常是用石头和稀泥垒筑的,屋顶使用木棍支撑,覆盖草皮,形如圆锥,屋子里面有用石头围起来的炉灶。还有很多住宅是由茅草和泥盖成的茅屋。厄瓜多尔西部印第安人房屋宽敞清洁。他们不喜欢村落,住宅较为分散,只在偏僻的地方才聚集居住。在沿海和东部亚马孙平原一些地区,屋子盖在离地相当高的木桩上面,以防洪水和猛兽的袭击。房子的墙壁是用相互交叉的木棍构建,屋顶用很宽的棕榈

---

[1] http://www.ecuadorexplorer.com/html/ecuador_food.html
[2] *Almanaque ecuatoriano*: *Panorama 2003*, Edipcentro, página 269, Riobamba, El Ecuador, 2003.

叶盖成,使用瓜藤做的吊床。

婚姻 厄瓜多尔人十分看重家庭和家族。在家庭中,男子是一家之长,居主导地位。印第安人至今仍保留着许多传统的婚姻习俗。印第安人适婚年龄为18岁左右。新郎新娘在确定终身后,便着手操办婚礼。婚礼通常是在晚上举行。婚礼上,男女双方的宾客站立两旁,新郎和新娘跪下拜见部落的酋长。酋长则用一根长长的项链将新娘和新郎的脖子套在一起,表示两人从此结为夫妻。此时,屋内外鼓乐齐鸣,人们唱起"夫妻歌",新郎和新娘也随声而唱。随后新郎和新娘向酋长和来宾们表示谢意,并接受酋长的祝福。①

二 节 日

厄瓜多尔人非常喜欢聚会和举办庆祝活动。几乎每个月都有重要节日、宗教仪式、丰富多彩的庆祝活动和盛大的庆典。90%以上的厄瓜多尔人信奉天主教,大多数节日和庆典活动都是按照罗马天主教日历计算的。在高山印第安村庄,最受重视的一般是天主教节日。当节日来临时,人们举行具有浓重的本民族或部落特色的传统庆典仪式,摆上丰盛的佳肴和美酒,载歌载舞,狂欢数日,使传统的天主教节日具有印第安文化色彩。这些节日是一年当中最隆重的节日。大多数节日与重要的政治、历史或重大事件有关。② 在所有的节日中,人们载歌载舞,佩戴面具,点燃焰火,以当地最精美的食品和奇恰酒招待客人。

厄瓜多尔一年四季大大小小、形形色色的节日很难计算清楚。

---

① 高放:《耕海帆丛书:美洲大洋洲卷》,北京,新华出版社,1998,第364页。
② http://www.ecuadorexplorer.com/html/holidays.html

第一章 国土与人民

主要的节日有：1月1日新年，5月1日劳动节，5月24日皮钦查战役日，7月24日西蒙·玻利瓦尔诞生日，8月10日基多独立日，10月9日瓜亚基尔独立日，10月12日美洲发现日，11月2日万灵节，11月3日昆卡独立日，12月6日基多建立日等。

有些节日起源于宗教，主要有：1月6日主显节，2月23～24日狂欢节，4月10日耶稣受难日，4月11日复活节，11月1日万圣节，11月2日万灵节，12月25日圣诞节等。

还有妇女节、儿童节、父亲节、母亲节、情人节等。另外每个省、市、镇、村庄和学校还有自己的节日。庆祝节日的方式各具特色、五花八门。庆祝活动在公共广场、街道和家庭中，热热闹闹，有音乐、宴会，还有舞蹈。有时，热闹的气氛持续好几个星期。人们还利用假期外出旅行。

3月或4月的狂欢节在复活节前举行，是当地重要的节日，但不像在拉美其他国家如巴西那样隆重。最热闹的当属安巴托的狂欢节，在那里，人们用水果和鲜花举行游行庆典活动。由于是按照宗教日历确定节日日期，狂欢节的日期每年都不同，但是通常是在圣灰星期三前的长周末举行。[①]

第六节 国旗和国徽

一 国旗

旗面由黄、蓝、红3个平行长方形组成，长与高之比为2∶1。黄色在上部，占旗面的1/2；蓝色居中，红色在下部，各占1/4。黄色象征金色的阳光、谷物、丰饶的物产和

---

① http://www.ecuadorexplorer.com/html/holidays.html

资源；蓝色代表蓝天、海洋和河流；红色象征为独立而牺牲的烈士的鲜血。旗的中央绘有厄瓜多尔国徽。

二　国徽

国徽为椭圆形，主体图案正中耸立着厄瓜多尔最高峰钦博拉索山，它是一座圆锥形熄火山。山峰的上空绘有人面太阳，两边的带子上写有 3、4、5 和 6 月份的字体，用于纪念 1845 年 3～6 月厄瓜多尔人民为独立自由而进行艰苦斗争的岁月。山前碧蓝的水面上漂荡着一艘船，它表示美洲第一艘轮船就在南美洲西岸建造，并说明海外贸易在厄瓜多尔国民经济生活中的重要地位。国徽上端绘有一只展翅欲飞的大兀鹰，象征高尚与威严。椭圆形两旁各有两面厄瓜多尔国旗，下端是象征正义和权威的长斧和束棒。

厄瓜多尔的国花为白花修女兰，属兰科植物。

第二章
行 政 区 划

第一节 行政区划

一 行政区划概述

厄瓜多尔的行政区划经历了一个历史过程。殖民时期在基多行政辖区之下，设立了省的建制。在最初的两百年间，基本上延续了原有的行政区划。到18世纪下半期，由于社会发展和管理及军事方面的需要，新增设了一些省。1762年建立了瓜亚基尔省，1771年建立了昆卡省。18世纪末期，基多高等法院辖区共设10个省：波帕延、基霍斯、哈恩、埃斯梅拉达斯、马伊纳斯、瓜亚基尔、昆卡、洛哈、圣米格尔·德苏昆比奥斯和马卡斯。省下设市。

厄瓜多尔是一个经常变动行政区划的国家。1935年，东方地区分为纳波—帕斯塔萨省和圣地亚哥—萨莫拉省。1965年，圣地亚哥—萨莫拉省再分为两省：莫罗纳—圣地亚哥省和萨莫拉—钦奇佩省；纳波—帕斯塔萨省再分为两省：纳波省和帕斯塔萨省。1989年，苏昆比奥斯从纳波省分离，独立设省。1998年，奥雷利亚纳也从纳波省分离出来，成为一个新省份。

新省份和新区的设立经常是出于政治而非行政管理需要。例

厄瓜多尔

如，埃尔奥罗省是沿海省份中最小的省，但却有 14 个区。皮钦查省的面积和人口均是通古拉瓦省的 7 倍，但两个省却都为 9 个区。还有一些地域归属处于不明确状态，两三个省发生分歧，都在争这些地区。例如，埃斯梅拉达斯省与皮钦查省相争的拉孔科尔迪亚（La Concordia）和戈隆德利纳斯（Golondrinas），马纳比省与洛斯里奥斯省相争的曼加德库拉（Manga de Cura），马纳比省与卡尼亚尔省相争的埃尔佩德雷加尔（El Pedregal）等。[①]

二　行政区划

现在，国家行政体制分为省（provincia）、市（cantón）和区（parroquia）三级。共有 22 个省，下分 193 个市，1081 个区。省的地理分布为：沿海地区 5 个，山区 10 个，亚马孙地区 6 个，加拉帕戈斯群岛 1 个。各省名称如下：皮钦查、阿苏艾、玻利瓦尔、卡尼亚尔、卡尔奇、科托帕希、钦博拉索、埃尔奥罗、埃斯梅拉达斯、瓜亚斯、因巴布拉、洛哈、洛斯里奥斯、马纳比、萨莫拉—钦奇佩、纳波、莫罗纳—圣地亚哥、帕斯塔萨、通古拉瓦、加拉帕戈斯、苏昆比奥斯和奥雷利亚纳。

宪法和有关法律充分尊重印第安民族的权利，给予他们行政管理自治权。因此，国家分为两种行政管理制度。在印第安人比较集中的亚马孙地区设立自治省、市或区，实行自治管理制度，由省、市和区的委员会行使政府权力。这些省和市的委员会拥有自治权利，包括立法权。另外，出于特殊的环境保护要求，加拉帕戈斯省也享有自治权利。实行自治管理制度的省、市和区政府有权征收税，从国家税收中提成。在其他地区实行隶属于中央政

[①] Lola Vázquez y Napoleón Saltos：*Ecuador：Su realidad 2004 – 2005*，Fundación "José Peralta"，Décima Segunda edición，página 96，Quito，Ecuador，2004.

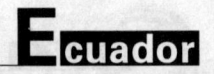

府的行政管理制度。在实行隶属于中央政府的行政管理制度的省份，省长是总统的代表，由总统任命。

第二节　各省情况

一　安第斯山区

中部安第斯山区有阿苏艾省、玻利瓦尔省、卡尼亚尔省、卡尔奇省、科托帕希省、钦博拉索省、因巴布拉省、洛哈省、皮钦查省和通古拉瓦省。

阿苏艾省　面积7701平方公里，位于安第斯山区南部。人口59.9万人，其中，城市人口31.2万人，农村人口28.7万人。省府昆卡市。该省为荒漠地带和湿地、半湿地，年均气温12℃~20℃。最早生活在这里的是卡尼亚尔土著人。现居民多为克丘亚族的卡尼亚尔人的后代。

该省盛产和出口鲜花，种植各种水果，生产手工艺品、陶器、金银首饰、罐头食品、酒精饮料，旅游业也比较发达。该省的帕乌特水电站向国家很多地区供应电力。

地方节日：1月2日昆卡市马戈斯国王节，3月4~10日瓜兰塞奥区蟠桃节，基督圣体节期间的7日祭活动，5月2日十字架节，12月儿童旅游节等。

玻利瓦尔省　面积为3926平方公里，位于厄瓜多尔中部山区。人口为16.9万人，其中，城市人口4.3万人，农村人口12.6万人。省府为瓜兰达市。高原荒漠寒冷地区平均气温为8℃，热带季风地区和温带的干旱和半干旱地区的年均温度为20℃。该省生活着克丘亚族，其官方语言为克丘亚语。

海拔高度500~3500米地带适合农业生产。主要出产小麦、玉米、土豆、柑橘、甘蔗、香蕉、木薯和咖啡。该省有大片牧场资源，适于养牛、羊和猪。有比较丰富的盐矿、铜矿、锌矿、银矿、黏土、高岭土等。工业部门有木器家具、武器、铁器和各种手工艺品制造。有钦博水电站向省的各地区提供电力供应。

地方节日有：1月三位国王节，2月瓜兰达狂欢节，5月24日好运神节，6月13日西米阿图格的圣安东尼奥日，6月29日圣彼得日。

卡尼亚尔省 面积3141平方公里，位于安第斯山区南部。人口20.7万人，其中，城市人口7.6万人，农村人口13.1万人。省府阿索格斯市。高原为荒漠地带，年均气温8℃～10℃；中部地区为湿地和半湿地，温度18℃；沿海地区常有季风，温度20℃～30℃。该省生活着克丘亚族卡尼亚尔人的后代，官方语言为克丘亚语。

该省水力资源丰富，卡尼亚尔河和布鲁布鲁河流向朝西，杜达斯河和马萨尔河流向朝东，汇入帕乌特河和奇尔卡莱斯河。另有莫罗波格河和提戈塞河可灌溉地区中部大片良田。该省农业比较发达，安第斯地区盛产小麦、大麦、土豆、菜蔬等；沿海地区盛产甘蔗、香蕉、咖啡和稻谷。另有丰富的林业资源，有珍贵的雪松木、月桂树等。比波利安和卡尼亚尔是传统的牧区，有奶制品和肉制品加工业。该省小规模的制造业有纺织、木制家具、制鞋等，另盛产巴拿马草帽。

地方节日：6月圣彼得和圣保罗日，2月泰塔狂欢节，6月基督圣体日和太阳节，1月和9月罗西奥圣母节，10月印嘎皮尔加的圣特雷莎日，1月云神节等。

卡尔奇省 面积3699平方公里，位于安第斯山区。人口15.3万人，其中，城市人口7.2万人，农村人口8.1万人。省府图尔坎市。该省92%的面积为荒漠和森林地带，寒冷地带，年均气温12℃～15℃。

该省生活着土著居民阿瓦库埃克人，在南部的乔塔河谷地区

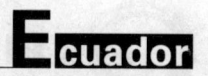

生活着非洲裔居民。该省河流众多,有卡尔奇河、波伯河、圣胡安河和乔塔河,几条河汇合于米拉河。北部地区种植小麦、土豆、燕麦、豆类和大麦。有大片牧地,适于养殖牛、羊和猪等。西南部地区炎热干旱,盛产甘蔗、鳄梨、番茄和多种水果,如香蕉、木瓜、菠萝等。拉巴斯地区蕴藏石灰矿。图菲诺和圣加夫列尔地区有硫磺矿。该省奶制品加工业较多。该省风景秀丽,温泉众多。

当地民间节日有:1月8日瓦加地区的普利塔圣母节,2月2日米拉地区的丘罗西塔圣母节,5月第一个星期日玻利瓦尔地区的好运圣母节等。

科托帕希省 面积5287平方公里,位于国家中部地区。人口34.9万人,其中,城市人口9.3万人,农村人口25.6万人。省府拉塔昆加市。年均气温12℃~17℃,因地区高度不同而异。海拔4500米高度地区为寒冷气候带,地势较高的高原地带为荒漠气候,而沿海地区气候炎热,为湿地和半湿地。该省生活着克丘亚族的潘萨雷奥部落,官方语言为克丘亚语。

科托帕希火山位于该省,被认为是世界上最高的活火山。库图奇河、托阿奇河、亚纳亚库河、纳格西切河、恰鲁帕斯河、伊卢奇河、帕托阿河和普曼昆奇河流经该省。该省气候多样,土地肥沃,适于农业发展。农作物有小麦、玉米、大麦、水果、菜蔬等。山区主要农作物为土豆,其次是木薯、洋葱、鳄梨等。西部地区气候炎热,适于种植甘蔗、香蕉、可可、豆类、稻谷和其他各种水果等。山谷盆地有大片牧场,以牛和羊为主的畜牧业十分发达,是国家最主要的畜牧区之一。该省有肉制品和奶制品加工业。当地温泉众多,矿泉水是该省一重要资源。矿产资源有硝石、石灰、黏土和碳酸盐等。该省有冶金制造业、机械制造业、木器制造业、食品和饮料加工业、烟草业等。

当地民间节日:当年12月至来年1月赫苏斯儿童节,1月6

厄瓜多尔

日马戈斯国王节，6月基督圣体日，9月2日梅塞德斯圣母日，9月24日黑人母亲节（该省特有的节日，在拉塔昆加市尤为隆重），11月11日混血—黑人母亲节，11月2日虔诚圣灵节等。

钦博拉索省　面积5637平方公里，位于国家中部地区。人口40.3万人，其中，城市人口15.7万人，农村人口24.6万人。海拔3000~4600米，气候寒冷。从沿海向内地，依次为旱地、湿地和半湿地，年均气温13℃。该省居民主要是克丘亚族的普卢哈部落，官方语言为克丘亚语。省府里奥班巴市。

安第斯西部山脉由北向南穿越该省。基于多样气候发展起了多样农业，盛产水果、谷物、茎块作物、菜蔬、甘蔗、香蕉和咖啡等。该省为国家畜牧业最发达的地区之一，不仅饲养牛、羊、马和猪，而且养殖羊驼等。矿产资源有硫磺、大理石等。有水泥和纤维水泥工业。

地方节日：4月21日塔皮战役纪念日，5月3日圣克鲁斯日，6月28日阿拉乌西的圣彼得日，12月儿童节等。

因巴布拉省　面积4986平方公里，位于国家中部地区。人口34.4万人，其中，城市人口17.2万人，农村人口17.2万人。炎热地区、湿地地区和干旱区气温差异较大，在8℃~28℃。省府伊巴拉市。该省生活着克丘亚族的卡兰基和奥塔瓦罗部落，官方语言为克丘亚语。另有部分非洲裔人。

该省农牧业比较发达，主要生产甘蔗、大麦、玉米、小麦、水果、菜蔬和咖啡等。畜牧业主要为饲养牛和羊。工业主要有食品饮料、纺织、皮革制品、手工艺品制造、木器制造和龙舌兰纤维制品等。旅游业也较发达。

当地节日：3月2日阿屯塔吉节，5月3日卡兰基十字日，9月24~28日伊巴拉市湖泊节，5月4日奥塔瓦罗圣路易斯日，8月15~22日奥塔瓦罗区圣路易斯主教日，6月24日太阳节和圣胡安日，6月29日圣彼得日，9月2~15日亚莫尔节，9月10~

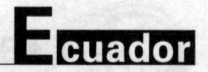

18日科塔卡奇地区的赫拉节等。

洛哈省 面积10793平方公里，位于东部山脉和西部山脉分支地区。人口40.4万人，其中，城市人口18.3万人，农村人口22.1万人。为热带平原气候，年均气温16℃。省府洛哈市。克丘亚族的萨拉古洛部落生活在该省，官方语言为克丘亚语。

农业生产主要有软、硬玉米、旱豆类、甘蔗、花生、稻谷和香蕉。这里是山区最主要的畜牧业产区之一，主要饲养牛。制造业主要是甘蔗和饮料加工业。

地方节日：8月15日西斯内圣母节，8月10日马卡拉国际博览会，9月1~15日边境一体化节，另有建省和独立节。

皮钦查省 面积16599平方公里，位于国家北部。人口238.8万人，其中，城市人口171.4万人，农村人口67.4万人。为温带气候，气温因各地高度不同而异。省府为基多市。该省生活着克丘亚族的卡扬比部落，另有基图部落，均讲克丘亚语。还有萨奇拉族人，他们又被称为"赤发人"，因为他们习惯于把头发理成千页形状并用胭脂红染料涂成红色。语言为萨菲吉语。

主要生产香蕉、可可、咖啡、稻谷、大豆、玉米、土豆、大麦、小麦、木薯、蚕豆、非洲棕榈和各种热带水果。畜牧业也较发达。该省北部地区原从事畜牧业的大量土地已被用来种植花卉，如玫瑰等。花卉生产和出口已成为当地重要经济产业。

当地节日：5月24日皮钦查战役纪念日，8月10日独立第一呼声纪念日，12月6日基多建城日，5月2日绿色十字架日，3~4月圣周和圣周日，5月2日圣胡安日，6月29日圣彼得日和圣保罗日，8月14~15日特兰西托圣母日，9月24日梅塞德斯圣母日，11月2日圣灵日，11月21日晋奇圣母节。

通古拉瓦省 面积2896平方公里，位于国家中部，安第斯山脉中部。人口44.0万人，其中，城市人口18.8万人，农村人口25.2万人。省府为安巴托市。该省温带干旱气候，受帕斯塔

厄瓜多尔

萨气流的影响较大。该省比较有名的火山有通古拉瓦火山、基斯皮卡查火山、卡萨瓜拉火山、卡里瓦伊拉索火山、基林达纳火山等。自2000年以来，通古拉瓦火山十分活跃，喷发不断。安第斯山脉脚下的安巴托、巴尼奥斯和帕塔特低地风景秀丽，与高山峻岭风光遥相呼应。帕塔特河是该省最重要的河流，流入帕斯塔萨河。不少温泉的水流入巴尼奥斯河，阿戈延瀑布和伊内斯马利亚瀑布位于该河。通古拉瓦西北部和科托帕希南部生活着克丘亚族的潘萨雷奥部落。在该省中部地区生活着萨拉萨加部落。在这些部落中通用克丘亚语。

该省土地肥沃，气候适宜，农业比较发达，农作物有：香蕉、大豆、软旱玉米、大麦、白洋葱、蔬菜、土豆、小麦、茎块作物和水果，如苹果、洋李、桃、柳叶野黑樱（capuli）、梨等。工业有纺织、食品加工、皮革加工、冶金机械和医药生产等。

地方民间节日有2月狂欢节期间的鲜花和水果节。它是该省最重要的民间节日。

二　亚马孙地区

东部亚马孙地区有莫罗纳—圣地亚哥省、帕斯塔萨省、萨莫拉—钦奇佩省、苏昆比奥斯省、奥雷利亚纳省和纳波省。

莫罗纳—圣地亚哥省　面积28915平方公里，位于国家东南部。人口11.5万人，其中，城市人口3.8万人，农村人口7.7万人。西部为温带湿地和半湿地，东部为热带湿润多雨气候。年均气温18℃~25℃。省府马卡斯市。该省生活着阿丘阿尔族，他们使用自己的语言阿丘阿尔语。该语言为希巴洛斯语系。另有舒阿尔族，讲舒阿尔—奇乾语，为希巴洛斯语系。这两个民族保持着本族的文化特色，包括宗教信仰和传统服饰。东部地区有被认为是世界上最活跃的火山之一的桑盖火山，较高的火山还有阿

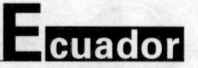

尔塔尔火山。

主要农作物有硬玉米、稻谷、香蕉、木薯、红薯和大豆等。该省盛产雪松木、桃花心木、桂花木、棉紫苏（nazareno）、愈疮木，其中，很多贵重木材用于出口。该省有金矿。畜牧业为重要经济部门，奶和肉制品加工业比较发达。

地方节日：每两年举办一次的亚马孙一体化节，2月18日和8月15日马卡斯市圣母节。

帕斯塔萨省　面积29520平方公里，位于国家东部，亚马孙地区中部，从安第斯东部山脉延伸至亚马孙平原地区。人口6.1万人，其中，城市人口2.6万人，农村人口3.5万人。省府普约市。该省聚居着不同民族和种族，除克丘亚族外，还有萨帕拉族，语言是萨帕拉语，属萨帕拉语系。他们与克丘亚族在一起生活，在文化方面相互影响。这里还生活着瓜拉尼人，以前他们被贬称为"奥卡人"，讲瓦奥特雷罗语，属何语系，尚未确定。另外还有舒阿尔人（20世纪80年代以前，被贬称为"希巴洛斯"），他们讲舒阿尔—奇乾语。另一少数民族是阿丘阿尔族，语言是阿丘阿尔语。

如同厄瓜多尔亚马孙地区其他省，该省河流众多，有利于发展农业和畜牧业。农产品有香蕉、稻谷、木薯、玉米、烟草、热带水果和茶叶，饲养牛。有不少农产品加工企业，如奶和肉制品加工，木材加工等。有开采潜力的木材有：轻木、桃花心木、桂皮树、雪松、桂花树、普罗提乌木、秃冠树和人心果树等。其他资源有黏土、高岭土、石灰石和硅石。

地方节日：5月11～14日亚马孙地区农牧业集市，2月12日东方日。

萨莫拉—钦奇佩省　面积20681平方公里，位于国家东南部。人口7.6万人，其中，城市人口2.7万人，农村人口4.9万人。主要为温带湿地和半湿地。年均气温18℃。省府萨莫拉市。

厄瓜多尔

该省居住着舒阿尔人,讲舒阿尔—奇乾语,务农和从事畜牧业。

当地重要的经济部门是采矿,是厄瓜多尔最主要的矿区。在南皮哈、奇南品萨和瓜伊西米等地有金矿。主要作物有硬玉米、咖啡、可可、中国土豆(papa china)、香蕉和其他热带水果,如菠萝、木瓜、甘蔗和酸性水果,如柠檬、柑橘和橙子。有丰富的牧场,养殖牛,肉类产品主要供应本地市场。木材资源也比较丰富,拥有栎树、愈疮木、雪松和桃花心木。

地方节日:7月16日卡门圣母节,8月15日西斯内圣母节。

苏昆比奥斯省 面积18612平方公里,位于国家北部,与哥伦比亚接壤。人口12.8万人,其中,城市人口5.0万人,农村人口7.8万人。省府新洛哈市(原名拉戈阿格里奥)。气候多样,高原地区气候寒冷、潮湿;山麓地区更加潮湿,为温带气候;原始森林地区为热带潮湿气候。科凡族居住在该省西部和纳波省北部。语言埃恩加厄语,其语系受到西图卡诺语系和奇布查语系影响。该省还生活着西奥纳族和塞科亚族。这两个民族混居,统称西奥纳—塞科亚族,语言塞科亚俳语,属西图卡诺语系。

主要农作物有香蕉、可可、咖啡、稻谷、玉米、菜蔬和热带水果。饲养肉牛和奶牛。林木资源有桃榈(Chonta)、惜古比(guarumo)、海红豆、巨榕、合欢树(guabo)、桂树、轻木和大花相思树(guarango)等。该省石油资源丰富,是国家最主要的石油开发区,有外国公司在此从事石油开发。

地方节日:2月12日东方日。

奥雷利亚纳省 面积为21691平方公里,位于国家东部,与秘鲁接壤。人口8.6万人,其中,城市人口2.6万人,农村人口6.0万人。省府弗朗西斯科—德奥雷利亚纳。该省为热带多雨气候,炎热,潮湿。年均气温25℃。这里居住着瓜拉尼族,习惯经常迁徙。语言瓦奥特雷罗语,语系属性未确定。在纳波河、阿瓜利科河和普图马约河等流域生活着克丘亚族，讲克丘亚语，属克丘亚语系。另有塔戈埃利人，已与瓜拉尼人混居并通婚。

主要农作物有可可、咖啡、稻谷、玉米、菜蔬、香蕉和各种水果等。用树叶加工香料。从事奶和肉牛饲养，加工产品用于出口。林木资源有桃榈、雪松、月桂树、气根棕、轻木、植物象牙和桃花心木等。建有亚苏尼国家保护区，保护这些林木资源。

地方节日：2月12日东方日。

纳波省 面积33409平方公里，位于国家东部，与秘鲁接壤。人口7.8万人，其中，城市人口2.5万人，农村人口5.3万人。热带潮湿气候，多雨，年均气温25℃。省府特纳市。该省居住着瓜拉尼族、舒阿尔族和克丘亚族。奥亚卡奇部落已经在这里生存了400多年。这些民族的语言分别为瓦奥特雷罗语、舒阿尔—奇乾语和克丘亚语。克丘亚语又分纳波省克丘亚语和帕斯塔萨省克丘亚语，它们与安第斯山区的克丘亚语又略有不同。

主要农作物有稻谷、木薯、硬玉米、金鸡纳、甘蔗、柑橘、香蕉、咖啡、烟草和非洲棕榈等。该省为厄瓜多尔重要的石油生产地区。

地方节日：4月22~25日阿尔奇多纳地区的桃榈木节，11月21日科屯多地区的晋奇圣母节，12月12日阿瓦诺地区的瓜达卢佩圣母节等。

三 沿海地区

西部沿海地区有埃尔奥罗省、埃斯梅拉达斯省、瓜亚斯省、洛斯里奥斯省和马纳比省。

埃尔奥罗省 面积5849平方公里，位于南部沿海地区。人口52.5万人，其中，城市人口40.1万人，农村人口12.4万人。热带季风气候，高山地区荒原气候，东部丘陵地区潮湿和半潮湿气候。年均气温23℃。省府马查拉市。

厄瓜多尔

该省曾是国家重要的矿产区,现采矿业规模缩小。这里的地理和气候条件适宜农业发展,商品农业和农产品加工业较发达。该省为世界著名的香蕉产区和出口区。另生产咖啡、可可、玉米、甘蔗、稻谷、棉花和热带水果。人工养虾业发达。主要工业部门有化工、金属制品、造纸、玻璃生产、木器加工和食品饮料等。

地方节日:9月26日马查拉市的世界香蕉博览会,8月30日圣罗萨地区的香蕉节。

埃斯梅拉达斯 面积15216平方公里,位于国家西北沿海地区。人口38.5万人,其中,城市人口15.7万人,农村人口22.8万人。省府埃斯梅拉达斯市。非洲裔居民占多数。殖民时期,几内亚和塞内加尔及非洲其他地区的非洲人被贩卖至此定居。生活在这里的土著印第安人有恰奇斯人,语言恰帕拉语。另有埃佩拉人,语言埃佩拉语。还有处于绝迹状态的阿瓦人,语言阿瓦皮特语。

农作物有非洲棕榈、香蕉、咖啡、可可、稻谷、玉米和热带水果。捕捞海物制作手工艺品是当地重要经济活动。重要的经济部门有非洲棕榈和其他木材加工以及石油产品加工。重要的国际港口有巴拉奥港、圣洛伦索港和埃斯梅拉达斯港。巴拉奥港为重要的石油出口港。

瓜亚斯省 面积20902平方公里,位于国家西部沿海地区。人口330.9万人,其中,城市人口270.7万人,农村人口60.2万人。洪堡寒流和厄尔尼诺暖流对该省气候产生很大影响,全年平均气温25℃。省府瓜亚基尔市。

该省是国家重要的经济和贸易区,几个重要港口吞吐大量进出口商品。主要农作物有稻谷、甘蔗、玉米、可可、烟草、高粱、大豆、咖啡、香蕉、芒果、哈密瓜和多种油料作物等。工业部门有食品加工,如水果罐头加工、制糖业、面粉加工和啤酒生产等。其他工业部门有水泥生产。畜牧业有养牛、养猪、家禽饲养等。畜牧业企业设备都比较先进。捕虾和捕鱼业是该省重要的收入来源。在圣埃莱纳半岛有天然气资源,瓜亚基尔港是国家进出口贸易的重要命脉。

地方节日:6月28日普拉亚斯地区的渔民保护神圣彼得节,8月15日亚瓜奇地区的圣哈辛托节,9月24日普拉亚斯地区的梅塞德斯圣母节等。

洛斯里奥斯省 面积6254平方公里,位于国家西部沿海地区,处于瓜亚斯河流域。人口65.0万人,其中,城市人口32.6万人,农村人口32.4万人。热带气候,年均气温22℃~23℃。省府巴巴奥约市。

经济以农业为主,主要作物有可可、咖啡、大豆、稻谷、玉米、非洲棕榈、木薯和香蕉。另有橡胶、轻木等。畜牧业有养牛、养猪、饲养家禽。捕鱼也是重要经济项目。重要的工业部门有造纸、奶制品加工、制帽和手工艺品制作等。

地方节日:3月温塞斯—瓜亚基尔—温塞斯赛船节,7月15~16日卡塔拉马地区的卡门圣母节,8月10日温塞斯地区的圣尼古拉斯节,9月24日巴巴奥约地区的梅塞德斯圣母节,10月12日温塞斯地区的罗德奥蒙图比奥节。

马纳比省 面积18400平方公里,位于沿海中部地区。人口118.6万人,其中,城市人口61.5万人,农村人口57.1万人。为亚热带干旱气候和亚热带湿润气候,年均气温25℃。省府波托维耶霍市。

主要农作物有可可、咖啡、玉米、香蕉、稻谷、棉花和酸性水果等。捕鱼业和人工养虾是重要经济部门,主要捕捞金枪鱼。有大量轻木资源。

地方节日:1月6日蒙特科里斯提地区的马戈斯国王节,6月28日波托维耶霍、曼塔、哈拉米赫、西皮哈帕和蒙特科里斯提等地区的圣彼得和圣保罗日，9月24日波托维耶霍、西皮哈帕、曼塔、巴伊亚德卡拉克斯等地区的梅塞德斯圣母节，10月奥尔梅多地区的罗德奥蒙图比奥日，12月15日波托维耶霍、胡宁、卡尔塞塔、圣阿纳、蒙特科里斯提、西皮哈帕等地区的奇瓜罗圣诞节。

四 加拉帕戈斯地区

加拉帕戈斯省 是加拉帕戈斯地区唯一的省份，面积8010平方公里，位于西经89.15度和92度之间，北纬1.40度和南纬1.25度之间。人口1.8万人，其中，城市人口1.5万人，农村人口0.3万人。1832年2月12日，厄瓜多尔宣布拥有加拉帕戈斯群岛主权。1973年2月18日建省。为亚热带气候，年均气温23℃。受海流影响，大部分岛屿为干旱气候。省府为巴克里索港。

1535年3月10日，多明我教会神父托马斯·德贝兰加（Tomas de Berlanga）发现了该群岛。群岛曾是海盗栖身之处。后来，西班牙殖民当局占领了群岛，经常赴群岛的水手们称呼这里为"愉悦岛"。1832年2月12日，胡安·何塞·弗洛雷斯（Juan José Flores）总统正式宣布将群岛归入厄瓜多尔版图。1835年英国科学家查理斯·达尔文乘坐英国皇家舰船"猎犬"号航行来到群岛，进行科学考察，并在此基础上于1859年撰写《物种起源》一书。当时，随同达尔文一同赴加拉帕戈斯群岛的船长罗伯特·菲兹罗伊（Robert FitzRoy）绘制了群岛地图。该图一直沿用了100多年。1959年7月4日，卡米罗·庞塞·恩里克斯（Camilo Ponce Enríquez）总统颁布了一项紧急法令，规定保护群岛的动物和植物资源，并宣布资源为国家所有。1978年9月8日，联合国教科文组织宣布群岛为"人类自然财富"。

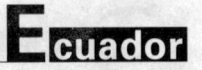

群岛由 13 个大岛，20 个小岛，17 个大礁石和 47 处火山礁石群组成。土质为熔岩石。

地方节日：2 月 12 日民俗节。

第三节 主要城市

基多（Quito） 厄瓜多尔首都，皮钦查省会。人口 140 万（2001 年）。位于基多盆地西侧。被皮钦查、科托帕希、安第萨纳和卡亚比等高大火山环抱。曾多次遭地震破坏。海拔 2879 米。因地势高气候凉爽，温度年差不大，全年只有旱季和雨季之分，10 月至翌年 5 月为雨季。气温日差较大，昼温可达 25℃，夜间可下降到 10℃ 以下。年平均降水量 2621 毫米。为南美洲古老城市。公元前 1500～前 500 年为科托克拉奥部落聚居区。后为基图部落联盟所在地。11 世纪后由卡拉部落统治。1487 年被印加帝国吞并。1534 年沦为西班牙殖民地。厄瓜多尔独立后定为首都。有基多至瓜亚基尔铁路通沿海地带。有苏克雷国际机场。通泛美公路。与瓜亚基尔并列为全国两大经济中心。主要工业有纺织品、轻工消费品、食品、制药业、石油化工和金属加工业等。基多有中央大学和天主教大学。基多保留了许多风格迥异的建筑。大量古老建筑反映了殖民时期多种文化和建筑风格。圣弗朗西斯科修道院最为著名，占地 3 万多平方米，为美洲首屈一指的大型宗教建筑。孔帕尼亚大教堂被誉为美洲巴罗克式建筑艺术的典范。古老教堂和博物馆中荟萃了印第安人和欧洲人留下的各种珍贵雕塑和绘画名作，是美洲"基多艺术学派"的典型代表作。市内每周举办印第安集市。用皮革、木头和金银制作的印第安手工艺品十分有名。1978 年 11 月，基多被联合国教科文组织宣布为"人类文化遗产"。

瓜亚基尔（Guayaquil） 厄瓜多尔最大城市，瓜亚斯省首

厄瓜多尔

府,南美洲太平洋沿岸主要海港之一。人口195万(2001年)。位于瓜亚基尔湾内,道莱河与瓜亚斯河汇合入海口。地势低平,海拔仅3米,气候潮湿。年平均气温24.8℃。年降水量为1100毫米。古时为万卡比尔卡印第安部落居住地。1535年西班牙殖民者始建。1942年受地震严重破坏后城市大部分重建,成为现代化城市。为天然良港。瓜亚基尔湾内有普纳岛为屏障,沿普纳岛两旁有两条天然水道进入瓜亚基尔港内,可免遭风暴袭击。全国85%的进口和50%的出口经由此港。有铁路和公路与内地沟通。为全国最大的工业基地,有纺织、食品、饮料、制药、造船、水泥、制糖等传统工业。另有炼油、橡胶、冶金和金属加工等新兴工业部门。市内有瓜亚基尔大学、天主教大学、艺术学院、国立图书馆等。城北是以玻利瓦尔大学为中心的文教区。旧城区有圣多明各教堂和圣弗朗西斯科天主教堂等著名古建筑。

昆卡(Cuenca)。 厄瓜多尔第三大城市,阿苏艾省省会。人口约27万(2001年)。位于南部安第斯山谷高地,西北距瓜亚基尔120公里。海拔由2300米至2800米。气候四季如春,但变化无常,时而艳阳高照,时而风雨交加。10月至次年5月为雨季。6月至9月间为干旱季节,雨量极少。1557年在印加帝国托梅班巴城故址上建城,保留有许多印加帝国遗址和西班牙殖民时期的建筑,故以"安第斯的雅典"闻名。城市博物馆内藏有丰富的古印第安人制作的精美陶器、武器和金银艺术珍品。艺术家和作家云集,手工艺品丰富,又被称为厄瓜多尔的"文化之都"。拥有著名的昆卡大学、阿苏艾大学、昆卡天主教大学和萨雷斯理工大学。现为国家南部大部分地区的商业中心。经营农产品、家畜、皮革和大理石等贸易。工业主要有纺织、轮胎、陶器、皮革、金银珠宝首饰和工艺品等,尤以制造巴拿马草帽闻名。旅游业较发达。距城5公里处有温泉浴场。有铁路沟通首都基多和瓜亚基尔,泛美公路贯穿该市。

第二章 行政区划

曼塔（Manta） 厄瓜多尔第二大港口城市。位于太平洋沿岸，马纳比省省会波尔托维霍西北36公里。人口约18万（2001年）。公元前3000年就已有人定居。此后，曼塔印第安部落建立赫卡伊城。西班牙殖民者在古城遗址上建新城。曾多次遭海盗洗劫和破坏，大量居民逃往蒙特克里斯蒂山麓求生，城市一度衰败。现为厄瓜多尔重要的工业中心和最大的远洋商业性捕鱼基地。鱼产品加工和包装中心在马纳比和厄瓜多尔经济中占有重要地位。因风景秀丽、海滩漫长是厄瓜多尔重要的旅游城市。年平均气温25.5℃，海拔5米。出口巴拿马草帽、咖啡、可可、油籽等。有农产品加工业。

埃斯梅拉达斯（Esmeraldas） 厄瓜多尔西部埃斯梅拉达斯省省会和主要海港。位于太平洋沿海低地。人口约11万（1997年）。农业和木材资源的主要贸易中心。重要输油港。起自纳波省油田的输油管的终端。工业有食品加工和炼油业等。著名海滨旅游城市。主要景点有离城30公里处的阿塔卡梅斯，离城48公里的姆斯尼岛等。1970年创办一所技术大学。

里奥班巴（Riobamba） 厄瓜多尔钦博拉索省省会。人口约11万（1996年）。海拔2754米。据考古发现，人类在12800~47000年前便开始在此生活。曾是古印加帝国的重要城市，建有豪华的宫殿和庙宇。后毁于Atahuallpa时期的战争。1575年西班牙殖民当局在遗址上建城。1645年和1778年，曾先后两次遭地震严重破坏。1797年被地震彻底摧毁。后在塔比地区建新城。1830年厄瓜多尔第一次立宪大会在此召开，宣布成立共和国并产生第一部宪法。是农产品贸易中心和加工中心，生产棉毛织品、水泥、陶器、鞋靴。食品加工业占重要地位。

安巴托（Ambato） 厄瓜多尔中部通古拉瓦省省会。人口约16万（1997）。古时为基多王国的村镇。1570年西班牙殖民者建新城。1698年被地震严重破坏。后在原址重建。1797年几

厄瓜多尔

乎被地震夷为平地，遂一度衰败并归里奥班巴管辖。当1860年安巴托省设立并于次年改称通古拉瓦省时，安巴托市被定为该省省会。1949年再次被地震严重破坏。残存的著名历史建筑物有文艺复兴时代风格的大教堂、农贸中心和旅游胜地。自1951年定期举行"水果和鲜花节"，自1962年与狂欢节同时举行，成为厄瓜多尔最重要的文化艺术节。在庆祝"水果和鲜花节"时，举行斗牛和各种民间文艺活动。是安第斯地区重要的商业中心，盛产手工艺品。工业有鞣革、皮革加工、食品加工和纺织厂。通过泛美公路北与基多、西南与瓜亚基尔连接。

马查拉（Machala） 厄瓜多尔埃尔奥罗省省会，重要的商业、工业和农业区。人口近20万（2001年）。古时布纳伊斯印第安部落生活在这里，从事捕鱼和农耕。1824年行政地区划分法将其划为瓜亚基尔省，1884年埃尔奥罗省建立后成为该省省会。周边地区土地肥沃，农业发达，盛产香蕉、可可和咖啡等。被誉为"世界香蕉之府"。1969年成立了一所理工大学。

波托维耶霍（Portoviejo） 厄瓜多尔西部马纳比省省会。位于瓜亚基尔市西北部。人口约16万（1997年）。海拔44米，年平均气温为24.5℃。1824年，根据行政划分法被确定为马纳比省会。省会地位一度被蒙特克里斯蒂市取代。1867年再度被确定为省会。马纳比省最重要的商业和农业中心。农产品包括咖啡、可可、甘蔗、棉花和木材。轻工业有鞣制皮革，编制巴拿马草帽、篮子和吊床等。

第三章

历　史

第一节　古印第安人时期

一　古印第安历史

考古和历史学家对厄瓜多尔地区原始居民的来源和厄瓜多尔民族的起源进行了广泛考证。一些考古学家认为，这里的原始居民属于远古的圣湖种族或大洋洲种族，人们称其为普宁种人。因为考古学家们在1923年曾在厄瓜多尔钦博拉索省普宁镇附近的冰河层发现了属于该种族人特点的人头骨化石。而在此之前不久，在埃尔奥罗省胡博内斯河的帕尔塔卡洛也曾发现该人种的头骨化石。也有一些考古学家认为，最早的居民是从亚马孙地区移居来的。此后，在公元前和公元后若干世纪里，又有很多移民群来到这里定居，其中有来自安第列斯群岛和亚马孙河一代的加勒比人和阿拉瓦科人，从哥伦比亚的安第斯山或哥伦比亚海岸的古代居民点分离出来的奇布恰人，直接从中美洲渡海而来的玛雅人和基切人，还有来自玻利维亚和秘鲁高原的科利亚—阿拉瓦科人和克丘亚人，即印加人。他们组成了厄瓜多尔土著人的主要种族。

加勒比人或他们的支系，如希巴罗人，沿着萨莫拉、圣地亚哥、帕斯塔萨、阿瓜里科和纳波等河的河谷来到厄瓜多尔东部，并逐渐向西扩张。加勒比人带来了他们的语言和文化习俗，例如在人死后制成木乃伊。另外，广泛驯养豚鼠。他们和阿拉瓦科人传来了冶炼金等金属的技术。

来自尼加拉瓜、哥斯达黎加和巴拿马地峡的奇布恰人占据了哥伦比亚沿海和高原地带。之后，他们同经过阿特拉托河、马格达莱纳河和从东部大森林来的加勒比人混血，此后逐步向厄瓜多尔高原和海滨扩张。奇布恰人使用自己的语言，掌握了冶金术和银匠技能。

玛雅人和基切人则陆续从洪都拉斯、危地马拉或墨西哥西岸渡海到达厄瓜多尔和秘鲁等地。他们掌握了制陶术、绘画、石刻等技术。此后，在公元2世纪至9世纪，玻利维亚高原的蒂亚瓦纳科帝国向厄瓜多尔扩张，波及阿苏埃、通古拉瓦、钦博拉索等地。后来在印加帝国的统治下，又有大量库斯科人和玻利维亚人迁移到现今的厄瓜多尔地区。

在印加帝国统治厄瓜多尔地区之前，这里的土著人的社会政治组织形式与美洲其他原始部族的经历大致相同，处于氏族、部落或部落联盟阶段。在氏族里，他们靠血缘亲属关系维系社会，或过着游牧生活，四处迁移，或共同占据一片可以耕作的土地，定居下来。他们共有土地，为了保卫氏族的土地或猎取更多的土地，经常与其他氏族发生流血冲突或战争。在某些地区，如因巴布拉，开始出现以家庭为单位支配土地的现象。在氏族中，长老或年岁最大的人掌握着权力。在氏族或部落中，他们一般都有自己的守护神或图腾。这些氏族或部落都形成并保存着自己的文化习俗和传统，自己的宗教仪式等，据此维系自己的社会和内部团结。

最早的社会组织形式是在氏族的基础上建立起来的。后来，随着社会生活的发展，各氏族普遍实行异族通婚制，小伙子和姑

第三章 历 史

娘到结婚年龄时必须到其他氏族寻找配偶。甚至通过战争方式抢掠妇女，给本氏族的小伙子们做妻子。

由于氏族人口的增加和氏族势力的扩大，氏族逐渐分裂，并逐渐形成了部落。有些部落甚至十分庞大，人口十分稠密，形成了民族，如卡尼亚尔民族、普鲁亚民族等。15世纪，沿海地区比较有名的部落有卡亚帕、科罗拉多、卡拉盖斯、曼塔、乔诺、阿塔卡梅斯、帕萨奥、普纳和通贝斯等。安第斯山脉比较大的部落有帕斯托、卡兰基、卡扬比、佩鲁乔、基图、普鲁亚、迪基桑比、卡尼亚尔、马拉卡托和帕尔塔等。

随着社会的进一步发展，部落之间的联系日益紧密，部落之间的战争更加频繁，一些部落或民族遂组成了联盟。阿索戈斯、保特、瓜拉塞奥和勇吉利亚等部落组成了卡尼亚里联盟。奥塔瓦洛、卡扬比、佩鲁乔、科查斯基、皮曼皮罗等部落组成了卡兰基联盟。另外，一些十分好战的部落组成了具有显著的军事同盟性质的基图—潘特萨莱奥联盟和普鲁亚—迪基桑比联盟。在这些联盟中，各部落成员大多都保持了自己的社会、经济和宗教方面的自治权。

土著印第安人文化得到发展。他们从事耕作，主要种植玉米、扁豆、土豆和南瓜等。高原印第安人除耕作土地外，还捕鱼和狩猎，驯养羊驼，酿造玉米酒，织染衣裳和装饰品，擅长雕刻和制作陶器，冶炼和制作金、银、铜首饰、器皿。他们还掌握了其他科学技术，如测出了赤道的位置，计算出春分和秋分日期，发明结绳记事文字和十进位计数法等。马纳比人会用沙和一种性能很强的黏合剂制造用作祭祀的器皿，制造塑像和各种器具。这样制作出来的东西十分坚硬、耐用。因巴布拉人烧制的彩色陶器十分精致、好看。普鲁亚人擅长雕刻独石和塑像。卡尼亚里人的绘画达到很高的艺术水平，他们还能够绘制交通图和省份草图。

高原地区印第安人的食物以素食为主，不惯于吃肉。他们也

厄瓜多尔

经常猎取鹿或熊，但是主要是为了获取动物皮革。他们有时食用豚鼠肉、甲虫和蜗牛等，用辣椒与这些动物的肉烹饪，味道十分鲜美。为此，他们驯养了豚鼠。沿海地区的居民则以肉类为主要食物。其中主要是鱼类和容易猎取的小动物，如甲壳类动物。另外，他们还食用水果，如菠萝、木瓜、释迦果、鳄梨和番石榴等。无论是在山区还是在沿海地区，印第安人都会酿造一种叫做"契查"的玉米酒，这种酒直到今天他们还很喜欢。

在印第安社会，随着经济发展，内外商贸关系获得了发展。高原地区居民用鹿皮、织品、金属长矛、金银饰品、古柯叶等同沿海地区的居民交换食盐、棉花、贝壳、铜制的胸部佩戴饰品、宝石和各种鱼产品。马纳比和埃斯梅拉达斯的印第安人同秘鲁北部大奇穆的印第安人保持着非常活跃的贸易关系。在交易中，某些部落已经开始使用一些向货币那样代表价值的东西。例如，其布恰人使用小金片和小银片。卡兰基和基利亚辛加的印第安人使用一种黏土做的小球，这便利了商品贸易。在位于现在的因巴布拉省的皮曼皮罗，发展起了较大规模的集市。

当时印第安人社会处于原始社会后期，土地属公有，没有私人土地占有。在氏族内发展起了特权阶层，他们有影响，受尊敬，甚至受到公众的崇拜，自然在经济上享有特权，有普通平民为他们提供服务，甚至劳役。族长或酋长们实行一夫多妻制，而普通男人只能娶一个老婆。

在土著印第安人社会内部，妇女的地位比较低，他们负责耕种土地，收割庄稼，从事繁重的劳动。男人则当武士，保卫家园，对外征战，在和平时期制造石斧、矛枪等各种武器。

考古学家和历史学家在阐述厄瓜多尔原始居民历史时，一般侧重于考证土著印第安人的不同来源和文化的交融。也不乏历史学家从社会经济发展和演进的角度对当地土著印第安时期的历史沿革进行考察。他们认为，至少在公元前25000年，在现今的厄

第三章 历 史

瓜多尔地区就已经存在人类。[1] 在安第斯峡谷地区考古学家发现了最早的人类遗迹。在基多附近，伊拉罗地区的埃尔因卡发现了人类使用的很多石器。在乔普斯奇、库比兰和其他一些地区也发现了类似的遗迹。当时的原始居民有自己的社会组织、信仰、风俗礼仪，以及主要基于采集野果和狩猎的经济。这种状况一直延续到16世纪，西班牙征服者的到来。

不少历史学家把西班牙人到来之前的印第安时期分为4个历史阶段：古印第安人或陶器前阶段，印第安社会形成阶段，地区发展阶段，一体化和印加阶段。

公元前10000～前3600年为古印第安人阶段或陶器前阶段。当时的原始居民以狩猎、捕鱼和采集野果为生。社会组织形式为游牧部落。在皮钦查、阿苏艾、洛哈和瓜亚斯等省发掘出了该时期的遗迹。

公元前3600～前500年为印第安社会形成阶段。这一阶段又可分为3期：社会最初形成期、社会中期形成期和社会后期形成期。公元前3600～前1800年，为社会最初形成期，人们靠狩猎、捕鱼、采集野果和最初的农作物耕作生活。公元前1800～前1500年，为社会中期形成期，农业获得较大的发展。公元前1500～前500年，为社会后期形成期，属于这一段的文化有巴尔迪维亚文化（Valdivia）、纳利欧山文化（Cerro Narrío）、马查理利亚文化（Machalilla）、乔雷拉文化（Chorrera）、科托克拉欧文化（Cotocollao）和洛斯塔约斯文化（Los Tayos）。在这期间，农业已经定型，经济以农业为主，主要种植玉米、土豆、豆类和昆诺阿藜（quinoa）等。居民定居在村庄。

公元前500～公元500年为地区发展阶段。农业进一步得到

---

[1] Enrique Ayala Mora：*Resumen de historia del Ecuador*, Biblioteca General de Cultura, página 14, Quito, 2003.

发展和加强，城市开始形成和扩大。巴伊亚文化（Bahía）、托里塔文化（Tolita）、屯卡乌安（Tuncahuán）文化和纳利欧晚期文化（Narrío Tardío）属于这一阶段。

公元500~1500年为一体化和印加阶段。此时，农业发展达到高潮，商业发展起来，城市人口增加，社会更加复杂。曼特尼亚文化（Manteña）、卡尼亚利文化（Cañari）和纳波文化（Napo）属于这一阶段。15世纪下半期，在安第斯北部地区，大致为现今的厄瓜多尔地区，一些印第安部落发展壮大起来，逐步建立了部落间比较稳定的联盟，由此，形成了一些地区或跨地区性的、以种族为基础的领地（señoríos étnicos）。与以前小规模的部落相比，这种种族领地无疑有了很大发展，它通常是由几个酋长部落联合起来，成为更大些的政治组织形式。这种大的政治组织形式首先是基于复杂的联姻和血缘关系，出于战争联盟的需要。在种族领地中，采取共同生产形式，并不存在生产资料的私人占有，土地基本上是公有，其生产率得到提高，经济、社会和宗教协调程度也大为提高。同时社会差别也开始加重，很多情况下政治权力成为世袭性的。开始产生社会统治阶层，尽管此时还未形成国家组织和镇压机器。组成种族领地的各个酋长的等级、地位也有所不同。一些强大的部落酋长处于强势地位，对其他部落酋长具有更大的权威，特别是在军事权力方面。但是需要强调指出的是，在这一地区，尚未形成一个统一的种族领地，亦即统一的政治和社会组织结构。这种种族领地式的社会、政治和经济组织形式一直延续到印加人入侵之前。

当时，在现今的厄瓜多尔北部边缘地区，在乔塔河和瓜伊利亚河之间，出现了一些相互之间有联系的种族领地，如卡兰基、科查斯基、奥塔瓦罗和卡扬贝。这些种族领地在抵抗印加人入侵战争中起了十分重要的作用。当时基多已经成为一个重要的商业和政治中心。基多西南部的热带地区出现了云波人的种族领地。

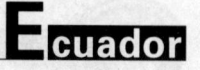

从阿苏艾联结山往南的地区形成了卡尼亚利领地。南部地区出现了潘萨雷奥、皮利亚罗（Pillaro）、希格丘斯（Sigchos）和普卢哈等种族领地。最南部是帕尔塔斯人（Paltas）的领地。

沿海北部地区发展起来了托里塔和阿塔卡梅斯文化。现今的马纳比地区最为重要的种族领地是曼特尼奥。瓜亚斯地区有万卡维尔卡斯（Huancavilcas）、普纳埃斯和侨诺斯。亚马孙地区生活着基赫斯和希巴洛斯部落。

二　印加帝国的征服和统治

15 世纪 80 年代，印加帝国开始向现今厄瓜多尔地区扩张，将其纳入帝国的版图。

大约在 12 世纪，在现今的秘鲁和玻利维亚地区，一些氏族部落联合起来，形成克丘亚部落联盟，他们以库斯科山谷为中心，向外发展。在公元 12 世纪后的两三百年间，印加帝国逐渐扩张疆界，征服了蒂亚瓦纳科帝国的残存者，迅速壮大，建立了以库斯科为首都的印加帝国，取名为塔瓦廷苏约。到 16 世纪初，帝国征服并统治着从哥伦比亚南部到智利北部 4000 平方公里的疆土。"印加"在土著印第安语中为武士或武士的首领的意思，象征着他们崇尚武力，能征善战。

15 世纪后半叶，印加帝国开始向安第斯北部地区发展，并于 80 年代将现今的厄瓜多尔地区并入帝国的版图。印加帝国在厄瓜多尔的疆域主要限于安第斯山区和沿海部分地区，其影响明显地集中于基多和南部地区，沿海地区较少，主要限于普纳岛，另外影响间接波及现在的马纳比地区。

大致在 1450 年，印加国王图帕克·尤潘吉（Tupac Yupanqui）征服了安第斯地区北部的查恰波亚斯、万卡班巴斯、帕尔塔斯和卡尼亚利等部落。大致在 1461 年，他又向由普卢哈、基多和卡兰基组成的北安第斯联盟发动战争。一年后，在迪奥卡哈斯战役

厄瓜多尔

和提克斯安战役中，击败了艾皮科拉奇马（Epiclachima）和西利·瓦尔科珀·杜奇塞拉（Shyri Hualcopo Duchicela），后者退到莫恰地区，直到去世，并为西利·卡查·杜奇塞拉（Shyri Cacha Duchicela）取代。1485年，图帕克·尤潘吉去世，库斯科地区的印加军事首脑们推举其儿子瓦伊纳·卡帕克（Huayna Capac）为国王。1487年，瓦伊纳·卡帕克在亚瓜尔科查湖打败了卡兰基人，卡查·杜奇塞拉死在阿屯塔吉平原。1528年瓦伊纳·卡帕克去世，塔瓦廷苏约产生分裂，分别由他的两个儿子阿塔瓦尔帕（Atahualpa）和瓦斯卡尔（Huáscar）进行统治。两人曾几次交战，争夺权位。后来阿塔瓦尔帕被推举为塔瓦廷苏约唯一的国王，他抓获了瓦斯卡尔，并将其处死。

印加人的统治持续时间较短，在安第斯南部地区为80多年，在北部地区即现今的厄瓜多尔地区仅为40多年便被西班牙人的入侵所中断。但是印加帝国的影响却很显著。当地的各个部落保有自己的自给自足生产方式，但必须向印加人交纳贡赋。印加人在安第斯北部地区建立了几个重要的城镇，其中有印加国王官邸托梅班巴。

印加统治者带来了印加文化，促进了当地社会、经济和文化的发展。例如，在帝国疆土内设立整套正规的、等级分明的社会政治管理制度，建立并实行严格的刑罚制度，建立纪律严明的军队和拥有种种特权的僧侣集团，征用大量劳役，修建庞大的建筑物、军事要塞、雄伟的神庙和帝王宫殿等。他们建造梯田，开凿水渠和道路，对用来耕种和放牧的土地进行测量和分类。在印加帝国统治时期，一些手工业获得较大的发展，冶炼、制陶、编织等行业实行工人技术专业化，使之成为独立于其他行业的生产行业。农业生产也更加丰富，农作物种植更加多样，发展起了羊驼饲养业。在农田耕作中，发明了一种叫做"查基塔克利亚"类似犁的耕地工具。在科技文化方面，使用以十进法为基础的计数法和统计法。在天文方面，计算出二分点，还创造了一种比较科学的历法。培养出了拥有丰富治疗知识的大夫。外科医生甚至可以进行复杂的脑外科手术。印加人没有像阿兹特克、玛雅人那样优秀的音乐家、诗人或画家，但是却把自己的美术观念应用于制陶和毛棉织品，发展起了水平较高的制陶业和毛棉织品工艺。

第二节 殖民地时期

一 对基多地区的征服

1492年对西班牙来讲是十分重要的一年。当时在天主教国王的率领下，西班牙实现了统一。同时，哥伦布于同年10月12日到达美洲，西班牙开始了对美洲的征服进程。

西班牙殖民者在巩固了对巴拿马地峡的统治后，开始向南部大陆扩张。弗朗西斯科·皮萨罗（Francisco Pizarro）领导了对现今秘鲁和厄瓜多尔地区的征服行动。皮萨罗是西班牙埃斯特雷马杜拉地区特鲁西略城人，在青年时期参加了塞维利亚城组织的一次大规模远征，于1506年来到西印度群岛。他先在圣多明各生活了几年，后在巴拿马和中美洲参加过多次艰苦的航行和残酷的征战。他因忠于职守，军功显著而获得提升。1524年皮萨罗和迭戈·德阿尔马格罗（Diego de Almagro）组织力量向美洲南部探险。皮萨罗曾于1526年到达现今的厄瓜多尔海岸。1529年皮萨罗回到西班牙，并于同年7月26日与西班牙国王签订契约，国王委任皮萨罗为包括几乎整个秘鲁和厄瓜多尔在内的地区军政长官，赐予他侯爵称号，并允许他招募人员，进行更大规模的远征。经过一个时期的准备，皮萨罗开始对安第斯地区进行征服行动。1531年沿海路到达现今厄瓜多尔地区的通贝斯，登陆后向内地进发。当他们得知瓦斯卡尔和阿塔瓦尔帕间发生内战，阿塔

厄瓜多尔

瓦尔帕获得胜利后,便施展骗局,在卡哈马尔卡诱捕了阿塔瓦尔帕,控制了库斯科城。1533 年皮萨罗在征服了秘鲁以后,派兵入侵现今的厄瓜多尔。

1532 年皮萨罗曾委派塞瓦斯蒂安·德贝拉尔卡萨尔筹划征服厄瓜多尔地区的计划。1534 年 4 月,德贝拉尔卡萨尔开始征服基多,阿尔玛格罗率后续部队做接应。德贝拉尔卡萨尔的目的是赶在由危地马拉出发的殖民者佩德罗·德阿尔瓦拉多(Pedro de Alvarado)率领的征服军到达之前进入基多。5 月德贝拉尔卡萨尔进入基多,发现有 2 万名印第安人生活在这里。由于在这里未发现黄金珍宝,他转而向卡扬贝进发,后到达里奥班巴。1534 年 9 月初,德贝拉尔卡萨尔由希卡尔帕回师向基多进发,并于 12 月 6 日宣布在现在的基多建立圣弗朗西斯科基多,并成立市议会。同年,阿尔玛格罗到达现今的瓜亚基尔和里奥班巴。

1539 年,贡萨洛·迪亚斯·德皮内达从基多出发,征服了安巴托和巴尼奥斯。1541～1543 年,经过艰苦的跋涉和征战,弗朗西斯科·德奥雷利亚纳和贡萨罗·皮萨罗率兵从基多出发沿科卡河和纳波河,对沿途的城镇进行征服,并深入到亚马孙地区。1548～1557 年,埃尔南多·德贝纳文特和努涅斯·德波尼亚先后征服了阿苏艾东部、玛卡斯地区和洛哈。1557～1560 年,希尔·拉米雷斯·达瓦洛斯从基多出发,征服了巴埃萨、泰纳和阿尔奇多纳。1557～1559 年,胡安·德萨利纳斯·洛约拉从洛哈出发,经由圣地亚哥河,征服了曼塞里切,并经由亚马孙河到达乌卡亚里河口。1557～1564 年,佩德罗·德贝尔加拉从阿苏艾出发,经由萨莫拉河、圣地亚哥河、马腊尼翁河和帕斯塔萨河河口到达里马丘马湖,征服了南方大片土地。1619～1620 年,另一路殖民军从洛哈出发,经由钦奇佩河、亚马孙河到达马伊纳斯地区。印第安人对西班牙殖民者的残暴征服进行了顽强的反抗,他们采取分散的游击战术打击殖民者。莫查的首领索波索班

第三章 历史

吉、金巴伦波、拉梭拉索和尼纳以及他们的同盟者坚持反对外来入侵，直到被捕并英勇就义。16世纪末期，西班牙殖民者完成了对厄瓜多尔大部分地区的征服，整个地区被纳入西班牙王室的版图，而殖民者们也攫取了黄金和宝石，分得了大量的印第安人土地。

西班牙对现今厄瓜多尔地区的殖民统治持续了近300年，大致可以分为3个阶段。从结束武力征服到16世纪末为第一阶段，即殖民制度的建立和巩固阶段；16世纪末至18世纪初为第二阶段，即殖民制度的发展阶段；18世纪末至19世纪初为殖民制度陷入危机、进行调整和走向瓦解的阶段。

二　殖民制度的建立与巩固

1563年8月29日，在基多市议会的要求下，西班牙国王菲利普二世颁布皇家法令，建立基多皇家检审庭，全称为圣弗朗西斯科基多皇家检审庭和公署（Real Audiencia y Cancillería de San Francisco de Quito）。它统辖的范围南部到秘鲁的皮尤拉，东部到洛斯基赫斯及其他陆续征服的部落，西部到布埃纳文图拉，北部到哥伦比亚的帕斯托、波帕延、卡利和布加等村落。检审庭的首任执行长官是埃尔南多·德桑蒂连（Hernando de Santillan）。基多皇家检审庭隶属于利马皇家检审庭。1569年弗朗西斯科·德托莱多（Francisco de Toledo）被任命为秘鲁总督，洛佩斯·迪亚斯·奥斯·德阿曼达里斯（Lopez Diaz Auz de Armendariz）被任命为基多皇家检审庭执行长官。同时，国王菲利普二世建立了西印度裁判所。后来，迭戈·德纳瓦埃斯（Diego de Narvaez）继任基多执行长官。1587年曼努埃尔·巴罗斯·德圣米连（Manuel Barros de San Millan）任基多执行长官。皇家检审庭设执行长官1人，法官即管刑事的长官4人，检察长官1人，警察事务长官1人以及其他官员。根据西班牙王室的法律，检审庭是一个完整的管理机构，行使政府职能。检审庭的执行长官由西班牙王室任命。王室经常派遣特使，检查执行长官、法官和其他皇家官员的行为，拥有任免、监禁和流放地方官员的权力。1717年5月27日，西班牙王室颁布皇家法令，建立新格拉纳达总督区，首府设在圣菲德波哥大，亦称波哥大总督区，同时取消了基多检审庭，将其归属波哥大总督区。后来，又恢复了基多检审庭，将其归属秘鲁总督区。1739年一项新的皇家法令恢复了新格拉纳达总督区，并将基多检审庭再次归属其名下。

到16世纪末期，基多地区完全处于西班牙的殖民统治之下。西班牙人在殖民征服过程中，陆续建立了不少新的城镇。其中有：基多（1534年）、波托维耶霍和瓜亚基尔（1535年）、波帕延和卡利（1536年）、帕斯托（1539年）、洛哈（1548年）、萨卢马萨莫拉（1550年）、昆卡（1557年）、巴艾萨（1559年）、特纳（1560年）等。

除了上述城镇外，其他一些小村镇也建立起来。很多西班牙人不愿意再去打仗，厌倦了四处寻找黄金的动荡生活，陆续在这些小村镇定居下来，分得了土地和财产，成为大授地主、农牧场主或商人，有的和当地印第安女酋长结了婚。不少西班牙移民从巴拿马、危地马拉和墨西哥移居这里，在矿山和淘金场附近安家落户。与此同时，圣安东尼奥·德尔塞罗·里科·德萨鲁马、瓜拉塞奥等城镇拔地而起。甚至在安第斯山东麓的原始大森林中，随着采金业的兴起，也涌现了一批新的村镇，如瓦利亚多里德、塞韦利亚·德尔奥罗、罗格罗尼奥、阿比拉、阿尔奇多纳等。

西班牙王室建立了西印度皇家委员会，专门负责对美洲殖民地进行统治和管理。1524年，西印度皇家委员会开始独立行使对殖民地的管理权，成为负责殖民地事务的最高权力机关，直接对西班牙王室负责。西班牙王室还建立了专门的贸易管理机构，负责仲裁殖民地的商业和经济金融活动，负责向殖民地运送物

第三章 历　史

资，并运回贵重金属和其他财宝，征收关税等。至此，宗主国领导和管理殖民地事务的体制初具雏形。

基多皇家检审庭的建立初步形成了后来厄瓜多尔国家的领土疆界，并标志着以基多为中心的政治权力结构的形成。基多检审庭的管辖范围大致包括现今的哥伦比亚南部、秘鲁北部和厄瓜多尔全部地区。在基多检审庭之下，设立了省的建制。在最初的二百年间，基多检审庭的行政区划没有什么大的变化。到18世纪下半期，由于社会发展和管理及军事方面的需要，1762年建立了瓜亚基尔省，1771年建立了昆卡省。18世纪末期，基多皇家检审庭共设10个省：波帕延、基霍斯、哈恩、埃斯梅拉达斯、马伊纳斯、瓜亚基尔、昆卡、洛哈、圣米格尔·德苏昆比奥斯和马卡斯。省下设市。

殖民当局在市镇中设置了市政组织——市议会，由它负责城市的兴建和管理。市议会是以国王的名义建立起来的，成员定期选举产生。市议会不仅管辖城镇市区，而且管辖农村的小村镇。它有权征收地方税，如财产税和消费税。市议会的职能还包括管理土地，给最初来到这里的西班牙移民分配建筑房屋和开发用的土地，划定建造教堂和修道院的地点，绘制城市街道草图并为城市生活做出筹划，制定工人劳动和保护条例，组织和供养治安力量，维持公共秩序，规定手工业者和其他劳动者的纳税率和工资，规定商品价格，建立卫生文化机构，制定矿山使用印第安劳动力的规定，包括确定从各个地方抽调印第安劳动力的最大限定人数和劳役时间等。根据明文规定，社会等级低下的人、商人和外国人不能当选市议会成员。市议会经常举行例行会议。在涉及公众重大利益的问题上，则需要召开公开的市议会会议。这种会议除了市议会成员外，市内各区知名人士也有权参加。会议在公共场合召开，就上述重大问题作出决定。基多的圣弗朗西斯科市议会是基多地区建立最早的市议会。如同宗主国的情况一样，虽

厄瓜多尔

然法律规定,总督、省长等不能干预市议会的特定权力,市议会拥有一定的自治权,但是这种权力经常受到破坏。由国王任命的总督和省长常常对市政管理横加干涉。

在经济方面,西班牙王室为了协调王室与殖民征服者的利益和关系,建立了"委托监护制"。根据这种制度,西班牙王室将印第安人"委托"或"托付"给殖民者,进行教化,并代为征收贡赋,而印第安人则向殖民者支付劳役。

殖民征服者们在劫掠贵重金属时就建立了货币铸造和刻印场。1535年5月,基多建立了皇家铸币局,用本地区矿山和采金场开采的贵金属铸造金银币。1588年西班牙国王菲利普二世颁布了一系列条令,允许在各总督区铸造货币。

殖民制度的初建过程蕴含着各种矛盾,其中之一便是王室与参与殖民征服的殖民者之间的利益冲突。为了加强对大洋彼岸殖民地的控制,王室需要建立一种中央集权的殖民制度,约束殖民者的离心倾向。而殖民者则主张建立一种自治制度,不愿接受王室制定的各种限制措施。为此,王室制定了新法律,集中殖民地的政治和经济权力,还制定了一些保护印第安人的措施,防止殖民者滥用权力滥杀印第安人。1544年王室任命布拉斯科·努涅斯(Blasco Núñez)为秘鲁总督,实施新法律。但是以贡萨罗·皮萨罗为首的殖民者拒绝交出已获得的权力,并与新总督发生武装冲突。在基多北部地区附近,双方交战,新总督战败,被皮萨罗处死。王室被迫放弃实施新法律,并向殖民者做出让步。后来,又委派佩德罗·德拉加尔斯加(Pedro de la Garsca)神父解决这场冲突。1548年初,忠于王室的武装力量与殖民者武装在库斯科附近的哈基哈瓜纳交战,皮萨罗战败并被处死。16世纪末,基多检审庭执行长官曼努埃尔·巴罗斯(Manuel Barrós)也曾因执行有关维护印第安人权利的规定与当地白人发生冲突。1592~1593年,发生了贸易税暴动(la Rebelión de las Alcabalas),

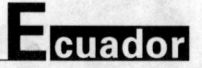

暴动者反对实施一项影响地方商业利益的税法。虽然最后结果仍然是王室获得了胜利,但是王室也不得不对地方贵族们做出让步,寻求保持双方利益的平衡。

三 殖民制度的发展

16世纪末,随着殖民制度的建立和巩固,基多地区进入一个政治保持相对稳定、经济获得较快发展的阶段。

基多地区的经济获得较快发展,成为西属殖民地经济产业链中重要的一环。它主要向其他西属殖民地,特别是从事各种贵重金属矿,如金、银开采的矿山地区出口农产品和纺织品等。例如,著名的波托西矿山的很多食品和日用品很大程度上靠基多地区供应。

随着新的农业耕作方法的引进,铁制农具和牵引牲畜的采用,农业生产率获得显著提高。粮食作物主要是种植小麦。与此同时,一些经济作物慢慢发展起来。甘蔗产于非洲,由最初来到这里的西班牙殖民者带到中美洲,并很快传到秘鲁、沿海地区和厄瓜多尔高原炎热的山谷地带。可可、烟草和香蕉等农作物的种植也显著扩大。到17世纪和18世纪,可可、烟草、香蕉等已经成为厄瓜多尔沿海地区十分常见的农作物,在殖民地经济中占有重要地位。

畜牧业也加快了发展。在殖民时期以前,印第安人仅饲养羊驼等少数家畜。殖民者从欧洲带来了马、猪、牛和羊,建立了较大规模的牧场,并教授印第安人饲养这些牲畜。畜牧业以养羊为主,羊的数量最多时达到800万只。16世纪,普纳印第安人居住的沿海地区成为有名的养猪区。随着畜牧业的兴盛,棉毛纺织发展起来。棉毛纺织品种类繁多,有呢子、粗呢子粗绒、麻布和各种棉织品,甚至有黑内金和龙舌兰织品。基多地区的纺织品甚

厄瓜多尔

至出口到秘鲁和智利，在智利享有很好的口碑。拉塔昆加和安巴托的印第安酋长甚至开办了羊毛加工场，很多人发了财，不再穿自己的织布机织出来的土布，而用进口的中国丝绸做华丽的服装，十分奢侈。

当时基多出口的主要产品有毛纺织品、棉织品、皮革、烟草、蔗糖、瓜亚基尔草帽、可可、木材、蜡、龙舌兰、油脂、桂皮、豚鼠、规那皮、鹿皮以及雕塑等艺术品。主要进口酒、橄榄油、橄榄、照明用的鲸鱼油、松脂、沥青、西班牙服装、铁器等。宗主国垄断着殖民地贸易，严格限制殖民地间的贸易，每年只允许进行两次。殖民地商人和生产者受到种种盘剥。

商业的繁荣促进了农产品加工业的发展。除了面粉生产和纺织业外，还出现了皮革、皮鞋底、油脂、肉类等生产行业。在沿海和山谷地区，出现了制糖作坊，刺激了甘蔗种植业的发展。甚至耶稣会神父也从事赢利丰厚的加工业。

据统计，1681年，整个基多地区有200多个工场作坊，雇用劳动力近3万人。瓜亚基尔的航海运输和造船业得到发展，甚至能够制造高吨位的船只。

随着老一代殖民征服者去世和社会经济发展，原来的"委托监护制"逐步失去重要性，"米塔制"作为一种新的印第安人劳役制度发展起来。根据这一制度，印第安人必须向王室提供劳役，从事公共工程建设，同时还向西班牙殖民者提供劳役，在他们的庄园和生产作坊从事强制性劳动。虽然印第安人可以因此领取一定的工资报酬，但是必须将其中的很大一部分作为贡赋缴纳给西班牙王室。从事"米塔"劳役的印第安人主要进行纺织和农业生产。

教会自始至终都参加了殖民征服活动。教会最初主要传播教义和扶持宗教信仰，但是后来也开始介入政治和教育，甚至从事经济活动。当然这些活动都是在宗主国的管辖下进行的。西班牙王室始终严密监视和控制着教会在殖民地的活动。1767年，由于耶稣会神父有恃无恐地收敛钱财，并不断扩充影响，威胁到了王室在殖民地的利益和政治统治，国王卡洛斯三世下令驱逐了耶稣会教士，没收了他们的财产。

为了加强殖民地的政教合一统治，西班牙王室在殖民地建立了宗教裁判所制度。在13世纪的欧洲，宗教裁判所是一种宗教法庭，直接听命于罗马教廷，但是在西班牙殖民地，却受天主教国王的绝对控制，由国王任命宗教裁判所首领。宗教裁判所根据国王的政治需要解释法规，拥有自己独立的警察和武装力量，严密监视非天主教势力针对美洲西属殖民地的活动，严禁任何新教徒、犹太教徒、加尔文教徒、路德教徒和其他欧洲异教徒到美洲西班牙领地。严厉惩戒殖民地社会违反天主教教义和教规的行为，严令防止禁书流入。在宗教裁判所盛行时期，居民的生活受到严密监视，经常有人突然闯入居民家寻找人证、物证和可疑踪迹，宗教裁判所经常根据匿名告发信对被告发者实行残酷审讯和拷打，或终身流放，或实施绞刑。这种酷刑不仅让平民百姓恐惧，也令殖民地官僚和有钱有势的人感到害怕。殖民地社会上下对宗教裁判所日益感到憎恶，殖民地政府官员和法官等同宗教裁判所经常发生摩擦和冲突。宗教裁判所逐渐因其残酷行为而变得臭名昭著。最热衷于实行宗教裁判制度的国王菲利普二世去世后，王室颁发了新的条令限制宗教裁判权，禁止宗教裁判所成员拥有授地、做生意和使用奴隶等特权。17世纪末，宗教裁判所走向衰败。1812年加的斯议会颁布了西班牙君主立宪法，对居民的很多人身和政治权利给予保障。1813年1月，加的斯法庭宣布"宗教裁判和西班牙君主立宪法是完全不相容的"，就此完全取消了宗教裁判制度。实际上，加的斯法庭的裁决已经失去意义，当时整个西属美洲，包括厄瓜多尔地区已经卷入了独立战争之中。

厄瓜多尔

殖民制度的建立给厄瓜多尔地区的社会结构带来巨大的变化。"不同的经济地位决定了社会集团分成为彼此间极不平等的阶级。依不同的出身、肤色和种族,产生了一系列等级"①。首先是产生了以殖民者官僚和征服者"有名望和地位的"子孙为主的社会上层。"他们在不同时期从西班牙来到这里,还保持着贵族的气派和彼此间的联系",不同程度上拥有财产、地位和名望。其次是存在着贫苦平民即社会下层。

社会上层又分为两个对立的社会集团:半岛人即西班牙人和土生白人。半岛人一般有很高的社会地位,有高贵的出身,握有大量财富,并身居高官。半岛人拥有强烈的优越感和各种特权。土生白人虽然是纯粹的西班牙人的子孙,但是他们在殖民地土生土长,拥有财富,却没有政治权力,被排斥在权力垄断阶层之外。土生白人憎恶半岛人,把他们"看成是一些官迷和暴发户"。到18世纪末期,这两个阶层间的对立情绪激化,左右着殖民地的政治发展。

在平民阶层中也存在社会差距。"贫困的西班牙人是这一类人中的贵族",他们在经济上败落了,又没有政治权力和社会地位,但是总是"竭力显示出不与其他平民阶层为伍的神气"。正因为如此,"他们不屑体力活,认为干体力活有损他们的身份",他们是"一个寄生的、游手好闲并以此为荣的"阶层。另外是混血种人。与贫困的西班牙人相比,他们的社会地位和经济状况要差一些。包括印欧混血种人、混血种人与印第安人的混血人、黑白混血种人和印非混血种人以及他们与其他混血种人通婚而生的各种混血种人。混血种人是城市中手工业劳动者的主体,很多人为画师、雕刻匠、金银匠、锁匠、木匠等。更低等的混血

---

① 奥·埃·雷耶斯:《厄瓜多尔简明通史》第一卷下册,北京,商务印书馆,1973,第261页。

种人则为鞋匠、泥瓦匠、织工、理发师、江湖医生等。他们的社会地位低下，大多生活状况贫寒。处于平民阶层底层的是印第安人。他们在城市中大多为仆人和佣人，在庄园和种植园中为服苦役的苦工，被庄园主当作牲畜对待。当时存在的少量的黑人处于社会最底层，被当作奴隶对待。

从殖民征服时期开始，印第安人就被当作野蛮、愚昧无知和不开化的人群，是天主教教化的对象。在整个殖民时期，天主教王室先后制定了大量法律和措施，使他们受基督教的感化，"从而拯救他们的灵魂"。大量牧师和神父跟随殖民军队，殖民者每征服一片土地，俘获一批印第安人，都由牧师和神父对其进行教化。

殖民者到来后，印第安人便成为被剥夺的对象，他们失去了祖祖辈辈拥有的土地。殖民当局建立了所谓的保护印第安人的种种制度，如大授地制及其他各种劳役制等。大授地制是一种监护制。根据这种制度，土著印第安人，通常是整个部族被授予一个西班牙人亦即大授地主，由他负责教育印第安人，讲解教义，帮助他们摆脱"野蛮的习气和迷信"，放弃"野蛮的宗教信仰和仪式"等。而大授地中的印第安人则有义务每年向大授地主缴纳贡赋，基多印第安人的贡赋通常为每人每年缴纳3比索，或相当于3比索的实物，如牲畜、棉毛织品等。实际上，在大授地中，贪婪而残酷的大授地主强迫印第安人为他们提供劳动，亦即强制性劳役来代替实物贡赋。有关法令规定，印第安人为大授地主服役的时间最长6个月，但是实际上，印第安人一旦去服役，就永远也回不来了。他们被迫在大授地中常年服劳役，大多因劳动强度过大、劳役条件恶劣、饮食太差、遭受残酷虐待而死亡。据有关统计，1535~1592年，仅在纳比哈山脚的萨莫拉矿区服役的印第安人就有2万人。据1592年访问过该矿区的人所作的大概估计，在这2万人中，那时只剩下了不过500人。而造成印第安人大量死亡的矿山主却没有受到任何惩罚,反而继续搜罗新的印第安苦役。后来,大授地制因名声狼藉,不断受到严厉谴责于1724年被取消了,但是印第安人的命运和状况并没有获得实质性的改善,他们仍然是殖民者残酷剥削和奴役的对象。印第安人由于遭受残酷虐待大批死亡,人数减少,在沿海地区,印第安劳动力缺乏,西班牙人只好从非洲运来黑奴。

西班牙殖民者的残酷统治多次激起印第安人的反抗。1592~1593年,他们第一次提出基多脱离西班牙的要求。此后,印第安人多次掀起反抗压迫的斗争,但都被西班牙殖民者镇压下去。1765年,印第安人和印欧混血种人发动起义,曾一度把西班牙殖民者赶出了基多。图帕克—阿马鲁二世领导的起义得到广大印第安人和印欧混血种人的积极响应。在图帕克—阿马鲁二世被处死以后很久,他的一个兄弟领导了印第安人运动。

1764年3月7日,印第安人在里奥班巴发动起义,拒绝接受米塔这种强制性劳役制度作为获得部落土地的条件。当年11和12月,殖民者建立了烧酒专卖制度和海关关税制度,遭到印第安人的反对。为此,印第安人于1765年5月7日发动起义,并焚烧了烧酒专卖店和海关,后遭到殖民者军队的镇压。1766年萨尔塞多地区的印第安人发动起义,反对交纳贡赋。1768年印第安人再次发动起义,反对殖民当局增加劳役的决定。此后印第安人于1771年还发动过一次重要起义。

据历史学家亚历杭德罗·德温波尔特统计,到19世纪初,在基多皇家检审庭,黑人包括黑白混血种人和印非混血种人有5万多人。他们主要分布在沿海地区的种植园,高原的某些炎热地区,如乔塔、卡塔马约和萨鲁马矿区。

由于黑奴逐渐增多,殖民当局于1518年颁布了关于黑奴的法令。黑奴受到残酷的虐待从1551年1月基多市议会作出的规定就可以看出来。规定指出,假如黑人逃跑8天以上,或胆敢引诱印第安女人,"就要处以宫刑"。在糖厂和种植园,黑人也受到残酷的虐待。凶恶的工头动辄用皮鞭抽打黑奴,强迫他们拼命地干活。殖民者对黑人的虐待激起了强烈反抗,但是都被残酷地镇压下去了。1623年,在一艘开往秘鲁运奴船上爆发了起义。黑人摆脱了奴隶主,在基多地区的埃斯梅拉达斯登陆,他们与当地的印第安人联合起来,占领了很大一片地区,事实上使该地区摆脱了西班牙殖民当局的统治。西班牙当局曾多次企图镇压起义,结果每次都以失败告终。最后西班牙殖民者被迫采取绥靖政策,承认起义的一个领袖、过去的奴隶伊列斯卡斯为解放区的管理者。在历史上,埃斯梅拉达斯地区的黑种人和印黑混血种人就形成了顽强的反抗精神。

压迫越深反抗越烈,19世纪初独立战争爆发时,大量黑人加入到争取解放的斗争中。在独立战争结束后,很多参加战争的黑人获得了自由。1851年7月25日,何塞·马丽亚·乌尔比纳颁布一项著名法令,宣布奴隶制"是和共和制度不相容的","是对道德和文明的打击",并宣布废除奴隶制。

在这一阶段,基多地区的文化和教育获得了较大的发展,圣格雷戈里奥大学和圣费尔南多学院就是在这一阶段建立的。圣费尔南多学院还开设了医学课程。耶稣会在亚马孙地区的传教活动十分活跃。文学艺术创作出现高潮,涌现出一批文学艺术作品。长期修建中的教堂和寺院竣工,并上马一批新的文化和教育建设工程。

四 殖民制度的衰落与危机

自18世纪初,基多地区殖民制度逐步走向衰落并陷入危机。西班牙殖民统治阶级和土生白人对印第安人的奴役、剥削和压迫达到无以复加的程度,印第安人的大片土地被西班牙殖民者和大地产主剥夺。与此同时,土生白人阶层经济实力日渐壮大,但是却没有政治权力,被排斥在殖民地管理和决策

厄瓜多尔

之外。他们与西班牙殖民统治集团的矛盾日益尖锐。另外，频发的自然灾害，如火山爆发、地震、地陷和疾病传染造成巨大的社会损失，毁坏和淹没了成片的村庄和土地，加剧了经济和政治危机。

随着秘鲁总督区的矿山资源日益枯竭，矿山生产规模显著缩小，基多地区农业和纺织业赖以生存的外部传统市场随之萎缩。另外，欧洲物美价廉的同类产品日益进入西班牙美洲市场，对基多产生竞争，使其生产陷入萧条。与此同时，西班牙国内的变化也对基多产生不利影响。在欧洲，西班牙日益落后于英、法等强国的发展，逐步沦为二流国家。新建立的波旁王朝急于改变这种状况，立志实施现代化计划，使西班牙成为工业强国，能够与英国和法国等抗衡。为此，采取一系列措施保证西班牙的海外市场，不仅加强针对欧洲其他国家产品的进口禁令，甚至限制基多检审庭与其他殖民地之间的纺织品贸易，使陷入萧条之中的基多纺织业雪上加霜。

上述种种因素迫使基多检审庭进行重大而艰难的经济调整，进而使它与西班牙宗主国的关系发生重大变化，加剧了一系列固有的经济和政治矛盾。[1]

随着纺织业生产日益萎缩，农业的重要性日益突出，大地产制成为经济体系的中心。首先，通过对印第安集体土地的兼并，大地产的规模和数量不断扩大，吸纳了越来越多的劳动者。其次，大庄园制加重了印第安人的人身束缚。为了支付越来越重的贡赋和劳役义务，印第安人被迫超出"米塔制"的规定，增加在大庄园的劳动时间，由此产生了一种新的"土著人契约"（el Concertaje）关系。除了原有的劳役义务以外，印第安人与大庄

---

[1] Enrique Ayala Mora: *Resumen de historia de Ecuador*, Biblioteca General de Cultura, página 46, Quito, 2003.

第三章 历 史 Ecuador

园主"自愿"签署契约，出卖劳动力，挣取报酬。实际上，各种苛刻要求使印第安人形同卖身。他们由于需要更多的货币用于支付贡赋，不得不向大庄园主预支工资，积欠越来越多的债务，加重了人身依附，甚至成为失去自由的农奴。另外，加工工场和手工作坊仍然是重要的生产部门，但是却发生了重要变化，越来越多地成为大庄园的组成部分，其产品主要面向国内市场，只有少部分出口。

到18世纪中叶，基多检审庭山区的大地产制得到显著巩固和加强，对代表宗主国利益的殖民统治集团与地方产业集团之间的矛盾产生深远影响。国家官僚集团，亦即殖民当局对经济生活的控制、干预和影响力明显削弱。大部分劳动者与大庄园建立越来越紧密的直接依附关系，大庄园主成为决定他们命运的领主，成为事实上的统治者。殖民地政治权力机构日益边缘化。经济权力和政治权力的日益分离成为基多殖民地社会生活中的突出现象。

随着地方经济和政治力量的增强，西班牙王室不断采取措施，加强宗主国对殖民地的控制，遏制地方离心势力，维护王室的利益。1764年建立烧酒专卖垄断制度。与此同时，决定征收海关税。由此，引起地方的强烈不满，1765年基多城市民众发动反对宗主国中央政府的暴力事件，史称"烧酒专卖局暴动"。到18世纪中叶，美洲殖民地的耶稣会势力极度膨胀，聚敛了大量财富，包括各种不动产，其日益增大的经济和政治影响对王室的利益构成很大威胁。1766年西班牙王室决定把耶稣会势力驱逐出美洲殖民地，兼并了其财产，并逐步拍卖给当地的土生白人贵族，进一步加强了大地产制。在何塞·加西亚·德莱昂·伊皮萨罗（José García de León y Pizarro）任基多检审庭执行长官期间，王室进一步采取措施加强对殖民地的控制，在基多建立监察制度，将权力集中在各级监察长官手中，限制地方和区域自治权力。监察长官直接听命于国王。各种中央集权和改革措施加强了中央专制制度,增加了税收。但是后来由于地方势力百般阻挠,监察制度逐步丧失意义,最后甚至不了了之。

18世纪末期,在沿海地区,可可生产和出口得到显著发展,改变着地域经济结构和人口结构,沿海地区在整个经济中的重要性日益增强。

进入18世纪下半叶后,以知识分子和文化人为主的要求美洲和基多权利的运动逐步形成和发展,促生了土生白人贵族精英集团寻求自治的意识。耶稣会教士、里奥班巴人胡安·德贝拉斯科(Juan de Velasco)被驱逐出基多殖民地。他撰写了《基多王国的历史》(Historia del Reyno de Quito),该书产生极大影响,成为"基多意识"和"基多认同"的思想基础,同时还为基多史学的创立打下基础。

这时,追求知识和政治觉醒意识的代表人物是欧亨尼奥·德圣克鲁斯·伊埃斯佩霍(Eugenio de Santa Cruz y Espejo,1747~1795年)。他生于1747年,是印第安人与非欧混血种人后代,曾改名换姓,进入当地大学接受高等教育,1767年大学毕业,获得医学博士学位。后获得法学和宗教法硕士学位。他十分憎恶西班牙的殖民统治,坚持要求自由和解放的政治主张,得到基多很多贵族青年的支持。在他们的赞助下,埃斯佩霍积极组织各种活动,传播美洲和基多意识,主张发动革命和社会改革,通过西班牙美洲各省实行军事互助,取得彻底解放;从西班牙人手中夺回全部政府权力,在美洲各国建立独立民主的共和政体;教会由国家控制,没收宗教团体的地产并充公。1786年他秘密制定了团结祖国杰出人物、发动革命的计划,并于1792年出版报纸《基多文化先声》。他是那个时代当地启蒙文化的代表人物,受到西班牙殖民当局的迫害,于1795年1月惨死狱中。

贝拉斯科和埃斯佩霍代表了当时日益发展的基多意识。基多意识的主要载体是当地的土生白人阶层。他们在基多社会日益占据主导地位，显露出脱离欧洲和印第安人的倾向，寻求自己的文化认同，提出摆脱受西班牙半岛人剥削的诉求，并力图巩固对印第安人的剥削者的地位。

18世纪末期，新任检审庭执行长官巴龙·德卡龙德雷特（Baron de Carondelet, 1799~1807年在位）采取了亲土生白人的立场，同时极力恢复检审庭业已失去的权威。德卡龙德雷特建议给予基多更多自治权，建立都督府。与此同时，各地的市议会日益成为土生白人表达对宗主国殖民当局不满的场所，在殖民地政治生活中具有越来越重要的作用。19世纪初，走向自治已经是大势所趋，成为后来寻求独立的先声。

基多地区频发的各种自然和社会灾害也成为基多殖民制度走向衰败的重要因素。厄瓜多尔是地震、地陷和火山爆发频繁的地区。屡屡发生的强烈地震、地陷和火山喷发，使很多城市遭到严重破坏，有些城市甚至被强烈地震夷为平地，或被泥石流吞没。整个经济和社会发展及人民生活受到很大影响。

1698年6月20日，卡里乌阿伊拉索发生了大规模地层塌陷，3个繁荣的地区，即现今的克托帕克希、通古拉瓦和钦博拉索都遭到严重破坏，初建的安巴托甚至被泥石流整个吞没，500多名西班牙人和1200多名印第安人死亡。安巴托不得不易地重建。通古拉瓦地区的巴尼奥斯曾经多次被埋葬和毁坏。1740~1773年，安第斯中部地区多次发生地震。

在殖民时期300多年的历史中，瓜亚基尔经常遭到袭击。1587年著名海盗托马斯·德卡本迪施率领部下袭击了这个城市。1624年荷兰人雅格勃·莱尔米德·科莱尔格多次袭击瓜亚基尔，虽然遇到城市居民的抵抗，但是城市还是几次遭到洗劫，居民被迫逃离城市。另外，法国人科瓦涅也曾多次占领瓜亚基尔，劫掠财宝、粮食和妇女，大肆破坏城市，"使瓜亚基尔多次成为废

墟，疫病流行，尸体腐烂在街头和海滨，空气令人窒息，城市荒凉、衰败，只有乌鸦和猪狗踏着尸体走来走去"。①

第三节 独立运动

一 独立运动的背景

随着基多地区殖民地生活的发展，各种矛盾开始尖锐并激化起来。其中占主导地位的是以土生白人阶层为代表的殖民地利益与殖民地官僚代表的宗主国利益间的矛盾。这种矛盾和冲突其实早就存在，并在历史上曾经导致殖民地多次发生起义运动。这种冲突和矛盾甚至表现在宗教界：土生白人神父和西班牙人神父分成两个对立的阵营，摩擦经常不断，以至于王室不得不做出规定，省级教会领导职务由土生白人和西班牙人每3年轮流担任一次。此外，西班牙王室还采取不少措施缓和土生白人对受排斥和限制状况的不满，给予他们种种头衔和爵位。允许他们在殖民政府中担任次要职务。但是这种有限的改革措施并没有从根本上改变土生白人对殖民地政治生活参与的限制，他们的不满和愤怒日益强烈。曾参加1809年起义的土生白人贵族马努埃尔·基罗加在《基多对秘鲁总督辖区议员何塞·西尔瓦-奥拉特阁下的要求》一文中表达了这种情绪："在基多，我们被看作是干活的牲口，拉铁链的奴隶。你的功绩，你的优点，你的出身、才能以及任何其他品质，都不能使你得到赞赏和公平的待遇。"

虽然殖民地时期的起义都被武力镇压下去，但是潜在的分离

---

① 奥·埃·雷耶斯：《厄瓜多尔简明通史》第一卷下册，北京，商务印书馆，1973，第335页。

倾向和自治愿望一直存在,并在18世纪末,逐渐转变为追求独立的政治意志。"18世纪末,在基多贵族中很少有人不致力于搞阴谋政变的"①。

18世纪末期发生的几次大规模的民主自治革命对基多地区产生很大的影响。美国革命终结了英国的殖民统治,建立了民主共和政体。法国革命为民主和自由制定了普遍的纲领:人有神圣权利,各国人民和民族有完全自主的神圣权利。席卷欧洲大陆的法国革命和欧洲战争为西班牙国内形势造成巨大影响,为美洲西属殖民地追求独立和自身解放的斗争创造了有利的国际环境。

厄瓜多尔的独立进程可以分为两个时期。第一个时期为独立过程,第二个时期为大哥伦比亚共和国的经历。

二 独立运动的胜利

1808年西班牙国王卡洛斯四世退位,费尔南多七世继承王位,但遭法国军队囚禁,拿破仑·波拿巴控制了西班牙。拿破仑攫取西班牙的统治权对基多地区产生很大影响,基多地方力量迎来了反对殖民当局的时机。他们认为隶属宗主国的总督和检审庭已成为篡权者的代表,应该由土生白人组成的机构取而代之,以"合法君主"代表的名义进行管理。他们主张像西班牙那样建立一个政府委员会来执掌政权,由本地人担任各种官职。1808年12月,革命者成立了政府委员会,准备起事。但是由于走漏消息,委员会成员们遭到逮捕,后因证据不足被无罪释放。起义者们并未因此气馁,他们于1809年8月10日通过起义夺取了政权,建立了政府主权委员会。这次起义史称1809年基多革命。主权委员会宣布罢免基多检审庭执行长官马努埃

---

① 奥·埃·雷耶斯:《厄瓜多尔简明通史》第一卷下册,北京,商务印书馆,1973,第415页。

尔·乌列斯的职务。首都警备部队站在起义者一边，宣布拥护起义，并于当天逮捕了一些反对起义的殖民政府要员。

1809年8月16日，主权委员会召集了公开的市议会，要求恢复费尔南多七世国王的权力，同时宣布，彻底改组政府机构，由土生白人组成的委员会掌握政府权力。市议会肯定了主权委员会所采取的革命行动。

但是主权委员会存在的时间十分短暂。它本指望获得昆卡、瓜亚基尔和帕斯托等地的支持但是未能如愿以偿。大多省份拒绝支持政府主权委员会。秘鲁总督派兵包围了基多城，新格拉纳达总督区也准备派军队由北方进逼基多。另外，这场革命运动的主力是贵族，他们没能广泛发动群众，争取人民的支持，在政治上陷于孤立，在军事上势单力薄。虽然主权委员会组织了一支武装开往北方，同新格拉纳达来的镇压军队作战，但是由于力量薄弱，最后失败了。另外，这场革命运动缺乏一个有力的领导核心。在主权委员会内部，政治主张也不统一，虽然一致主张脱离西班牙，实行政治自主，但是在建立什么样的政体上，存在很大分歧。少数人主张建立共和制，但是大部分人只主张美洲自治，要求建立一个费尔南多七世领导下的君主立宪制度。上述因素决定了1809年的基多革命在亲西班牙势力的围剿下失败了。1809年10月28日，主权委员会宣布解散，向塞尔瓦·弗洛里达伯爵投降。几天后，他把政权移交给了检审庭执行长官鲁伊斯·德卡斯蒂利亚。

基多殖民当局对革命者的残酷镇压和报复行动激怒了广大民众，1810年8月2日，基多民众再次发动起义，打开监狱，释放了被囚禁的普通老百姓。接着又袭击了关押8月10日起义的主要爱国者的监狱，释放了这些革命者。起义群众手拿棍棒和砍刀与前来镇压的军队展开血战。装备精良的军队残杀起义群众，并趁机杀害大批曾经参加过8月10日起义的革命者。经过激烈战斗，群众起义被镇压下去了。1812年他们再次发动起义，但也遭受同样的命运。

1812年底，亲西班牙王室的力量重新控制了基多的局势。基多的革命者后来又发动了数次起义，但均告失败。此后，瓜亚基尔和其他一些地区的革命运动开始高涨。1820年10月9日，何塞·华金·德奥尔梅多（José Joaquín de Olmedo）等革命者在瓜亚基尔举行起义，组成领导委员会，宣布独立。1820年11月3日，昆卡的革命者发动起义，宣布独立。与此同时，安巴托等地的民众也举行武装起义。1821年南美解放者西蒙·玻利瓦尔派苏克雷将军率领哥伦比亚和委内瑞拉军队支援基多革命者的独立斗争。1822年5月22日，苏克雷的军队在基多起义军的配合下，发动皮钦查战役，彻底打败了西班牙殖民军。两天以后，西班牙在基多的统治者阿伊梅里科宣布投降，厄瓜多尔获得独立，并于同年加入由玻利瓦尔建立的大哥伦比亚共和国。共和国由原新格拉纳达总督区的领地组成，包括三大行政区，即委内瑞拉、昆迪纳马卡（新格拉纳达）和基多（厄瓜多尔）。

三 大哥伦比亚共和国

昆卡省最早宣布加入大哥伦比亚共和国。在皮钦查战役胜利后，基多贵族们也做出了同样的决定。瓜亚基尔起义者却采取了反对立场。领导1820年10月9日瓜亚基尔独立运动的主要是与对外贸易密切相关的农业生产集团。在殖民制度末期，瓜亚基尔地区的可可生产获得很大发展，其产品主要面向国外市场，包括欧洲国家，还有秘鲁。瓜亚基尔统治集团不愿加入大哥伦比亚共和国，怕影响自己的对外经济利益。其实，早在1821年苏克雷援军到来时，瓜亚基尔就曾拒绝苏克雷将军提出的加入大哥伦比亚共和国的邀请，并因此拒绝了他的军事援助行动。最后，玻利瓦尔不得不采取强制手段，把瓜亚基尔并入大哥

厄瓜多尔

伦比亚共和国版图。厄瓜多尔成为大哥伦比亚共和国的南方区，区下设3个省，省府分别设在基多、瓜亚基尔和昆卡市。

在大哥伦比亚共和国建立之初，玻利瓦尔不在国内，由桑坦德副总统主持政府事务。桑坦德表现出自由派色彩，组织了保护农业和贸易发展委员会，采取自由贸易措施，宣布印第安人的义务劳役为非法，废除印第安人的贡赋，建立最低工资制度，实行直接税制等。这些措施与大庄园主的利益发生冲突，双方的关系陷入紧张状态。1826年玻利瓦尔亲自领导共和国政府。他在政策上更加保守一些，对民众动员和联邦制有顾虑，主张实行中央集权，而不是参与制。在玻利维亚宪法建议中，他甚至提出实行总统终身制、建立承袭制议会以及其他一些类似君主制的政治主张。在大哥伦比亚共和国时期，南方区即厄瓜多尔的形势动荡不安，它背负着解放秘鲁战争造成的沉重的财政负担，为秘鲁解放战争付出的财力物力是其他地区的3倍以上。1829年2月27日，在大哥伦比亚共和国和秘鲁因领土争端而爆发的武装冲突中，苏克雷将军发动塔尔基战役，打败秘鲁军队。南方区为军事行动付出了沉重的代价。

基多的大地产主阶层反对桑坦德实行的影响纺织业发展的自由贸易政策，以及改变根深蒂固的社会等级结构的平等改革政策，甚至反对哥伦比亚中央政府。不过基多贵族阶层却欢迎玻利瓦尔的独裁思想。瓜亚基尔的地主和商贾们虽然在原则上抵触加入大哥伦比亚共和国，但是却拥护符合自己利益的自由贸易政策。因此，基多与哥伦比亚中央政府的关系处于紧张状态，而瓜亚基尔却采取了亲中央政府的态度。但是当20年代下半期出口下降，与秘鲁的贸易关系日渐活跃时，瓜亚基尔的自治要求便与日俱增。与秘鲁也保持着贸易往来的昆卡也采取了要求自治的立场。由于各种原因，南方区各省与哥伦比亚中央政府间存在矛盾，关系几近破裂。在当时的大哥伦比亚共和国，并不存在一个能够超越各地方利益和压力,实施全国发展计划的强有力的社会阶层和领导集团,来协调各地方统治阶层的利益分歧。

第四节 共和国初期

一 共和国的建立

1830年5月12日,胡安·何塞·弗洛雷斯将军领导的南方区决定脱离大哥伦比亚共和国,宣布成立一个"自由和主权"的国家。几个星期后,第一届立宪大会在里奥班巴召开,议题包括为新独立的国家命名。基多这一传统名称来源于印第安人时期,检审庭时期保留下来,代表着历史传统,但是遭到瓜亚基尔和昆卡代表的反对,认为这一名称太"地区主义"了。为了"维护国家团结",大会最终决定新的国家取名为厄瓜多尔。厄瓜多尔为"赤道"的意思。以前,法国著名地理学家小组来基多地区勘测赤道线时曾使用过这一名称。1830年8月14日,厄瓜多尔颁布了第一部宪法。弗洛雷斯当选共和国总统(1830~1834年、1839~1843年、1843~1845年)。西班牙于1840年承认厄瓜多尔为独立国家。

新生的共和国所面临的一个重要问题是地区主义离心倾向。在殖民末期,逐步形成了3个特点分明的地区:以基多为中心的中—北部山脉地区,这里集中了全国大部分人口,盛行大庄园制;以昆卡为中心的南部山脉地区,这里特点比较多样,小农业和手工业比较发达;以瓜亚基尔为中心的瓜亚斯盆地地区,这里小农业逐步衰落,与出口经济相连的大地产制得到显著发展。这3个主要地区相互间的经济联系十分松散,并没有形成一个相互依赖的内部市场,却分别与哥伦比亚南部、秘鲁北部和太平洋沿岸保持贸易往来。独立战争则进一步削弱了国内各地区间的经济

和社会联系。因此,缺乏一个能够实现社会和政治稳定的强有力的社会统治阶级和政治集团。各地区特殊利益集团反对建立一个统一、集权的中央政府。各地主势力集团力图维护地方政权,保留经济和政治封建制度,而沿海地区新生的商业资产阶级集团寻求采取措施,建立一种全国市场及中央政权,主张建立一个统一的共和国。这导致争夺权力的斗争连续不断,影响着厄瓜多尔共和国政治历史进程的走向。

大地产主控制着各个地区的政治和经济生活。当时,厄瓜多尔大多数人口为印第安农民,通过"土著人契约"在大庄园中出卖劳动力。在山区一些地方和瓜亚基尔,仍然实行黑人奴隶制。还有一些地区实行佃户制,另存在大量小农。在一些地区,特别是山区,产生了不少手工艺作坊和小商铺。

独立战争同时也影响了厄瓜多尔的对外贸易。厄瓜多尔与原西班牙宗主国的贸易关系发生断裂,开始转向资本主义强国,特别是英国。自19世纪20年代起,英国成为厄瓜多尔主要可可出口市场和商品进口市场。对外贸易促进了沿海地区的经济发展和人口增长,但是在19世纪末期之前,却并没有带动整个国家的经济发展。

厄瓜多尔独立后的30多年间,以基多为中心代表大地主寡头和教会利益的保守派和以瓜亚基尔为中心代表商业资产阶级利益的自由派之间争夺统治权的斗争异常尖锐,宗教纷争不断,军队不断发动叛乱,政局动荡不定。

弗洛雷斯将军被里奥班巴立宪大会选举为首任总统后,力图巩固代表地主利益的集团与军队上层集团的联盟。军队上层集团成员大多数为参加过独立战争的外国人。弗洛雷斯总统属于保守派,维护大地主和天主教会利益。在这一时期,公共财政混乱不堪,军队和参与独立战争的士兵们发动一系列具有民众色彩的起义,如奇瓜瓜革命。

第三章 历 史 **E**cuador

在弗洛雷斯总统任期内，厄瓜多尔颁布新宪法，规定建立一院制的中央集权的共和国，并对投票权和担任公职规定了种种资格限制，只有少数富人才能满足标准。宪法规定天主教为国家唯一合法的宗教，专门制定了特别条款保护天主教。

1835年6月，代表商业资产阶级利益的自由派领导人比森特·罗加富埃尔特（Vicente Rocafuerte）取代弗洛雷斯任总统。罗加富埃尔特早年留学欧洲，结识米兰达，形成自由派思想。他上台执政后，进行了自由派改革，修改宪法，实行两院议会制，清除政府中的腐败官员，采取措施发展民主制度，热心发展教育事业，建立80多个公立学校，降低选举投票资格的标准，扩大选举权等。

1839年，弗洛雷斯再次上台执政，颁布了一部新宪法，将总统任期延长至8年，并规定可以连选连任，为自己长期实行独裁统治铺平道路。他对印第安人和社会下层强征苛捐杂税，同时支持新格拉纳达（哥伦比亚的前身）教权派反对波哥大的马克斯政府的政变。1845年3月6日，罗加富埃尔特与安东尼奥·埃里萨尔德将军发动政变，推翻了弗洛雷斯政府。1845年维森特·拉蒙·罗加上台执政。

19世纪40年代末，两极政治格局更加明显，在此基础上形成了两个政党。商人和知识分子阶层组织了自由党或称民主党，其势力主要集中在瓜亚基尔。土生白人地主和教会势力成立了保守党，其势力主要在基多。1849年自由党推举埃里萨尔德将军参加大选。保守党则提出迭戈·诺沃亚与之对抗。双方对大选结果产生分歧，决定召开国民大会进行裁决。国民大会推举诺沃亚为总统。诺沃亚上台制定了新宪法，再度恢复议会一院制，并制定选举资格高额财产限制，并恢复了教会被剥夺的很多特权，如教会拥有独立的教会法庭系统，并有权强制征收什一税。诺沃亚上台后，向被新格拉纳达驱逐出国的耶稣会徒提供援助，支持他

厄瓜多尔

们反对新格拉纳达的洛佩斯政府。在两国关系十分紧张、战争一触即发时刻,瓜亚基尔的何塞·马丽亚·乌尔维纳(José María Urbina)将军在自由派军官们的支持下发动政变,推翻了诺沃亚总统。1852 年乌尔维纳任总统后,努力巩固沿海地区商业资产阶级与军队的联盟,进行一系列改革,实行具有自由主义和民主色彩的规划,扶持本国工业和手工业的发展,促进对外贸易,改善税收,取消了政治犯死刑,驱逐耶稣会教士出国,实行小学免费教育,废除奴隶制,取消印第安人贡赋。另外,在军队中实行扫盲运动。这些进步措施获得了广大民众阶层的支持。1856 年自由党总统候选人弗朗西斯科·罗夫莱斯将军赢得总统大选。

19 世纪 50 年代末期,厄瓜多尔与秘鲁发生边界冲突。秘鲁向厄瓜多尔宣战,封锁了瓜亚基尔港口,占领了厄瓜多尔的领土。

自由派政府的改革措施激化了各地区间的矛盾。1859 年各地建立了自治政府。在基多产生了由加西亚·莫雷诺(García Moreno)领导的三人执政府,在瓜亚基尔产生了吉列尔默将军领导的政府,在昆卡有赫罗尼莫·卡里翁(Jerónimo Carrión)政府,在昆卡有曼努埃尔·卡里翁(Manuel Carión)政府。

1860 年保守党人加西亚·莫雷诺出任总统(1860~1875 年),实行长达 15 年之久的独裁统治。他规定只准信奉天主教,取缔其他宗教。1862 年,他与罗马教廷签订条约,把国家的教育权划归教会,教会取得了一切与宗教有关的事务的裁判权,包括遗嘱、婚姻、财产继承、离婚和犯罪等。莫雷诺政府对反对独裁统治者进行最残酷镇压,或处以死刑,或予以拘禁。

莫雷诺总统通过铁血政策和个人独裁统治,启动了国家政治体制化进程。公共管理得到改善,国家事务开始有秩序,通过对货币发行的控制也建立了公共财政秩序。实行了一些较大规模的公共工程,教育得到较大发展,军队实行了现代化,建立了集权化国家政权。在莫雷诺政府的专制统治下，统治阶级的两个派别达成协议，结束了政治派别争斗的混乱时期。国家权力的加强和政治上的稳定为经济发展提供了有利条件。厄瓜多尔通过增加可可出口，开始加入世界市场。

莫雷诺政府的各项规划的实施是建立在对民众阶层实行镇压和剥削的基础之上的，通过天主教会和宗教团体在国家生活中的绝对优势来实行严格的意识形态控制。枪决、流放、关押入狱、迫害是实行镇压和奴役经常使用的手段。印第安人发动了一系列起义，反对莫雷诺政府的专制统治，反对当时实行的法律，如"地产合并法"，即"保护地成交法"，该法律严重削弱了农民社团，遭到它们的反抗。1871年费尔南多·达基雷马（Fernando Daquilema）在钦博拉索省发动起义，号召民众进行反抗莫雷诺专制统治的斗争。1875年8月6日，莫雷诺被人暗杀。在此后的20多年间，厄瓜多尔政局仍然一直动荡不安，军人控制着国家政治生活。政府更迭频繁，而且几乎都是被暴动和政变所推翻。

二 自由派改革

19世纪下半期，厄瓜多尔的经济发生较大变化。自70年代起，可可生产发展起来，成为厄瓜多尔经济的重要支柱。可可占总出口的75%左右。人们把这一时期称为"可可时代"。可可主要产区分布在沿海一带。大种植园主和可可生产者发展起了商业和银行业，资本积累日益得到发展。19世纪90年代，外国资本开始进入厄瓜多尔，石油业开始发展起来，投资主要来自英国。美国资本大多投入种植业。随着厄瓜多尔与世界经济联系的加强，本国经济的发展在很大程度上依赖和满足国外市场的需要。农产品和工业品的生产都是为了出口。交通运输的发展也是为了满足出口经济的需要。厄瓜多尔向外出口可可，从国外特别是美国进口轻工业产品。

厄瓜多尔

厄瓜多尔最有活力的自由派集团，即沿海地区的商业主和银行家集团开始发展壮大，并逐渐在政治上崛起，主张实行自由派改革。广大的社会下层，如农民、手工业者和小产业主也加入了拥护改革的行列。改革主张得到了中产阶级知识分子的支持，其中包括激进自由派领导人、自由派纲领的设计者埃洛伊·阿尔法罗（Eloy Alfaro），还有胡安·蒙塔尔沃（Juan Montalvo）和何塞·佩拉尔塔（José Peralta）。

1895年6月5日，瓜亚基尔自由派民众发动起义，推翻了鲁伊斯·科尔德罗的独裁统治，推举埃洛伊·阿尔法罗将军为总统。这场起义史称阿尔法罗革命。阿尔法罗于1842年出生于一个中产阶级家庭，早年参加反对莫雷诺独裁统治的斗争，后被迫流亡巴拿马，从事经商并坚持反对历届独裁政府的斗争。阿尔法罗在1895~1901年和1906~1911年先后两次任总统。他在第一任执政期间，采取温和的改革措施，逐步削弱实力强大的教会。1897年他主持制定的新宪法规定实行民主政体，恢复国家对神职人员的任命权，规定信教自由。1901年莱昂尼达斯·普拉萨·古铁雷斯上台执政，他基本上继承了阿尔法罗政府的宗教改革政策，于1902年颁布婚姻民政登记法。1906年阿尔法罗再次当选总统后，采取比较深刻的自由主义改革措施，政绩颇丰。改革的目标是把厄瓜多尔与国际经济结合起来，努力加快本国经济的发展。在他任期内，厄瓜多尔使用美国资本修建了由基多至瓜亚基尔的铁路。这条铁路穿越国家主要的经济区，并把沿海地区与内地连接起来，大大促进了经济和对外贸易的发展。阿尔法罗政府实现了政教分离，消除了教会干预政治现象，剥夺了教士们的种种特权，通过实施《永远管业法》，没收了教会的财产和土地。大力保障信仰自由。推进教育改革，创立了师范学校、军事学校和高等学院。鼓励妇女参加公众生活，促进妇女解放和自由。开办了精神病院和医院。在基多和瓜亚基尔大力发展公共卫生事业，修建下水道系统。努力改善印第安人的生活状况，取消了长期向他们征收的赋税。另外，改进法院的刑事诉讼程序，制定公正的刑法、商法和银行法。阿尔法罗政府加快了国家对外经济的发展，促进了金融和商业资本的形成和发展。在自由派改革时期，民族国家得到巩固，由此，导致社会各个领域发生了一系列变革。在经济方面，受可可"繁荣"的推动，深化了对世界市场的参与；连接基多与厄瓜多尔的南方铁路的修建促进了沿海和山区的一体化。在政治和意识形态方面，自由派改革也大有进展。通过实行一系列措施，如言论自由、信仰自由、教育自由和政教分离，削弱了宗教集团对政权的控制。

这些改革措施受到教会和保守集团的反对。另外在自由派内部由阿尔法罗领导并得到民众支持的左派和由普拉萨领导的代表沿海商业资产阶级的右派这两个集团间也发生了冲突，导致了阿尔法罗政府的倒台。1912年1月阿尔法罗将军遇害身亡，代表大庄园主和地主及教会势力的寡头政治有所恢复。莱昂尼达斯·普拉萨第二届政府（1912~1916年）迫于政治压力，实行与教会和大地主和解的政策，缓和了反教权的改革，并与山区大庄园主实行妥协。

20世纪初，国家政局趋于稳定，经济加快发展步伐。可可生产和出口获得快速发展。香蕉、蔗糖和棉花生产也显著扩大，沿着西部海岸涌现了很多香蕉、蔗糖和棉花种植园。在20世纪头20年，厄瓜多尔的出口获得很大发展，年出口额由900万美元增加到2200万美元。初级产品生产和出口的经济模式形成，并获得迅速发展。外国投资显著扩大。在1914年以前，美国投资约为1000万美元，到1920年增加了一倍。美国资本除了大量投入可可种植业外，还扩大到金矿和石油开采业以及公共服务业。英国人在石油业的投资也迅速增加。在19世纪20年代，产油油井达到400多口。此时，本国人投资兴建了一些纺织、皮

革、纽扣、肥皂、制药、粮食加工、乳品加工、造酒业等企业。经济的加速发展带来厄瓜多尔金融资本的壮大及其对国家经济和政治生活的控制和垄断,产生了厄瓜多尔历史上的"农业和商业银行统治时期"(1916~1925年)。1894年成立的农业和商业银行不仅迅速掌握了国家的经济大权,而且操纵着国家的政治生活,政府要员甚至总统候选人的提名都要经它首肯。随着经济的发展,人口开始加快增长,1920年全国人口达200万。城市人口有较大的增长,1926年基多人口达到8万多人。

经济发展带来社会结构和政治方面的变化。由于政府机构和小商业的增长,中间阶层显著扩大。手工业者和工人组织在20世纪初建立起来,它们积极要求政治权利,掀起争取自治权利的运动。当时正值俄国革命取得胜利,国际工人运动蓬勃发展,第一次世界大战造成有利的国际政治气候,厄瓜多尔民主运动出现高潮。在19世纪政治斗争主要表现为保守党与自由党之间的角逐。随着工人阶级、中产阶级和各种社会组织等新兴政治力量的产生和壮大,政治斗争更加复杂,新的政党开始涌现。

三 财阀统治和民主运动

阿尔法罗将军去世后的几届政府被称为"财阀政府",即由银行和农业出口寡头直接操纵的政府。这一时期,商业和农业银行成为国家政治的仲裁者。此时,大量的外国投资公司,特别是美国和英国公司开始进入厄瓜多尔。美国资本成立了"瓜亚基尔和基多铁路公司"。1925年美国的埃梅莱科公司控制了瓜亚基尔市的电力生产和配电系统。南美洲发展公司在埃尔奥罗省和波托维耶霍地区投资开发金矿。在石油生产方面,盎格鲁—厄瓜多尔石油公司和卡罗利纳石油公司在圣埃莱纳半岛进行了投资,盎格鲁萨克逊石油公司在亚马孙地区进行了投资。

第一次世界大战使可可价格持续下跌,厄瓜多尔的可可经济走向衰落。1920年，1担可可的价格由26.6美元下跌到12美元，1921年下跌到5.7美元。另外，可可生产还受到多种病虫害的影响。迅速蔓延的病虫害摧毁了大量的可可种植园，极大地影响了厄瓜多尔的可可出口经济，造成整个国民经济的严重衰退。1920~1923年，可可出口收入从每年2000万美元下降到不足1000万美元。

1929年的世界性经济危机使厄瓜多尔经济雪上加霜。出口商品的价格陡降至1900年以来的最低点。特别是可可、咖啡和稻米的价格暴跌。商业机构陷于瘫痪，企业破产，银行倒闭。这不仅是由于可可生产和出口经济的短暂衰退，从更深层次讲，是由于这种可可经济模式的衰败。各届政府采取谨慎的货币政策对付危机，实行金本位制。为了支持金本位下的币值稳定，厄瓜多尔损失了储备金200多万苏克雷。

20世纪40年代，当拉美其他国家面向国内市场的工业企业在进口替代工业化过程中获得了明显的发展时，厄瓜多尔的工业生产却出现剧烈下降。这主要是由于30年代的经济衰退和第二次世界大战对初级产品出口贸易的影响所致。国内市场规模有限，收入分配高度集中，广大居民消费能力不足，这些都影响了面向国内市场的工业企业的发展。另外，地主、商业集团、金融和银行集团统治着国家经济。工业资本没有能力开创一种自主发展的进程或与城市群众和中产阶级结成政治联盟，通过国家干预手段来促进工业化。另外当20年代，厄瓜多尔工业生产企业大批兴起时，可可经济的高峰期已经衰退下去，资本积累的高峰期也已经过去。20和30年代长期的经济衰退决定了这些工业企业自产生之日起，就一直处于发展资金匮乏、发展活力不足的状态。在这一时期，对公共收入实行了集中化使用，为此建立了中央银行和银行监察总署、国家监察总署、养老金协会、海关总署等。

厄瓜多尔

在这种形势下，统治集团内部的矛盾以及人民与统治集团之间的矛盾日益激化，国内政局动荡不定。自1912年发行的纸币不断增加，物价飞涨，通货膨胀加剧，失业人数增加，劳动者怨声载道。农民运动和工人运动高涨，工会纷纷建立。1922年工人联合会诞生。大多数工会具有社会主义色彩。工会组织了一系列罢工和游行示威活动，要求改善劳工阶层的生活状况。1922年11月15日爆发了瓜亚基尔和基多铁路公司工人大罢工，罢工运动很快扩展到其他民众阶层，特别是在瓜亚基尔。在一次民众游行示威中，军队进行了干预，向民众开枪，导致几百人死亡。此外，受到经济危机严重影响的中产阶级也提出改善经济待遇的要求。而山区大地主和大庄园主则趁机要求恢复以往的政治权力。

经济危机和政治民主运动的兴起导致政治力量重新组合，现代政党相继成立。1923年自由党进行了重建，重新制定了党的纲领，提出了新的改革主张和措施。1925年，代表山区大地主和庄园主利益的保守党也进行了重组，在其政策主张中，也加入了关注有关"社会问题"的思想。1926年厄瓜多尔社会党成立，但很快因内部矛盾陷入分裂，其中的一个派别从中分裂出来，于1931年创建了厄瓜多尔共产党，并加入第三国际。

1924年贡萨洛·科尔多瓦当选总统，引起自由党的左翼、工人和因通货膨胀加剧而工资受到影响的青年军官的强烈不满。他们联合在一起，于1925年7月9日发动政变，组成军人政府。军政府加强了对金融体制的控制，实行有利于中产阶级的社会改革措施。后来军政府将权力移交给伊西德罗·阿约拉。在美国专家的协助下，阿约拉政府继续实行改革，建立了中央银行，由中央银行负责发行纸币。制定新货币法，为苏克雷重新定价，整顿汇率制度，调整农村税收，制定所得税法。采取促进工业发展的措施。在其政府任期内，产生了1929年宪法和第一个劳工法典。该宪法宣布产权具有社会功能，少数民族具有公共代表权利，妇女具有参选权利和人身保护权。十分重要的是进行了劳工立法，规定了最高工作时限，还对妇女和年少者的劳动保护做出规定。

30年代，工会运动和其他民众运动仍然持续不断。1933年，"国际工厂"的工人组织了工会，第二年进行了首次罢工。1935年，在钦博拉索省的利科托庄园，工人们宣布罢工，要求增加工资和改善工作条件，并与军队发生了严重冲突。1938年，62个工人组织联合组成了厄瓜多尔工人联合会（Confederación Obrera del Ecuador），该联合会为制定劳工法进行了斗争。当年，在保守党的影响下，还成立了厄瓜多尔天主教工人联合会（Confederación Ecuatoriana de Obreros Católicos）。1930~1940年，因政局动荡不稳，政府频繁更迭，仅总统就更换了12位。

1940年卡洛斯·阿罗约·德尔里奥（Carlos Arroyo del Rio）就任总统，对外实行亲美政策，允许美国在科隆群岛建立空军基地，在萨利纳斯建立海军基地，向美国资本提供开采可用于飞机制造的贵重木材软木，同时，积极吸引美国投资，扩大可可、香蕉和咖啡的生产。他获得了美国的支持，将美国提供的各种资金援助用于解决国内遇到的种种紧迫问题和经济发展。1941年阿罗约政府从进出口银行获得贷款，修建从里奥班巴、昆卡与洛哈等地到曼塔以南沿海地区的公路。此后又修建了从埃尔奥罗到洛哈的公路。1943年为了促进经济发展，成立了国家开发银行和各省开发银行，支持农牧业生产，开垦荒地，扩大生产疆界，修建水利灌溉系统等。但是阿罗约政府忽视了收入分配不公和解决社会问题。社会矛盾日益尖锐。

1941年7月，厄瓜多尔和秘鲁间爆发了武装冲突，厄瓜多尔战败，损失大片领土。战争状态持续了几个月。当时，第二次世界大战局势发生突变，日本偷袭珍珠港，美军遭到重创。

厄瓜多尔

美国政府急忙召开里约会议，商讨建立美洲大陆安全联盟事宜。整个美洲做出了"团结一致"的反应。在里约会议上，厄瓜多尔和秘鲁的冲突完全显得无足轻重，甚至面临尽快加以"解决"的压力，以便处理美国受到日本进攻这一"实际重要"的问题。在没有什么异议的情况下，厄瓜多尔和秘鲁于1942年1月29日签署了《和平、友好和边境议定书》，厄瓜多尔被迫割让了东部地区一半的领土，失去了直接使用亚马孙河的权利。

边境冲突失败引起国内各阶层的极大愤怒，同时，阿罗约政府更加具有镇压性。1944年5月军队发动政变，推翻阿罗约政府，推举何塞·马丽亚·贝拉斯科·伊瓦拉（José María Velasco Ibarra）上台执政。这一运动发动了各个社会阶层，包括社会主义者、共产主义者和保守派人士，形成了一个厄瓜多尔民主联盟（Alianza Democrática Ecuatoriana）。1944年5月的这场革命促进了民主运动的发展，形成了新的组织，如1944年，在社会主义党和共产党的影响下，诞生了厄瓜多尔劳动者中央工会（Central de Trabajadores del Ecuador, CTE）。当年，也诞生了厄瓜多尔大学生联合会（Federación de Estudiantes Universitarios del Ecuador, FEUE）和厄瓜多尔印第安人联合会（Federación Ecuatoriana de Indios, FEI）。左派、社会主义者和共产党人参与了1945年新宪法的制定，一些民主改革措施被纳入其中。这部宪法具有自由主义色彩。承认人民主权，废除死刑，承认私生子受教育和继承财产的权利。规定总统任期4年，由直接选举产生，不得连选连任。另外，宪法中还纳入了有关最低工资、罢工权利、保护女工等有关规定。给予妇女选举权。但是贝拉斯科·伊瓦拉不满新宪法限制了总统的权力，借口这一宪法是一种"社会学意义上的契约"，不适用于治理国家，宣布予以废除，制定了1946年宪法，显著扩大了总统的权力。

第五节 二战以后时期

第二次世界大战后，美国资本依靠其雄厚的实力，加快了在厄瓜多尔的扩张。贝拉斯科·伊瓦拉（1944～1947年）和加洛·普拉索·拉索（1948～1952年）政府积极实行吸引外国资本的政策，美国联合果品公司在厄瓜多尔沿海地区投入大量资本，发展水果种植业。另外，大量外资进入石油勘探业。20世纪40年代末和50年代，加洛·普拉萨·拉索政府（1948～1952年）、何塞·马丽亚·贝拉斯科·伊瓦拉政府（1952～1956年）和卡米洛·庞塞·恩里克斯政府（1956～1960年）利用本国有利的自然条件，大力发展香蕉生产。1953年，厄瓜多尔一跃而成为世界最大的香蕉生产国和出口国，形成了"香蕉繁荣"时期。

1942～1944年，香蕉出口量达1.5万吨，年均价值200万苏克雷。在50年代末出口量达到85万吨，价值超过6亿苏克雷。咖啡可可豆在40年代后期到50年代后期不到10年间也有大幅度上涨，但香蕉占厄瓜多尔出口总值的比重达到一半以上。当时的国际经济因素促成了厄瓜多尔香蕉生产的繁荣。中美洲地区香蕉生产受到病虫害的影响，而厄瓜多尔十分适于种植香蕉的地区，特别是沿海地区受到从事香蕉生产的跨国公司的青睐。美国联合果品公司将投资重点转向厄瓜多尔。香蕉一般由中小农场种植。本国地主和外国大种植园主生产的香蕉仅占总产量的20%。也就是说，香蕉生产很大程度上集中在中小农场主的手中，但是香蕉销售网络却控制在外国大销售公司那里。5家外国公司占据香蕉出口的80%。从事国际销售的外国公司获得香蕉出口收益的55%，本国出口公司获得15%，香蕉生产者仅获得30%。香蕉生产和出口加速了厄瓜多尔的经济发展，并带来

厄瓜多尔

1948～1960年的政治稳定。普拉萨、贝拉斯科和庞塞3届政府结束任期,文人连续执政长达12年之久。

香蕉生产的高潮带动了出口贸易,促进了中产阶级的发展。公共服务部门和贸易部门得到扩大,铁路运输得到发展,这使得大量人口由山区向沿海地区迁移,加快了城市化进程。垦殖农产权占优势地位。1964年香蕉生产企业达3000多家。联合果品公司、标准果品公司和诺沃亚香蕉出口公司控制了当年50%的香蕉出口。

1948年6月举行总统大选。自由党候选人阿尔贝托·恩里科斯将军和由劳工阶层知识分子和自由派工商业者联合组成的"全国公民民主运动"推举的候选人普拉萨参加大选角逐并当选总统。普拉萨是一个带有现代化倾向的山区地主,与美国有良好的关系,并有指导国家经济现代化的长远战略规划。他努力通过利用外国支持,发展和应用科学技术来促进本国经济的发展。政府利用国内外资金和贷款,实施了多项经济发展计划,特别是香蕉生产计划。实行大力开发新的垦殖区的政策。当时厄瓜多尔只有15%的土地投入使用,40%以上可利用的土地处于闲置状态。普拉萨总统大力修建公路,以便利闲置土地的开垦。在他任期,修建了从基多向东北通到埃斯梅拉达斯港口的公路,从而使几千英亩的土地获得开垦。另外还修建了延伸到皮钦查省的农业区和基多附近的硫磺开采区的公路。同时,实行土地改革,将很多闲置私人土地分配给需要土地的小农庄主。为了提高农业生产率,加强农业科技研究,成立了咖啡研究所,全国发展生产研究所等。

在山区,自1700年以来盛行的庄园制度发生了危机。几届政府采取政策,为农业生产提供技术援助,信贷支持,实施灌溉计划,启动了农牧业生产的现代化进程。

1952年6月,普拉萨卸任,成为30多年来第一位成功结束任期的总统，贝拉斯科·伊瓦拉当选总统。1956年，卡米洛·庞塞在伊瓦拉的支持下，战胜全国民主阵线的候选人劳尔·克莱门特·韦尔塔，当选总统。

60年代，古巴革命对厄瓜多尔产生很大影响。农民争取土地的斗争显著加强。劳工运动兴起。学生运动空前活跃，并呈现出日益强烈的左翼激进化倾向。与此同时，天主教和右翼政治势力采取了针锋相对的态度，表现出强硬的反共意识形态色彩和政治立场。另外，受民主激进思潮影响，持进步立场的宗教团体和人士由于梵蒂冈公会议和拉丁美洲主教会议在教会中的出现而发挥了影响。天主教和右翼保守势力对左翼势力的迫害和白色恐怖达到骇人听闻的程度。右翼势力接受了美国中央情报局的建议和资助，掀起要求与古巴断绝外交关系的运动，与天主教教权集团相勾结的右翼势力带头搞恐怖主义，袭击宗教领袖，然后把事件嫁祸于左派。

60年代初，农产品出口模式的发展活力得到恢复。"香蕉繁荣"和由此而来的经济增长为工业发展提供了条件。由此开始了进口替代工业的发展。农产品生产和出口扩大了资金积累和外汇来源，大量资本转向了制造业，技术比较先进的工业开始兴起。1962～1969年，工业投资增长了3倍。随着制造业的发展，金融信贷业也获得了发展。基多和瓜亚基尔成立了证券交易所。金融公司、银行和其他信贷机构的数目显著增加。与此同时，外国资本大规模流入，收购或兼并本国工业企业。

1960年贝拉斯科再次当选总统。1961年军人发动政变，推翻了贝拉斯科总统，由其副手执政。此后不久，1963年7月武装部队再次夺取政权，组成了以拉蒙·卡斯特罗·希洪将军为首的4人军人执政委员会。该委员会宣布废除一切宪法保障，解散议会，取缔共产党和其他左派进步组织。另外，组织技术官僚集团，制定和实施国家经济发展计划。经济计划的主要内容是扩大

厄瓜多尔

国内市场和发展进口替代工业。军政府在执政期间,响应美国的"争取进步联盟"计划,采取了一些经济改革措施,如进行税收改革,取消对小商人和小种植园主的很多间接税收等。1964年7月11日,军政府颁布了厄瓜多尔历史上第一部土改法,进行土地改革,废除瓦西朋戈制,消灭传统的大庄园,大量农民获得了土地。颁布了工业促进法及手工业和小工业促进法,通过限制进口和鼓励出口等措施促进进口替代工业化。给予外国资本特许权勘探和开采石油。1966年3月,爆发反对军政府的学生运动,军政府派兵占领中央大学,镇压学潮,但是反对派和学生们并没有屈服,罢课使全国陷于瘫痪。军政府失去对局势的控制,不得不将权力移交给克莱门特·耶罗维文人政府。厄瓜多尔再次进入文人执政时期。

耶罗维上台后着手组织全国制宪会议和选举工作。1966年制宪会议召开。奥托·阿罗塞梅纳·戈麦斯当选总统。制宪会议制定了厄瓜多尔历史上的第16部宪法。该宪法于1967年生效。1968年贝拉斯科·伊瓦拉参加总统大选,并以微弱多数胜出。面对日益高涨的民众示威运动,贝拉斯科在武装部队支持下发动政变,宣布中止宪法,并允诺于1972年举行大选。1972年在大选临近时,武装部队发动政变,推翻了贝拉斯科,并将政权交给陆军司令吉列尔莫·罗德里格斯·拉腊。

70年代,出现了历史上有名的"石油繁荣"。由于厄瓜多尔亚马孙东部油田开采的扩大,石油出口迅速增加。这时恰逢国际石油价格迅速上涨,由1972年每桶3美元上涨到1977年的每桶30美元,政府获得了大量的出口收入,经济发展获得了充足的资金。

在石油繁荣和经济普遍发展的条件下,军政府实行了一系列民族主义改革措施。首先,国家控制石油业。1972年6月政府颁布石油法,从外国公司手中收回石油租让地,收购外国石油公

第三章 历 史 **E**cuador

司的股份，同时成立厄瓜多尔国家石油公司，负责石油的开采和销售，建立国营石油船队，使石油从开采、加工到销售基本上都控制在国家手中。1973年11月19日，厄瓜多尔加入石油输出国组织。其次，实行土地改革。1973年10月颁布的新土改法规定，"通过有计划地征用土地并实行再分配，通过提供信贷、教育和技术援助等，逐步和有序地改变农村结构"。另外，坚决捍卫200海里海洋权，对非法入侵的外国渔船课以罚款。

土地改革改变了农村土地所有状况，大量贫困农民获得了小块土地。但是由于他们没有贷款和技术援助，无法正常从事农业生产。很多农民不得不放弃土地，到城市里谋生。与此同时，工业获得显著发展。政府实行优先重视工业发展的政策，将石油出口的大量资金投到工业部门，使进口替代工业化进程达到高潮。与此同时，外国资本也大量涌入工业部门。1976年，在30家最大的公司中，跨国公司企业占14家。70年代后期，金融机构迅速扩大，资本集中加剧，私人银行的资本几乎有50%掌握在32家手里。经济的迅速增长改变了对外贸易结构。70年代初，以香蕉、咖啡和可可为主的热带果品占出口总值的80%，而80年代初，其比重下降到14%，石油所占比重高达60%，而工业产品，包括可可加工产品占21%。经济迅速发展加快了城市化进程。城市人口占总人口的比重由1950年的28.5%提高到1974年的42%。

军政府执政初期，由于石油业的繁荣，经济形势良好，政局比较稳定。但是70年代下半期，由于国际石油市场供大于求，厄瓜多尔石油生产和出口收入减少，经济发展受到影响，政局发生动荡，加之军队高层发生内讧，拉腊政府被迫于1976年1月辞职，由海军司令阿尔弗雷多·波维达·布尔瓦诺少将为首的3人最高执政委员会接管政权。最高执政委员会采取限制民主权利的措施，导致工会运动高涨。几个主要工会组织实行联合，建立

了劳动者统一阵线（Frente Unitario de Trabajadores, FUT），并开展全国性的罢工运动。

第六节　政治民主化与经济改革时期

1978年，波维达军政府为了缓和国内的尖锐矛盾，稳定政局，允诺"还政于民"，提出恢复宪制计划，举行公民投票，通过新宪法并组织总统大选。1979年4月，人民力量集中党候选人海梅·罗尔多斯·阿吉莱拉（Jaime Roldos）当选为总统，从而结束了长达7年的军人统治，开始了民主化进程。

罗尔多斯政府　罗尔多斯政府提出把厄瓜多尔变成一个"具有现代化经济、普遍享有民主、正义和富有团结精神的国家"。为此，采取了一些改革措施，对内发展民族经济，制定了1980～1984年发展计划；对外维护独立和主权，奉行民族主义政策，在改善厄、美关系的同时，同古巴恢复了外交关系。罗尔多斯总统坚持进步的国际政策，于1980年9月在里奥班巴市签署了"品行宪章"（"Carta de Conducta"），几位政府首脑承诺为在拉美实行民主和尊重人权而斗争。

1981年1月底，在孔多尔山脉与秘鲁发生边界冲突，所有的社会阶层都表示了支持，最后冲突在美洲国家组织的调停下得到解决。

罗尔多斯总统于1981年5月24日因飞机失事遇难。基督教民主党人奥斯瓦尔多·乌尔塔多（Osvaldo Hurtado）继任总统。当时经济危机恶化，因为石油繁荣结束了。这场危机开始于1982年，当时国际市场石油价格下跌，从1980年的每桶35.2美元下跌到1995年的14美元。在其当政时期，债务危机爆发，它采取了一系列措施满足经济强力集团的利益，损害了民众阶层的利益，如"苏克雷化"。开始实施新自由主义政策。

费夫雷斯·科尔德罗政府 在国家复兴阵线（Frente de Reconstrucción Nacional）的支持下，莱昂·费夫雷斯·科尔德罗（León Febres Cordero）工程师赢得大选，上台执政（1984~1988年）。费夫雷斯总统上台后，采取了一些温和的政治改革措施，巩固民主化进程，如扩大政党和工会组织的权利，加强政府对军队的控制等。政党开始活跃起来，工会组织得到加强。但是军政府时期遗留下来的一些问题并没有完全解决，军人与文人政府的关系比较紧张。1986年，国内发生军事叛乱。1987年1月，费夫雷斯和国防部长等人被扣押在瓜亚基尔市郊的空军基地。最后，事件得到和平解决。在经济方面，费夫雷斯采取了一系列应急性调整措施和经济改革政策，续借国外贷款，减轻外债压力；扩大进出口贸易；提供优惠条件，吸引外资；控制货币发行量，抑制通货膨胀；重视农业生产，发展多种经营；减少对石油的过分依赖等。

博尔哈政府 1988年罗德里戈·博尔哈·塞瓦略斯（Rodrigo Borja Cevallos）博士上台执政，他是民主左派党（Izquierda Democrática）的候选人。

博尔哈总统在政治方面采取和解政策，主动与工会和学生组织进行政治对话，释放1987年参加叛乱的军官；同阿尔法罗永存（Alfaro Vive）游击队组织达成协议，使他们"正式"放下武器，获得合法地位。在经济方面延续了前任政府的经济政策，采取调整和改革措施，降低关税，紧缩开支，减少公共部门赤字，改革金融体制，谈判续借外债。博尔哈政府还改善教育，开展全国性的扫盲运动，获得一定成效。在这届政府时期，经过1990年5月的起义，印第安人运动得到加强，在这次运动中，不仅提出了一些具体的要求，而且提出了政治自决要求和寻求建立多民族国家的诉求。

厄瓜多尔

杜兰·巴连政府 1992年，西斯托·杜兰·巴连（Sixto Durán Ballén）工程师上台执政。巴连政府实行新自由主义的经济改革，稳定汇率，紧缩财政，抑制通货膨胀，实行对外全面开放和自由贸易，恢复同债权国的正常关系，重新谈判债务。厄瓜多尔经济实现持续增长，1992～1996年，国内生产总值增长率分别为3.6%、2%、4.3%、2.3%和2%。通货膨胀率由1992年的60.2%下降到1995年的22.8%，1996年为25.6%。但是经济中存在的一些问题日益突出，如利率持高，实际汇率不断上升，经常项目赤字有增无减。1995年经常项目赤字占国内生产总值的比重上升到4.6%。新自由主义的经济政策使财富集中加剧，工人实际工资下降，贫富差别扩大，社会问题加重。

1994年6月，国会通过了政府提交的农业部门整顿法，该法得到了农业商会的支持和参与。该法力图将农业问题限定为土地买卖的商业问题，认为解决问题的惟一方式是取消土地改革，允许土地的垄断性集中。地主们要求加强大土地所有制，大土地所有制与地方和跨国金融资本相结合，把出口作为农业发展的轴心。这种导向因水源私有化而得到加强。这意味着最好土地的控制权趋于转向私人大地产主手中。借助这种政策地主们也力图通过解散印第安社团，解决"印第安人危险"。

另外，政府还推动相关的司法改革，为此，力图修改国家宪法：主张消除妨碍私有化的规定，修改宪法第46条，取消或压缩处于国家专属控制的经济战略领域，使国家调节经济的能力最小化；建立加强总统制、执法权力的国家结构，特别是在经济管理方面，尽量缩小议会的控制权；缩小民主权利，取消公共部门的工会化，社会保障、教育和卫生实行私有化和商业化。

印第安人运动主张实行农业一体化发展规划，把经济改革与政治改革结合起来。农民和印第安人主张加强中小地产制，中小地产制与社团文化（cultura comunitaria）相结合，将其作为农业

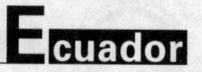

发展的轴心。因此，首先把食品安全保障作为农业生产的导向，然后才是出口导向。

为此，印第安人运动，特别是厄瓜多尔印第安民族联合会举行了全国性的游行示威，迫使政府进行谈判，修改了农业部门整顿法，承认土改的有效性和土地的社会功能，保障社团土地，维护水源公共产权。

1995年1月厄瓜多尔与秘鲁再次爆发军事冲突，双方军队在孔多尔山脉的塞内帕河一带发生武装冲突。两国间这种没有宣战的战争一直持续到3月初。在厄瓜多尔的一些军事基地所在地也发生了军事冲突和对抗，如塔约斯洞穴区、提温萨、科阿戈斯、孔多尔、米拉多尔、奥尔蒂斯中尉等地带。秘鲁拒不接受美洲国家组织的调停，斡旋仅局限于里约议定书的保障国智利、阿根廷、巴西和美国。冲突暴露出议定书的局限性和缺陷。厄瓜多尔政府建议接受议定书的有效性，但是就边境未划定归属的地区的划境点做出最终裁定。

1995年11月26日，政府就国企私有化和公共服务问题举行全民公决，除了瓜亚斯省，其他各省均拒绝政府和企业界的计划。在1996年5月的总统大选中，允许独立人士参加，这使得很多阶层特别是社会运动协调组织（Coordinadora de Movimientos Sociales）得以参加选举。社会运动协调组织与厄瓜多尔印第安民族联合会和其他阶层一道组成了帕恰库提克—新国家多元民族运动（Movimiento Plurinacional Pachakutik-Nuevo Pais）。该运动有8位人士当选众议员，获得80万张选票。

布卡拉姆政府　1996年8月，阿夫达拉·布卡拉姆（Abdalá Búcaram）总统上台执政。由于布卡拉姆政府的经济政策不当和其他政治原因，国内各种矛盾激化，政治风波迭起。1997年2月5日，各社会运动发起总罢工，经济、社会和政治界的不同阶层参与其中。罢工得到民众的广泛支持，参加人数达到200多万人。议会以"不能胜任总统"为由罢免了布卡拉姆总统的职务,任命议长阿拉尔孔为临时总统。对议会的决定,布卡拉姆表示拒绝,而副总统阿特亚加女士则宣布由她出任临时总统,3位总统共存,各行其道。2月11日,议会再次推选阿拉尔孔为临时总统,任期到1998年8月举行全国大选为止。在此之前,阿特亚加女士辞去临时总统职务,恢复原职。原总统布卡拉姆离开厄瓜多尔,飞往巴拿马定居。厄瓜多尔政局渐趋平稳。在阿拉尔孔政府任期,组织了全国立宪大会,制定新宪法。1998年8月10日,新宪法生效。

马瓦德政府 1998年7月,人民民主党候选人哈米尔·马瓦德(Jamil Mahuad)在第二轮总统选举中获胜,并于8月10日就职。马瓦德为人民民主党人,1949年7月29日生于厄瓜多尔南部的洛哈省。70年代就读于基多天主教大学法律系,先后获得政治社会学硕士、法律博士学位和律师资格。1981年加入人民民主党。1983年任乌尔塔多总统内阁的劳动人事部长。1986年当选为议员,并担任议会检察和政治监督委员会主席。1987年出任人民民主党主席。1988年作为人民民主党总统候选人参加大选,未获成功。此后,赴美国哈佛大学留学,获公共管理学硕士学位。1990年,再次当选为议员。1992年竞选基多市长并获胜。1996年连任基多市长。

1998年9月14日,马瓦德总统公布了首批措施:目标是控制财政赤字。政府决定取消天然气、柴油和电力补贴,实际上意味着提高了价格。亚洲、俄国和巴西金融危机、厄尔尼诺现象和石油国际价格的下跌在1998年底造成8亿美元的贸易赤字,国际收支赤字达20亿美元。社会不满日益增长,10月4日爆发全国大罢工。经过多年的冲突,厄瓜多尔与秘鲁迫于保障国的压力,终于签署协定。除了上述问题外,爆发了财政危机和金融系统危机,很多银行破产,国家经济形势恶化。为了拯救破产银行,建立了储蓄保障局（Agencia de Garantía de Depósitos, AGD），银行获得了国家作最终担保人的支持。但是这并没有解决银行破产问题，大量国内储蓄流失国外，资本抽逃。政府最初力图通过控制流通货币遏制美元投机，为此，提高利率，由年初的50%提高到1月中旬的172%。但是外部压力（巴西雷亚尔的贬值），特别是国内压力如本币浮动汇率的投机预期和预算规则的不明朗等引爆了剧烈的货币贬值，外汇22次超过了银行汇率浮动带。最后，2月12日，货币当局决定美元实行自由浮动，银行间拆借利率由2月12日的128%很快下跌到65%。

政府力图通过举借外债来填补财政赤字。1999年1月4日，财政部长宣布举借15.54亿美元的新贷款，其中41%用来偿还内债，即用来拯救银行的那笔债务。

财富分配严重不均，贫困恶化，影响到73%的人口，而最富有的5%的人口的收入比最贫穷的5%的人口的收入高出200倍。在2月至4月间，公私部门新增失业40万人。在200个最大的企业中，86%的企业裁减了雇员。1999年4月失业率高达20%。预算的44%用于偿债。1999年经济负增长0.7%。银行危机演变成为政治问题，当时，基督教社会党向政府施加压力，要求拯救处于危机中的进步银行，该银行为阿斯皮亚苏家族的财产。由此，发生地区之间的矛盾，矛头针对中央银行当局。中央银行拒绝提供资金。政府命令延长银行的停业期，后来命令冻结储户的苏克雷和美元存款，减轻外汇投机压力。冻结资金总额达30亿美元。

1999年，随着经济形势恶化，反政府游行和示威活动增多，政府内阁变动频繁。3月和7月，厄先后爆发两次全国性大罢工，政局出现动荡。为缓解经济困难，马瓦德政府采取一系列严厉的经济措施，但遭到基社党反对，致使两党联盟关系破裂，政府执政地位受到严重削弱。

厄瓜多尔

2000年1月，经济和政治危机不断加深，马瓦德总统的民众支持率大幅下跌。各社会运动和商会开始要求马瓦德政府辞职。1月9日，作为一种政治解救措施，总统计划实行经济美元化。为了拯救银行所采取的各种措施使中央银行被迫发行没有支持的货币，对美元汇率产生压力，美元与苏克雷的汇率达到1∶2000。政府决定，以控制失缰野马式的美元价格攀升和通货膨胀为理由，决定实行美元化。通过这种措施，政府得以中和一些企业部门的压力，特别是沿海地区企业界的压力，但是却无法平息社会运动，它们的主张日益激进化。1月10日和11日，在各个省产生了人民议会（Parlamentos Populares），在基多产生了全国议会（Parlamento Nacional）。1月15日，印第安人运动、军队的军官及其他社会运动发起全国性游行示威，要求废除和罢免国家的执法、立法和司法机构。2000年1月21日，印第安民族联合会举行大规模反政府示威活动，并在部分军人支持下占领议会大厦和最高法院，宣布罢免马瓦德总统。马瓦德总统被迫宣布辞职，最后，由副总统古斯塔沃·诺沃亚（Gustavo Noboa）出任厄瓜多尔新总统。

古斯塔沃·诺沃亚政府 诺沃亚总统继续了前任的经济政策，继续推进美元化进程，坚持私有化政策，同时，维持曼塔军事基地租让协定。另外，颁布法律，对国有资产实行私有化并实行劳工政策灵活化。2001年再次爆发大规模的印第安人运动。为稳定政局，诺沃亚政府采取一系列稳定措施，先后解冻银行储户存款，惩治腐败银行家，与印第安人联合会等组织对话，推动议会赦免政变军人。

古铁雷斯政府 2002年，"1·21爱国社团"党领导人古铁雷斯与帕恰库提克—新国家多元民族运动结成竞选联盟，并得到了人民民主运动（Movimiento Popular Democratico）的支持，在11月举行的第二轮总统选举中获胜当选，并于2003年1月15日正式就职。作为竞选联盟和共同执政的产物，帕恰库提克运动获得了政府内阁的一些职务。但是半年后，帕恰库提克运动因政见分歧被迫宣布退出政府。古铁雷斯总统明确做出实行新自由主义政策，维持美元化，参与美洲自由贸易区进程和自由贸易协定的谈判，任命了由国际货币基金组织的技术官僚和银行家们组成的经济班子。

古铁雷斯总统上台后未能兑现竞选时的诺言，不仅在反腐问题上毫无作为，而且政府还不断曝出腐败丑闻，大大削弱了民众对政府的支持率。2004年12月8日，为了控制政局，摆脱危机，在政府授意和执政党爱国社团党的策划下，议会以多数票解散了当时试图弹劾总统的最高法院，罢免了全部的31名法官。同时选举以罗尔多斯党成员卡斯特罗为院长的新的最高法院及其组成人员，并以亲政府人士取代了宪法法院和选举法院的法官。罢免法官的行动引起反对派的强烈不满。2005年2月，改组后的最高法院决定，取消对前总统阿夫达拉·布卡拉姆和古斯塔沃·诺沃亚以及一名前副总统"盗用公款"的刑事指控，使他们结束流亡生涯回国。此举更引发了反对派和民众的强烈不满，他们于2005年4月初开始举行大规模的示威游行，抗议古铁雷斯干预司法。古铁雷斯政府遂实施紧急状态，使得矛盾激化，抗议人群与警察发生了冲突，造成多人死亡。4月20日，面对严重局势，国民警察司令决定辞职，不久军队也宣布收回此前给予古铁雷斯的支持。古铁雷斯总统被迫离开总统府，进入巴西驻厄瓜多尔大使馆，寻求避难。副总统阿尔弗莱多·帕拉希奥接任总统职务。

拉斐尔·科雷亚政府 2006年11月，厄瓜多尔举行第二轮总统选举，新成立的"主权祖国联盟运动"候选人拉斐尔·科雷亚·德尔加多（Rafael Correa Delgado）击败"制度革新党"候选人阿尔瓦罗·诺沃亚，当选总统。科雷亚政府提出一系列政策

主张。在政治方面,主张修改宪法,实行真正和参与民主,对政治体制进行改革,根除腐败;在经济增长和社会政策方面,解决农村贫困问题,促进农业生产率的提高和可持续发展以及加强土著人地区的生产能力,根本改革金融体制,使信贷过程民主化、银行现代化,促进基础设施建设和公共服务方面的投资;在对外政策方面,主张加强拉美一体化,反对与美国签署自由贸易协定,将重返石油输出国组织,2009年后不再延长有关蒙塔军事基地的协定。

第七节 重要人物

拉斐尔·科雷亚·德尔加多 厄瓜多尔现任总统,2006年11月当选。经济学家。1963年4月6日生于厄瓜多尔瓜亚基尔市,已婚,夫人为安娜·马雷尔贝。1982年和1983年,科雷亚获得瓜亚基尔圣地亚哥天主教大学奖学金。1983～1985年,在瓜亚基尔圣地亚哥大学经济系任助教。1984～1987年,任厄瓜多尔工业部厄瓜多尔工业发展中心的工业专家,负责设计、评估工业投资项目。1987～1988年,作为志愿者参加在科托帕希省苏姆巴瓦区开展的萨雷西亚诺斯父母行动计划,负责设计、实施和督察苏姆巴瓦区印第安社区农村一体化计划。1986年任瓜亚基尔圣地亚哥天主教大学大学生联合会主席。

1989年曾获得比利时研究生奖学金,并于1991年6月在比利时洛瓦伊纳天主教大学获经济学硕士学位。1992～1993年,任美洲开发银行在基多资助的教育项目的行政和金融主任。任厄瓜多尔改善教育体制计划的行政和金融经理。该计划拥有资金1.1亿美元,参与者120人。1993～1997年,在瓜亚基尔圣地亚哥天主教大学经济系任教。1997～2001年,在美国伊利诺伊大学经济系任教,并于1999年和2001年在该校先后获经济学硕士和博士学位。2001~2005年,任基多圣弗朗西斯科大学经济系主任、拉美社会科学院基多分院客座教授、蒙特雷理工学院客座教授、安第斯大学客座教授、瓜亚基尔国立大学客座教授、瓜亚基尔圣地亚哥天主教大学客座教授、厄瓜多尔海滨高等理工学校客座教授。2005年8月为独立咨询人。2005年4月至2005年8月任厄瓜多尔经济部长。

发表专著《厄瓜多尔经济的脆弱性》(2004年),主编论文集《发展的挑战:我们已经准备好了吗?》(1996年)。发表论文《华盛顿共识在拉丁美洲:量化评估》(2002年)、《拉美的结构改革和增长:敏感的分析》(2002年)、《汇率市场导致动荡的投机:厄瓜多尔案例》(2000年)、《是内源性体制变化吗?改革的政治经济学评判:厄瓜多尔案例》(1999年)等。另外还发表大量文章,如《另一种经济是可能的》(2005年)、《体制资源和发展》(2005年)、《债务转换:一切遵从债权人》(2005年)、《美元化与非美元化:论战中的更多因素》(2004年)、《自由贸易似是而非的理由》(2004年)、《厄瓜多尔:从荒谬的美元化到货币同盟》(2004年)、《拉美经济的脆弱性和不稳定性》(2004年)、《美元化与荷兰病》(2003年)等。

第四章

政　治

第一节　国家体制

一　政体

厄瓜多尔采用共和政体，总统制。根据三权分立原则，设立法机构、行政机构和司法机构。总统行使国家行政权力，国会行使立法权力，最高法院和法庭等行使司法权力。

二　宪法

史上的宪法　自1830年独立以来，厄瓜多尔已颁布十多部宪法。第一部宪法产生于独立运动刚刚结束之后。1830年5月12日，厄瓜多尔脱离了大哥伦比亚共和国，成立厄瓜多尔共和国。同年8月14日颁布第一部宪法，被称作"弗洛雷斯宪法"。宪法对国家政体、三权结构和职能等作出规定。宪法宣布，厄瓜多尔为联邦制共和国，总统、副总统由议会选举产生，议会实行一院制，天主教为国教。最高法院大法官由总统任命。

此后，由于共和国初建，政权更迭频繁，政局动荡不定，在国家独立后的70多年间，出现了十多部宪法。宪法内容的变化主要集中在三权的结构和相互关系、总统权力等方面。但是随着时代的变化和政治发展，宪法也日益丰富和充实了公民的权利。1835 年的宪法将议会由原来的一院制改为两院制。最高法院法官由议会任命。此后，保守党人胡安·何塞·弗洛雷斯总统为了实现长期把握政权的目的，迫使议会制定了 1843 年宪法，把总统任期延长至 8 年，并规定总统可以连选连任。1845 年弗洛雷斯总统的独裁政权被推翻，当年通过的宪法废除了总统连任的条款，恢复了总统的 4 年任期。同时，该宪法还纳入具有历史意义的内容，即在厄瓜多尔共和国内，任何人都不会生下来就当奴隶，以后也不会成为奴隶；国家主权属于人民。1851 年的宪法将议会改为一院制，规定公民有思想自由，但须尊重国教天主教。禁止军队和政权集于一人之手。取消政治犯的死刑。1852 年的宪法又对立法机构的设置进行了修改，恢复两院制，同时首次对总统选举方式进行重大调整，规定总统由人民代表大会选举产生，而不是由议会选出。议会代表由各省推选，称选举人。1861 年产生的宪法修改了总统和议会的选举方式，首次规定总统、副总统、两院议员皆由直接普选产生。省长也由普选产生，各省享有自治权。宪法取消了议员资格的财产限制。

　　1869 年宪法被历史学家称为"黑宪法"，由实行独裁统治的保守党人加西亚·莫雷诺政府制定。宪法规定总统可连选连任，把总统任期增至 6 年。同时对公民权利做出严格限制，规定只有信奉天主教的人才能成为厄瓜多尔公民。选举人必须是 21 岁以上、已婚、识字的白人。同时还削弱了议会的权力，规定总统和议会若对某一法案的合法性发生分歧，须由最高法院裁决；修改宪法，除须议会通过外，还须交公民复决。

　　此后的几部宪法恢复并加强了公民的各项基本权利。1878 年的宪法取消了关于只有信奉天主教者才能成为公民的条款。1883 年的宪法取消了对担任国家公职者的财产和收入方面的限

制。1897年的宪法规定公民享有宗教信仰自由，不再要求只信奉天主教；把选举年龄降低为18岁。此外，1878年的宪法宣布废除奴隶制，规定实行免费义务初等教育。职业教育费用由国家负担。1897年的宪法规定实行教育自由。

进入20世纪后，随着政治民主运动的发展，宪法对公民权利的保障进一步加强。1906年宪法提出保护公民政治权利，保护证人。提出政教分离。1929年宪法规定，议会中增加社会各界代表。参议院每省一名代表，另有15名代表出自教育界、新闻界、学术界、军界、产业界、工人和农民阶层，另设1名印第安人代表。各界推选的参议员不受年龄限制。公民享有人身保护权，工人、农民等劳动者以及妇女、儿童应受到保护。矿山归国家所有，本国和外国企业对租让地的开发均受法律限制。1945年宪法规定，按各省人口比例分配国会议席，人口稀少的省份至少可得2席。25名议员从社会各界选出。设立法委员会，由10人组成，其中1人为工会代表。设立最高选举法院。允许政治团体合法存在，承认大学有自治权。这部宪法被有些人称为"第一部资产阶级民主宪法"。1967年宪法规定，女性公民同男性公民一样享有选举权。

现行宪法 现行宪法是以1979年宪法为基础，参照此后的几次修改法案，于1998年修改后实施的。宪法规定：议会实行一院制，称国民议会。议会每年8月10日开会，会期60天。议员任期5年，候选人由各合法政党提名。18岁以上的厄瓜多尔人享有公民权和投票权。议会有权选举最高法院和高级法院法官，选举审计长、检察长、银行总监。总统、副总统由直接普选产生，任期5年，不得连任。总统任命内阁成员、各省长、驻外使节和某些行政官员。在遇到外国入侵或国内动乱时，总统可宣布国家处于紧急状态，但须通知议会或宪法保障法院。设立国家发展委员会，由副总统领导，加强司法独立。这部宪法对发展经

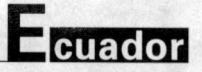

济、保护劳工利益、维护印第安农民利益、土地改革等事项，均作出一些新的规定。

为了弥补 1979 年宪法的不足，1983 年通过宪法修正案，1984 年 8 月生效。主要修改的内容有：给予宪法保障法庭以更多的权力；总统任期从 5 年减至 4 年。公民不分种族、性别、宗教信仰、语言和社会状况，在法律面前一律平等。

1997 年 11 月选出的制宪大会对宪法进行了重大修改。修改后的宪法于 1998 年 6 月 5 日通过并于 8 月 10 日正式生效。宪法对国家政体作出规定。厄瓜多尔是主权、统一、独立、民主、多元文化和多种族的国家。实行共和制、总统制、选举制和代议制。实行三权分立制。主权在民，人民的意志是权力的基础。国家尊重和鼓励厄瓜多尔各种语言的发展。西班牙语是官方语言。克丘亚语、舒阿尔语和其他印第安人语言是印第安人官方使用的语言。法律规定的国旗、国徽和国歌是祖国的象征。宪法规定了厄瓜多尔的领土、国家的责任以及厄瓜多尔在国际关系中的原则。

宪法对公民权利作出规定。其中包括：国家的最高义务是尊重宪法赋予的人权、公民权利、政治权利、经济权利、社会和文化权利。生命和人身不受侵犯。没有死刑。禁止酷刑和暴力。保护妇女、儿童和老人。公民不分出生地、年龄、性别、种族、肤色、社会出身、语言、宗教、政治派别、经济地位、性取向和健康状况，在法律面前一律平等。公民拥有人身自由。禁止奴隶制和贩卖人口。拥有在健康、生态平衡和无污染环境下生存的权利。拥有言论自由权和以各种形式、通过各种通信手段表达思想的权利。公民拥有宗教信仰自由权、隐私权、自由出入境和选择居住地的权利。公民享有工作自由、劳动自由、买卖自由、集会自由。宪法还对财产、家庭、卫生、易受侵害阶层、社会保障、文化、教育、科技、通信、体育等方面的权利作出规定。

厄瓜多尔

宪法保障印第安人、黑人等社会群体的集体权利。承认和保障宪法和法律赋予印第安人、黑人和非洲裔厄瓜多尔人的集体权利，其中包括：保持、发展和加强其文化、语言和社会传统，保护其公社土地产权等；他们有权拥有从祖先继承下来的公社土地，并有权根据法律无偿获得这些土地；有权使用、管理、保护他们土地上的可再生自然资源；当国家勘探和开发他们土地上的非再生性资源，并造成环境和文化影响及损害时，必须与他们进行协商，并支付相应赔偿；保护和发展他们传统的社会组织形式、共同生活和行使权利的方式；作为部落，有权不被从他们拥有的土地上驱赶；有权集体拥有、使用和发展从祖先继承的知识产权，保持、发展和管理其历史文化遗产；有权享受良好教育，拥有双语文化教育体制；有权使用传统医药，拥有传统医药体制和知识；有权制定发展和改善其经济和社会条件的计划，并获得国家适当的资助；根据法律规定派代表参加官方机构，使用证明自己身份的象征和标志。

第二节　行政机构

总统　总统是国家元首和政府首脑，负责履行行政权力，任期4年。总统在当选次年1月15日开始任期。总统人选必须是本国生人，拥有政治权利，在竞选注册时年满35岁。总统以普选、直接和秘密选举以及简单多数票方式产生。若居首位的候选人所得票数不足40%，或居前两位的总统候选人所获票数差距在10%以下，则在二人间进行第二轮选举。总统因故缺位，由副总统接替总统职务，并完成剩余任期。在总统和副总统均因故缺位的情况下，国会议长接替总统职务，并在10天内召集国会会议选举总统，由当选总统完成剩余任期。若总统临时缺位，依次由副总统或总统任命的国务部长履行总统职务。

现行宪法规定，部长由总统任免，代表总统处理由其主管的国家事务。部长须为厄瓜多尔国籍，年满30岁，享有政治权利。部长数额的设置、名称及其职能由共和国总统确定。总统或副总统的配偶、子女及兄弟、服役的公共武装力量成员等不得担任部长职务。内阁部长负责本部政治事务，与总统一道签署与本部有关的法令，向国会做年度报告，颁布与其职责有关的规章、协议和决定。参加与其职能有关的国会会议和辩论，有发言权，但无投票权。

宪法规定，总统有权宣布国家紧急状态。在外部入侵迫在眉睫，国际战争爆发，国内发生严重动乱和严重自然灾害时，总统有权在全国或部分地区实行紧急状态法。实行紧急状态期间，总统有权颁布法令预先征税；动用除公共卫生和教育之外的其他用途的公共资金；迁移政府所在地；建立安全区；实行新闻检查；中止或限制部分基本权利；动用公共武装力量，征召预备役力量；封闭或开放港口。

总统在颁布紧急状态法后的48小时内必须通知国会。国会有权取消紧急状态。紧急状态最长有效期限为60天，可以延长。

政府内阁　政府下设环境部、劳动就业部、经济和财政部、农业渔业部、运输公共工程部、政府和警察部、能源矿业部、外交贸易一体化部、文化部、公共卫生部、旅游部、工业和竞争力部、社会福利部、教育部、城市发展和住宅部、体育部。

另有总统府，负责管理内阁事务。总统府下设全国计划发展秘书处、总务秘书处、司法秘书处、行政秘书处和通信总秘书处。

现任总统拉斐尔·科雷亚·德尔加多博士，副总统雷宁·莫雷诺·加尔塞斯。

第三节 立法机构

国会 根据厄瓜多尔1998年宪法第6章第126条规定，国会行使最高立法权力，实行一院制。总部设在基多。遇特殊情况议会可以在国家任何地方召集会议。根据1998年宪法第130条，议会主要行使以下职能：

负责修改并解释宪法，通过、修改、废除或解释法律；批准或否决政府签订的国际条约。向被最高选举法庭宣布当选的共和国总统和副总统授予权力；接受总统和副总统的辞呈；通过政治诉讼罢免总统和副总统；宣布总统和副总统因失去体力和脑力能力及弃职而停止职务。在宪法第168条第2款规定的情况下，选举总统。对总统的谴责和罢免需经国会2/3以上国会议员同意才能获批准，监督执法机构的行为，对政府官员提起政治诉讼，但对总统和副总统只能由威胁国家安全罪行委员会提起政治诉讼，或因行贿受贿罪、敲诈勒索罪、非法致富罪等提起政治诉讼；经国会2/3议员同意，批准有关法官以充足理由对总统和副总统提起的刑事诉讼。[1]

国会还有权听取总统的年度报告，批准和监督执行政府总预算。任命国家总检察长、宪法法院法官、最高选举法庭法官、中央银行董事会成员。根据法律确定公共债务限度。对政治犯和普通刑事犯实行大赦。确定国会常设专项事务委员会。

国会根据宪法、立法职能机构法、国会内部规章和道德法履行职责。每年1月5日总统宣誓就职时国会开始日常会议，每年休会两次，每次为期一个月。在国会休会期间，议长和总统可召

---

[1] *Enciclopedia Ecuador a su alcance*, Editorial Planeta Colombiana, Página 497, Bogotá, Colombia, febrero de 2004.

集国会特别会议，审议特殊议题。另外，国会议长可根据 2/3 以上的议员的要求召集国会特别会议。国会可任命由国会议员组成的常设专项事务委员会，负责制定法律草案，整理、汇编、公布法律。

设议长、第一和第二副议长，由国会全体会议选举产生，可连选连任。议长、副议长每两年进行一次选举。第一个两年选举同全国大选同时举行。议长在议会中拥有最多席位的党中选举产生，第一副议长在议会中的第二大党中选举产生，第二副议长在拥有少数席位的党和运动中产生。在第二个两年选举中，议长和第一副议长从第二大党和相对最多数席位的党中选举产生。议会全年工作，每年休会两次，每次一个月。

国会议员 议员必须是厄瓜多尔本土生人，享有宪法规定的政治权利，必须年满 25 岁，为所代表省份原籍人，或在选举前在该省连续居住 3 年以上时间。议员任期 4 年。[1] 在国会拥有 10% 以上议员席位的政党可以组成立法议员团，不足该比重的政党可与其他政党联合组成议员团。国会议员在任职期间，不得担任其他任何公职和私职；不得从事其他任何与议员职责相冲突的职业活动，但可从事大学教育活动。在履行议员职责时，不得因投票表决或发表意见而被追究民事或刑事责任；未经国会批准，不得被追究刑事责任和剥夺自由，但因现行刑事罪被缉捕情况除外。[2]

有关法律禁止国会议员提供接收或管理国家预算资金，用于国会行政管理的资金除外。当国会议员接受执法机构有报酬的职务任命时，将失去其议员资格。国会议员在违犯道德法时，将以国会 2/3 的票数同意，受到惩罚，惩罚包括被罢免议员资格。议

---

[1] *Enciclopedia Ecuador a su alcance*, Editorial Planeta Colombiana, Página 496, Bogotá, Colombia, febrero de 2004.

[2] *Enciclopedia Ecuador a su alcance*, Editorial Planeta Colombiana, Página 496, Bogotá, Colombia, febrero de 2004.

员在任职期间不得因其投票和言行观点受到刑事和民事责任追究。不经国会预先同意,不得启动对议员的刑事诉讼,不得剥夺议员的个人自由,现行罪行情况下除外。

按宪法规定,每省选举两名议员,其他议员由各省按人口比例选举产生:每20万居民或超过15万居民的部分可推选1名议员。作为选举基数的人口统计根据每10年进行一次的人口普查结果计算。1998年7月,厄瓜多尔增设奥雷利亚纳省后,国会省议员比宪法规定增加2席。现议员共100名,任期4年,可连选连任。议员选举同总统第一轮选举同时举行。

法律产生程序 宪法规定,法律分机构法和普通法。机构法包括关于国家和政党等的组织和活动、政治权利、选举制度和基本权利的保障的法律。其他法律为普通法。机构法由国会议员以简单多数票通过。议员团或10名以上议员可联名提出法律草案,总统、最高法庭、立法和法律汇编委员会也可提交法律草案。宪法法庭、最高选举法庭等也可在其管辖领域内提交法律草案。只有总统有权提交征税、废除税种、修改税率、增加公共开支和修改行政区划分的法律草案。法律草案审议程序如下:国会有关委员会提交关于法律草案的初步报告,供国会进行审议;此后,该委员会提交修改报告,由国会进行第二次审议,进行修改或以参会议员简单多数票通过。总统有权批准或否决国会通过的法律。在总统完全否决某项法律一年后,国会可以再次启动该项法律的审议程序,经参会议员2/3多数票通过后便可予以颁布。若总统对法律的部分条款提出异议,需同时提出替换方案,国会可以简单多数票批准对法律草案进行的修正,或以2/3票数批准原法律草案,在这两种情况下,国会均可直接颁布该法。

总统有权向国会提交经济紧急状态法草案,国会须在30天内予以批准、修改或否决。如国会在此期限内不能加以受理,总统可以法令形式予以颁布。

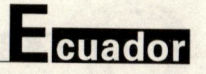

第四节 司法机构

司法机构负责行使司法权力。宪法规定了司法的统一性，但是同时承认和平法官、仲裁法官和调解法官，承认印第安部落当局的司法权力。只要印第安部落当局的习惯和习惯法不与宪法和法律相冲突，它们可以行使司法权力。

司法机构由最高法院、法庭和全国法官理事会等组成。所有这些司法机构均独立行使其司法权力，不受任何其他国家机构的干预。最高法院位于基多。

最高法院大法官必须是厄瓜多尔本土生人，享有政治权利，年满45岁，具有司法资格，法学文凭，从事律师职业、法官职务或任大学法律专业教师15年以上。大法官任期不限。当大法官任职出现空缺时，由最高法院大法官以2/3以上票数任命。最高法院首席大法官须向国会作年度工作报告。

全国法官理事会为司法部门的政府、管理和行业的纪律约束机构。有关法律规定，禁止法官从事律师职业或担任其他公职或私职，但从事大学教育除外。不得在政党中担任职务，不得参与竞选活动。

最高选举法庭的主要职责是组织、领导、监督和保障选举进程，审查政党、政治运动和组织及候选人关于竞选的资金数量、来源和用途的账目，具有行政和经济自主权。最高选举法庭由7名正式成员组成。正式成员分别有其候补成员，候补成员代表在最后几次全国选举中名列前茅的政党、政治运动或政治联盟。由这些政党和组织向全国理事会提出候选人，通过选举产生最高法庭正式成员和候补成员。最高选举法庭成员由理事会全体成员以多数票任命，任期4年并可连任。最高法庭可决定由武装力量提供配合，保障普选的自由与纯洁。

厄瓜多尔

第五节 政党、团体

一 政党

主要的政党有：

基督教社会党（Partido Social Cristiano；PSC） 是厄瓜多尔主要的政党之一。1945年成立时称基督教民主党，1951年11月改现名。党员35万。创始人是卡米洛·庞塞·恩里克斯。1956年，在保守党的支持下，该党候选人庞塞·恩里克斯当选总统。1956～1960年首次执政。1984年，同保守党、激进自由党、民族主义革命党组成民族复兴阵线参加总统竞选，该党候选人费夫雷斯·科尔德罗获胜，于1984～1988年执政。此后因内部分裂该党力量受到削弱。杜兰·巴连脱离该党组成共和国团结党（Partido Unidad Republicana）参加1992年的大选并获胜。该党主张以基督教民主为宗旨，主张变革现行的经济和社会结构，减少国家对经济的干预，实行自由经济政策，对外开放，致力于恢复民族经济，实现人权和社会正义。代表企业家利益，主张"基督教民主"。对外主张和平与合作。党的政治领袖为费夫雷斯·科尔德罗。该党在沿海地区，特别是瓜亚基尔的力量较大。1996年获得27.44%的选票，1998年获得23.8%的选票。2002年，在国会省议员的选举中，获得26.4%的选票。

民主左派党（Partido Izquierda Democrática；ID） 1977年11月正式成立。党员48万。是由激进自由党分裂出的部分成员组成的左派民主运动组织。创始人是罗德里戈·博尔哈。1978年博尔哈参加大选，在第一轮投票中获10.86%的选票。1984年罗德里戈·博尔哈再次参加竞选，在第一轮选举中获胜，但在第二轮选举中败北。1988年罗德里戈·博尔哈又一次参加竞选，终于竞选成功，于1988~1992年执政。党的纲领是争取实现社会正义和民主自由。对内主张实行民主社会主义，制定合理的工业化政策，实行私有化，发展民族经济，优先发展小工业，防止财富集中在少数人手中，取消庄园制，改革税收制度；对外主张民族独立和主权，同所有国家发展外交关系和贸易往来，加强同第三世界的团结，反对新老殖民主义，实现拉美无核化。是社会党国际成员。在中、下层企业主，工人、学生、教师和其他劳动者中有较大影响。主席罗德里戈·博尔哈·塞瓦略斯。

厄瓜多尔罗尔多斯党（Partido Roldosista Ecuatoriano）
1982年创建。党员20万。前身为罗尔多斯运动，由人民、改革和民主党中分裂出来的人士组成。该党为民众主义政党，主张实行参与制民主，通过变革建立一个正义合理的社会。1996年8月，该党候选人布卡拉姆参加总统竞选并获胜。1996年8月至1997年2月执政。该党在社会下层中较有影响。

人民民主党（Democracia Popular；DP） 1964年成立。创始人是奥斯瓦尔多·乌尔塔多。1979年同人民力量集中党联合参加总统竞选，乌尔塔多当选为副总统。1981年因总统遇难，乌尔塔多接任总统职务。1998年8月该党候选人哈米尔·马瓦德当选并就任总统。在1998年国会选举中获得34个席位。在马瓦德总统辞职后，该党受到严重削弱，丢掉了控制12年之久的基多市长职位。党内分裂成由乌尔塔多领导的祖国团结运动和拉米罗·里维拉（Ramiro Rivera）领导的以该党名称命名的派别。在2002年的国会省议员选举中，人民民主党获得3%的选票，祖国团结运动获得2%的选票。该党信奉基督教民主主义，是美洲基督教民主党组织成员。对内主张民主、自由，改革社会经济结构，实现社会正义和财富共有。对外主张独立、平等和第三世界国家团结，反对新老殖民主义。

厄瓜多尔

保守党（Partido Conservador；PC） 厄瓜多尔历史上第一个执政党。1855年成立。创始人是天主教保守派领袖加夫列尔·加西亚·莫雷诺。他在1861~1865年、1869~1875年两次出任总统。1933年和1944年保守党同贝拉斯科运动结成选举联盟，推举贝拉斯科·伊瓦拉为候选人，参加竞选获胜。1948~1952年，保守党曾多次发生分裂。1951年和1964年先后从该党中分裂出基督教社会党和人民民主党。1955年同基督教社会党结盟，提名基督教社会党领袖卡米略·庞塞·恩里克斯为候选人，参加竞选获胜，1956~1960年任总统。1973年和1976年，保守党又先后发生两次分裂。1984年同基督教社会党等组成民族复兴阵线竞选总统获胜。建党之初代表大庄园主、同教和大资产阶级的利益，反对改革。后来主张实行土地改革，宣布其目标是建立一个没有贫困、没有饥饿的国家。该党在国家政治中的影响日渐衰弱，1979年和1998年仅分别获得8.9%的选票。2002年该党改名为全国团结党（Partido Unidad Nacional）。①

人民力量集中党（Concentración de Fuerzas Populares；CFP）
1946年成立。党员10万左右。原名人民共和联盟，1948年改称现名。创始人是卡洛斯·格瓦拉·莫雷诺。1956年参加竞选，要求进行"社会改革"，"支持福利措施"。1960年同其他政党组成"反帝、反寡头和反封建统一战线"，参加大选。1972~1978年军政府时期，该党要求"还政于民"。1979年该党候选人海梅·罗尔多斯竞选总统获胜。该党主张在厄瓜多尔实现"社会正义"，反对寡头和封建地主。对内主张维护国家和主权，保护民族资源，改革国家经济结构和土地制度，鼓励私人企业，发展民族工业，建立一个"没有贫困、没有恐怖和没有非正义"

---

① Lola Vázquez y Napoleón Saltos：*Ecuador：Su realidad 2004 - 2005*，Fudación "José Peralta"，Décima Segunda edición，página 342，Quito，Ecuador，2004.

第四章 政　治

的"全民国家"。对外主张维护国家主权,同一切国家建交,支持不发达国家人民的正义斗争维护世界和平,尊重各国人民的自主权。党内,中、小资产阶级分子居优势。在城市贫民和青年学生中较有影响。

二　主要工会组织

厄瓜多尔工会运动在反对独裁政权的斗争中起了重要作用。曾长期领导人民运动。各工会组织积极参加了 1982 年 9 月至 1983 年 3 月的全国性罢工运动,将工会运动推向高潮。1985 年以后,工会力量受到削弱,工会运动开始走下坡路。自 90 年代以来,经济改革,特别是面向劳工立法灵活化的劳工改革大大削弱了各个工会组织,工会运动进入低潮。90 年代末期,全国共有 3452 个工会组织。

厄瓜多尔主要的工会联合会组织有:

厄瓜多尔劳动者联合会(Confederación de Trabajadores del Ecuador,CTE)　1944 年 7 月成立,在厄瓜多尔共产党和厄瓜多尔社会主义党的支持下,于 1945 年 3 月获得合法地位。是国内最大的工会组织,联合了大多数省工会联合会以及印第安人联合会和沿海地区农业工人联合会,为世界工会联合会(Confederación Sindical Mundial,FSM)和 FUT 的成员。拥有 707 个合法组织,成员占全国工会会员总数的 13.16%。第一任主席为厄瓜多尔共产党总书记萨德。

厄瓜多尔阶级组织中央工会(Central Ecuatoriana de Organizaciones Clasistas,CEDOC)　于 1938 年成立。最初拥有天主教和保守党的支持。60 年代基民党力量把握了该工会组织的领导权。参加世界劳工中央工会(Central Mundial de Trabajadores,CMT)和拉丁美洲劳动者中央工会(Central Latinoamericana de Trabajadores,CLAT)。下属 834 个合法工会组

织。工会会员人数占全国工会会员总数的15.52%。

厄瓜多尔自由工会组织中央工会（Central Ecuatoriana de Organizaciones Sindicales Libres, CEOSL） 1962年5月成立。最初受美国工会运动的影响较大，自20世纪80年代，双方的关系逐步疏远。主要受社会党影响。拥有18个省联合会和13个产业联合会。现有984个合法组织。成员占全国工会会员总数的18.32%，主要来自工业和农工业部门。参加国际自由工会组织中央工会（Central Internacional de Organizaciones Sindicales Libres, CIOSL）和美洲劳动者组织（Organización Interamericana de Trabajadores, OIT），为劳动者统一阵线成员。

厄瓜多尔劳动者团结阶级组织联合会（Confederación Ecuatoriana de Organizaciones Clasistas Unitarias de Trabajadores, CEDOCUT） 成立于1976年5月，1988年10月获得合法地位。厄瓜多尔劳动者团结阶级组织联合会来源于厄瓜多尔阶级组织中央工会。成员主要是中小企业主、农民和街区组织。拥有92个合法工会组织。会员人数占全国工会会员总数的1.71%。

厄瓜多尔劳动者总工会（Unión General de Trabajadores del Ecuador, UGTE） 1982年11月成立，1994年9月获得合法身份。与人民民主运动关系较密，为人民阵线成员。拥有76个合法工会组织，占全国工会力量的1.41%。

劳动者统一阵线 由厄瓜多尔劳动者联合会、厄瓜多尔自由工会组织中央工会和厄瓜多尔劳动者团结阶级组织联合会联合成立于1974年。

三 印第安人和农民运动

印第安人运动在国家的发展中起着日益重要的作用。他们要求权利的斗争首先集中于争取土地、土地改革、灌溉、价格、公民权利和贡赋方面。他们要求在自己区域内的社

第四章 政 治

会生活和发展方面拥有决策权。要求有权组织自己的政府,实行种族自治,确定自己内部的税收限额。要求承认其地域疆界、立法、民族象征和文化。印第安人运动要求承认厄瓜多尔社会和国家的民族多元性,承认印第安人语言,印第安民族在国家各级机构中的代表性,除了官方的立法权力外,承认印第安人的立法权利等。这些主张不仅有利于印第安人的自我管理,而且有助于厄瓜多尔社会和国家的改革。

现行宪法首次承认印第安人和黑人的集体权利。承认印第安人和黑人是国家的一部分。承认其地域管理的特殊体制。

印第安人运动拥有3个主要基础,其一,通过印第安人——农民社团(comunidades)以及印第安人以集体身份参政的机构,形成一个准国家结构,拥有对村镇和城市进行管理的能力;其二,逐步形成安第斯和亚马孙的印第安人政治纲领;其三,构成一个选择性的历史集团,并拥有隶属于它的其他社会和政治阶层参与。

印第安人运动在其政治纲领中提出建立多元民族国家的诉求,要求把安第斯和亚马孙地区事务纳入国家和社会改革之中。在建立多元民族国家的主张中,包含了在安第斯山区争取土地和尊严的要求,以及在亚马孙地区争取地域和地域权的斗争。

印第安运动经历了一个逐步发展和深化的过程,其政治意识也在不断加强和提高,从一种民族种族(visión étnico nacional)意识发展成为一种政治—民族观念(visión político-nacional),在国家发展进程中成为一种举足轻重的政治力量。

主要的印第安人组织有:

厄瓜多尔印第安民族联合会(Confederación de Nacionalidades Indígenas Ecuador) 80年代,在印第安人运动日益发展的背景下,厄瓜多尔印第安民族联合会于1986年成立。它拥有下述地区组织:亚马孙印第安民族联合会(Confederación de Nacionalidades

Indígenas de la Amazonia)、利查里姆伊厄瓜多尔运动（Ecuador Richarimui）、厄瓜多尔沿海印第安组织联合会（Confederación de Organizaciones Indígenas de la Costa）。

在厄瓜多尔印第安民族联合会内部，存在不同的政治派别和主张。一种是印第安主义观点，主张同政府妥协。另一种是坚持发展成为替代选择的力量，主张在印第安人与民众团结的基础上，提出自己的政治纲领，替代当前的政策。

厄瓜多尔印第安民族联合会具有广泛的代表性，代表70%的有组织的印第安人运动。1996年它决定参加选举，与其他社会和公民运动联合，成为帕恰库提克多元民族团结运动的中坚力量。

自2002年以来，由于与其他社会运动的联盟关系破裂，种族立场占了上风，受功利主义观点的影响，内部产生分裂，印第安人运动受到削弱。这明显地反映在古铁雷斯政府时期。

农民、印第安人和黑人全国联合会（Federación Nacional de Organizaciones Campesinas, Indígenas y Negras） 20世纪70年代，农民、印第安人和黑人全国联合会在农民斗争中起了重要作用。目前处于革新过程之中。它主张把沿海地区的佃农组织与山区印第安人团体组织结合起来。目前，代表着印第安人—农民组织12%的力量。

厄瓜多尔印第安人联合会（Federación Ecuatoriana de Indios）

在20世纪50年代和60年代，厄瓜多尔印第安人联合会在山区农民斗争中起了至关重要的作用。它坚持一种唯一的阶级观点，不考虑种族、人民权利和民族问题。目前，其力量受到削弱，活动限于卡扬贝和钦博拉索地区。

四 其他社会运动组织

主要的大学生组织是厄瓜多尔大学生联合会，1944年成立。其政治主张是反对帝国主义、国内寡头集团和大地主。经常组织学生参加示威游行。

　　一个时期以来，还涌现出了很多其他社会运动组织。作为新的社会主角，他们努力寻求一种新的替代方案。例如生态运动组织，主张在发展与资源之间保持平衡；保护人权组织、保护环境组织和互助组织，主张为一个不同的世界而斗争。社区运动大多处于分散状态，受到选举运动、国家救济机构和非政府组织的控制。

第五章

经　　济

第一节　概述

厄瓜多尔在拉丁美洲属中下等经济发展水平的国家。按现行价格计算，2004年国内生产总值为303亿美元，人均国内生产总值为2325美元。[①]

厄瓜多尔自然资源丰富，矿藏以石油和天然气为主，是拉美重要产油国之一。石油主要蕴藏在西部瓜亚基尔湾和东部亚马孙平原一带。此外，山区和丘陵地带还有金、银、铜、铁、锰、煤、硫磺等矿藏。森林覆盖率为39.2%。渔业资源也很丰富。西部海域是世界著名的渔场之一，盛产金枪鱼、鲲鱼、沙丁鱼和龙虾等。

表5-1　经济自立人口

单位：千人

1980年	1990年	2000年	2005年
2392	3578	4812	5440

资料来源：Anuario Estadístico de América Latina 2006, la Cepal。

---

① *Country Profile 2006：Ecuador*, Economist Intelligence Unit, p.46, London, United Kingdom.

第五章 经 济

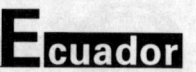

一 经济简史

印加时代以前的厄瓜多尔土著人以农业和畜牧业为生，主要种植玉蜀黍、扁豆、南瓜和驯养骆马。随着印加人的征服，逐渐发展手工业，开始铺设道路、修筑灌溉系统、兴建城堡和庙宇。在殖民时期，纺织业获得显著发展，长期为西属殖民地矿山供应各种日用纺织品。另外，可可生产也有一定的发展。

1830年厄瓜多尔宣布独立后，由于政治形势混乱，国家陷入内战状态，经济发展受到很大影响。在政治形势逐步稳定后，经济发展开始走入正轨。在历史上，厄瓜多尔经济先后经历了三个发展时期，即"可可时代"、"香蕉时代"和"石油时代"。

可可经济繁荣时期　厄瓜多尔沿海平原土壤肥沃，气候炎热，适宜可可的生长。可可需求的不断增长使可可种植迅速扩大，1889年，可可种植面积达到2.8万公顷，种植可可树200多万株。被称为"金黄色的谷粒"的可可成为厄瓜多尔主要的出口产品，为国家赚取了巨额外汇。19世纪末20世纪初，形成了以可可生产和出口为基础的经济发展模式，厄瓜多尔成为世界领先的可可生产国。

1894～1924年，世界市场对可可的需求迅速增长，可可的消费量增长了7倍。1894年，厄瓜多尔生产了世界可可总产量的28%，高于英国的24%。[①] 1904年，厄瓜多尔可可出口28216吨，相当于当时世界可可总生产量的1/2～1/3。1914年，可可的出口高达47210吨。1885～1922年，可可出口占厄瓜多尔全

---

① 莱斯利·贝瑟尔：《剑桥拉丁美洲史》第五卷，北京，社会科学文献出版社，1992，第681页。

部出口的65%~70%。在这一时期,厄瓜多尔还出口咖啡、象牙椰子、巴拿马草帽、橡胶和黄金等,但这些产品的出口都不超过总出口额的15%。

可可种植园通常规模较大。种植园主与种植人签订合同,种植人负责可可种植,他们的家庭成员还可以在种植园充当雇工。沿海地区可可种植园劳动者的工资大大高于山区农民的工资,通常超出一倍以上,促使大量劳动力从山区流向沿海地区。1889~1926年,沿海地区占总人口的比重从19%提高到38%。

但是在第一次世界大战至20世纪20年代末的世界经济大萧条期间,由于巴西和英属非洲殖民地的竞争,世界性生产过剩,外部市场萎缩,国际市场上的可可价格下降。1920年,纽约市场的可可价格为50美分,一年之后下降到19美分。在这一时期,几乎所有的可可树均因病虫害遭到毁坏,厄瓜多尔的可可生产和出口经济受到严重打击,经济发展受到严重影响,可可出口急剧下降。1914年,可可出口赚汇占国家出口总值的77%,到1931年,跌到22%。30年代末,厄瓜多尔的可可生产占世界总产量的比重不足2%。厄瓜多尔的可可繁荣时期就此结束。

可可经济促进了国家的经济发展。甘蔗种植园和糖厂发展起来,制帽业、小型石油加工业开始兴起,城市建设以及公路、桥梁、铁路建设也有明显的发展。国家总收入增加,沿海可可经济的发展带动了国内的工业,一些基本的消费品开始在当地生产。但是,可可生产部门和其他经济部门之间的联系很弱。很多可可种植园主携家眷移居国外,特别是巴黎,把可可生产带来的大量财富用于海外奢侈消费,而非用于国内投资,发展工业。国内大多数居民的购买力较低,社会上层人士热衷于消费进口产品,本国工业产品的市场十分有限。沿海地区基本食品需求的扩大刺激了山区的农业生产,但是并未足以促使山区的农业生产向商品农

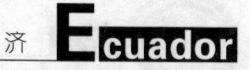

业转变，沿海地区在很大程度上依赖进口基本食品。除了纺织工业以外，食品进口在进口总额中居首位。

香蕉经济繁荣时期 1934年以前，无论在香蕉生产还是在出口方面，厄瓜多尔占世界总量的比重都很小。1910～1933年，香蕉占本国出口总额的比重也未超过1%，主要销往智利和秘鲁。1933年，美国联合果品公司收购了被废弃的最大可可种植园滕克尔庄园，开始种植香蕉。

从二战后至1955年，原香蕉主要生产地中美洲和加勒比地区屡遭自然灾害和虫害袭击，香蕉产量急剧下降，而国际市场对香蕉的需求大幅度增加，特别是欧洲的需求量猛增195%，这种形势为厄瓜多尔扩大香蕉生产带来了机遇。政府利用本国地处赤道、具有种植热带作物得天独厚的地理和气候条件，制定全国香蕉种植计划，大力发展香蕉生产。许多原来种植可可的中小庄园都转而生产香蕉。政府实施移民计划，资助移民在沿海地区开发新的香蕉种植园。另外，政府还大力发展公路、铁路等基础设施。到50年代中期，厄瓜多尔一跃成为世界最大的香蕉生产和出口国。香蕉出口从1947年的6.8万吨增加到1955年的60.3万吨。1960年，厄瓜多尔香蕉占世界香蕉出口的比重跃升至30%，香蕉在国民经济中的地位超过可可，香蕉出口占国家出口总收入的60%。厄瓜多尔成为世界闻名的"香蕉之国"。香蕉生产和出口带动了整个经济的发展，1947～1957年，国内生产总值年均增长率达到5.3%，财政收入增加了50%。

香蕉种植以中小种植园为主，不像可可的种植主要集中在大的种植园。据1965年统计，88%的香蕉种植园占地面积不到100公顷，这些中、小种植园占全国香蕉种植面积的50%。美国联合果品公司在滕克尔的香蕉种植园只占厄瓜多尔香蕉种植面积的2.5%。占地500公顷以上的大种植园占农户总数的1%，占香蕉生产的15%。但是这些大种植园控制着国家出口的 20%。① 政府通过开发银行向香蕉生产者发放贷款以扩大香蕉生产。1948~1951年,在圣多明各和埃斯梅拉达斯地区约有1000人获得贷款,开辟了10000公顷新的香蕉种植园。

香蕉生产同可可相比,需要更多的基础设施特别是公路、铁路、港口等运输设施。政府向美国和世界银行借贷用于修建基础设施。1944~1967年,厄瓜多尔共新修建了3500公里公路,增加公路50%。

香蕉生产和出口带动了整个经济的发展。而且香蕉经济对国家经济和社会所产生的影响比前一时期的可可经济要大。不仅沿海地区的庄园主,而且更多的小种植者也增加了收入。中产阶级消费需求的增长刺激了国内的农业生产,特别是山区的农业生产。1950~1952年,农产品的国内消费增加了25%。1960~1970年,国内生产总值年均增长率达到5.3%。

香蕉经济繁荣使山区人口大量流向沿海地区,农村人口大量流入城市。1942~1962年,全国人口增长了45%,而沿海地区人口却增长了1倍。瓜亚基尔及其所在的瓜亚斯省人口均急剧上升。1930~1962年,瓜亚基尔人口从11.6万增至50.7万,增长了340%,1942~1961年,瓜亚斯省人口增长了135%。

20世纪50年代中期,厄瓜多尔的香蕉生产遇到病虫害和中美洲新的竞争的双重冲击,香蕉经济开始走下坡路。1952年埃斯梅拉达斯地区的病虫害和巴拿马的病虫害向国家南部蔓延,香蕉树受到极大威胁。50年代下半期,国际市场的香蕉需求萎缩导致国际市场上香蕉的价格下跌,国家的出口收入下降。香蕉出口增长率从1950~1955年的25%下降到1955~1960年的12%。

石油经济繁荣时期 20世纪70年代,石油开采业兴起,厄

---

① 李春辉、苏振兴、徐世澄:《拉丁美洲史稿》第三卷,北京,商务印书馆,1993,第453页。

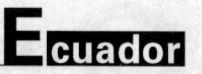

瓜多尔进入了"石油繁荣"时期，石油成为国家的主要出口产品。在石油生产和出口的带动下，国家经济发展速度进一步加快。70 年代，国内生产总值年均增长率为 8.6%。

20 世纪 20 年代，厄瓜多尔在瓜亚基尔西南部圣埃莱娜半岛发现油田，开始开采石油。但由于油气储量有限，整个石油业的规模还比较小。1929 年日产原油 3700 桶，不到当年南美国家石油产量总额的 1%。1967 年，东北部的森林地区发现了大片油田。1970 年在瓜亚基尔海湾发现有巨大的天然气储量。厄瓜多尔开始大规模开采石油，成为一个石油输出国。1973 年 11 月 19 日厄瓜多尔被接纳为石油输出国组织成员国。1970 年石油年产量还只有 152 万桶，1975 年已上升至 5875 万桶。石油开采原来主要由英国资本所控制。1972 年，军政府开始实行石油国有化政策，修改了同所有外国公司签订的协定，颁布了石油法，逐步从外国公司手中收回 85% 的石油租让地。同年 6 月，政府成立了厄瓜多尔国家石油公司，从事石油开采和销售，国家石油公司先后两次购买了德士古—海湾石油公司 62.5% 的股份。此外，还建立了一家国营炼油公司。1972 年，修建了从东部到埃斯梅拉达斯输油管道，总长 503 公里。同时在埃斯梅拉达斯南部修建了一座炼油厂。

石油繁荣加速了国家经济和社会的发展。国内生产总值年均增长率从 1960～1970 年的 5.9% 增长到 1970～1977 年的 9%，人均国民收入从 267 美元增加到 1030 美元。石油收入大部分流入国营部门，国家的财政收入显著增加。石油出口为厄瓜多尔带来的外汇收入从 1971 年的 4300 万美元增加到 1974 年的 3.5 亿美元。石油生产的迅速扩大带动了原来比较落后的制造业的发展。制造业在国内生产总值中的比重从 1970 年的 16.8% 增至 1980 年的 18%。国家修建的公路、机场、铁路等基础设施促进了内地经济的发展。然而，经济增长带来了一些负面影响，如进

口迅速膨胀,由此引起通货膨胀。1974~1979年,国家的外债从3.24亿美元增加到45亿美元。①

二 20世纪80年代以来的经济

20世纪80年代,石油生产进入了一个稳定增长的时期。虽然1987年石油产量因地震出现大幅度滑坡,但很快得以恢复,整个80年代石油产量的年平均增长率达到了3.3%。这个时期厄瓜多尔的石油业面临的主要问题是:由于该产业基本上还是由国有的厄瓜多尔国家石油公司一家经营,没有较大的私人资本的参与,所以在资金投入和技术更新方面都不够充分。

在石油业的繁荣加速了经济发展的同时,经济结构方面的问题日益突出。石油业和制造业增长迅速,农业增长缓慢,粮食进口不断增加;经济的对外依赖性加重,经济增长在很大程度上取决于石油生产和出口。另外,政府在经济决策方面也产生严重失误,对国际市场油价估计过分乐观,对石油出口期望过大,在此基础上制定的经济发展计划大大超过国力所能承受的限度。为了解决经济和社会方面存在的各种问题,政府不断扩大财政开支,甚至通过大量举借外债来弥补财政赤字。这些问题制约了80年代厄瓜多尔经济的发展。

80年代,经济形势恶化,通货膨胀率较高,外债负担过重,公共投资锐减,生产萎缩,人均收入出现负增长。1981年国内生产总值增长率下降到3.8%。1982年由于受世界经济衰退的影响,国内生产总值只增长1.2%,通货膨胀率达24.4%。石油在外贸出口中所占份额下降,香蕉等传统出口产品滞销,外债从

---

① 李春辉、苏振兴、徐世澄:《拉丁美洲史稿》第三卷,北京,商务印书馆,1993,第463页。

第五章 经济　Ecuador

1980年的40亿美元增加到1982年的62.99亿美元。面对经济困难，政府被迫实施一系列紧缩措施，包括控制公共部门进口各种小轿车和其他消费品；对国家预算部门的开支情况进行审查，控制非必要支出；加速执行公职人员的退休制度；包括部长在内的所有乘坐公车的官员必须自负超过耗油标准的汽油费以及限制政府人员出国等。1981~1990年，经济年均增长率降到1.7%。

自80年代下半期以来，历届政府在不同程度上采取措施，促进农业的发展，发展非石油出口创汇部门，同时采取其他各种结构改革措施，取得了一定的成效。但是很多问题，如农业发展缓慢、经济对石油的过分依赖等并没有从根本上得到解决。

进入90年代后，政府开始对石油业进行调整，并对有关法律进行了修改，允许私人资本和外国资本以提供服务、技术支持和承租石油区块的方式进入石油产业，使石油生产在90年代初曾一度出现了较快的增长。但随着1995年厄秘边境冲突的爆发和随后几年国内政经局势的持续不稳定，石油产业的发展又再度陷入半停滞状态。尤其是国家石油公司的生产，在1995~1999年间连续5年下滑，直至2000年才出现了一定的恢复。经济增长不平衡，主要出口产品石油和香蕉的国际市场价出现了波动，政府采取抑制通货膨胀政策，实施一系列经济改革计划，其中包括提高国内燃料和水电价格、取消多数的政府补贴、平衡政府预算，从而促使通货膨胀率从1992年的55%下降到了1995年的25%。政府采取鼓励外国投资的政策。除了加入世界贸易组织之外，厄瓜多尔还实施了与玻利维亚、智利、哥伦比亚、秘鲁和委内瑞拉签署的自由贸易或互补贸易协议。

1998年，由于石油价格暴跌、厄尔尼诺现象和东南亚金融危机等不利因素影响，经济形势严峻。当年经济增长率降至0.8%。政府实施以货币贬值和取消部分补贴为主的经济政策。

厄瓜多尔

1999年1月,政府被迫颁布"整顿税收和金融改革法",对金融交易征收1%的资金流动税,导致苏克雷大幅贬值。为稳定汇率,中央银行被迫动用大量外汇储备并大幅提高银行间拆借利率和储备金率。2月12日,央行宣布苏克雷对美元汇率自由浮动。3月,银行业因"关系贷款"爆发全行业危机,引发金融危机。金融形势急剧动荡,西部银行、进步银行、农业和外贸银行等10余家银行相继倒闭,被政府接收,进行清理重组。4月起,政府被迫冻结银行账户,并对金融业实行整顿。8月,总统宣布暂缓支付9600万美元"布雷迪"债券利息,导致苏克雷汇率再度大幅下挫。11月宣布将推迟偿还内外债务。

经济美元化政策 2000年1月,马瓦德总统宣布实行经济美元化。诺沃亚继任总统后,正式实施经济美元化政策,推动经济的结构性调整和改革,并争取到国际金融机构提供的贷款,金融形势有所改善。2001年,完成了经济美元化进程,美元正式取代苏克雷,进入流通领域,经济状况得到明显改善。2002年,经济保持增长势头,但美元化同时也造成竞争力下降,出口乏力。2002年,经济增长3.3%,国内生产总值为173.2亿美元,人均国内生产总值为1604美元,通货膨胀率为9.36%,失业率为8.9%。

2003年,经济发展平稳,经济运行基本正常,国家财政状况得到改善;通货膨胀率有所下降,外贸形势呈良好势头,外国投资大幅增加,外汇储备扩大,公共外债呈下降趋势,国家风险指数明显降低。

三 经济结构

厄瓜多尔经济以农牧业为主,工业基础薄弱。历史上一直以生产和出口可可、香蕉、石油为主,单一的经济结构限制了经济发展。在独立后的很长一段时间内,厄瓜多尔的

第五章 经 济

经济几乎全部依赖可可生产。19世纪末20世纪初,厄瓜多尔成为世界主要的可可生产国之一,其产量占世界可可生产的20%左右。50年代初至60年代,香蕉生产取代了可可,成为世界闻名的"香蕉之国",其出口量占世界第一位。进入70年代以后,石油生产和出口成为厄瓜多尔的主要经济命脉,1984年石油出口占国家总出口额的70%。

在石油业的繁荣加速经济发展的同时,经济结构方面的问题日益突出(见表5-2)。石油和采矿业占国内生产总的比重从1950年的1%迅速增长到1985年的17%。农业生产占国内生产总值的比重从1950年的31.1%下降到1985年的13.6%。对外依赖性加重,经济增长在很大程度上取决于石油出口。另外,工业发展过于集中在瓜亚基尔和基多两大城市,其工业产值占全国工业产值的81%。沿海地区的出口农业发展较快,而山区粮食生产发展很慢。

表5-2 1950年和1980年经济结构(占GDP的比重)

经济部门	1950年	1985年	经济部门	1950年	1985年
农 业	31.1	13.6	交通运输业	5.1	8.6
制造业	17.1	18.8	建筑业	1.4	5.4
服务业	26.2	17.5	石油和采矿业	1.0	17.0
批发和零售业	14.1	15.6	其 他	4.0	3.5

资料来源:David W. Schdt: *Ecuador: An Andean Enigma*, Westview Press, p.9, INC。

据中央银行2000年统计数据,石油业在国民经济中所占的比重为15.3%;石油及石油制品出口占总出口的比重为50.7%;石油业收入占政府财政收入比重为40.4%;石油业吸引外资占外国直接投资比重为99%。

2005年，农业、工业和服务业三大经济部门占国内生产总值的比重分别为6.5%、32.5%和61.0%。2002年全国经济自立人口为380万人，2000~2004年，失业率分别为14.1%、10.4%、8.6%、9.8%和11.0%。2004年，半失业率为42.6%。

表5-3 国内生产总值增长率

单位：%

	1990	1991	1992	1993	1994	1995	1996	1997	1998
GDP	3.0	5.0	3.6	2.0	4.7	1.7	2.4	4.1	2.1
人均GDP	0.7	2.7	1.3	-0.1	2.6	-0.1	0.7	2.4	0.6
	1999	2000	2001	2002	2003	2004	2005	2006	
GDP	-6.3	2.8	5.3	4.2	3.6	7.9	4.7	4.8	
人均GDP	-7.6	1.3	3.8	2.8	2.1	6.4	3.3	3.3	

资料来源：*Anuario Estadístico de América Latina 2006*, la Cepal。

四 企业规模

厄瓜多尔的企业结构反映出资本规模小，产权集中在少数人手中，生产、销售和筹资成本高。2000年，每个企业平均就业人数为11个，1999年为12个。70%的企业资本在400美元以下，其资本总额仅占总资本的1%。20%的企业资本在400美元至8000美元之间，其总资本占资本总额的2%。大约7%的企业的资本在8000至10万美元之间，其资本总额占总资本的8%。800个企业的资本规模在10万美元以上，他们占企业总数的比重为3%，其资本总额占总资本的90%。[①]

根据全国企业监察总署2002年底的统计，全国共有注册企

[①] Lola Vázquez y Napoleón Saltos: *Ecuador: Su realidad 2004-2005*, Fundación "José Peralta", Décima Segunda edición, página 220, Quito, Ecuador, 2004.

业 28000 家，大多集中在瓜亚斯和皮钦查两省。28000 家公司由 14 万股东或合股人组成，也就是说，每个企业平均有 5 个合伙人或股东。大约 10 万个股东或合伙人（73%）为小的产业主。4000 名合伙人或股东占股东总人数的 2.8%，占资本总额的 90%。因此，资本产权集中在少数大企业主手中和股东手中。外国投资占股份投资总额的 26%。很多企业实行家族式经营方式，并没有改造成为开放性的资本公司，这限制了它们吸收国内储蓄和在证券交易市场上进行筹资的可能性。80 年代，企业部门的债务占其总资本的 67%，90 年代末期为 73%。筹资来源为银行贷款和借贷人。

第二节 农牧业

一 概况

农业在经济中占有重要地位，是最大的就业部门。农业劳动力约占全国经济自立人口的 31%。2003 年全国农业用地为 807 万公顷。2005 年，农牧业占国内生产总值的 6.5%（详细情况见表 5-4，表 5-5，表 5-6）。

表 5-4 土地使用情况

单位：千公顷

	1961	1970	1980	1990	2000	2003
农业用地	4710	4855	6478	7846	8066	8075
可耕地	1705	1725	1542	1604	1616	1620
常年耕地	805	830	920	1321	1363	1365
常年牧地	2200	2300	4016	4921	5087	5090
水浇地	440	470	620	820	865	865

资料来源：*Anuario Estadístico de América Latina 2006*，la Cepal。

表 5-5　农业产值*

单位：百万美元

1990	1995	2000	2001	2002	2003	2004	2005
1432.7	3373.3	1692.6	1896.4	2047.9	2209.7	2210.0	2359.8

说明：* 市价。

资料来源：Anuario Estadístico de América Latina 2006, la Cepal。

表 5-6　农业结构情况*

	1999	2000	2001	2002	2003	2004	2005
农　　业	97.6	98.7	103.8	101.7	103.8	110.2	113.0
牧　　业	92.7	100.8	106.5	109.4	113.8	116.2	117.7
种 植 业	102.1	98.3	99.6	94.9	95.8	105.4	109.2
粮食生产	97.9	98.8	103.4	103.4	105.6	112.1	114.5
人均粮食生产	99.4	98.8	101.8	100.3	100.9	105.5	106.3

说明：* 以 1999~2001 年 3 年平均数为基数的百分比。

资料来源：Anuario Estadístico de América Latina 2006, la Cepal。

农业大致可分为两种不同类型的农业区。山地农业区分布于海拔 2500~4000 米的安第斯山的山间河谷和盆地地带，主要种植粮食作物、蔬菜和水果，以及饲养牲畜。主要粮食作物为玉米、大麦、小麦、马铃薯和豆类等粮食作物，产品主要供应国内市场。沿海农业区位于西部沿海和各河谷地区，主要种植供出口的香蕉、可可、咖啡等，此外还种植稻谷、棉花和烟草。

农业发展简史　远古时代，厄瓜多尔土著人主要种植三种作物，玉米、扁豆和南瓜。印加时期的农业生产有了很大发展，种植作物有马铃薯、玉米、块茎作物、豆类和瓜类。16 世纪，西班牙殖民统治时期，殖民当局实行大授地土地所有制，以国王的名义把土地分给征服者，少量土地投入使用，大面积土地闲置。从这时起，小麦和大麦成为重要的农作物。小麦的种植推广到了

第五章 经济 Ecuador

高山的斜坡和山谷，产量非常高。大麦也大面积种植了，大麦面成为印第安人的主要粮食之一。畜牧业主要饲养羊、猪和马。17世纪以后，随着土地的集中，出现了大庄园土地所有形式。17~18世纪，在广大沿海地区已经广为种植可可、烟草和香蕉，这些作物成为殖民地经济的主项。1830年独立后，农作物生产没有发生大的变化。19世纪后半叶，可可生产增长了3倍，出口增长了10倍，成为国家经济的主要部门和赚取外汇的主要来源。其他农产品，如可可、蔗糖、稻谷和渔产品也是农业部门的重要组成部分。20世纪50年代初，香蕉取代可可成为国家主要农作物之一。

土地改革和农业政策 厄瓜多尔土地高度集中，拥有土地在500公顷及500公顷以上的农户占全部农户的0.3%，他们占有土地总面积的26.6%。拥有20公顷土地以下的小农户占全部农户的85%，这些农户仅拥有土地总面积的18.5%。在最大的农户中，大地主和庄园主只有效使用其农业用地的10%~15%。由于耕地较少，农业生产技术和基础设施落后，机械化程度较低，农业部门的发展一度受到限制。1964年7月11日，厄瓜多尔颁布了独立以来第一部土改法，废除了半封建剥削制度，使农村中的中、小土地所有者增加。1973年10月，在1964年土改法的基础上又通过了新的土改法。新土改法规定，将"通过有计划地征用土地并再分配之，通过提供信贷、教育和技术援助，逐步地、有序地改变农村结构"[①]。新土改法没有限制土地占有的数量，其目标主要是提高农业生产效率。1964~1978年，政府给8.4万农户分配了180万公顷土地。政府还采取一些措施发展农业，如增加对农牧业的投入，兴修水利。1972~1978年政

[①] 李春辉、苏振兴、徐世澄：《拉丁美洲史稿》第三卷，北京，商务印书馆，1993，第460页。

府投资 13.78 亿苏克雷，建成 13 项水利工程，使 3.74 万公顷土地得到灌溉。近年来，政府依靠外国援助提高农业生产机械化水平。1996 年 7 月，有 29 项投资 1.72 亿美元的工程正在进行之中。除此之外，1992~1996 年，全国开发银行向中小农业生产者提供了 1 万多亿苏克雷的贷款用于发展生产。与此同时，政府还通过了一项法律，准许中小农业企业债务者延期偿还欠政府的债务。农业内部结构也发生了重要变化，政府积极发展农牧渔业多种经营，改变单纯依靠香蕉、可可等经济作物的状况，畜牧业和渔业产值不断上升，农业的发展已从过去以种植业为主发展成为种植业和畜牧业、渔业并重。

二　种植业

厄瓜多尔的种植业分为经济作物和粮食作物两大类（见表 5-7）。经济作物在农业中占有重要地位，主要经济作物有香蕉、可可、咖啡、鲜花、棉花和蔬菜等。粮食作物主要有稻谷、大豆和玉米等。

表 5-7　主要农作物产量

单位：千吨

	1961	1970	1980	1990	2000	2001	2002	2003	2004	2005
皮棉	10.1	7.6	39.8	37.0	5.3	7.9	3.9	1.2	3.7	3.4
稻谷	203.0	230.1	380.6	840.4	1246.6	1256.0	1284.5	1263.2	1345.8	1375.5
香蕉	2924.6	3360.3	3020.5	4119.8	6952.8	6890.2	6069.7	6533.8	6846.9	6890.6
可可豆	53.5	72.1	69.4	135.0	138.0	164.8	79.1	82.7	86.5	102.9
玉米	153.0	256.1	241.7	465.4	611.3	337.1	601.9	652.7	733.5	750.7
蔗糖	5614.1	6500.0	6615.2	5720.9	5402.4	5653.9	5653.9	4623.0	6590.1	6590.1
小麦	78.2	81.0	31.1	29.9	13.0	13.6	13.6	12.6	13.5	14.4

资料来源：*Anuario Estadístico de América Latina 2006*, la Cepal。

第五章 经济

香蕉 香蕉是厄瓜多尔最重要的农作物。厄瓜多尔香蕉种植的历史悠久，从殖民时期的 18 世纪起，香蕉就是厄瓜多尔的主要出口商品之一。20 世纪 50 年代以来，厄瓜多尔长期占据世界第一大香蕉出口国的位置，香蕉业在整个国民经济中占有重要地位。据农业部统计，2000 年香蕉产值占 PIB 总值的 2% 和农业 PIB 的 16%。香蕉业直接或间接创造的就业机会达 191.5 万个，为 12% 的经济活动人口解决了劳动就业问题。香蕉出口在总出口中所占比重达 16%，是仅次于石油出口的第二大外汇来源。厄瓜多尔香蕉的主要品种是 Barraganete 和 Fhia–21。厄瓜多尔出口香蕉使用纸盒子，每盒重量为 50 磅。一年四季均可出口。香蕉传统出口对象国为美国、比利时、法国、葡萄牙等。长期以来，香蕉的传统出口市场是美国和欧盟国家，输往这两个市场的香蕉一直占香蕉总出口 1/2 到 2/3 左右。近年来，厄瓜多尔对东欧、亚洲地区的香蕉出口也有明显增长，俄罗斯、中国、波兰等国家已成为厄瓜多尔香蕉的重要出口市场。

主要香蕉产地集中在沿海地区，有埃尔奥罗、瓜亚斯和洛斯里奥斯省。2000 年这 3 省的香蕉产量分别占全国产量的 33.4%、30.3% 和 28.3%。根据全国香蕉计划署 1998 的统计，全国共有 4941 个香蕉种植园，主要为本国资本经营，外资在香蕉种植业中所占比例很小。其中，绝大多数种植园的面积在 1 公顷到 30 公顷之间。

香蕉国内消费有限，大部分向国际市场出口。近年来，香蕉的出口不断增加，出口量比 10 年前增加了 47.8%。与香蕉生产不同的是，外国果品公司控制了近 30% 的香蕉出口。

2000 年，全国香蕉种植面积比 10 年前增加了 45.2%，出口量增加了 47.8%。由于国际香蕉市场上出现了持续多年的供大于求的局面，根据厄瓜多尔中央银行的数据统计，1998~2000 年香蕉的平均出口价格下降了 25.6%。1998 年香蕉出口平均价

厄瓜多尔

格为274.4美元/吨,1999年降至238.8美元/吨,2000年下降到了203.9美元/吨。由于出口价格的降低,出口香蕉的国内收购价格和香蕉种植者的利益都受到了较大的冲击。1999~2000年,政府多次对出口香蕉的国内最低收购价标准进行调整,以求缓和香蕉种植者和出口企业因国内收购价下降而产生的矛盾。2001~2005年,厄瓜多尔香蕉出口额分别为8.65亿、9.69亿、11.01亿、10.24亿和10.83亿美元。2005年,香蕉出口占出口总额的11%。[①]

可可 自19世纪末以来,可可一直是厄瓜多尔主要的经济作物之一。20世纪90年代上半期,可可生产因国际市场价格走势低迷而受到影响,从1991年的10万吨下降到1994年的8.1万吨,1995年和1996年分别上升到8.6万吨和9.4万吨。1998~1999年,由于遭受厄尔尼诺灾害的影响,可可生产大幅度滑坡,但是很快便得到恢复。此后,很多农业生产者纷纷扩大可可生产规模,采用先进生产技术和优良品种。2002年,可可种植面积为24万公顷。可可营养丰富,碳水化合物、脂肪、蛋白质和矿物质含量很高。厄瓜多尔是世界最大的精可可和香可可出口国。

可可的主要出口对象国为美国、荷兰、德国、日本、法国、意大利、比利时、阿根廷、智利和西班牙。厄瓜多尔一年四季都可出口可可豆和加工可可。可可豆的包装为龙舌兰绳编织的袋子,每袋重量69公斤。可可饮料和可可酱的包装为纸袋子,每袋重量30公斤。可可粉的包装为纸袋子,每袋重量25公斤。可可脂包装为盒子,每盒重量25公斤。

近几年来,由于国际市场价格上扬,可可出口显著增加,由2004年的1.54亿美元上升到2005年的1.68亿美元。

---

① *Country Profile 2006*:*Ecuador*, Economist Intelligence Unit, pagina 48, London, United Kingdom.

第五章 经 济 **E**cuador

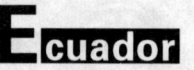

咖啡 咖啡是另一种重要经济作物。20世纪30年代后，咖啡成为重要的传统出口产品。1995年和1996年咖啡产量分别为14.8万和19.1万吨。

厄瓜多尔生产并向世界市场出口的咖啡品种有阿拉伯咖啡和大粒咖啡。咖啡种植面积大约为39.8万公顷。咖啡出口主要是袋装生咖啡豆和烘烤加工过的咖啡豆，袋子用龙舌兰绳编织而成。每袋咖啡重69公斤。还出口速溶咖啡，包装使用箱子，每箱重量为25公斤至30公斤不等。精炼冷冻咖啡装在容量为55加仑的桶里。

厄瓜多尔向近50个国家出口咖啡，主要有：美国、德国、西班牙、智利、哥伦比亚、意大利、法国、波兰、日本、比利时、阿根廷、荷兰和加拿大。厄瓜多尔一年四季都可出口咖啡豆。

1998~1999年的厄尔尼诺灾害也对咖啡生产产生严重影响，产量显著下降。此后，生产逐步得到恢复。近几年来，由于咖啡价格上涨，咖啡出口收入显著增加。2005年咖啡出口收入达到8800万美元。

鲜花 鲜花生产是20世纪90年代以来新开发的农业生产项目，是最大的非传统农业生产项目和第五大出口项目。从事鲜花生产的企业为250家。鲜花种植业直接使用劳动力2.5万人，间接使用劳动力60万人，其中60%是妇女。全国鲜花种植面积为1700公顷。[①] 目前，厄瓜多尔已经成为继荷兰、哥伦比亚和以色列之后的世界第四大鲜花出口国。鲜花出口额由1997年的1.31亿美元增加到2003年的2.95亿美元。

鲜花种植业还推动了塑料薄膜、灌溉系统、农业建筑材料、

---

① Lola Vázquez y Napoleón Saltos: *Ecuador: Su realidad 2004 – 2005*, Fundación "José Peralta", Décima Segunda edición, página 186, Quito, Ecuador, 2004.

信息、温室设备、广告宣传等行业以及科技和网络事业的发展。

厄瓜多尔气候条件独特，全国气温白天温暖，夜间凉爽，太阳辐射强，日光照射可达到12个小时，非常有利于优质鲜花的生长。由于全年气候变化不大，也适合种植奇特品种的鲜花。种植的鲜花品种繁多，300多个品种的月季，占所有品种的63%，满天星占13%，康乃馨占6%，还有补血草、蛇鞭菊、紫苑以及其他多种夏季花卉和少量名贵品种。康乃馨的花期长，颜色独特，花茎笔直。菊花和大丽花的大小及颜色与众不同。还有100多种热带鲜花。

厄瓜多尔的鲜切花全年出口，主要销往美国、荷兰、德国、俄罗斯、意大利和加拿大。向美国的出口量占其总出口的74%，其中64%是月季。欧洲占出口量的16%，其中7%出口到荷兰。还有少量出口到阿根廷等国家。出口主要通过航空运输。

鲜花的价格根据国际市场的供求变化而起伏，1999年每公斤鲜花价格为2.7美元。每年2月鲜花出口量最大。2002年2月，厄瓜多尔向美国出口了36.3万箱鲜花，每箱为18公斤。

棉花 主要的棉花产区是瓜亚斯和马纳比两省，分别占全国的69%和31%。棉花种植的季节是在1月底2月初，收获季节是在5~6月份，生产周期很短，约5个月左右。

20世纪90年代以前，政府通过关税和其他保护措施，控制棉花的进口，保证了国内棉花生产的销售和官方制定的价格的施行。保护措施的实行，减弱了外部产品的竞争，使棉花生产得到了发展。1992年，政府取消了官方定价及贷款补贴，放开了棉花的进口。在新的形势下，棉花生产部门暴露出其效率低下的弱点，受到外部竞争的冲击。棉花的种植面积和产量均大幅度下降。棉花种植面积由1992年的32200公顷下降到1995年的10650公顷，萎缩了60%，产量下降了63%。1995年以后，棉花产量下降的状况有所改变。1997年种植面积达17500公顷，产量达 23000 吨。

蔬菜 主要生产和出口项目为芦笋、棕榈牙、花椰菜等。芦笋是重要的生产和出口项目。种植面积 400 公顷。1997 年，出口量为 400 吨，创汇 38.5 万美元。芦笋营养丰富，钠的含量低，维生素 A 和 C 以及铁等矿物质的含量很高，既可新鲜食用，又可制成罐头或冷冻保存。厄瓜多尔主要出口芦笋罐头。

棕榈牙纤维含量高，胆固醇含量低，是一种健康食品，在厄瓜多尔广为食用，并大量出口。为了保护生态环境，国家限制开采并出口热带森林的野生棕榈牙。人工种植面积为 3000 多公顷。1997 年，棕榈牙出口量为 5347 吨，创汇 1249 万美元。主要出口棕榈牙罐头。

花椰菜种植面积为 200 多公顷。1997 年出口 1.1 万吨，创汇 1040 万美元。花椰菜是一种新的出口项目。90 年代初，开始少量出口，近年来出口显著增加。主要出口到德国、荷兰、比利时、意大利、英国、瑞士和挪威。厄瓜多尔地处热带，地势高，阳光照射充足，生产的花椰菜色泽更加艳绿，花更加紧密，在国际市场上很有竞争力。

水果 水果生产品种繁多，主要是热带水果。除了香蕉外，还有甜瓜、黄金瓜、菠萝、草莓、芒果等。甜瓜营养丰富，含有多种维生素，如维生素 A、B1、B2 和 C。另外，含有多种矿物质。20 世纪 90 年代末甜瓜耕种面积为 5000 公顷左右。菠萝富含维生素 A、B 和 C，含有多种矿物质。90 年代末，菠萝耕种面积大约为 5000 公顷。1997 年出口近万吨，菠萝和菠萝汁出口创汇额为 364.3 万美元。厄瓜多尔生产的菠萝品种主要有西班牙红菠萝和卡耶纳里萨菠萝。菠萝深加工项目有菠萝罐头、菠萝汁和菠萝果酱等。马拉古亚果是厄瓜多尔很有特色的一种水果，在英语国家被称作"多情果"。这种水果富含维生素 A、B5 和 C，堪称水果维生素之王。90 年代末耕种面积为 3600 公顷。马拉古亚果主要出口到加拿大、德国、荷兰、比利时、法国、瑞典、瑞士、美国和哥伦比亚。出口品种有果汁、果酱、马拉古亚果酒等。自90年代初,马拉古亚果出口量开始增加。1994年出口量仅为442吨,到1997年迅速增长到1.55万吨,创汇额则由34.1万美元上升到3300多万美元。厄瓜多尔常年均可生产草莓。草莓主要出口到美国、阿根廷、法国、德国、俄国、西班牙、英国、荷兰和哥伦比亚等国。

玉米 玉米是传统生产项目。全国玉米种植面积为49万公顷,其中沿海地区占46%,山区占54%。全国有玉米品种27种,可分为两大类:干软玉米和干硬玉米。干硬玉米主要用于制作合成饲料。全国玉米单位产量为2吨/公顷。中部地区的玉米单位产量更高些,为3.5~4吨/公顷。2001年,干软玉米产量为7.2万吨,干硬玉米产量为51.5万吨。

稻谷 稻谷种植面积为33.9万公顷。稻谷生产分冬、夏两季,其中,冬季生产占总产量的56%。冬季稻谷收获季节为4~6月。稻谷产区主要集中在瓜亚斯省和洛斯里奥斯省的瓜亚斯河流域,这里占全国稻谷种植面积的近90%。

小麦 2000年小麦种植面积为2.7万公顷,产量为1.7万吨,而1990年分别为3.7万公顷和3万吨。目前,本国的小麦生产仅能满足1.6%的国内需求,其余部分依靠从加拿大和美国等进口。厄瓜多尔小麦单位面积产量十分低,仅为0.6吨/公顷。

三 渔业

厄瓜多尔渔业资源丰富,捕鱼业比较发达,捕鱼能力在西太平洋地区已位居第二。20世纪80年代末以来,渔业生产增长较快。政府十分重视保护本国渔业资源,坚持200海里海洋权。1980年,明令禁止外国船只在厄瓜多尔100海里海域内捕鱼。

第五章 经 济

渔业活动在厄瓜多尔一年四季持续不断，直接从业人员超过40万人，进行人工捕捞的小船多达1.5万艘，工业化捕捞队伍拥有266艘渔船，船上都装备了先进的技术设备，有能力将捕获的鱼及时贮藏起来。厄瓜多尔金枪鱼捕捞业符合美洲国家热带金枪鱼委员会（IATTC）制定的渔业资源保护计划的要求。

目前，全国从事金枪鱼加工的公司有20家，日产量约450吨。全国近90%的金枪鱼加工厂和包装厂集中在曼塔港。捕获的金枪鱼品种主要有大眼金枪鱼、黄鳍金枪鱼、鲣鱼等。大眼金枪鱼平均体长160厘米，重量从27公斤到127公斤不等。黄鳍金枪鱼平均体长130厘米，重量从55公斤到68公斤不等，鲣鱼平均体长70厘米，平均重量为6公斤到7公斤。

养虾业 厄瓜多尔是西半球最大、世界第二大人工养虾国。近年来，池虾养殖业发展迅速，瓜亚基尔湾地区和瓜亚基尔是两大池虾养殖中心。

养虾业主要是池虾养殖，1995年养殖面积为14万公顷。1980年政府将养虾列入国家重点发展计划，制定了有关政策，提供贷款，引进先进技术，使养虾业迅速发展起来。1992年虾出口额为5.26亿美元，1995年为6.73亿美元，1997年为8.86亿美元，成为国家仅次于石油和香蕉的第三大出口收入来源。

厄瓜多尔生产的淡水虾品种主要是Penaeus vannamei类白虾，属Penaeidae科。淡水养虾池面积总计为17.8万公顷。厄瓜多尔一年四季均可出口淡水虾。虾的生产规格主要是每磅26/30尾去头虾和每磅40/50尾整虾。另外，有些出口商还向美国等地出口去头熟虾、去皮IQF和带皮IQF，这些出口产品的附加值更高一些。[①] 虾的主要出口市场包括30多个国家，其中主要有美

---

① http://www.coi.gov.cn/enterprise/dongtai/20010802/817.htm

国、西班牙、法国、意大利、荷兰、比利时、日本和哥伦比亚等。

鱼产品加工 厄瓜多尔努力提高鱼产品生产的附加值。加工各类鱼产品罐头，如金枪鱼罐头、沙丁鱼罐头、马卡雷拉鲭鱼罐头等。

鱼粉加工是重要的鱼产品加工部门。厄瓜多尔的鱼粉经过防氧化处理，蛋白质含量为65%。主要出口到哥伦比亚、德国、日本、墨西哥等国家。鱼产品加工厂都严格遵守国际质量控制标准。厄瓜多尔的海产品加工厂已获得美国FDA要求的危险和关键控制点分析（HACCP）证书。

出口市场 厄瓜多尔出口的鱼产品主要有4类：鲜鱼、冻鱼、鱼罐头和鱼粉。冻鱼是厄瓜多尔最主要的出口鱼产品，1999年冻鱼出口量占鱼类总出口量的48.78%。鲜鱼和冻鱼的出口品种有整鱼、带皮或不带皮的鱼片等。厄瓜多尔的鲜鱼和冻鱼主要出口到美国、西班牙、英国、荷兰、法国、瑞士、意大利、日本等国。金枪鱼罐头的品种有：油浸鱼腰、盐水鱼腰和油浸金枪鱼末。出口的沙丁鱼罐头主要有油浸沙丁鱼和番茄沙丁鱼。金枪鱼罐头主要出口到智利、英国、哥伦比亚、西班牙、德国、委内瑞拉、法国、阿根廷和美国。鱼粉主要销往哥伦比亚、德国、日本、墨西哥等市场。这种产品需要用抗氧化剂进行加工，蛋白质含量达65%，一般用50公斤装的聚丙烯袋包装。

厄瓜多尔出口的金枪鱼形式多样，有鲜鱼、冻鱼或鱼罐头。新鲜的金枪鱼主要以鱼片和整鱼的形式出口。冷冻的金枪鱼主要以整鱼、半成品鱼腰和鱼肉末的形式出口。罐头金枪鱼主要用酱油和盐加工，形式有天然鱼腰、盐水鱼腰和油浸鱼腰。

厄瓜多尔新鲜金枪鱼的主要消费市场是美国，其次是英格兰和哥伦比亚。冷冻的金枪鱼主要销往西班牙、波多黎各、美国和

第五章 经　济

意大利，金枪鱼罐头主要出口到智利、英国、哥伦比亚、阿根廷和委内瑞拉。①

四　畜牧业

厄瓜多尔的畜牧业以小规模经营为主。沿海地区主要饲养肉牛，山区饲养奶牛。20世纪80年代以前，厄瓜多尔的畜牧业不够发达，良种牲畜所占比重较低，肉类生产不能满足日益增长的消费需求。进入90年代后，政府采取促进畜牧业发展的政策，鼓励向畜牧业投资，引进和改良牲畜品种，畜牧业有了明显的发展。在满足国内需求的同时，出口创汇额连年增长，从1992年的100万美元增加到1995年的300万美元。1992～1996年，牛的存栏数由468.2万头上升到514.9万头，猪由239.6万头上升到270.8万头，羊由124.9万只上升到160.5万只。1996年养鸡6700万只。

厄瓜多尔牧场面积在不断扩大，甚至扩展到了热带地区，目前为335.7万公顷。全国共有42.7万个养牛场。牛的存栏数为448.6万头，其中，45%集中在山区，40%位于沿海地区，15%位于东部地区。全国共有奶牛89.1万头。2002年屠宰肉牛52.3万头，产肉10.5万吨。全国每人每年消费牛肉6公斤。牛奶产量为352.5万升。牛奶生产的73%集中在山区，沿海地区为19%，东部地区为8%。全国25%的牛奶用于工业加工，19%用于加工奶粉，6%用于加工成各种奶制品。全国平均每头奶牛日产奶量为5升。但是在北部山区，很多奶牛场引进新的奶牛品种，注重品种改良，奶牛产奶量大大高于全国水平，在一些奶牛场，奶牛日产奶量甚至达到12升。全国每天牛奶消费量为120万升。人均每日牛奶消费量比世界卫生组织承认的水平低50%。

---

① 2001年8月26日《中国畜牧水产报》。

造成这种状况的原因主要是厄瓜多尔国内牛奶价格比世界平均价格高出30%。

厄瓜多尔的养猪业并不发达，产量仅为150万头，生产主要集中在山区。养猪业使用的技术也比较落后，大多为家庭饲养而非规模生产。2000年猪肉产量为2万吨。全国平均每人每年消费猪肉2公斤。养羊业主要集中在印第安人居住的荒原地带，饲养量为120万只，仅产羊肉2000吨。全国人均羊肉年消费量不足1公斤。家禽饲养量为100万只，主要是养鸡，每年鸡肉产量为17.7万吨，鸡蛋产量为4100万个。①

五 林业

厄瓜多尔林业资源丰富，有5000多个树木品种。盛产桃花心木、染木和香膏木等贵重木材，是轻木的主要生产国。全国天然森林面积为1100万公顷。其中，70%为可开采林木，30%为保护林。80%的森林位于亚马孙地区，13%位于沿海地区，7%位于山区。厄瓜多尔的森林覆盖率为39.2%。

自2000年以来，厄瓜多尔木材生产以年均8.5%以上的速度增长。国内对木材的总需求量为5.03982亿美元，占国内生产总量的90.27%；其中未加工木材产品需求量为2.06341亿美元，占未加工木材产品生产量的81%左右；成品、半成品国内市场需求约2.97641亿美元，占其成品、半成品生产量的87.70%。②

林业出口主要是木材半加工产品和木制成品。厄瓜多尔轻木生产十分有名，可自然生长，可人工种植。目前种植面积为2万

---

① Lola Vázquez y Napoleón Saltos: *Ecuador: Su realidad 2004 – 2005*, Fundación "José Peralta", Décima Segunda edición, página 191, Quito, Ecuador, 2004.

② Lola Vázquez y Napoleón Saltos: *Ecuador: Su realidad 2004 – 2005*, Fundación "José Peralta", Décima Segunda edición, página 187, Quito, Ecuador, 2004.

公顷。轻木出口到 45 个国家，主要出口市场为美国、欧盟国家、韩国、日本和南美洲国家。2004 年，向美国出口木材 3607 万吨，占木材出口总量的 15.98%。出口拉美各国 170644 吨，占木材出口总量的 75.57%。出口欧洲 15152967 吨，占木材出口总量的 6.71%；出口亚洲 2871074 吨，占出口总量的 1.27%。2000～2004 年，木材产品出口呈上升趋势，增长了 26.58%。2004 年木材和木制品出口额为 8786.9 万美元。

厄瓜多尔一直坚持植树造林工作。但是该项工作更多地是出于商业目的，所栽树木大多为生长快的树种，其生态价值难与原生的林木相比。

第三节　工　业

一　概况

工业主要有石油开采和提炼、制糖、纺织、水泥、木材加工、食品加工和制药等。工业产值在国内生产总值中占有很大比重，1997 年为 32.3%（包括石油、采矿、制造业和建筑业）。工业部门使用的劳动力占经济自立人口的 18% 左右。

工业发展起步比较晚。20 世纪初，随着可可经济的发展，一些轻工业部门开始发展起来，如制鞋业、制帽业、纺织业、食品加工业等。但是大多数工业企业的规模都不大。二战后，外国资本大量进入，工业发展速度加快。增长较快的工业部门是纺织业、食品业、建筑业和伐木业。与此同时，化工业和制造业部门也获得较快发展。工业增长的部门大都分布在山区，因为那里的制造业长期受到保护，而且劳动力供应充足。但在沿海地区的行业，特别是 20 年代后期发展起来的蔗糖业，由于外部竞争激烈，

国内市场缩小，一些糖厂被迫倒闭。但是，甘蔗酒精和甘蔗饮料的生产却有显著的增长。40年代，厄瓜多尔工业增长急剧下降，这是由于30年代的衰退和二战期间在贸易方面受到限制。50年代，政府建立了一种促进工业的体制，并在1957年颁布了《工业发展法》。

60年代，工业企业开始扩大生产规模和采用比较先进的技术，而且大量资本转向了制造业。为了促进民族工业的发展，国家颁布了工业促进法及手工业和小工业促进法。为促进中小企业发展，政府通过全国发展基金会向中小企业发放低息贷款；设立技术服务咨询中心，向中小企业介绍国内外先进生产技术，提供市场信息。由于政府的大力扶植、鼓励政策和扩大投资，工业企业显著增加，1966~1978年新增企业492家。发展比较快的是传统工业制造业，如纺织、食品、烟草、木材加工、炼油和水泥生产等。化工、机械、电器等部门也发展起来。1972~1977年，工业平均年增长率为11.1%。工业主要集中在基多和瓜亚基尔，这两个城市的工业产值占全国工业产值的81%。

但是从总体上来说，工业仍然处于早期发展阶段，50%的劳动力就业于农业、林业和渔业。传统工业，如食品加工、饮料、纺织主要依赖农业。国内市场规模小，同国际市场相比产品价格高，不发达的人力、物力和财政基础都阻碍了耐用消费品的生产。

70年代，厄瓜多尔工业迅速发展。工业增长主要是因为政府的政策和来自石油出口的资本向工业部门的投资。这期间，外国资本渗透的速度加快。1976年，在30家最大的公司当中，有14家是属于跨国公司的企业。80年代受经济危机的影响，工业生产下降，许多公司宣告破产。

皮钦查和瓜亚斯两省是厄瓜多尔的主要工业区。陶瓷、机械设备、轮胎生产主要集中在阿苏艾省，炼油和木材加工在埃斯梅拉达斯省，海产品和农产品加工企业在马纳比省，钢铁工业在科托帕希省。

二 采矿业

厄瓜多尔拥有比较丰富的矿产资源，如石油和金矿，另有银、铜、硫磺、铁和铅等矿。其他非金属矿还有瓷土、长石、皂土、大理石、石膏、泡沫岩、重晶石、砩石（即萤石）、石英砂等。在金属矿方面，唯一可出口的金属矿为金矿。金矿开采规模有限，不供应国内市场。除了石灰等外，其他非金属矿或因产量小，或因质量差，一般需要进口。

矿产开采主要采取两种形式，第一种是矿场企业形式，使用先进的开采和管理技术，生产规模也比较大，其中有本国资本，也有外国资本。第二种是小矿山，即手工工场形式，开采技术落后，生产规模较小。

小矿山主要分 3 类。一种是维持生存型的，由当地居民进行，为生计辅助手段，规模很小，在河流沙石、石卵和碎石中淘取黄金矿砂。另一类是非正规性的手工作坊，使用大量的非熟练劳动力。资金投入少，技术水平低，生产率低下。第三种为小规模的企业，为合法采掘活动，一般为面积 150 公顷规模的矿场，使用中等水平的技术手段，日产量大致在 100 吨左右，投资额在 100 万美元左右。2000 年，小矿场产值占 83.5%。在其他矿产方面，特别是非金属矿，如建筑材料等，小矿场占产值的比重为 30%。

金属矿 厄瓜多尔存在着蕴藏黄金、白银、铅、锌和铜等共生矿的地质条件。处于勘探和开采之中的金属矿藏主要位于安第斯山的东部和西部地区、孔多尔山区以及亚马孙地区。本国企业比拉矿山为最大规模企业，位于萨鲁玛和波托维罗地区。另有因姆金矿开采公司、厄瓜多尔科连特斯公司和特纳资源开发公司正

处于投资开发阶段。

在金属矿方面,金矿是继石油之后第二大开采矿藏。厄瓜多尔是金矿最为丰富的国家之一。年均产金量为 280 万克。金矿主要分布在国家南部,包括卡尼亚尔、阿苏艾和埃尔奥罗等省。全国有 200 多条河流有金矿。最重要的波尔托维罗金矿区位于国家西南部的波尔托维罗地区。这里蕴藏着丰富的共生金矿,蕴藏于矿层、矿条和矿脉之中,矿层厚度为 0.1~2.5 米,矿层长度为 15 公里。其海拔高度为 600~1600 米。矿区占地面积为 4000 公顷。其中,500 公顷已经租让给小矿场主。自 20 世纪初开始进行开采以来,波尔托维罗地区已产黄金 120 吨。[1] 第二个重要的金矿产区是蓬斯恩里克斯地区。另外,南皮哈地区和贝里亚利加地区盛产金和银矿。1991~1997 年,国家对金矿开采征税收入为 258 万美元。

金矿开采租让权大多掌握在私人企业手中。根据《矿业法》第 161 条,获得金矿开采租让权的企业须向国家交付金矿开采价值的 3% 的税。金矿开采一般使用手工作业方式,浪费程度很高,一般达 50%。那些非正规企业在开采过程中,使用水银和氰化物技术,造成环境污染。

南比哈矿区 位于国家西南部,距萨莫拉市 25 公里和洛哈 120 公里处。占地面积 800 公顷,海拔高度 2000~2500 米,主要开采黄金矿。

贝拉里卡矿区 位于阿苏艾省的蓬斯恩里克斯区,1982 年投入开采。1993 年由 45 个矿业公司组成了贝拉里卡金矿生产合作社,自此,开采活动由手工作业转向小规模开采。目前,获得租让权的是 5 月 3 日贝拉里卡—瓜纳切矿业公司,占地面积为

---

[1] Lola Vázquez y Napoleón Saltos: *Ecuador: Su realidad 2004 - 2005*, Fundación "José Peralta", Décima Segunda edición, página 196, Quito, Ecuador, 2004.

1000 公顷。

胡宁矿区 为铜矿和钼矿，位于基多北面 50 公里处，海拔高度为 1800~2700 米。

非金属矿 非金属矿生产主要有石灰石、大理石和瓷土等。在国家南部，有不少非金属矿开采企业，在此基础上，当地发展起了工艺陶器和器皿制造业，其中一些产品供应安第斯地区。在次安第斯地区和国家北部，蕴藏着丰富的石英砂，一些企业在此投资建厂，并投入生产，为制造玻璃器皿的小厂提供原料。石膏矿开采主要集中在洛哈省的马拉卡托和布拉马德罗斯地区。最大的泡沫岩矿位于科托帕希省。

表 5-8 采矿业产值[*]

单位：百万美元

1990	1995	2000	2001	2002	2003	2004	2005
1586.4	1913.8	3429.7	2563.4	2880.8	3608.8	5372.1	7511.2

说明：* 市价。

资料来源：Anuario Estadístico de América Latina 2006, la Cepal。

三 电力工业

概述 厄瓜多尔的电力化始于 1897 年，两台功率为 12 千瓦的水轮发电机在洛哈市投入运行。20 世纪 30 年代，政府与美国电力公司签订协议，第一次引进国外技术为本国居民供电。1961 年，约 100 个城市拥有供电设施，全国共修建了 1200 个平均功率为 100 千瓦的水电站，居民用电率为 15%。同年 5 月，政府成立厄瓜多尔国家电力委员会，负责国家电力行业的计划、管理和监控。1966 年 8 月，政府公布全国电力规划。开始对全国供电系统、电站建设、资金使用等进行规划。但是自

厄瓜多尔

1985年起，由于进口关税和燃料价格的上升，政府将用于电力业的部分资金挪用到石油业，因此许多电站修建计划项目被取消或搁置，电力业发展一度停滞不前，对整个国家经济产生一定影响。进入90年代，随着拉美国家重建公共服务体系浪潮的推动，政府于1996年10月制定《电力行业管理法》，本着高效和竞争的原则，为私人资本和外国资本进入电力工业开放门户。管理法规定，允许私人和外国资本以股份公司的合作形式建立发电、配电公司。此举在一定程度上缓解了电力工业仅依靠政府投入资金不足的局面，电力工业得到发展。到2002年，全国居民供电率已达到89.7%。

在60年代以前，厄瓜多尔的电力供应由各市政当局负责，因此管理比较混乱。当时，共有1200个电站，设备能力仅为120MW。1961年5月，国家颁布了电力化基本法，建立了厄瓜多尔电力化协会（Instituto Ecuatoriano de Electrificación），并建立了全国联网供电系统。

厄瓜多尔国家电力化协会统一管理厄瓜多尔的电力工业，其下属有国家能源控制中心。国家电力委员会为国家电力部门的调控机构，国家能源控制中心主要负责管理电力批发市场的经营及技术、资本转让行为。

1999年5月31日，根据一项法律，厄瓜多尔电力化协会宣布解散，成立7个股份有限公司，开始电力系统私有化进程。

电力生产与消费　电力生产以火力发电为主，主要燃料为石油。2002年，全国总装机容量为41897MW。81%的居民享有电力服务。城市电网覆盖率为95.7%，农村为54.3%。2003年人均用电量为477千瓦小时。[①]

[①] 国际复兴开发银行/世界银行：《世界发展数据手册》，北京，中国财政经济出版社，2006年10月，第79页。

厄瓜多尔共有 12 家发电公司、20 家配电公司和 1 家输电公司。其中 6 家发电公司为股份合作公司，均系 1996 年电力行业管理法颁布前的国有公司，现由厄瓜多尔团结基金会进行管理。全国唯一的输电公司是 100% 的国有持股公司。20 家配电公司中仅有厄瓜多尔电力公司为完全的私人公司。在全国总装机容量中，水电 20956MW，占 49.9%；热电 20460MW，占 48.83%；进口 481MW，占 1.27%。全国 230KV 的输电线路达 1041 公里，138KV 以下输电线路达 1424 公里；其中，230/138KV 变电容量为 1095MVA，138KV 及以下变电容量为 1369MVA。截止到 2002 年 12 月，厄瓜多尔拥有 50 个水电站，75 个热电站和 1 个进口配电站。

2002 年厄瓜多尔全国总供电量为 11943862MWH，同比增长 7.8%。其中水力发电量为 7524260MWH，占总发电量的 63%，热力发电量为 4363302MWH，占总发电量的 36.53%，进口电量为 56300MWH，占总电量的 0.47%。近年来厄瓜多尔供电量不断提高，但仍不能完全满足本国电力需求，还需从哥伦比亚等国进口电力。①

全国电力消费结构如下：住宅用电占 38.2%，工业用电占 25.9%，商业用电占 19.3%，公共照明用电占 7.8%，其他用电占 8.8%。目前，厄瓜多尔电力市场拥有超过 225 万家庭用户、约 26 万商业用户和 4 万工业用户。②

厄瓜多尔是人均用电量最低的拉美国家之一。但是即使如此，国家电力生产仍存在赤字，供不应求。2003 年 6 月，全国电力需求为 934.95MW，生产为 889.04MW。为了解决供电不足问题，厄瓜多尔与哥伦比亚和秘鲁分别制定了电力地区一体化方

---

① Lola Vázquez y Napoleón Saltos: *Ecuador：Su realidad 2004 – 2005*, Fundación "José Peralta", Décima Segunda edición, página 237, Quito, Ecuador, 2004.
② 中国驻厄瓜多尔使馆经商处网站 http: //ec.mofcom.gov.cn/

案。2003年3月,根据哥伦比亚与厄瓜多尔签署的一项商业经营协定,开始执行电力国际交易计划。

四 建筑业

建筑业产值占国内生产总值的比重为6%。从事建筑业的劳动力有17.77万人,占全国经济自立人口的6%。2005年建筑业产值为29.7亿美元。厄瓜多尔用于建筑业的公共投资一般占公共部门总投资的55%~60%,主要用于基础设施工程。

20世纪80年代末和90年代初,由于财政紧缩,公共预算削减,贷款缺少,投资不足,建筑业受到很大冲击。1989~1993年,建筑业萎缩20%。1994年随着经济形势的好转和需求的迅速扩大,建筑业恢复活力。商业性设施和高档住宅建设、城市基础设施建设等迅速发展,当年建筑业增长率达5.3%。

表5-9 建筑业产值*

单位:百万美元

1990	1995	2000	2001	2002	2003	2004	2005
428.6	689.8	1126.9	1662.4	2029.9	2136.7	2681.5	2975.7

说明:*市价。
资料来源:*Anuario Estadístico de América Latina 2006*,la Cepal。

五 制造业

制造业在国民生产总值中所占的比重为16%。居第一位的是食品饮料行业,占全国制造业的33%。纺织业居第二位,占19%。基础矿业、金属非金属占15%,造纸印刷占8%,化工橡胶占7%,机械设备占7%,木材加工占6%。

1997年，从事制造业的工人为42.16万人，占全国经济自立人口的14.46%。1997年，制造业产值占国内生产总值的21%。

纺织业 1997～2001年，纺织业在国民生产总值中所占比重为3.1%～3.2%，目前为3%。纺织业在加工制造业中所占的比重为19%，是仅次于食品及饮料类的第二大产业。纺织与服装加工业创造直接就业2.5万人，间接就业10万人。

早在殖民时期，厄瓜多尔的毛纺品就已享誉海外。16世纪，厄瓜多尔初期的纺织工厂建于圣米格尔德钦博。后来，在安第斯地区各省都建立了纺织作坊。生产的各种优质呢、粗呢和其他纺织品几乎可以同西班牙出口的纺织品媲美。在可可经济繁荣时期，开始建立现代意义上的纺织企业。后来，阿拉伯移民向纺织业投资，建立了达苏姆纺织集团和罕达尔纺织集团。

20世纪60年代，随着采用新的工业技术和人工纤维材料，纺织业开始现代化技术改造。与此同时，在瓜亚基尔产生了一些重要的纺织企业。大型的纺织企业有达苏姆、品托、菲兰班科、库利等。目前，24家纺织企业控制着全国纺织行业60%的资产。纺织业生产主要集中在山区的比钦查、通古拉瓦和阿苏艾三省。这三省纺织企业的数量占其全部纺织业的86.7%。

自1992年厄瓜多尔实行关税改革以来，外部纺织品，特别是来自哥伦比亚和巴拿马的纺织品大量进入厄瓜多尔市场，本国纺织企业面临激烈竞争，被迫裁减工人。纺织业由于依赖原材料进口，生产受国际市场原材料价格浮动的影响很大。[①]

汽车工业 包括汽车装配和配件生产。在厄瓜多尔汽车市场，通用和雪佛莱品牌独领风骚，占国内市场销售额的46%，汽车装配量占81%。其他汽车公司有现代、马自达、丰田、起亚和大众公司等。2004年，汽车销售量为5万台。

---

① http://ec.mofcom.gov.cn/

厄瓜多尔

皮革和制鞋 全国共有60多家制鞋企业，主要制鞋企业有12家，7家位于皮钦查省，2家位于瓜亚斯省，2家位于通古拉瓦省，另一家位于科托帕希省。制鞋企业大多规模不大，技术比较落后，工人技术水平有限。

食品饮料 是国家最早的工业部门，也是垄断性最强的生产部门。其中，诺沃亚公司是最大的食品生产企业。面粉加工企业主要有莫利内拉面粉加工厂和莫利诺斯面粉加工厂，它们控制了几乎全部的小麦进口。

主要的饮料生产企业有可口可乐公司、百事可乐公司等。另外还有昆卡的恩普罗公司、瓜亚基尔的因加塞奥萨斯公司和基多的因德加公司等。后来，这3家公司组成一家联合生产集团，该集团使用工人6000名，下有生产企业9家。该集团获得了罐装可口可乐公司产品的许可权，其产品行销全国各省，可口可乐公司监制该集团的产品。可口可乐公司控制着70%的厄瓜多尔饮料市场。

啤酒业 由少数公司控制着，是高度垄断行业，纳西奥纳尔公司、皮尔塞内尔和哥伦比亚拥有巴瓦利亚啤酒公司的圣多明各集团俱乐部控制了全国95%的生产，剩余5%的市场由内瓦达和一些进口产品占有。1999年，伊萨伊亚斯集团的南美洲啤酒公司进入厄瓜多尔市场，引进了新的啤酒品牌"彼耶拉"。全国啤酒消费量为每年2.8亿升。

食用油生产 包括从棕榈油生产到进出口原料油，食用油每年产值为6.82亿美元。棕榈原油提炼附加值平均为630万美元。食用油生产分3个阶段：油籽初级产品生产，原油提炼加工，精炼油和副产品的加工。1992年开始出口棕榈油，主要面向墨西哥、委内瑞拉、哥伦比亚、智利和其他拉美国家。每年出口值大约为2400万美元。

奶制品业 全国牛奶年均产量为200万升，用于国内消费。山区产量为153万升，占总产量的74%，沿海地区为38.7万升，占16%，亚马孙地区为12.2万升，占10%。主要奶制品有奶酪、酸奶、黄油等。在实行贸易开放政策以来，帕玛拉特、阿尔皮纳等国际企业也进入厄瓜多尔市场。

全国共有23个奶厂，90%以上位于山区，致力于巴式灭菌牛奶、奶酪、奶油、酸奶等的生产。自贸易开放以来，不少外国公司如帕玛拉特和阿尔皮纳公司打入厄瓜多尔市场。帕玛拉特公司获得了科托帕希牛奶公司70%的股份。哥伦比亚的阿尔皮纳公司计划在马查奇建设一个企业。2004年7月，雀巢公司与福隆特拉联盟建立的美洲伙伴牛奶公司已进入厄瓜多尔市场。

水泥生产 全国共有4个大型水泥厂，它们每年生产水泥250万吨。位于瓜亚斯省的国家水泥厂每天生产能力为13.4万袋，占全国水泥产量的65%。位于因巴布拉省的塞尔瓦阿雷格里水泥厂由国家金融公司投资兴建，在私有化过程中，51%的股份以2800万美元价格出售给了西班牙的科菲证券公司。该厂日产能力为2.16万袋，占全国总量的17%，产品主要供应因巴布拉和卡尔奇等省。第三个是瓜潘水泥工业公司，位于卡尼亚尔省，产量占全国总量的12%，产品主要供应阿苏艾、卡尼亚尔等省。第四个是钦博拉索水泥厂，位于钦博拉索省，日产能力为2.65万袋，产品主要供应通古拉瓦、钦博拉索和玻利瓦尔等省。水泥原料主要来源于瓜亚斯省，年产量为1259896吨。另外，钦博拉索和因巴布拉省也产水泥原料。

表5-10 制造业产值 *

单位：百万美元

1990	1995	2000	2001	2002	2003	2004	2005
2068.3	2280.9	809.9	1796.6	1891.3	1985.3	1525.7	1852.7

说明：* 市价。

资料来源：*Anuario Estadísticode América Latina 2006*, la Cepal.

第四节 石油工业

一 概述

厄瓜多尔是拉丁美洲的重要产油国。全国石油储量丰富,已探明的可开采储量有45亿桶。石油业一直在国民经济中占有举足轻重的地位,石油及石油制品是厄瓜多尔出口的主要组成部分,石油收入是政府财政收入的主要来源。

石油勘探活动始于20世纪初。国家东部地区的石油勘探始于1921年。当时美国纽约伦纳德开发公司获得了面积为2.5万公顷区域为期50年的租让权。1924年,英国厄瓜多尔石油有限公司在圣埃莱纳半岛最早发现了石油,并很快投入开发。1926年日产油量为1226桶。1964年,德克萨斯—海湾(Texaco Gulf)公司获得了150万公顷土地的租让权,1967年钻出了第一口产油井,拉戈阿格里奥1号井,1969年,又打出了几口产油井。70年代,亚马孙地区开始进行大规模石油开采,厄瓜多尔一跃成为世界主要石油输出国之一。外国资本大量进入厄瓜多尔石油业,控制了400万公顷的油田区。1972年,厄瓜多尔国家石油公司(Corporación Estatal Petrolera Ecuatoriana,CEPE)成立,1974年7月6日,厄瓜多尔国家石油公司收购了德克萨斯—海湾公司25%的股份,建立了新的厄瓜多尔国家石油公司——德克萨斯—海湾联合公司。1976年因德克萨斯—海湾公司经营出现问题,国家进行了干预,控制了该公司62%的股份(1993年,西斯托·杜兰·巴连总统决定撤出国家在该公司拥有的股份)。1989年,厄瓜多尔国家石油公司改组为厄瓜多尔石油公司(Petroecuador),下属几个分公司:石油生产公司、石油工业公司、石油贸易公司和亚马孙石油公司。石油生产公司负责沿海和东部地区油田的勘探和生产。石油工业公司负责燃料油和其他各种石油制品的生产。石油贸易公司负责燃料油的国内销售。厄瓜多尔石油公司经营效益较高，其中石油生产公司是厄瓜多尔石油公司的骨干企业，石油勘探占全国的70%，原油生产占全国的65%。厄瓜多尔石油公司在管理、融资和经营方面有自主权，其赢利的90%上缴国库，另外10%用于自身的建设和发展。

从1972年起，随着东部亚马孙雨林地区一系列油田的发现，厄瓜多尔的石油业得到了快速发展，1980年石油产量增至7477万桶。80年代，石油生产进入了一个稳定增长的时期。1987年虽然石油产量曾因为地震出现大的滑坡，但石油业很快就从这一自然灾害的影响中恢复过来，整个80年代石油产量年均增长率达到了3.3%。进入90年代后，为了增加资金投入和技术更新，政府对有关法律框架进行了调整，允许私人资本和外国资本以提供服务、技术支持和承租的方式进入石油业，使石油生产在90年代初出现了较快的增长。但随着1995年厄瓜多尔与秘鲁边境冲突的爆发和随后几年国内政治和经济形势持续不稳定，石油业的发展又再度陷入半停滞状态，尤其是国家石油公司，在1995~1999年间连续5年滑坡，此后，石油生产保持稳定增长状况。

二　石油政策

自实行经济改革以来，近几届政府力图将厄瓜多尔石油公司和石油生产实行私有化，制定一系列石油法律，提供优惠条件，包括低税收政策吸引私人和跨国公司直接参与勘探和开采。厄瓜多尔石油公司采用联合经营的方式与私人资本进行合作，以便增加石油产量和扩大储量。在西斯托·杜兰·巴连时期，政府颁布了公共部门预算法，取消了厄瓜多尔石油公司的金融自治权，并将这一职能交给经济和财政部。与此同时，政府

还修改了石油法,鼓励私人资本特别是外国资本参与石油的勘探、开发、运输、储存、冶炼和销售,建立参与边远油田合同制度。

1995年政府修改了未期满的联合参与合同,将合同有效期延长20年。另外,还修改了参与比例,使私人公司获得81.5%~87.5%的收益,国家获得12.5%~18.5%的收益分成,并对国内市场的石油销售实行非调控化。阿夫达拉·布卡拉姆·奥尔蒂斯政府把原来的服务租让法(根据服务租让法,国家是石油生产100%的业主)改为参与法,使私人公司成为石油生产的主要业主。据此,西班牙和阿根廷等国的石油公司获得了石油生产的81.5%~87.5%的控股权,其余股份由国家持有。智利伊纳普公司与厄瓜多尔签订合同,承诺向帕拉伊索、比古诺、瓜奇托和马乌罗达瓦洛斯油田投资8000万美元。

古斯塔沃·诺沃亚政府修改了石油法,把重油输油管道的建设和经营权交给了与国家有勘探和开采合同的外国石油公司。卢西奥·古铁雷斯政府继续促进石油业私有化政策,将正在由厄瓜多尔石油公司建设的几个油田转让给了外国公司。另外,政府、能源部放弃了共同管理合同方式,转而采取联合参与和特殊服务合同方式,以便私人部门参与厄瓜多尔石油公司经营的油田。

为了吸引投资,政府多次组织石油开采招标,将石油开采分为区块,最大区块为20万公顷,区块下分地块。出售方式为每一地块规定日产油量为1.2万桶,进行公共招标,每个中标企业最多可得到两个地块。

规模最大的生产区是舜舒菲恩蒂、萨查、阿乌加、利贝塔多尔和科诺纳克。2003年仅新钻探了7口新油井。2002年钻探了18口油井。在第九轮石油招标中,已举行了几次招标会,以便勘探和开发新的储区。估计新储区的储量为119万桶。

外国公司在厄瓜多尔石油业中占有重要比重。在厄瓜多尔经营的主要外国石油公司有阿根廷的 YPF 公司、美国的 CITY 公司、OCCIDENTAL 公司、KEER Mc.GEE（ORYX）公司、VINTAGE（ELF）公司、意大利的 ARCO 公司等。

三 石油生产、出口和加工

石油生产 2000～2003 年，石油生产占全国 GDP 的比重分别为 20.5%、21.5%、20.8% 和 19.4%。

厄瓜多尔的原油生产主要集中在东部亚马孙雨林地区，另外在瓜亚斯省西部半岛地区和瓜亚基尔湾也有少量油田分布。2000 年国内处于生产状态的油井有 450 口，其中 17 口为自流井、151 口为电力提升井、224 口为水力提升井、38 口为气动提升井，另有 20 口为机械提升井。

2002 年石油经营区为 467.4 万公顷。其中，厄瓜多尔石油公司拥有 69 万公顷。私人公司拥有 398.4 万公顷。尽管厄瓜多尔石油公司经营区的面积要远远小于外国公司，其产量、生产率、勘探和开发效益水平都高于后者。

2000 年原油总产量为 1.46 亿桶。其中厄瓜多尔石油公司生产原油 9460 万桶，同比增长 4.7%，外国石油公司总产量为 5170 万桶，同比增长 12.4%。2005 年原油总产量达到 1.94 亿桶（见表 5–11）。

表 5–11 石油产量*

单位：千桶

1970	1975	1980	1985	1990	2000	2004	2005
1526.0	58753.0	74769.2	102419.6	104447.6	146385.2	143758.3	194169.0

* 每桶为 0.1589873 立方米。

资料来源：*Anuario Estadístico de América Latina 2006*, la Cepal。

瓜亚基尔湾蕴藏着丰富的天然气。海区还有面积为4万公顷的天然气储区。政府将天然气开采与石油开采结合进行。目前，仅有15%的天然气采取工业化运作。

全国共有6家企业从事天然气的商业化服务，除了个别的国营公司外，大多数为私营公司。其中，3家大型企业垄断了90%的商业化服务。

表5–12 天然气产量

单位：千立方米

1970	1975	1980	1985	1990	1995	2000	2004	2005
159.0	441.0	384.6	630.1	913.2	1014.3	1030.4	1442.2	1608.0

资料来源：Anuario Estadístico de América Latina 2006, la Cepal。

石油出口 厄瓜多尔经济在很大程度上依靠石油出口收入（见表5–21）。1999年厄瓜多尔建立了石油稳定基金。2000年的有关法律规定，当石油收入超过国会规定的国家总预算的数额时，超过部分纳入该项基金。

厄瓜多尔出口原油的API平均值为25.0，含硫量为1.2%。出口销售方式以招标方式进行，一年一次，主要出口目的地是美国、韩国、南美地区、中美洲和加勒比地区。

国家在燃料和润滑油生产方面不能自给，液化天然气、柴油、粗柴油和汽油等需要进口，2003年进口额为5.97亿美元，其中，近50%为天然气进口。

石油加工 厄瓜多尔生产的原油，除大部分直接出口外，也有一部分用于生产燃料油等石油制品。石油加工产品主要有汽油、柴油、石油溶剂、柏油和天然气（LPG）等。

全国主要有3个炼油厂，由石油工业公司（Petroindustrial）经营和管理，它们是埃斯梅拉达斯炼油厂，日炼油能力为11万

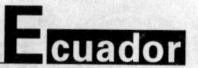

表 5-13 汽油生产*

单位：千立方米

1970	1975	1980	1985	1990	1995	2000	2004	2005
497.1	876.5	1328.5	1328.5	1618.4	1643.9	1732.1	2049.5	1160.5

说明：* 每桶为 0.1589873 立方米。
资料来源：*Anuario Estadístico de América Latina 2006*, la Cepal.

桶；里贝尔塔德炼油厂，日炼油能力为 4.5 万桶；舜舒菲恩蒂工业综合企业，日炼油能力为 4.6 万桶。另外，在拉戈斯阿格里奥市还有一个规模较小的炼油厂，日炼油能力为 1000 桶。[1]

据厄瓜多尔石油公司统计，2000 年各炼油厂处理原油总量为 5825 万桶，同比增长了 22.4%。主要产品为：液化石油气 24.8 万桶，汽油 939 万桶，柴油 1216 万桶，航空燃油 193 万桶。经精炼处理后的石油制品（燃料油、粗挥发油和柴油等）也用于出口。

四 储存与运输

全国共有 103 个储油罐，另有 10 个天然气储存设施。大多数储油罐位于基多（16 个）和帕斯库阿莱斯（23 个）。石油贸易公司储油能力为 271.4 万桶，北部地区为 138.1 万桶，南部地区为 133.3 万桶。

厄瓜多尔有一套原油运输系统，由两部分组成，一个是跨厄瓜多尔输油管道系统（el sistema del oleoducto transecuatoriano, SOTE），另一个是跨安第斯输油管道（Oleoducto Transandino, OTA）。东北部各区的原油开采出来后，先集中到东北部石油城

---

[1] Lola Vázquez y Napoleón Saltos: *Ecuador: Su realidad 2004 - 2005*, Fundación "José Peralta", Décima Segunda edición, página 203, Quito, Ecuador, 2004.

厄瓜多尔

市拉戈阿格里奥,然后通过跨厄瓜多尔输油管道系统和跨安第斯输油管道两条管道输送到太平洋沿岸的出口港口。东南部各区的原油则直接通过跨厄瓜多尔输油管道系统的维利亚诺支线注入该管道系统。

跨厄瓜多尔输油管道系统是厄瓜多尔石油运输的中枢系统,也是全国原油外运的最重要的管道。该输油管道拥有5个输油站、4个减压站、一套废水处理系统、一套自动监测和数据记录电子系统以及一套电台和电视台一体化系统。1970年7月17日开始修建,1972年6月竣工。管道直径为55厘米,全长503公里,从拉戈阿格里奥输油站贯穿全国抵达埃斯梅拉达斯巴拉奥石油港口。巴拉奥港输油管道终端的输油站可以为10万吨油轮输油。近年来,通过跨厄瓜多尔输油管道系统输送的原油占全国原油输送总量的90%以上。2000年厄瓜多尔对跨厄瓜多尔输油管道系统进行了一次技术改造以提高其运输能力,目前该管道系统每天可以运送原油39万桶。

跨安第斯输油管道将厄瓜多尔石油公司的石油从厄瓜多尔的拉戈阿格里奥输送到哥伦比亚的奥里托,然后运送到哥伦比亚的图马科港,最后装船运送到厄瓜多尔的圣埃莱纳半岛。管线全长26公里,日输油能力为4.5万~6万桶轻油,这条管线是为了向里贝尔塔德炼油厂运送原油。跨安第斯输油管道占全国输油总量的10%。

重油输油管道(El Oleoducto de Crudos Pesados)包括输油管、储油设备、加油泵等。全长503公里,连接新洛哈和巴拉奥,然后与跨厄瓜多尔输油管道系统并行,向基多北部伸展,日输油能力为5.2万桶。

五 环境保护

大规模的石油开采对环境造成影响。在厄瓜多尔的森林地带,石油生产中形成的有毒物质,特别是含有浓度很高的矿物盐和重金属成分的岩层水排放出来，形成200多个"水池"或露天水坑。另外，未经处理的原油洒漏和对森林的大肆砍伐，以及对生物遗传财富的掠夺都影响了当地的生态环境。1999年厄瓜多尔石油公司拨款58.87亿苏克雷用于解决石油开采造成的环境污染问题。2000年12月27日，厄瓜多尔石油公司成立了环境保护局，以改善社会环境管理和与当地居民的关系。① 为了解决亚马孙地区的环境保护问题，厄瓜多尔石油公司增加了水处理和回灌计划。日均处理14.3万桶水。

第五节　交通与通信

一　交通运输

公路　公路是厄瓜多尔最主要的交通运输设施。2004年公路总长4.32万公里，其中柏油路为7900公里，硬石路为2.1万公里，其余是土路。由于缺乏维修和保养资金，大部分公路状况很差。

表5-14　公路长度

单位：公里

1990	1995	2000	2003	2004
43079	43106	43197	43197	43197

资料来源：*Anuario Estadístico de América Latina 2006*, la Cepal。

---

① Lola Vazqués y NapoLeón Saltos: *Ecuador*: *Su realidad 2004 - 2005*, Fundación "José Peralta", Decima Segunda edición, pagina 199, Quito, Ecuador, 2004.

铁路 铁路运输不发达。2005 年铁路全长 965 公里,主要由一条由北向南沟通基多和瓜亚基尔的干线组成。近几年来,由于受公路运输的激烈竞争和缺乏投资,铁路运输不景气,铁路建设基本处于停滞状态。

表 5 – 15 铁路长度

单位：公里

1980	1990	2000	2005
965	966	956	965

资料来源：*Anuario Estadístico de América Latina 2006*, la Cepal。

海运 全国拥有 4 个主要港口：瓜亚基尔、埃斯梅拉达斯、曼塔和玻利瓦尔港。瓜亚基尔港为全国最大港口,年吞吐量约占全国总量的 65%。埃斯梅拉达斯港是运输石油的重要港口,也是香蕉出口的港口。曼塔港是咖啡和可可的出口港。玻利瓦尔港是香蕉出口的中心。曼塔和玻利瓦尔港也进行各种贸易和旅游活动。厄瓜多尔拥有一支由 8 艘油船组成的石油船队,另有 2 家私人海运公司。

航空 全国共有 2 个国际机场和 17 个国内航线的民用机场。2 个国际机场分别位于基多和瓜亚基尔。厄瓜多尔航空公司为国营,拥有 10 架大型客机。私人航空公司有 2 家。另有属于空军管辖的塔米航空公司。

表 5 – 16 航空运输里程

单位：百万公里

1985	1995	2000	2004	2005
16.9	14.5	12.0	10.8	11.4

资料来源：*Anuario Estadístico de América Latina 2006*, la Cepal。

表 5-17 　航空货运 *

单位：百万吨・公里

1985	1995	2000	2004	2005
50.7	32.2	15.5	5.0	5.4

资料来源：*Anuario Estadístico de América Latina 2006*, la Cepal。

二　电信

概述　1871年，加西亚·莫雷诺政府把连接巴拿马和秘鲁的海底通讯电缆延伸到厄瓜多尔，并于1894年开通了这项业务。1920年厄瓜多尔建立了无线电电报和电台电报通信业务。1943年创建了厄瓜多尔国际电台公司。1945年厄瓜多尔政府和昆卡市政府与瑞典埃里克森公司签署合同，在基多、瓜亚基尔和昆卡建立自动电话中心站。1949年第一座城市自动电话中心站在昆卡投入使用，共有150条电话线。1950年基多的城市自动电话中心站也投入使用，共有3000条电话线。1953年瓜亚基尔的中心站也投入使用。

1967年国家对电台和电报公司进行调整，建立了国立电信公司（Empresa Nacional de Telecomunicaciones，ENTEL）。全国共建立了3套重要的电信系统：陆地电信站、微波电信主体网和全国电信网。1972年国家颁布电信基础法，建立统一的全国电信服务系统，统归厄瓜多尔电信协会管理（Instituto Ecuatoriano de Telecomunicaciónes，IETEL）。1992年又颁布一项新法律，把厄瓜多尔电信协会改造成国家电信公司（Empresa Estatal de Telecomunicaciones，EMETEL）。1996年国家电信公司又改造成为有限公司，成为国家电信有限公司。现在，该公司拥有两个分公司：ANDINATEL责任有限公司和PACIFICTEL责任有限公司，分别负责固定电话业务和向私人公司租让移动电话业务。

厄瓜多尔

1995年8月,政府修改电信特殊法律,调整了电信部门,规定私人部门可以参与国家电信公司。根据这部法律,创建了全国电信理事会(Consejo Nacional de Telecomunicaciones, CONATEL),作为电信部门的协调机构;建立了全国电信秘书处,作为执行电信政策的机构;还建立了电信监察总署(Superintendencia de Telecomunicaciones, SUPTEL),作为全国电信业务监控机构。这些机构负责监察电台和电视宣传、固定电话、移动电话、电信总机系统等的经营。另外,卫星音像数据传播服务被租让给几个私人公司,而光纤电缆服务尚属国营业务。2004年全国共有固定电话用户156.7万家,手机用户294.9万家。

泛美海底电缆使用的是光纤电缆,铺设在太平洋海底,从智利南部的阿利查至大西洋,全长7500公里,它可以比卫星或微波更快的速度传输音像和数据。从萨利纳斯至瓜亚基尔的泛美海底电缆的使用权被租让给了西门子和阿尔卡特两个公司。

厄瓜多尔是安第斯共同体卫星通信合作的受益者。安第斯共同体制定并正在实施建立安第斯"西蒙·玻利瓦尔"卫星站计划。这一想法产生于25年前,近年开始实施。为此成立了安第斯卫星通信公司,由它与阿尔卡特公司协调这一合作计划。根据这一计划,安第斯国家可以使用其卫星系统。9家厄瓜多尔投资集团参与了这项计划。

因特网服务 获得因特网服务租让权的公司有53个,最大的10家企业覆盖了全国78.5%的用户。最近,ETAPA、Impsatel和Cyberweb公司正在执行一项计划,通过使用宽带网,把安第斯地区所有的因特网公司连接起来。[①]

目前,厄瓜多尔拥有两家大的手机通信公司,波尔塔公司和

---

① Lola Vázquez y Napoleón Saltos: *Ecuador: Su realidad 2004 - 2005*, Fudación "José Peralta", Décima Segunda edición, página 235, Quito, Ecuador, 2004.

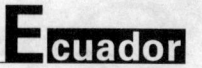

南贝尔公司(见表 5 – 18)。两家手机公司占领了全国大部分手机用户市场。2001 年全国每 100 个人拥有电话 17 部,每 100 人中有 3 人使用因特网。

表 5 – 18　手机用户市场

	波尔塔公司	南贝尔公司		波尔塔公司	南贝尔公司
1994 年 12 月	13620	5300	2001 年 12 月	483982	375170
1996 年 12 月	36484	23295	2002 年 1 月	689270	503124
1999 年 12 月	196632	186553			

资料来源:*Almanaque Ecuatoriano*:*Panorama 2003*, Edipcentro, Riobamba, 2003, El Ecuador.

第六节　财政、金融

一　财政

厄瓜多尔的财政年度与日历年度一致。在政府每年公布的财政收支表中,财政收入分为两大类:石油收入和非石油收入。1996 年石油收入占财政收入的 47.1%。非石油收入主要来源于税收。财政开支根据支出的资金分类分列,其中包括政府机构、教育和文化、卫生和社会发展、债务支付等项。1996 年政府机构开支占开支总额的 27.4%,教育和文化开支占 19.8%、卫生和社会发展开支占 3.4%,债务支付占 36.6%。

90 年代上半期,由于政府大力实行增收节支的财政政策,大多数年份的财政收支为盈余,1992 年和 1993 年的盈余额占当年财政收入的比重甚至分别高达 18.6% 和 12.8%。1995 年,由于厄、秘两国发生边界武装冲突,厄瓜多尔的财政开支急剧增

加，出现较大的赤字，赤字占当年财政收入的 5.2%，1996 年占 2.7%。进入 21 世纪以来，政府财政收支仍然保持着盈余（见表 5－19）。

表 5－19 公共非金融部门财政收支

单位：百万美元

年 份	2000	2001	2002	2003	2004
石油收入	1450	1352	1393	1664	2115
非石油收入*	2516	3497	4781	5156	5799
其他国有公司收入	150	106	187	91	236
总收入	4126	4955	6361	6910	8151
工 资	761	1357	2008	2289	2586
商品与服务	410	581	901	948	1033
利息支付	1052	996	842	820	797
资本支出	795	1408	1582	1460	1608
总支出	3889	4947	6161	6587	7467
总收支余额	237	8	200	423	683

二 金融

全国共有 300 多家金融机构，其中有 31 家大银行。90% 的金融资产掌握在 10 家金融机构手中。

20 世纪 90 年代初，厄瓜多尔的银行系统比较混乱。货币当局曾允许各种机构，包括银行、金融公司、商业中介公司、合作社、租赁公司等吸纳居民的储蓄存款。很多银行为了逃避税收和获取外汇，把在国内的很多经营活动列入国外的分支机构或与外部合资的企业名下。另外，金融立法不足，银行监控制度差。这就使得金融银行系统缺乏实际的控制。1993～1994 年，在美洲

第五章 经　济

开发银行的支持下，厄瓜多尔采取措施改善金融监控，调整金融银行系统的结构。1994年5月颁布的金融机构法对银行及其他金融机构的职能、筹资方式等作出了较详细的规定，为加强金融监控打下了较好的法律基础。

中央银行　1925年厄瓜多尔开始组建发行国家货币的国家银行。1926年6月26日，建立了货币发行和清偿中央局，负责承认货币支付手段和批准纸币的发行。1926年10月18日，伊西德罗·阿约拉政府决定被授权发行货币的银行向货币发行和清偿中央局交纳总计10.6万苏克雷的黄金和白银。与此同时政府成立了一个委员会，负责制定筹备中央银行的计划。1927年2月11日，该委员会向政府提交了厄瓜多尔中央银行机构法草案。同年3月12日，伊西德罗·阿约拉总统颁布了厄瓜多尔中央银行机构法。6月3日，批准了中央银行章程。在采取了一些措施，克服了货币发行中央局和拟议成立的中央银行间存在的技术问题后，1927年8月10日，厄瓜多尔中央银行宣布成立。同年8月25日，中央银行在瓜亚基尔开设了瓜亚基尔总支行。

厄瓜多尔的主要银行和金融机构有：国家银行，1979年成立，位于基多；国家发展银行，1928年成立，位于基多，下属70个分行；国家金融公司，1964年成立，位于基多；亚马孙银行，1976年成立，位于基多；安第斯银行，1973年成立，位于基多，隶属波哥大银行，下属11家分行；农业畜牧业信贷银行，1949年成立，位于基多；厄瓜多尔合作银行，1965年成立，位于基多，下属4家分行；国际银行，1973年成立，位于基多，下属7家分行；厄瓜多尔人民银行，1953年成立，位于基多，下属6家分行；COFFIEC银行（Banco COFFIEC），1966年成立，位于基多，前身为厄瓜多尔金融发展公司。基多股票交易所成立于1969年。

三 货币和汇率

厄瓜多尔现行货币为美元,原来的货币为苏克雷。2000年1月实行经济美元化后,苏克雷已于同年9月退出流通领域,由美元取代。厄瓜多尔硬币为本国发行,单位也称美元。

四 税收

2001年5月,厄瓜多尔修改了税法。修改后的税法规定,凡居住在国内的个人和企业,在全球范围经营的收入及利润都要进行申报并交税;在外国居住或经营的个人和企业,也要进行申报并交税。负责执行税收政策和征税的部门为国内税务局。税法规定了主要的税种。

所得税 分为企业所得税和个人所得税。企业所得税征税期为每年一次,指企业每年1月10日至12月31日经营活动所得。所得税为中央政府税,地方政府不能再征收所得税。征税范围为企业生产经营所得及其他收入。但以下收入可免征所得税:税后所得及退税收入,临时性投资不动产、股票及合伙经营收入,投资基金、商业信托所得收益,保险赔偿所得,外国石油公司在与政府签署石油勘探、开采服务合同后所进行的非货币性投资收益等。

企业所得税税率主要有三种。一种是普通公司税率。政府规定,企业所得税为25%,红利再次投资所得税率则降至15%。第二种是石油企业税率。在厄瓜多尔提供技术服务的石油公司所得税率为44.4%,红利再次投资所得税率为25%。第三种是遗产、捐赠税率,税率为5%。

税法规定,厄瓜多尔公民及在境内合法工作的外国人均需缴纳个人所得税。确定纳税收入时,个人社会保障金、退休金及抚恤金、慈善性捐款等均属于从收入中扣除的款项。个人所得税为累进制税率，最高 25%。计税时，根据收入多少而变化。同时，税率每年均有所改变。以 2003 年税率为例，收入以 6800 美元为基数递增，税率则由零向 25% 递增。

增值税 在厄瓜多尔境内销售货物、进口货物以及提供各种服务行业的企业或个人均应缴纳增值税。增值税由中央政府进行征收。增值税征税期为每月一次。税率为 12%。[1]

第七节 对外经济关系

一 对外贸易

对外贸易在经济中占有重要地位。2005 年进出口总额为 166.4 亿美元（见表 5-20）。目前，厄瓜多尔与 90 多个国家和地区有贸易往来。

表 5-20 进出口总值*

单位：百万美元

	1990	1995	2000	2001	2002	2003	2004	2005
进口	3733.6	5454.3	4938.8	6164.4	7194.6	6915.8	7683.1	8720.7
出口	3310.3	5278.7	5905.6	5858.8	5809.5	6366.7	7370.3	7917.0

说明：* 按 2000 年价格计算。
资料来源：*Anuario Estadístico de América Latina 2006*, la Cepal.

90 年代初以来，厄瓜多尔实行贸易开放政策，降低关税，简化进出口手续，促进出口商品多样化和出口市场多样化，对外贸易有了一定的发展。1990~2005 年，贸易总额增加了 129%。

---

[1] 中国驻厄瓜多尔使馆经商处网站 http://ec.mofcom.gov.cn/

厄瓜多尔

出口产品可分为传统出口产品和非传统出口产品。传统出口产品额占出口总额的80%左右，非传统出口产品额占20%左右。传统出口产品主要有石油、香蕉、虾、咖啡、可可和鱼类。2005年石油（包括石油加工产品）占出口总额的56.9%。

表5-21 主要出口产品占出口总额的比重

	1972	1985	1990	2000	2001	2002	2003	2004	2005
原油	18.2	62.8	46.4	43.5	37.1	36.5	38.1	50.3	53.4
香蕉	40.1	7.7	17.4	16.7	18.2	19.2	17.7	13.2	10.7
鱼类加工品	0.9	0.8	1.1	4.5	5.6	6.6	6.4	4.6	4.8
贝类软体类海产品	4.3	5.5	12.6	5.8	6.1	5.1	4.9	4.3	4.6
鲜花			0.9*	4.0	4.9	5.8	5.0	4.6	3.9
石油加工品	7.7	3.5	5.5	4.8	2.9	3.4	2.5	2.9	3.5
生、熟可可豆	7.3	4.8	2.7	0.8	1.2	1.8	1.9	1.3	1.2
鱼产品			0.6	1.9	1.5	2.0	1.8	1.6	1.1	1.2

说明：* 1992年数字。

资料来源：*Anuario Estadístico de América Latina 2006*, la Cepal。

非传统出口产品主要是一些制造业产品，如机械设备和生活消费品等。出口目的地主要是安第斯国家。1982年债务危机爆发后，安第斯国家经济恶化，其进口能力受到限制，厄瓜多尔对这些国家的非传统产品出口明显下降，占出口总额的比重大致为7%。近年来，由于安第斯共同体取得明显进展，成员国之间的贸易逐步扩大，厄瓜多尔向安第斯其他成员国的非传统产品出口逐步增加，在厄瓜多尔出口中所占的比重相应上升。1995年非传统产品出口额占出口总额的比重上升到19%，达8.5亿美元。因地理条件优越，厄瓜多尔的鲜花生产得到较大的发展，成为一种重要的出口项目，为国家赚取了大量的外汇收入。2005年鲜花出口额占出口总额的比重为3.9%。

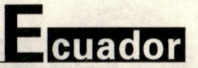

如果以初级产品与其他产品分类，2005年初级产品占出口总值的比重高达91%（见表5－22）。

表5－22 初级产品占出口总值的比重

1970	1975	1980	1985	1990	1995	2000	2001	2002	2003	2004	2005
98.2	97.8	97.0	99.2	97.7	92.4	89.9	88.1	89.7	88.0	90.7	91.0

资料来源：*Anuario Estadísticode América Latina 2006*，Cepal。

厄瓜多尔主要进口工业原料、燃料、化工产品、建筑材料和机械设备。90年代，由于实行低关税政策，汇率上升，进口增长较快，由1991年的22.07亿美元上升到1997年的46.66亿美元。2005年进口额为89亿美元。

2004年厄瓜多尔出口的主要对象国是美国（55.0%）、哥伦比亚（6.3%）、德国（5.3%）和韩国（4.0%），进口的主要来源国是美国（23.3%）、哥伦比亚（14.3%）、巴西（6.5%）和委内瑞拉（7.7%）。

90年代初以来，厄瓜多尔对外贸易一直保持顺差。1991～1995年，顺差累计近30亿美元。1996年顺差高达12亿美元。1997年由于进口猛增，出口增长乏力，顺差下降到5.6亿美元。1998年出口额41.33亿美元，进口额50.02亿美元，逆差8.69亿美元。2005年逆差为8.04亿美元。

90年代大多数年份，厄瓜多尔的经常项目收支为逆差。1994年逆差为6.8亿美元。1996年出现1亿美元的顺差，1997和1998年逆差额分别为7.8亿美元和20亿美元，2003年逆差为4.56亿美元。

二　侨汇

侨汇已成为国家外汇收入的重要来源和国际收支的重要项目。2001年厄瓜多尔旅居国外的居民共向国内汇

款14.15亿美元，比前一年的13.6亿美元增加4%。国外汇款成为仅次于石油工业收入的第二大主要经济来源。1995年以前只有旅居美国的厄瓜多尔人汇款，而现在旅居西班牙、意大利、加拿大、澳大利亚等国的侨民都开始向国内汇款，汇款数额有逐年增加的趋势。2002年汇款额为15.75亿美元，2003年为16.56亿美元。汇款中的61%用于日常消费，8%用于做小生意，17%用于奢侈性消费，14%用于储蓄和教育。

海外汇款的规模已引起国际机构的关注。美洲开发银行指出："海外移民汇回国内的款额2002年为15.75亿美元，相当于国际金融援助的10倍，国际货币基金组织2003年提供贷款的6倍"。这种国际劳动开发新模式表明，汇款额相当于国内生产总值的8%，成为其经济的主要项目之一。美洲开发银行已经考虑把这笔资金纳入金融系统，将这称之为"创造发展项目"。最近几年，厄瓜多尔人汇回的款项平均每年为15亿美元。[①]

三 外国资本

1992年以来，厄瓜多尔政府实行经济改革和对外开放政策，努力创造良好的投资环境，同时提供优惠的投资条件以吸引外资。1993年1月颁布的《投资法》规定，从1993年1月13日起，取消对外国企业在国防、治安、社会福利、金融、银行、保险、交通、通信以及其他领域投资的限制，并允许外商把利润以任何可兑换货币自由汇出境外。政府还简化投资审批手续，并给予外国投资者同本国投资者一样的待遇。随着厄瓜多尔经济对外开放的扩大和国营企业私有化的逐步深入，外国直接投资显著增加，由1991年的1.6亿美元增加到1997年

---

① Lola Vázquez y Napoleón Saltos：*Ecuador：Su realidad 2004 - 2005*，Fundación "José Peralta"，Décima Segunda edición，página 138，Quito，Ecuador，2004.

的 5.8 亿美元。1991~1995 年，外国直接投资总额为 18 亿美元，主要投资国有美国（70.7%）、英国（7.8%）、法国（4.5%）和西班牙（3%）。外资主要流向采矿业、制造业、商业、运输通信等部门（见表 5-23）。2004 年外国直接投资总额达到 11.6 亿美元。外国直接投资主要进入石油和采矿部门。2004 年，在该部门的外国直接投资所占比重高达 77.84%。

表 5-23　外国直接投资部门分布

单位：百万美元

年　份	2000	2001	2002	2003	2004
总　数	720	1330	1275	1555	1160
石油和采矿	680	1120	1063	828	903
制造业	10	59	57	71	37
商业	13	54	45	50	50
运输通信	0	11	22	25	52
其他	17	86	88	580	118

资料来源：厄瓜多尔中央银行。

四　外债

外债是困扰厄瓜多尔经济发展的重要因素。同其他拉美国家一样，厄瓜多尔外债在 20 世纪 70 年代大幅度增加，导致 80 年代债务危机。1982 年债务为 77 亿美元，债务支出额占出口总额的 78%。进入 90 年代后，由于外资大量流入，偿债压力明显减弱（见表 5-24）。

截至 2004 年 5 月，厄瓜多尔外债余额为 163 亿美元，其中公共外债余额为 112 亿美元，私人外债余额为 51 亿美元。[①]

[①] Lola Vázquez y Napoleón Saltos: *Ecuador*: *Su realidad 2004-2005*, Fundación "José Peralta", Décima Segunda edición, página 295, Quito, Ecuador, 2004.

表 5-24 20 世纪 90 年代以来的外债余额

年 份	外债余额（亿美元）	占 GDP 的百分比	年 份	外债余额（亿美元）	占 GDP 的百分比
1990	122.22	115.64	2000	132.16	82.94
1992	127.95	102.93	2001	143.75	85.80
1994	145.89	86.43	2002	162.87	94.03
1996	145.86	97.64	2003	165.95	91.57
1998	163.99	80.68	2004	162.49	
1999	159.02	102.93			

说明：2004 年为截至 2004 年 5 月数字。

资料来源：*Información Estadistica Mensual*, junio del 2004, N. 1828, Banco Central del Ecuador。

五　外汇储备

国家外汇储备量随国家经济和金融状况发生起伏。20 世纪 90 年代随着经济的开放，国家外汇储备明显增加，从 1992 年的 7.8 亿美元上升到 1995 年的 15 亿美元，1997 年超过 20 亿美元。90 年代末期，因经济危机，外汇储备显著减少。21 世纪头几年，外汇储备缓慢恢复（见表 5-25）。2005 年为 21.5 亿美元。

表 5-25　外汇储备

单位：百万美元

年　份	2001	2002	2003	2004	2005
国际储备（包括黄金）	1073.6	1007.9	1160.6	1437.6	2146.9
外汇储备（不包括黄金）	839.8	714.6	812.6	1069.6	1731.6

资料来源：国际货币基金组织。

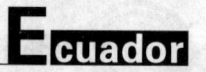

第八节 国民生活

厄瓜多尔是拉美地区发展水平比较低的国家，人民生活水平也较低。2005年，全国平均最低工资为175美元。但是各种人文统计数据表明，厄瓜多尔国民的生活质量也在逐步提高。随着医疗卫生条件的改善和居民营养状况的改善，婴儿死亡率逐渐下降，1950~1955年年均下降139.5‰，1970~1975年为95.0‰，1990~1995年为44.2‰，2000~2005年为24.9‰。1916年全国预期寿命仅为35岁，此后逐步提高，1990年为69岁，2004年达到75岁（见表5-26）。男性失业率为5.6%，女性失业率为11.0%。2004年全国人均收入为2325美元。1996~2002年小学入学率为99%。1998~2002年，婴儿出生时体重低于2500克的比重为16%。

表5-26 预期寿命*

	1950~1955	1970~1975	1980~1985	1990~1995	2000~2005
预期寿命	48.4	58.9	64.5	67.6	74.2
男 性	47.1	57.4	62.5	67.6	71.3
女 性	49.6	60.5	66.7	72.6	77.2

说明：* 年均数。
资料来源：Anuario Estadístico de América Latina 2006, la Cepal。

在居民衣食住行方面，居民的生活质量也在逐步改善。1990年全国拥有较好自来水供应的居民占总人口比重的73%，2000年为88%，2004年为94%。在城市，1990年为82%，2000年为92%，2004年为97%。在农村，1990年为61%，2000年为81%，2004年达到89%。1990年拥有较好卫生条件的居民比重为63%，2000年为82%，2004年为89%。其中，1990年城市居民为77%，2000年为89%，2004年为94%；1990年农村居民为45%，2000年为72%，2004年为82%。

2000年，全国使用卫生设备人口占总人口的比例为86%，城市为92%，农村为74%。2005年，城市自来水系统覆盖率为88.4%，排污系统覆盖率67.5%，供电系统覆盖率99.5%。使用改善饮用水的人口比例为85%，城市为90%，农村为75%。1997~2002年，全国99%的家庭消费碘盐。

2001年全国共有住宅2879935套，其中产权自有1936909套，租赁形式672690套，其他形式270336套。2001年城市共有住宅1819389套，其中自有产权1096119套，租赁形式581851套，其他形式141419套；农村住宅1060546套，其中自有产权840790套，租赁形式90839套，其他形式128917套。[①]

2001年在全国的2879935套住宅中，有2251705套住宅拥有自来水设备，其中城市1596360套，农村655345套。全国有排污设备的住宅共有1382076套，其中城市1208642套，农村173434套。

2002年纳入政府儿童接种疫苗计划的情况如下：结核杆菌疫苗接种率为99%，小儿麻痹疫苗接种率为90%，麻疹疫苗接种率为80%，肝炎疫苗接种率为85%。DPT疫苗接种率为89%。[②]

厄瓜多尔的贫困状况比较显著。2005年全国贫困人口比率为48.3%。城市贫困人口比率1990年为62.1%，1999年为63.5%，2005年为45.2%。2005年农村贫困人口比率为54.5%。2005年全国赤贫人口比率为21.2%。1990年、1999年和2005年，城市赤贫人口比率分别为26.2%、31.3%和17.1%。2005年农村赤贫人口

---

① Anuario Estadístico de América Latina 2006, la Cepal.
② http://www.unicef.org/infobycountry/ecuador_statistics.html

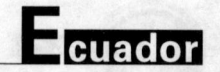

比率为 29.2%。[①]

根据联合国拉丁美洲经济委员会的统计数字，厄瓜多尔的贫富差距比较大。该国际机构把厄瓜多尔全国人口分为5组，每组占总人口的20%，据此，对居民的收入情况进行了统计（见表5-27）。统计结果表明，2005年占全国人口20%的最贫穷的阶层只占总收入的3.5%，而20%最富有的人口占总收入的57.7%。最贫穷的10%的人口占总收入的比重仅为1.2%，而最富的10%的人口占总收入的比重却高达41.8%。从城市数字比较，1990~2005年，财富集中现象在加重。10%最富的人口的收入占总收入的比重1990年为36.0%，1999年为41.9%，2005年为40.3%。2005年的统计数字虽然比1999年有所下降，但却明显高于1990年的水平。

表5-27 居民收入分配情况*

单位：%

	1组(最贫穷人口)		2组	3组	4组	5组(最富有人口)	
	1分组	2分组				1分组	2分组
全国							
2005年	1.2	2.3	7.4	11.9	19.6	15.9	41.8
城市							
1990	1.7	3.1	9.1	13.7	20.6	15.9	36.0
1999	1.2	2.6	7.7	11.8	19.1	15.7	41.9
2005	1.3	2.5	7.9	12.3	19.7	16.1	40.3
农村							
2005	1.4	2.8	8.8	14.1	21.3	15.7	35.8

说明：* 每组人口占总人口的20%，分组人口占10%。
资料来源：Anuario Estadístico de América Latina 2006, la Cepal。

[①] 根据拉美经委会使用的统计标准，划定贫困人口的标准是其收入低于基本食品开支的两倍。划定赤贫人口的标准是其收入低于基本食品开支。

厄瓜多尔

从贫困人口的比率和贫富差距的变化可以看出，这方面的社会指标在90年代新自由主义经济改革时期都有所恶化。近年来，随着政府逐步加大社会投入，情况有所缓解。从基尼系数也可以得出同一种结论（见表5-28）。城市基尼系数1990年为0.461，1999年为0.521，2005年为0.513。

表5-28 厄瓜多尔基尼系数 *

	全 国	城 市	农 村
1990		0.461	
1999		0.521	
2005	0.531	0.513	0.469

说明：* 价值单位：0-1。
资料来源：*Anuario Estadístico de América Latina 2006*, la Cepal。

厄瓜多尔的社会保障发展也不尽如人意。根据厄瓜多尔社会指数综合系统的统计数字，1998年和1999年，全国社保覆盖率均为29.8%，而2000年和2001年则分别为26.9%和24.5%，低于90年代末期的水平。2004年卫生和公共事业开支4.38亿美元，仅占预算的7%。

第六章

旅 游 业

第一节 概况

一 旅游产业概况

　　凭借得天独厚的地理环境、自然景色和人文历史条件，厄瓜多尔的旅游业获得了显著的发展，成为继石油、海外移民汇款和香蕉出口之后的第4大创汇部门。全国有50多万人直接或间接从事旅游业。2002年旅游收入为4.47亿美元，接待游客65万人次，外出旅游人数为60万人次。游客主要来自美国、欧洲特别是德国、拉美国家特别是哥伦比亚等。全国共有600多家旅行社，300多个旅游办事处。外国游客在厄瓜多尔旅游的人均消费是43美元/日。国内旅游同样十分重要，24%的人口利用假期外出游玩，62%的人因出差旅行。基多同北京时差为13小时，国际电话区号593。

　　随着中国与厄瓜多尔关系的全面发展，越来越多的中国公民赴厄瓜多尔因公出差，探亲访友，或专门旅游。两国不断简化签证办理手续，提供便利条件。根据厄瓜多尔方面的规定，需要办理工作签证和旅游签证的中国公民应注意以下事项。

　　工作签证发放的对象是赴厄瓜多尔投资办实业、执行经贸援

厄瓜多尔

助项目任务人员。申请签证时，需提供公司函件，说明申请人负责哪项工作、技术职称或职务、来厄工作期限等。同时需提供在厄公司的注册文件、项目合同等。在办理旅游签证时，申请方需提供在厄瓜多尔有居留权的担保人及其经济担保信、纳税单等相关资料，该经济担保信需在厄瓜多尔办理公证、认证。申请人需在国内办理出生、婚姻、无犯罪等公证，并需经中国外交部及厄瓜多尔驻华大使馆的认证。以旅游身份赴厄瓜多尔的人士，需购买往返机票。这两类签证一般由厄瓜多尔外交部受理审批后通知其驻北京大使馆核发，驻华大使馆有时也自行审批签发。中厄双方虽签署互免持外交、公务、因公普通（特别）种类护照人员签证的协议，但互免签证范围限于访问、过境、旅游等，期限为1个月，且不能在厄瓜多尔工作。否则，须办理相应工作签证。①

二　旅游资源

厄瓜多尔是世界上最美丽、最富生物多样性的国家之一，拥有广阔的沿海平原，雄伟壮观的安第斯山脉，活跃异常的众多火山和神秘的亚马孙原始森林。

在拉丁美洲35种地理生物区中，厄瓜多尔拥有7种。有18种植被，25种生态物种区，19种植物，8种地理区域平台，1500种鸟类，25000种植物，710种淡水鱼，324种哺乳动物，这些都是发展"自然旅游"或生态旅游的得天独厚的旅游资源。

在全国众多的旅游景点中，74%与大自然景色相关。自然和文化观光景点共有920个。其中，520个与自然景色有关，特别是海滩、河流、温泉、湖泊、山峰、雪山、河谷、森林、气候、物种和植被等，使人充分享受到大自然的美丽景色。

---

　① 中国外交部网站 www.fmprc.gov.cn。

第二节　名胜古迹

一　基多古城

基多是由古代集聚在这里的"基图"部落的名字演绎而来的。早在西班牙殖民者到来之前，印第安人就在安第斯山脉的高山峡谷之中建立了基多古都。现在的基多海拔2850米，是16世纪在原来古城的废墟上建立起来的。历史上，基多曾几次遭遇地震，但是各种历史古迹，如圣弗朗西斯修道院和圣多明各修道院，拉孔帕尼亚教堂和耶稣会学院仍然保存下来。基多堪称拉丁美洲保存最好的历史古城之一，1978年被联合国教科文组织纳入《世界遗产名录》。

历史中心　是基多最古老的城区，占地面积320公顷，拥有130栋纪念性历史建筑。另外，拥有5000多栋古老的住宅建筑，所有这些历史建筑均作为历史遗产在市政府登记注册。

16世纪初，西班牙殖民者来到这里后，依山建造了最早的家园。此后，城市逐步向四周扩展。家庭住宅大多为四合院，内部有面积不大的庭院。各个时期的建筑都留下了当时的特色。最早的建筑粗犷、结实，外面没有凉台，窗户都比较窄小，且有铁护栏，外门不大，十分坚固。这主要是最初殖民者人单势薄，面对人多势众的印第安人，需要这种安全建筑，抵御印第安人的袭击。后来随着城市的扩大和殖民统治的加强，城市治安有了保障，殖民者开始追求更加豪华的建筑，拓宽了临街的窗户和大门，不少窗户都配置了不大但很标志、精巧的凉台。坚固的大门通向内院，庭院更加宽敞，院内的喷水池周围用灰色铺路石嵌入黄色牛骨组成各种几何形图案。西班牙殖民者大都是天主教徒，在很多街区都建有教堂。为了重现古城基多的风貌，发展旅游业,市政当局在90年代拨巨款对古城进行了大规模的整修,恢复一些街道原先使用的街名,并将古老的城市中心命名为"历史中心"。古城区位于山坡上,街道坡度十分大,且狭窄。乘坐公共汽车穿行其间,别有风趣。

在基多历史中心区,您可以欣赏到500多年前的古老建筑,从16世纪最早建成的建筑中表现出的穆德哈尔人艺术风格或当时意大利式的矫饰风格,到此后300多年的基多巴罗克艺术,再到19世纪初期建筑物表现出的精美的新古典主义风格。另外,还有成千的建筑艺术品以隐讳的方式蕴含了过去的古老文化内涵,表现了他们的神灵、宗教信仰和传统习俗等。基多是一个饱含悠久历史之谜的城市,继承了西班牙人和土著人两个世界文化交融的遗产。基多因其丰富的历史、风俗、神秘的文化和现存的传说被称作"美洲艺术圣殿(Relicario del Arte en America)"。正是由于这种特点,1978年11月,成为世界上第一个由联合国教科文组织宣布为"人类文化遗产"的城市。凡参观过基多的游客都不会忘记它,会把美好的记忆留存在这片圣地上,并梦想着有朝一日再次回到这里,回到久远的时代。

市长广场 又名独立广场或大广场。广场呈四方形,中心矗立着独立纪念碑。大主教堂位于广场一侧,建于19世纪中叶,其花格镶板平顶具有西班牙摩尔人的建筑风格。与墨西哥城和利马的那些大教堂相比,它的规模要小得多,但却与其他基多的教堂一样,都有一处镀金祭坛,闪烁着耀眼的光彩。

在作为神权象征的大主教堂对面,则是作为教会权力缩影的大主教宅邸,为新古典主义建筑风格,在顶楼建有凉廊,廊柱对称,由栏杆连接,每根柱头均有三角形顶饰。

广场的另一侧是总统府。原为基多检审庭旧址,建成于1830年,为新古典主义建筑风格,气派的楼梯两侧都有内院。建筑物正面饰有呈四方形的巨大的多利斯柱廊,两翼建筑均盖有

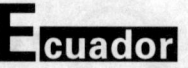

三角形楣饰。美洲解放者西蒙·玻利瓦尔曾在这里办公。

市政府宫位于广场的另一侧，它是一栋现代建筑，建于1973年，但是并不游离于广场周围古老建筑格调之外。

基多的壮丽景色以众多的教堂建筑点缀而成。一座座教堂的高高尖顶，耸立于楼群之中，令人瞩目。基多宗教建筑的代表是萨格拉里奥教堂、耶稣会教堂、孔巴尼亚教堂、圣弗朗西斯科教堂等。它们全都藏有印第安人、欧洲人雕塑和绘画名作和艺术珍品，如著名的基多派绘画、雕刻和金箔等。大量艺术瑰宝为人们研究影响波及整个美洲的"基多艺术学派"提供了宝贵的资料。

圣弗朗西斯科教堂　位于基多市中心，昆卡大街和苏克雷大街交汇处，占地3公顷。

教堂后院是佩德罗·戈西阿尔修道院。修道院始建于1536年，建成于16世纪末期，是整个南美洲规模最为庞大、最重要的宗教场所，是基多最早的宗教性建筑之一。修道院由7个主堂组成，其中一个由博物馆占据。博物馆陈列殖民时期的各种陶器、雕塑、绘画、石像、器皿和艺术品等，它的殖民时期宗教艺术品展览在整个美洲都十分有名。博物馆用4个展厅展出油画、雕塑、家具、纺织品等，很多作品系基多有名的艺术家创作。这里还可以参观教堂的宗教唱诗班，教堂的楼梯还展有文艺复兴时期风格的艺术品。修道院展现十分丰富的建筑风格，有巴罗克风格、穆德哈尔风格、16世纪意大利的矫饰风格等。在这里还可以参观修道院的啤酒制作场旧址。

教堂门前顺梯而下，是圣弗朗西斯科教堂广场。这里原来是印第安人的集贸市场。据说西班牙殖民者来到这里后，一位名叫哈多科·里克的神父在这片地上种植了第一株小麦。由此，小麦在基多的土地上广泛播种。

孔巴尼亚教堂　建于1605～1765年，是美洲文艺复兴巴罗克式建筑艺术的典范。位于加西亚·莫雷诺与苏克雷大街交汇处。

厄瓜多尔

从建筑学的角度讲，孔巴尼亚教堂是基多最为完整和奇特的教堂之一。是耶稣教会建筑艺术的象征，其无数的立柱表现出典型的巴罗克建筑艺术风格。可以说它是西班牙美洲殖民地最典型的建筑样板。教堂正面是拱形大门，两侧各有3个螺旋状的高大廊柱，气势轩昂，以罗马圣·佩德罗祭坛为模式设计。门上方雕饰的神像和花卉栩栩如生，教堂四壁和天棚布满以金箔镶嵌的各式雕花、图案，金碧辉煌。教堂建筑四周有无数包金装饰，是一座真正的艺术品和圣品。墙上的塑像由木料、石料和白灰浆制成，用十分精细的金箔装饰起来。由于教堂建筑持续了很多年，负责教堂建筑的建筑师们几易其人，根据建筑师们的喜好，使用了不同的建筑材料。意大利耶稣会教士马科斯·格拉（Marcos Guerra）建成了教堂两侧偏殿的穹隆屋顶和顶塔，还有中央大殿的拱顶，拱顶镶嵌着穆德哈尔人的阿拉伯建筑风格的镶板。主祭坛的画屏和雕塑出自耶稣会艺术家豪尔赫·宾特雷尔（Jorge Vinterer）之手，其他祭坛的装饰也都由当时十分有名的基多艺术家创作。

面包山和女神雕像 面包山位于基多新城区即南城区和历史老城区的交界处，海拔3000米，因其外形酷似面包而得名。面包山顶部矗立着一尊女神雕像，为基多城的保护神。女神亭亭玉立，凝目远方，脚下踩着一条蛇，寓意正义战胜邪恶。登山眺望，沿山川伸展的基多市的全貌一览无余，近处历史中心的古建筑散落山坡，一条条狭窄街道蜿蜒其间。远处新区一幢幢现代化高层建筑错落有致，耸入云天。面包山的一侧是更高的皮钦查山。1822年5月24日，拉丁美洲著名的独立运动领袖苏克雷将军在这里率领部队大胜西班牙殖民军，一举解放基多城，赢得了厄瓜多尔的独立。

基多大主教堂 在基多历史中心区，矗立着厄瓜多尔大主教堂。它建成于16世纪上半期，这里安葬着独立英雄苏克雷元帅和其他 3 个厄瓜多尔总统。大主教堂的钟楼完工于 20 世纪,因此,大主教堂集中了不同时期的建筑风格。它的拱形顶部是新哥特风格,镶板式天花板为穆德哈尔风格,前廊由巨石砌成。教堂内的塑像和油画均为基多画家创作。其中有大师曼努埃尔·奇利(Manuel Chili)创作的作品,如《神圣的祭坛布》(La sabana Santa)和《神圣的亲缘》(La divina parentela),具有浓厚的表现主义风格。另外还有曼努埃尔·德萨马涅戈(Manuel de Samaniego)、米格尔·德圣地亚哥(Miguel de Santiago)和贝尔纳多·罗德里格斯(Bernardo Rodríguez)等画家的作品。木制的大主教堂唱诗班塑像反映出一种圣灵和高贵的精神。另外,还陈列着主教们自 16 世纪使用的镶嵌着宝石和金银缕的宗教典籍,旧唱诗班使用的系列歌谱集等。基多大主教堂位于大广场,莫雷诺大街与委内瑞拉大街交汇处。

城市博物馆 位于加西亚·莫雷诺大街与罗加弗埃尔特大街交汇处,离独立广场仅 3 个街区,是厄瓜多尔民间最古老的建筑。1565 年基多第一任皇家检审庭执行长官堂埃尔南多·德桑蒂连经西班牙国王菲利浦二世批准,在这里建造了全国第一个皇家客栈和医院,起名叫大慈大悲基督医院。在此后的 400 年间,它一直向公众开放。在这古老建筑中,治愈了成千上万的病人,培养了无数的医生和厄瓜多尔中央大学医学系的学生(直到 1974 年)。目前,这里是"城市博物馆"馆址。

在城市博物馆中,不仅能够欣赏到殖民时期古老的城市建筑,而且还可了解从该城最古老的居民到 19 世纪居民的生活概貌。这里有各个时代的生活用品,民宅装饰,服饰,传说,风俗传统,节日介绍和各种文化介绍,展示了基多古老城市的风貌。另外,博物馆还就地取材,保留了古老医院的展览,向游客展示当时是如何为病人治病的。目前,这里还经常举办全国或国际艺术大师作品展览。

厄瓜多尔

古钱币博物馆 位于加西亚·莫雷诺大街和苏克雷大街交汇处。馆址为典型的新古典主义建筑风格,位于厄瓜多尔中央银行旧址,中央银行于20世纪70年代撤离这里。这栋建筑建成于1917年,当时是皮钦查银行。1926年成为中央铸币和清偿局。自1927年,厄瓜多尔中央银行在这里办公。

在古钱币博物馆的展室中,您可以欣赏到殖民时期以前美洲和厄瓜多尔的土著印第安人是如何进行商品交换的,展示了当时印第安人的市场交易情景和商业路线,由此可以了解印第安人社会的经济发展概貌。这里还展示了历史上各项税法的形成过程、货币发行当局的发展过程,最初货币当局是如何调节金银币的流通以及如何发展到发行现代货币的。还展出了最初的铸币方法,介绍了最近20多年来的通货膨胀过程以及采用美元作为厄瓜多尔流通货币的由来。

苏克雷之家历史博物馆 建于19世纪末期,当时是社会名流进行社交活动的重要场所,被称为"蓝色之家"。1905年成为一家饭店,1945年被宣布为国家文物。这里是独立运动著名领袖苏克雷将军的故居,展览当时苏克雷将军的一些生活用品和军事用品。这里还展出反映当时皮钦查战役的战况。在每年的5~8月,还经常在博物馆的走廊举办各种绘画作品展览。博物馆位于苏克雷大街与委内瑞拉大街交汇处。

米格尔·德圣地亚哥博物馆 米格尔·德圣地亚哥博物馆位于圣奥古斯丁修道院内。修道院建于16世纪末期,是首都基多最漂亮的修道院之一。在这里可以参观著名的参议厅,基多爱国者们在这里签署了1809年8月10日协定,由此开始了厄瓜多尔独立战争。这里还陈列着著名的基多艺术家何塞·奥尔莫斯·"潘皮特"(José Olmos "Pampite")创作的耶稣塑像。

1656年圣奥古斯丁教派信徒委托在基多已负盛名的基多人——米格尔·德圣地亚哥大师创作的以圣奥古斯丁生平为题材

的系列油画。作品创作出来后被陈列在主体建筑的走廊内，目前仍然保留在那里。这里陈列着17世纪从西班牙运来的基督卧像，除了塑像的右臂外，这部作品由一块整木制成，十分精致。还陈列着16世纪至18世纪基多艺术作品展览。博物馆位于智利大街与瓜亚基尔大街交汇处。

厄瓜多尔中央银行博物馆 自1946年以来，博物馆一直致力于收藏宝贵的国家历史文物。1969年建成了人类学博物馆和吉列尔莫·佩雷斯·奇里沃加艺术廊，馆中陈列着重要的考古文物、殖民时期以前的金制品和殖民时期的艺术品。1996年厄瓜多尔中央银行博物馆正式剪彩。博物馆既是厄瓜多尔历史又是艺术史展览。博物馆由5个展厅组成，展品极为丰富。其中有殖民时期以前的艺术和金制品，共计1000多件。最引人注目的是金制品展览，特别是拉脱利塔人创作的金质艺术品，他们是世界上最早从事白金制品创作的民族，金制品是其文化的重要组成部分。这里有殖民时期至19世纪的艺术品，包括基多著名艺术家们创作的500多件作品，其中包括卡斯皮卡拉（Caspicara）和贝尔纳多·德莱加尔达（Bernardo de Legarda）等人的作品。还有19世纪共和国时期的作品，包括画像、风景画和民俗画等。另外，还有当代艺术品，由当代厄瓜多尔从事可塑艺术创作的著名艺术家们创作的100多件作品。馆址位于"厄瓜多尔文化之家"大厦，祖国大街与12月6日大街交汇处。

祖国独立博物馆 位于皮钦查山脚下，纪念1822年5月24日在这里展开的基多独立战争最重要的战役之一皮钦查战役。苏克雷元帅指挥了这场战役，打败了西班牙殖民军队，取得了独立战争的决定性胜利。在这里可以了解到厄瓜多尔独立的历史过程。博物馆于1982年开办。这里有各种军事用品展览，如军服、武器等。另外，还有一套皮钦查战役的模型图。这里还有很多很有价值的壁画，反映了重要的历史人物和事件。

厄瓜多尔

二 加拉帕戈斯群岛

加拉帕戈斯群岛，亦称科隆群岛，位于太平洋东部，跨赤道两侧，距太平洋厄瓜多尔海岸900~1200公里。群岛原为无人居住的荒岛。1535年3月10日被西班牙殖民者发现。17世纪成为海盗出没的场所。19世纪为捕鲸船只的食品和淡水补给地。1832年厄瓜多尔宣布拥有群岛主权。群岛曾作为囚犯流放地，1959年予以废除。可耕地仅占群岛面积的4%。居民主要居住在少数有淡水供给的岛上，其中，圣克里斯托瓦尔岛约占总人口一半。高地居民主要种植谷物、蔬菜和水果，沿海居民则以捕鱼为生。巴尔特拉岛上筑有飞机场。旅游业日益发展。1959年厄瓜多尔和国际达尔文基金会联合在圣克鲁斯岛设立生物研究站，并在群岛开辟野生动、植物保护区。加拉帕戈斯群岛由于具有独特的生态系统，有"活的生物进化博物馆"之称，1978年被联合国教科文组织宣布为"人类的自然财富"[①]。

群岛海域交汇几股海流，带来了不同海域和陆地的生物，它们在这里自然生长繁衍。由于群岛是隔绝的，随着时间的推移，野生物种正在改变它们的结构和生理特性。因此，现在岛屿上的一些动物成为世界上独有的物种，如巨龟，海生鬣蜥和陆生鬣蜥、达尔文苍头燕雀、企鹅等。另外，这里远离大陆，在历史上没有遭到掠夺性的破坏，很多生物种类幸存下来，成为世界上仅存的物种。群岛拥有2900种海洋物种，其中18.2%为本地特有物种。岛上有700多种植物，其中250种是特有物种。另外，大多数爬行动物和一半的鸟类也是群岛所特有的。

大部分岛屿沿岸的干旱低地疏落分布着仙人掌和灌木丛，高地生长着羊齿类植物和禾本科草类，介于低地和高地之间的地区

---

① 《中国大百科全书（简明版）》。

则覆盖有森林。岛上动物奇特,爬行类居多,尤以巨龟和大蜥蜴闻名于世。因此,这里被人称作独特的"活的生物进化博物馆和陈列室"。1835年8~9月,英国生物学家查理斯·达尔文(Charles Darwin)乘坐英国皇家舰船"猎犬"号远渡重洋,到岛上考察,被这里独特的生态环境所惊呆。他采集了193种植物(其中约100种是当地特有种)和蜥蜴、龟、雀科鸣禽等动物标本,从中发现了大量的物种变异事实,为其生物进化论提供了有力证据。在此基础上,他进行系统研究,创立了生物进化论,撰写了《物种起源》一书。

加拉帕戈斯群岛是地球上唯一有海鬣蜥的地方。这些蜥蜴仅以海草为食,并且通过发育不完全的蹼足适应了海上生活方式。7种不同的海鬣蜥每种都显示明显的差异,并在不同的岛屿上演化。6个岛屿均有一种加拉帕戈斯群岛特有的陆鬣蜥。

在加拉帕戈斯群岛附近的水域发现两种海生动物,两者都是特有物种。加拉帕戈斯海狗是亚南极属中唯一的热带代表,喜夜间活动;而另一种加拉帕戈斯海狮则在白天活动。更引人注目的是,有两种蝙蝠也是该岛的特有物种,加之3种当地鼠——包括近期发现的一种巨鼠,先前只能从残遗化石中认定。

鸟类种群包括到群岛繁殖的有翅信天翁等候鸟和28种陆地鸟类特有的海鸟,包括已发现的75万多对正在繁殖的海鸟和世界已知身披伪装的鲣鸟中最大的种群,以及加拉帕戈斯企鹅和加拉帕戈斯黑腰海燕等特有品种。所有这些鸟都是偶然从南美洲飞抵这里的常见的古老品系的后代。它们在群岛找到了适于栖息的生态环境,并进化成在体形大小、鸟喙形状、羽毛颜色、声音、饮食和行为等方面加以区分的13个品种。不同品种的鸟嘴的差异性就是这种适应性传播的最好证明。有些鸟具有典型的食籽喙,一些以仙人掌植物为食的鸟长有一种长而尖的嘴,一些以昆虫为食的鸟有一个小乳头状的鸟喙。这里的啄木鸟十分灵巧,可以用仙人掌刺去捕获裂缝中的幼虫。① 群岛还以另一种爬行动物——巨龟闻名于世。成熟的龟体重达 135~180 公斤。它的寿命长达 150 年之久。母龟每年产卵两次。巨龟动作缓慢，性情温和。为了保护这些稀有动物，厄瓜多尔颁布法令，禁止捕捉。②

加拉帕戈斯国家保护区建于 1936 年，覆盖群岛 96.7% 的面积，居民区和农业用地占 3.3%，主要集中在圣科利斯托帕尔、圣科鲁斯、伊萨贝拉和佛罗雷阿纳等岛上。常住居民为 1.8 万人，从事商业、旅游、渔业和环境保护。1998 年厄瓜多尔政府制定《加拉帕戈斯省保护和可持续发展特殊法》，保护群岛的生态环境。群岛周围的海洋保护区为 79.9 平方公里，群岛海洋经济专属区为 13 万平方公里。③ 为了保护群岛周围广阔海域的自然资源，厄瓜多尔又于 1996 年 11 月 7 日建立了加拉帕戈斯海洋生物保护区。后来为了防止技术先进的渔船船队对生态系统造成的影响，政府决定把保护范围由最初的周边 15 海里扩大到 40 海里。加拉帕戈斯群岛有 50 多个旅游景点。2001 年接待 7 万游客。基多和瓜亚基尔很多旅行社均可提供这方面的服务。

三 其他名胜及人文景观

赤道纪念碑与半球城 赤道纪念碑位于基多市北部 13 公里处，建于 1979 年，用以纪念 1736 年由法国和西班牙地理学家组成的地球测量团来基多进行的科学考察活动。当时，由法国和西班牙地理学家组成的地球测量团来到厄瓜多尔基多地区，以科学方法测量地球的圆度。他们的研究持续了 9 年。在测量团的科学考察活动之后，人们开始把基多附近地区称为

---

① http://www.guwh.com/d/d1501.htm
② 1981 年 3 月 16 日《光明日报》。
③ http://www.guwh.com/d/d1501.htm

"厄瓜多尔地域"（"赤道地域"）。1936年，在厄瓜多尔地理学家图菲尼奥的倡议下，在皮钦查省圣安东尼奥镇修建赤道纪念碑，纪念地球测量团首次来此地进行科学考察活动200周年。碑身高10米，为金字塔形。该碑位于赤道线上，在当地矗立43年，直到1979年，皮钦查省政府决定把纪念碑迁移到距原来位置以西7公里处并也处于赤道线上的卡拉卡利镇。在纪念碑原址上，修建一个外形与原碑相同的新碑。新纪念碑于1982年5月竣工，9月举行落成剪彩仪式。新碑身高30米，顶端安放着一个重5吨、直径为4.5米的地球仪。安放的方向是南极朝南，北极朝北。地球仪中间有一条十分显眼的白线，一直延伸到碑底的石阶和广场，和赤道线相接。慕名而来的游客喜欢把两脚分开跨在黄色赤道线南北，照相留念，表示自己同时立足于两个半球上。碑身通体由赤灰色花岗岩建成，四面刻有E、S、O、N 4个西班牙语字母，分别代表东、南、西、北4个方向。赤道纪念碑内部共分9层，设有厄瓜多尔民族展览馆，向游客介绍厄瓜多尔是一个多种族、多文化和多种语言的国家。

为了配合围绕赤道纪念碑开展的旅游业，在这里还修建了旅游城镇半球城。该城围绕着殖民时期古典建筑风格的大广场、教堂和镇议会厅展开。在这几座建筑周围，修建了一座斗牛场，几个手工艺品市场、餐馆、咖啡馆、电话和邮政亭等。

桑盖国家公园 位于厄瓜多尔中部的安第斯山脉东麓，一部分位于钦博拉索山区。公园距首都基多以北160公里。1975年6月16日正式建立生态保护区，1979年7月26日成为国家保护区。1983年桑盖国家公园被联合国教科文组织列入世界文化遗产。公园包括荒漠和热带雨林生态系统，拥有324个湖泊。海拔高度600~5230米。

尽管打猎威胁到了栖息在这里的野生动物，但这里仍然是很多稀少动物的家园。最高山区的动物有山貘、美洲狮、几内亚野猪、安第斯山狐。其他地方还有熊、美洲虎、美洲虎猫、白尾鹿、短角鹿、大水獭。公园内的鸟类有400~500种。常见鸟类有秃鹫、山鸡、嗡鸟等。

桑盖国家公园以它独特秀丽的自然风光和两座活火山的壮观景象构成一个完整的生态系统。它从热带雨林延伸至冰川，覆盖冰雪的山峰和葱绿的平原森林形成鲜明的对照。这里的植被包括高地草原、灌木和东部的云雾森林。从高山地带的高山稀树草地到亚热带雨林，作物应有尽有。低于雪线的高山冻土中生长的主要植物是苔藓、地衣类植物。亚高山带高山稀树草原主要生长一些较矮小的植物。高度较低的地域生长各种矮树及灌木。山区雨林生长在多雨的东部海拔低于3750米的山坡，有些树木高达5米以上，如铁籽树。在海拔3000米以下的地带，树木生长高度可达12米以上。海拔2000~3000米较为陡峭的山坡生长着山地雨林，最高的树木有罗汉松。海拔2000米附近的植物有香椿树、棕榈树、茜草科植物。海拔低于2000米、温度在18℃~24℃、降水量在5000毫米的地方生长着亚热带雨林，主要植物品种有桑科、樟科、榕属、棕榈树、香椿属和鳄梨树。据统计，公园内植物品种可达3000多种。公园内有三座火山，其中两座是活火山。桑盖火山现在还经常喷出岩浆及火山灰。

昔日之角 昔日之角休闲胜地坐落在厄瓜多尔太平洋沿岸马纳比省的圣比森特城。西距基多220公里，西北离瓜亚基尔210公里，南邻赤道线40公里，占地1057公顷，距海边2.5公里。此处正是汉博尔特和厄尔尼诺两股海流的交汇之处。

从基多和瓜亚基尔等大城市均有公路通往该地，只用5个小时行程即可到达曼塔、波尔托别霍和距此25公里的圣比森特机场。全国各主要城市都有公共汽车线路与昔日之角相连。

这里拥有惬意的度假场和宁静的海滩，各异的地形地貌围绕着奇异的花卉植物和珍奇的动物，古代印第安人的遗迹，充足的

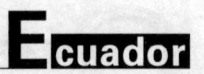

阳光和沙滩。在别墅广场，开辟了一个专门展览曾在马纳比省展出过的不同文化时期古代文明的地方，在这个地方建造房屋，其建造方式和使用的材料恰好能反映不同文化时期的生活方式，还展示图片和项目开发时发现的不同文化时期使用的器具和物品的复制品。

沿海地区还分布着其他颇具发展潜力的旅游区，如瓜亚斯省的萨利纳斯和普拉亚斯、马纳比省的巴伊亚、圣哈辛托、圣比森特和科卢西塔地区，埃斯梅拉达斯省的苏阿、阿塔卡梅斯和姆伊斯内地区，埃尔奥罗省的哈拉米赫地区等。马纳比省以自然多样化著称，有灌木林、海滩、自然保护区、海岛和历史古迹，是宝贵的旅游资源。

第三节 生态旅游资源

厄瓜多尔众多的自然保护区拥有数不尽的自然奇观，极具生态旅游价值，吸引着国内外大批游客。自然资源保护区更多集中在北部和中部山区、国家东北部地区以及沿海地区。在这些地方，可以看到与众不同的景色以及很多令人难以置信的动植物。不管你是身处被云雾覆盖的树林保护区，还是步行在沿海的红树林中，或是在位于世界上最高的活火山山顶，你都会发现为什么厄瓜多尔是南美洲最受欢迎的户外探险目的地之一。

这些自然保护区面积大小不等，有的几个保护区位于一个省，还有的分布在几个省。国家保护区系统管理局 50% 的保护区位于大多数民族和种族群体居住的地区。因此，大部分保护区不仅保护自然资源而且也保护少数民族文化。到这些地方旅游观光，可获得自然和人文景观的双重享受。

卡哈斯国家保护区 1977 年 6 月 6 日建立，位于昆卡以西

29 公里。这里为荒漠生态系统,海拔 3000~3500 米。区内 230 多个风景秀丽的湖泊是最吸引游客的地方,其中最重要的有托雷阿多拉湖、拉加尔托克查湖、奥索瓦伊库湖等。亚努卡伊河和托梅班巴河发源于此,向昆卡市供应饮用水,是帕乌特水电站计划的主要供水来源。

在卡哈斯众多湖泊中生活着河鳟鱼,很多人周末到此钓鳟鱼、爬山和露营。在海拔 4000 米的地带,生长着荒漠植被,而且树林和土地上覆盖着苔藓、地衣和其他的真菌类。保护区的西部被高大浓密的树林覆盖。野生动物包括了多种鸟类,诸如蜂鸟(hummingbird)、灰胸巨嘴鸟(toucan)和巨大的锥嘴鸟(conebill)。游客可以从昆卡乘公共汽车到公园的信息中心,那里有一个简单的居所,提供床位和厨房。

科托帕希国家保护区 厄瓜多尔最受欢迎的公园,建于 1975 年 8 月 11 日,占地 33393 公顷,气温 0℃~15℃。这里主要属荒漠生态系统,高度 3400~5897 米。库图奇河(Cutuchi)和道莱河发源于科托帕希雪山,为马查奇、基多、拉塔昆加和东部地区提供饮用水和灌溉水源。著名的景点是白雪覆盖的科托帕希火山。

科托帕希国家保护区非常适合远足、爬山和山地骑车,这里拥有优质的设施和服务。除攀登科托帕希火山外,还有两座山峰卢米尼亚汇山和莫卢尔科山,海拔分别为 4712 米和 4840 米,适于徒步旅行,它们被称为"厄瓜多尔最适合攀登和徒步旅行的山峰"。游客还可以参观公园的博物馆、美洲驼试验农场和印卡遗址。在这里有机会看到多种野生动物,如鹿、狐狸、秃鹫和蜂鸟。

利延加纳特斯国家保护区 1996 年 1 月 18 日建立,地形十分特殊,包括几个地理平台,为荒漠、安第斯森林和山地雨林生态系统。海拔 1200~4571 米。这里有几个风景秀丽的湖泊和河流，如帕斯塔萨和纳波河。利延加纳特斯山脉具有生态和历史重要性，流传着卢米尼亚汇宝藏的传说。为此，这里曾经发生过几次寻找宝藏的探险。

马查里利亚国家保护区 1979年7月26日建立，包括热带干旱森林、云雾森林和灌木植被生态系统，海拔在850米以下。另外，包括一条两海里宽的海洋地带，有佛拉伊莱斯海滩，两座近海岛普拉塔岛和圣地亚哥岛，还有曼特尼亚文化古迹。在白水镇，有一个当地博物馆，展出当地发掘的一些文化遗迹。

马查里利亚国家保护区是厄瓜多尔唯一的沿海国家公园，它是为了保护普拉塔岛和圣地亚哥岛，以及热带干燥丛林和云雾森林而建立的。两座岛是厄瓜多尔内陆海岸仅有的由珊瑚组成的岛屿。园区气候全年炎热干燥。园区内有哥伦布时期以前建筑风格的遗址和手工艺品、海滩和热带干燥丛林。另外，还有超过200种的动物，如鹦鹉、海鸟、鹿、蛇和食蚁兽。普拉塔岛栖息着一些在加拉帕戈斯群岛常见的动物，如塘鹅和海鸥。在每年的6~10月，还可以见到海豚和鲸。

波多卡尔珀斯国家保护区 建于1982年12月15日，是厄瓜多尔唯一位于安第斯南部山脉的国家公园。海拔900~3600米。这里的生态多样化程度很高，是世界鸟类资源最丰富的地区之一。已发现的鸟类为560多种，占厄瓜多尔鸟类品种的40%。

公园的名字源于区内常见的波多卡尔珀斯树，它是厄瓜多尔唯一的本地针叶树种（conifera），被叫做鬼针草（romerillo）。专家根据海拔高度的差异划分出6个截然不同的生活区域。在洛哈和萨莫拉之间，你可以发现未被破坏的云雾森林和高原荒漠植被，它们与厄瓜多尔北部高原荒漠植被不同。

公园的生态旅游活动发展较快。这里有一个简易的居所和一片露营区。公园有两个入口，一个在高地，另一个在低地。

苏马科纳波—加雷拉斯国家保护区 1994年3月2日建立，

由山地森林和热带雨林组成。海拔500~3732米。由于处于山麓地区，地形奇特，山峰陡峭，植被茂密，人类很难进入这一带。地势较低的地区属纳波更新世保护区，是厄瓜多尔最少游览的保护区之一。最常见的游览方式是徒步登上苏马科火山。因火山偏僻的地理位置成为厄瓜多尔人了解最少的山之一。区内大部分地区没有受到发展的影响。

亚苏尼国家保护区 1979年7月26日建立，占地98万公顷，是厄瓜多尔最大的内陆国家公园，海拔300~600米。拥有热带雨林生态系统，这里生活着克丘亚人和瓜拉尼斯人。由于这里生物多样性程度较高，在它建成的同一年便被联合国教科文组织宣布为国际生态保护区。

这里生活着500种鸟类，173种哺乳动物，62种蛇类，100种水陆两栖动物。另外，这里河流交错，湖泊星罗棋布，如桑库多湖和哈屯科查湖，是十分宝贵的旅游资源。

横贯公园的几条主要河流是亚苏尼河、提普提尼河、科纳纳克河、纳什尼奥河和库拉莱河。公园内的野生动植物多种多样。旅行者可以遇到诸如高大的雪松、月桂树等树木和数不清的动物，比如獏、鹰和美洲狮。

保护区内几乎无人定居，只有少数瓜拉尼土著居民世世代代生活在这里。他们集中居住在建于1991年的瓜拉尼民族保护区，这个保护区北与国家公园接壤。这里很偏僻并很难开发。到达亚苏尼的最佳路径是从科卡河经由纳波河，由于该地区偏僻的地理位置和单独旅行的难度，游客到这里来最好雇一个旅游向导。

里蒙科查生物保护区 建于1985年9月23日，位于纳波河北岸，科卡河与阿瓜利科河之间，地势平坦，主要由湿地和沼泽构成，拥有热带雨林生态系统。海拔230米。保护区是世界最富生物多样性的地区之一，主要由里蒙科查湖及周边地区和内格拉湖（Negra）组成。在湖泊中栖息着大量的动物，如水陆两栖和

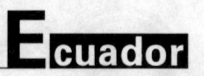

爬行动物,有黑鳄,还有大量的鸟类。科学研究发现这一地区有超过450种鸟和奇特的树种,如巨大的海红豆树、雪松、月桂树、白塞木树,而且气根棕(Pambil)也很常见。保护区内的里蒙科查湖是有名的观鸟区域。

克丘亚人居住在咸水湖附近,主要种植自给作物及少量经济作物。80年代和90年代的石油生产给这个地区及其居民带来影响。从基多到保护区的最佳路线是乘飞机到科卡或拉戈阿格里奥。到这两个目的地的巴士路线同样直达里蒙科查镇。还有船只从帕洛斯港和彭培亚港两个小港口通往科卡。

安提萨纳生态保护区 1993年7月21日建立,为荒漠、山地雨林和热带雨林生态系统。海拔1400～5750米。具有极高的生物和生态重要性,处于濒危状态的秃鹰列入保护之列。这里的水资源为基多及其周边地区提供饮用和灌溉水源。

保护区内包含10个生态区,从高原荒漠延伸到低地雨林,拥有着不同的气候环境、植物和动物。保护区内的主要旅游景点是厄瓜多尔第四高峰,白雪覆盖的安提萨纳火山,它为游客提供旅行和探险的机会。另外还有瓜卡马约斯山及其山麓,一直延伸到苏马科—加雷拉斯国家公园。在保护区众多的水系中,米卡乔卡咸水湖最大,位于3900米高处,是一个钓鳟鱼的极佳地点。旅行者偶尔可碰到保护区的野生动物,如美洲狮、白尾鹿、安第斯狐狸和安第斯秃鹫。

去往保护区有两条路线。从基多出发到品塔格,然后继续沿一条崎岖的路走大约45公里,中途穿越几个村子。或者从拉戈阿格里奥出发,穿过帕帕里亚克塔和巴艾萨等村落,一直到位于科桑加的保护区入口。

埃尔安赫尔生态保护区 1992年8月5日建立,其地形特点是安第斯荒漠与湖泊相间。海拔3644～4768米。保护区是为了保护16000公顷高原荒漠植被而建立的。这里的野生植物包括

厄瓜多尔

了厄瓜多尔大部分高原荒漠植物种类。保护区 85% 的土地都被这些典型的植物覆盖。这里还有一些美丽的湖泊，其中包括沃拉德罗湖。这一地区有最后幸存的大花高山菊，是北安第斯山所特有的植物品种。另外，这里还向卡尔奇省提供水源。游客可以在通向湖泊的路上找到游客信息和指定的露营地。从基多向北到达图尔坎之后，乘车 15 公里就可到达保护区。

卡扬贝—科卡生态保护区 1970 年 11 月 17 日建立，包括荒漠、云雾森林、热带雨林生态系统。海拔 600～5790 米。区内坐落着厄瓜多尔第三高峰卡扬贝山。这里生活着柯凡和克丘亚人。

保护区内有卡扬贝山、萨拉乌尔科山、普恩塔斯雪山等，还有一些湖泊系统。这里为基多提供饮用水源，为塔巴昆多地区提供灌溉水源。

因为人类足迹难于到达这里，区内的云雾森林和高原荒漠植被仍然未被破坏。除了典型的高原荒漠植被，野生植物还有包含多种兼具生态、经济和医药价值的植物，如兰花、白塞木树、月桂树、雪松等。这里动物种类繁多，有 450 种鸟，包括稀有的安第斯秃鹫。

雷温塔多尔火山是十分吸引游客的景点。沿着崎岖的山路，游客和探险者可到达火山顶峰，欣赏壮观的景色。浓密的森林覆盖着重重山峦和深深的峡谷，一道道河流蜿蜒流淌其间。保护区内更吸引人的是位于基赫斯河的圣拉斐尔瀑布，其落差达 130 米。

保护区内有将近 80 个分散在高原荒漠的湖泊。在从奥亚卡奇到帕帕里亚克塔的沿途可以看到美丽的湖泊。帕帕里亚克塔是一个以气候炎热闻名的城镇，卡扬贝山和萨拉乌尔库山的山脚下也同样炎热。游人可以沿奥亚卡奇峡谷艰难爬行到埃尔恰科峡谷，或者选择一条捷径到达卡扬贝，欣赏白雪皑皑的卡扬贝山。

第六章 旅游业

卡亚帕斯—马塔赫沼泽灌木林生态保护区 1968年9月29日建立，位于埃斯梅拉达斯省，拥有荒漠、山麓森林和热带雨林生态系统。海拔35～4939米。建立这一保护区的目的主要是为了保护三种植物：热带雨林、热带干燥丛林和红树林。红树可以生长于盐水中，有利于控制海岸水土流失，另外它们是众多鱼、软体动物和甲壳纲动物的生存依靠。但是80年代，因建人工养虾场很多红树林被破坏，为此，政府在这里设立了保护区。

由于这里是西部山区延伸带，生物多样性程度很高。乔科斯生物地理区位于这里，包括11个野生动物保护区。这里是世界上最潮湿的地区。

伊利尼萨斯保护区 1996年12月11日建立，占地15万公顷，属荒漠高原生态系统，海拔800～5265米。位于西部安第斯山脉，拥有克拉松、伊利尼萨斯等山峰，是遮挡来自沿海潮湿气候的屏障，因此这里雨水较多。吉洛托阿湖位于保护区内，具有发展旅游的潜力。在这一地区的纵深地带生活着克丘亚人。

保护区内主要生长云雾森林，即安第斯亚热带潮湿森林和高原荒漠植物。区内拥有三大景观：由火山口形成的基洛托阿湖，湖水清澈，碧波荡漾，位于海拔3800米的高地；被白雪覆盖的山峰——北伊利尼萨斯山和南伊利尼萨斯山，雄伟壮观；一望无际的云雾森林。游客可经孙巴瓦或丘格奇兰到达基洛托阿湖，在火山口附近游玩或干脆下到湖边，两种选择都颇费体力却能欣赏到美景。

伊利尼萨斯地区是开展攀山运动的极佳场所。攀山爱好者们可以自己选择攀山地点。北伊利尼萨斯山山势并不复杂，攀山新手们可以在这里进行基础训练，提高攀岩能力和水平。而南伊利尼萨斯山山势较为复杂，适于开展难度较大、技术含量较高的雪山攀登活动。

马切—钦杜尔保护区 1996年8月9日建立，海拔300～

800 米。这里生物多样性程度很高。这里水源充沛的河流向马纳比省提供水源。恰奇斯人生活在这里。

丘卢特沼泽灌木林生态保护区 1979 年 9 月 26 日建立，位于瓜亚斯省，海拔在 700 米以下，面积 49894 公顷，其中包括瓜亚斯河流域的沼泽灌木林地带、热带雨林、湖泊和潮淹区。这里具有很高的生物和生态价值，是很多水生生物的息栖地，生长着 4 种红树，拥有 269 种鸟，其中有 50 种水鸟。

阿雷尼利亚斯生态保护区 2002 年 1 月 30 日建立，位于埃尔奥罗省的阿雷尼利亚斯和瓦吉利亚斯区（Huaquillas），面积 17082 公顷，包括瓦吉利亚斯军事保护区。这里拥有热带干旱森林、热带荆棘森林、十分干旱的热带森林的最后残留区和濒危的生态系统。

柯凡贝尔莫赫生态保护区 建立于 2001 年 6 月 7 日，位于苏昆比奥斯省西北部的卡斯卡莱斯区（Cascales），海拔 400～2000 米，面积 55451 公顷。这一地区是柯凡印第安人世代生息的地区。保护区生物多样化程度较高，植被是黏性土壤雨林，是亚马孙矮林木向安第斯森林过渡的林带。区内生长着 2000～3000 种植物、42 种哺乳动物、12 种灵长目动物、大量的眼镜熊和 399 种鸟。这里由环境部和柯凡印第安人社团共同管理。

普卢拉瓦植物保护区 1966 年 1 月 28 日建立，位于基多西北 30 分钟路程，海拔 1800～3356 米，占地 3383 公顷，由一座死火山及其山麓区组成，是最重要的地质资源蕴藏区。植被由矮木丛和灌木林组成，还有一片保存完好的云雾森林。主要的林木为大量的兰科类树木。这里离基多较近，常有游客来这里观光。火山口西边地形开阔，太平洋潮湿的海风可畅通无阻地进入这里。除此之外，冲积积累的沉积物也使火山口土地肥沃，适于耕种。

游客可以沿着一条标记清楚的小路从火山口边缘向下步行至

底部。从基多到保护区先乘坐去往赤道纪念碑的巴士,在卡拉卡利下车之后,距火山口边缘还有 1 公里路程,可步行或驾车前往。游览普卢拉瓦火山口和赤道纪念碑可安排在同一天。

库亚贝诺动物保护区 1979 年 7 月 26 日建立,位于厄瓜多尔亚马孙地区的纳波和苏昆比奥两省,海拔 200~280 米。保护区拥有 60 万公顷热带雨林,一直延伸北到哥伦比亚境内,东到秘鲁境内。这里是热带雨林生态系统,是 7 个地质构造为更新世时期的保护区中的一个。这些地区躲过了最后一次冰川运动,产生了新的物种,因此,生物多样性十分突出。这里的 14 个湖泊组成了水力资源丰富的湖泊系统。

保护区提供了多种驾船和徒步旅行路线,沿途可看到最好的野生动物景观。常见的野生动物有猴子、鸟、乌龟和大毒蚁(conga),偶尔也会见到淡水海豚、巨大的犰狳和水蟒。阿瓜利科河、圣米格尔河、库亚贝诺河穿越保护区。沿库亚贝诺河向下,有一个由 14 个壮观的湖泊组成的水系,由湿季典型的低地雨林洪水形成。

一些土著居民,如柯凡人、西奥纳斯人和塞科亚人一直居住在这一地区,最近克丘亚人也搬到这里定居。他们开发了"印第安社团生态旅游项目",向游客提供丛林旅游服务。

钦博拉索动物保护区 1987 年 10 月 26 日建立,位于通古拉瓦、玻利瓦尔和钦博拉索三省境内,海拔 3800~6310 米,为荒漠生态系统,生长有典型的干旱荒漠植被。

这里拥有十分吸引人的旅游资源。钦博拉索和卡利瓦伊拉索火山山峰冰川融化的水形成潺潺溪泉,流入山区中部各省和亚马孙地区的河流。这里重新引入了羊驼,丰富了这里的动物种类。游客可以从里奥班巴或位于里奥班巴北边泛美高速公路边的莫查到达这里。厄瓜多尔的最高峰钦博拉索与其附近的卡利瓦伊拉索火山一同被看作保护区的至宝。这两座山峰的附近地区非常适于爬山运动，为登山爱好者提供了难得的机会。旅行者可以待在简易的居所里，那里配有壁炉和炊具，不过你需要自己带睡袋。

帕索乔阿野生物种保护区 海拔 2950~4199 米。1982 年成为森林和植被保护区，并于 1984 年由纳图拉基金会负责管理。1996 年 12 月 11 日，纳入了野生物种保护区之列，成为国家保护区系统管理局的组成部分，但是仍然由该基金会管理。主要目的是保护山区原生森林遗留部分。

埃尔波利切国家娱乐区 1979 年 7 月 26 日建立，位于皮钦查、科托帕希和纳波三省，海拔 3000~3600 米，西北部与科托帕希国家保护区接壤。建立这一保护区的目的是保护这里的荒漠生态系统。另外，一半面积由 1928 年栽种的松树林覆盖。这里是鸟类和哺乳动物类的息栖所，它们逐步适应了松林生活条件。常有很多游客来这里游览。

从基多向南行进一个半小时即可到达埃尔波利切国家娱乐区，交通十分便利。公园有两处入口，一个在马查奇南边，另一个在拉塔昆加北边泛美高速公路旁。基多附近的很多旅行社提供导游服务。

圣克拉拉岛野生物种保护区 1999 年 6 月 3 日建立，包括圣克拉拉岛及其周边海域。为大陆重要的湿气流带，岛内侧的大陆架是唯一的生物多样性系统，具有很高的生物和鱼类资源多样性，由于瓜亚基尔海湾每年注入大量淡水，这里生物繁殖量很大。

姆伊斯内沼泽灌木林生态系统野生物种保护区 建于 2002 年，位于姆伊斯内河（Muisne）流域尚存的沼泽灌木林区，面积 3173 公顷，有丰富的水生物物种，如鱼类、海贝等。另外，还有随舰鸟（fragatas）、白头鸟（pelicanos）、小草鹭（garcillas）、鸬鹚（cormoranes）和其他鸟类，还有各种昆虫和哺乳动物。

拉奇吉塔野生物种保护区 位于埃斯梅拉达斯省的圣洛伦索

第六章 旅游业

区,面积 800 公顷。其重要性在于它位于热带雨林带,生长着饱食木(sande)和海红豆(ceibo)等,另有鸟类,如跳鸟(saltarin)、红头鸟(cabecirrojo)、兰冠跳鸟(saltarin coroniazul)等。动物有虎猫、蚁熊(oso hormiguero)等。

科塔卡奇—卡亚帕斯保护区 面积 20 万公顷,从沿海热带雨林到云雾森林,再到高原荒漠,海拔差异极大,200~4939 米,因此,它包括了几个生态系统。保护区位于因巴布拉和埃斯梅拉达斯两省,有很多条路线可以到达这里。从东部地区可驾车经基多北上奥塔瓦罗,再继续行至科塔卡奇镇到达。咸水湖坐落在这个小镇以西 18 公里处。游客还可以从圣米格尔入口坐船经低地到保护区。最吸引旅行者的要算那大大小小数不清的湖泊,它们都被荒漠植被装饰着。保护区是一些珍奇动物的家园,如眼镜熊、食蚁兽、美洲豹、貘、猴子、蝙蝠等等。这个地区大部分的热带雨林属于一个在南美沿海地区几乎绝迹的生态系统,生长着至少 20000 种植物和 500 种鸟,是地球上最具生物多样性的地区之一。在壮观的库伊科查火山湖周围可徒步旅行,大概费时 4~5 小时。坍塌的火山口形成了这个深 200 米直径达 3000 米的大湖,你可以在湖上乘船游览,湖中还有 3 座被保护的小岛。

塞洛布兰科森林保护区 位于从瓜亚基尔到沿海的萨利纳斯高速公路旁,距离海岸 16.5 公里处,由林木保护基金会负责管理,保护着瓜亚基尔附近 5000 公顷干旱热带丛林,还包括大片草地、森林、连绵起伏的群山和狭窄的深谷。这里生物多样性程度很高,是厄瓜多尔少数几个保护沿海森林的地区之一。在保护区内可找到大约 600 种植物和 33 种哺乳动物,包括猴子、白尾鹿、美洲豹和美洲狮。另外,还有 211 种鸟生活在塞洛布兰科的森林中,包括 30 种在厄瓜多尔西南部秘鲁西北部屯贝希安地区的地方性鸟类。这里非常适于鸟类观赏。在众多鸟中有 8 种全球性濒危鸟生活在此处,它们是重点保护对象。

厄瓜多尔

保护区提供全面的旅游设施，确保游客在这里得到心满意足的享受。有20位经验丰富的导游在三条自然小路引导游客，或者你可以选择自己旅行。最近开放了一个保护中心，展览一系列干燥的热带丛林以及草本植物。林木保护基金会还提供到综合生物农场的特殊旅行以及到野生动物康复中心参观栖息在森林的动物。有一片收费的露营野餐地，有帐篷、自来水和洗浴设施。

另外，还有其他一些自然保护区具有较高的旅游价值，如埃尔拉戈国家娱乐区，这一地区与乔贡水库相邻，流向埃莱纳的道莱河流经这里。位于乔贡科勒恩切右侧26公里。包括乔贡河流域6365公顷的森林保护区。其物种十分多样，有70多种树木。埃尔萨拉多沼泽灌木林动物保护区，建于2002年，面积3700公顷，生长沼泽灌木林，位于佩利梅特拉尔高速公路和瓜亚基尔—萨利纳斯高速公路的交汇处。克拉松岛和弗拉加塔斯野生物种保护区，建于2002年，位于马纳比省巴伊亚德卡拉格斯区和圣比森特区附近，面积分别为500和300公顷。

第四节 独特物产

"**巴**拿马草帽" 在厄瓜多尔的热带密林中，盛产一种棕榈，其叶子的纤维韧性很强且质地精细。很早以前，当地印第安人就从这种棕榈的叶子中抽取被叫做多吉亚（toquilla）的纤维草编织草帽。这种草帽质地优良，工艺精美，在地处热带的中美洲国家很受欢迎，人们都习惯称它为"巴拿马草帽"。其实，它的主要产地并不在巴拿马，而是在厄瓜多尔。当初，参加巴拿马运河修建的厄瓜多尔劳工大多都戴这种草帽，由此得名"巴拿马草帽"。后来，厄瓜多尔出产的这种草帽通过巴拿马运河销往世界，使"巴拿马草帽"的名气扩至全球。全国有8万人从事这种手艺，年产4万打。"巴拿马草帽"的样

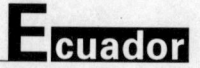

式美观，制作精美，盛销国外，每顶草帽从印第安人手中售出时价格低廉，而在国际市场上售价竟翻几番。厄瓜多尔的蒙特格里斯提和基比哈巴两个镇上的民间艺人编织的草帽质量最好，在世界上享有声誉。

驼羊毛服装 美洲驼是一种体态优美的动物，生活在安第斯山区。它浑身长的是又长又软的毛。印第安人用这种毛织成大披肩，染上鲜艳的颜色。不管到哪儿去，印第安人都披上这种披肩。披肩即是汗衫，又是外套，还能当被子用。

印第安人服装的另一个特点是黑毡帽，形状颇似古老的铁锅，是这个国家居民民族服装的一部分，不仅男人戴这种帽子，女人和孩子也带。

象牙果 象牙果是一种棕榈科植物的果实，西班牙文叫做"塔瓜"，一般有鸡蛋大小，内核色黄而坚密细致，耐温耐热，颜色和质地像象牙故称象牙果，又称植物象牙。当地人把象牙果用于制作手工艺品，还用来制作精美的纽扣或电器材料。

第七章

军　事

1822 年 5 月 24 日，厄瓜多尔与阿根廷、玻利维亚、哥伦比亚和委内瑞拉等国组成的起义军发动皮钦查战役，一举打败西班牙殖民军，这一天成为厄瓜多尔武装力量日。1829 年 2 月 27 日，在厄瓜多尔和秘鲁因领土争端而爆发的武装冲突中，厄瓜多尔赢得塔尔基战役的胜利。这一天被定为厄瓜多尔陆军节。1830 年厄瓜多尔退出大哥伦比亚共和国后，着手建立自己的国防体制，设立了陆、海军部，海军成为该部的一个局。1936 年厄瓜多尔建立了海军航空兵。1937 年海军成为独立军种。后来，确定 7 月 25 日为海军节。空军创建于 20 世纪初。1920 年 10 月 27 日，厄瓜多尔成立空军航校，并将 10 月 27 日定为空军节。

2006 年军费开支为 6.5 亿美元，占国家预算的 5.3%。

第一节　国防体制

共和国总统为武装力量最高统帅，通过国防部长和武装力量联合指挥部统帅全军。

国家安全委员会　国家安全委员会是国家安全和国防最高决

策机构，由总统领导，由国会议长，最高法院院长，内政、外交、国防和财政部长，武装力量联合指挥部司令组成。负责保证国家内外安全。常设机构是国家安全委员会总秘书处，隶属于总统。任务是向国家安全委员会提供咨询，制定国家安全计划，协调国家各个安全机构的活动。总秘书处下设：动员局、民防局、情报局和国家高等研究所。

国家安全法第 35 条规定，军事部门由国防部和武装力量联合指挥部组成。

国防部 国防部是最高军事行政机关，负责实施总统确定的军事政策，制定国防预算、进行兵力动员等工作。国防部长由总统任命，可为现役或退役军人。

1830 年 4 月共和国建立初期，在里奥班巴，第一次立宪大会颁布了第一部宪法。宪法第二章第 38 条规定，建立总参谋部，从功能和作用来看，它就是国防部的前身。1843 年在弗洛雷斯将军的第三届总统任期内，总参谋部改为陆军和海军部。1930 年军队改组成三军体制后，将原来的陆军和海军部改组成国防部。

1971 年颁布的武装力量机构法对国防部的职能和义务作出规定：制定和实施国防政策和计划；根据总统的意见，起草和提交与军队履行宪法职责有关的协定、决议、法令和法律；根据总统制定的政策管理武装力量；在法律上代表三军兵种；制定武装力量参与国家社会和经济发展的计划，并与国家有关部门进行协调；了解和决定国防部、武装力量联合指挥部、海陆空三军及其下属机构的财政预算；向总统提交武装力量编制计划；培训和挑选武装力量人员；制定每个军种的军事规章，负责监督实施各种特殊法令和章程；根据保卫国家领土的需要，决定建立军事基地和海军基地，设立灯塔和浮标，开设航道，在河流和海洋设立航标，改善和维修军用设施；进行地理勘查，制定国家地图；根据

特别法律和法令，负责管理军事人员养老金和救济金。另外，国防部有义务在国家发展方面提供合作，派遣武装力量人员参与工程、道路和公路、住宅和公共建筑的建设，在国家领海、湖泊和河流进行水利勘查和研究，参与贫穷地区居民的教育、医疗和救济活动。

武装力量机构法对国防部的构成作出规定：副国务秘书处、咨询和控制局、行政管理局和发展局。副国务秘书处是国防部的支持机构，行政管理局和发展局归属它领导。咨询和控制局的职能是在政策、管理、财务、司法等方面为国防部决策提供咨询。行政管理局负责地理勘查、人事和财务事务，以便国防部履行其职能，并与联合司令部及武装力量3兵种进行协调。发展局负责为国防部及三军种制定计划。

武装力量联合指挥部　武装力量联合指挥部是军事计划和领导的最高机构，也是国家安全委员会的常设顾问机构，由三军司令组成，负责制定平时和战时的训练和作战计划，在军事和战争政策方面向总统和国防部长提供常规性咨询。武装力量联合指挥部司令由国防部长提名，总统任命。

第二节　军事力量

武装力量由正规军和准军事部队组成。正规军分陆、海、空三个军种。正规军为4.65万人，全国预备役力量为11.8万人，作为准军事部队的海岸警卫队400人。[①] 陆军为3.7万人，包括1个步兵师（共2个旅）、1个装甲旅、2个步兵旅、3个丛林旅、1个空降旅、1个高炮大队、1个航空兵大队

---

① *Country Profile 2006*：*Ecuador*, Economist Intelligence Unit, p. 14, London, United Kingdom.

第七章 军事 Ecuador

和3个工程兵营。陆军军事装备如下：M—3型坦克45辆，AMX—13型坦克108辆，装甲侦察车59辆（其中AML—60/90型27辆、EE—9"响尾蛇"22辆、EE—3"雅拉拉卡"10辆），装甲输送车100辆（其中M—113型20辆、AMX—VCI型60辆、EE—11"蝰蛇"20辆），牵引炮60门（其中105毫米口径50门、155毫米口径10门），155毫米自行炮10门，各种口径的迫击炮共300门，无坐力炮404门（其中90毫米口径380门、106毫米口径24门），高炮80门（其中20毫米口径20门、35毫米口径30门、40毫米口径30门），"吹管"式地对空导弹75枚，飞机66架。

海军（包括陆战队和航空兵）为5500人。编有1个舰队，下设6个分队。装备如下：T—209型潜艇2艘，"利安德"级护卫艇2艘，"埃斯梅拉达斯"级小型护卫舰6艘，"基多"级导弹攻击快艇3艘，"曼塔"级导弹攻击快艇3艘，坦克登陆舰1艘，效用登陆艇6艘，测量与实验船2艘，教练舰1艘，辅助船只7艘，拖船9艘。海军陆战队有3个营，兵力1500人。海军航空兵250人，装备飞机11架，直升机5架。

空军为4000人。编有2个攻击战斗机中队，1个战斗机中队，2个防暴机中队，另有军事空运大队。作战飞机共80多架。其中"美洲虎"S/B型攻击战斗机8架，"幼狮"C—2/TC—2型攻击战斗机10架，"幻影"F1JE/JB型战斗机14架，A—37B型防暴机20架，"打击能手"MK—89型防暴机9架，波音727型运输机6架，波音707—320型运输机3架，BAe—748型运输机2架，C—130H型运输机2架，DHC—6型运输机3架，A—310型运输机2架，DC—10—30型运输机1架，L—1000—30型1架。联络机2架，直升机42架，教练机71架（其中23架AT—33型具有作战能力）。

厄瓜多尔实行义务兵役制，士兵服役期1年。军衔分3等9

级：将官3级（上将、中将、少将），校官3级（上校、中校、少校），尉官3级（上尉、中尉、少尉）。在基多设有警察学校，专门培养治安警察。2001年军费为3.45亿美元，占国家预算的7%。

第三节 军事院校

理工军事学校 理工军事学校是一所培养优秀专业人才和研究人才的军事院校。它的前身是1932年6月20日建立的工程师军官学校，仅招收军人学员。1936年10月22日，建立炮兵和工程师学校，正式名称是炮兵和工程师学校，后来更名为工程师技术学校。1970年11月，学校开始招收非军队学员。1977年12月20日，政府决定把学校改造成一所多学科的教育机构，由此，开始使用理工军事学校的名称。1992年5月14日，政府将理工军事学校列入由法律承认的大学之列，成为一所高等教育机构。

埃洛伊阿尔法罗军事学院 埃洛伊阿尔法罗军事学院是一所培养陆军军官的军事院校，位于基多。1899年12月11日，当时的共和国总统颁布法令建立了第一所军校，也就是军事学校。此后，又建立了专门培养军士和军士长的军官学校。在莱昂尼达斯·普拉萨总统任期间，创建了3所军官学校，即战争研究院、军事学院和培训学校。军事学院被定名为埃洛伊阿尔法罗军事学院。它的宗旨是培养炮兵、骑兵和工程兵军官。1919年10月18日，建立国立军事博物馆，从属于军事学院。1935年10月，费德里科·派斯（Federico Páez）总统将埃洛伊阿尔法罗军事学院改名为军事学校，并一直使用到1970年。1970年10月5日，成立了埃洛伊阿尔法罗高等军事学院和军事学校（la Escuela Superior y el Colegio Militar Eloy Alfaro）。直到1981年10月4日，军事学院与军事学校分离,二者的职能重新确定。军事学院致力于培养陆军军官,毕业生可获得少尉军衔。军事学校的任务是培养预科生。

高等军事航空学校 高等航空军事学校是厄瓜多尔主要的军事飞行员培训基地。原名萨利纳斯航空学校,1920年创建于瓜亚基尔。由于这里气候潮湿,蚊虫孳生,不适宜航空训练,1929年12月31日,空军决定把瓜亚基尔的航空训练设施迁往拉塔昆加市。自1942年起,该校被称为高等军事航空学校。1971年10月15日,颁布法令批准高等军事航空学校开设高等教育课程。

其他主要的军事院校有:格拉德米格尔伊图拉德军事学校,位于波托维耶霍市;乌戈奥尔蒂斯加尔塞斯中校军事学校,位于瓜亚基尔市;塔比军事学校,位于里奥班巴市;阿波东卡尔德龙军事学校,位于昆卡市;劳罗格雷罗军事学校,位于洛哈。[①]

第四节 国防工业

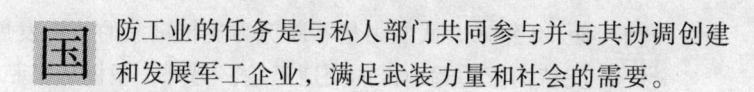

国防工业的任务是与私人部门共同参与并与其协调创建和发展军工企业,满足武装力量和社会的需要。

一 军工企业

全国共有20多家军工企业,主要从事钢铁和军用物资生产。

厄瓜多尔国家钢铁有限公司是国家大型企业之一,厄瓜多尔两大钢板生产企业之一,生产78种产品,年生产能力120万吨,拥有450名工人。国家炼钢厂是国家唯一的炼钢企业,用废钢生

---

① http://www.fuerzasarmadasecuador.org/espanol/seguridadnacional/oficialaviacioncosmerenella.htm

产钢材，作建筑构件。1974年11月组成股份有限公司，每年向厄瓜多尔国家钢铁有限公司供应4.5万吨钢材。有工人180名。卡林森制鞋股份有限公司建于1992年2月，生产军用鞋、胶鞋、工作靴和运动鞋。生产设备和技术从德国进口，比较先进。日产量1500双，拥有80名工人。伊科斯普林森公司建于1977年，从事炸药及其副产品生产，如雷管、导火线、发火药等，主要供应矿业、运输业、石油和基础设施建设部门。法德姆股份有限公司成立于1975年8月，从事50多种军用帆布产品的生产，如帐篷、背包、睡袋和防水披肩等。产品也投放国内民用市场。雇用工人200名。圣巴巴拉军用物资生产厂从事军用物资生产，如手榴弹、教练弹、PAME—90式轻机枪、小口径武器的配件。还生产12、16和20毫米口径的运动步枪。有工人180名。法米有限公司成立于1950年，后加盟迪内阿格罗斯公司。生产多种军用服装，如军用制服、衬衫、内衣、床单和毛巾等。

二　民用服务

最近30年来，武装力量不断努力支持国家的经济发展，支持国家边远地区的交通运输。另外，积极从事私人部门不愿从事的活动，而这些活动对国家的经济发展却是十分关键的。

航空工业局　1985年成立，负责军用和民用飞机的保养。维修和保养的首批飞机为Cessna A—37B。1989年3月，航空工业局成为向军用和民用飞机提供商业性维修服务的企业，拥有空军的许可证。[①]

空军民航局　根据1946年8月9日颁布的1693号法令成

---

① http://www.fuerzasarmadasecuador.org/espanol/apoyoaldesarrollo/apoyoindustriasdiaf.htm

第七章 军事

立,隶属于国防部航空司令部。为了使民航局的活动获得正常发展,颁布了一系列法律、规章、制度和决定,其中包括民用航空法、空间活动规定、航线开发规定、农用航空规定和民用航空规定等。

空军民航局参与了拉戈阿格里奥市机场的扩建工程,参与勒曼塔市埃洛伊阿尔法罗机场的修建工程,使之成为瓜亚基尔机场的全天候替代机场。另外,还参与其他一些重要机场的修建、扩建和设计,如埃尔科卡机场、巴伊亚德卡拉克斯机场、马查拉机场、特纳机场、拉塔昆加机场等。另外,空军民航局使用了现代化的地面卫星技术为民用航空服务,形成了覆盖全国所有机场的地面卫星通讯网络。[1]

航空军事运输公司 由厄瓜多尔空军于1962年自筹资金成立,具有行政和财务自主权。致力于向国家边远地区提供运输服务,同时提高空军飞行员的训练水平。航空军事运输公司在国内开辟了14条航线,日客运量达3500人。这些航线主要分布于商业利润微薄的边远地区。1996年开辟了飞往古巴、智利、巴拿马的国际航线。目前,公司拥有4架波音727—200、3架波音727-100、2架Fokker F—28—4000,还有2架Avro 748和一架DH Twin Otter用于客运需求少的航线。[2]

海军水路运输公司 受政府的委托,自1999年厄瓜多尔海军开始从事公共水路运输服务,并为此成立了海军水路运输公司。它拥有的客运船都由厄瓜多尔造船厂制造,拥有现代化的技术,载客量都在200人以上。海军水路运输公司还从事旅游业,每逢周末和节假日,为去普纳岛的旅游者提供运输服务。从佩德

---

[1] http://www.fuerzasarmadasecuador.org/espanol/apoyoaldesarrollo/apoyoindustriasdac.htm

[2] http://www.fuerzasarmadasecuador.org/espanol/apoyoaldesarrollo/apoyotransportetame.htm

雷加尔码头沿巴巴奥约河逆流而上,行进两个小时便可到达。水路运输公司由理事会领导,理事会的主席由海军第一军区参谋长担任,成员有厄瓜多尔海军造船企业的代表,瓜亚基尔港辖区的代表做技术顾问,海军第一军区后勤部部长做财政顾问,成员还包括司法顾问,管理监察秘书,海军第一军区作战部部长做经理。在经济方面,海军水路运输公司得到政府的支持。

三 军工造船业

厄瓜多尔海军造船和修船史上,瓜亚基尔造船厂占有突出位置。在殖民时期,瓜亚基尔的造船技术在南北美洲都是首屈一指的。塞尔瓦莱格雷侯爵造船厂(Marques de Selvalegre)是美洲西属殖民地最大的造船厂。当时,制造的是木船结构,后来逐步引进先进技术和材料,采用金属构架,并使用蒸汽机作动力装置。但是此后,造船业并没有得到应有的发展。直到20世纪初,厄瓜多尔仍然以擅长于造船和制造水雷和鱼雷闻名,它拥有的技术并不先进,但足以满足本国海军和近海航运的需要。1960年军队决定扩大造船厂的生产能力,并决定建造一个1000吨级的钢筋混凝土船只维修船坞,以取代原来的木制船坞。此后,厄瓜多尔海军造船厂于1972年在瓜亚基尔成立,并于1984年建造了纳波河船坞,大大提高了修船能力,能对3500吨级的船只提供维修服务。①

---

① http://www.fuerzasarmadasecuador.org/espanol/apoyoaldesarrollo/apoyoindustriasastinave.htm

第八章

教育、卫生、新闻出版和体育

第一节 教育和科技

2004年教育预算为8.76亿美元,占国家预算的12.6%。目前国立大、中、小学实行免费教育,大学实行自治,保护私人办学自由。

一 教育发展概况

在拉美地区,厄瓜多尔的教育历史比较长,始于殖民初期。1535年西班牙殖民者在基多建立第一所专供西班牙人子女学习的初级实验学校。① 1552年这所学校改名为圣安德烈斯书院,除教授原来的课程外,又增加了图画、雕刻、泥瓦工、木工、缝纫等技艺科目。1559年黑袍教团建立了第一所中等学校,讲授神学、宇宙论和拉丁文等课程。1573年奥古斯丁派的传教士在昆卡建立了圣奥古斯丁学校。1586年奥古斯丁派传教士创立了厄瓜多尔的第一所大学——圣富尔亨西奥大学。在圣富尔亨西奥大学,学生学习神学、伦理学、哲学、逻辑和宗教

---

① 〔厄〕奥·埃·雷耶斯著《厄瓜多尔简明通史》第一卷下册,北京,商务印书馆,1973,第350页。

事务等课程,学校可以授予神学和宗教法学学士、硕士和博士学位。1594年在基多创办的圣路易斯神学院是厄瓜多尔殖民时期最有声望的学校,只招收富家子弟。1622年厄瓜多尔成立圣格雷戈里奥大学,1681年又成立圣托马斯·德阿基诺大学。在长达300年的殖民统治时期,殖民者通过教会兴办教育,通过教士传播文化,牢牢控制了教育和文化的发展。学校和大学的学习内容非常贫乏和片面。神学、圣经和教规等学科占主要地位,后来增设了自然哲学、物理学、语法、修辞和人文学、法学、医学等科目。

独立后,由于统治集团内部矛盾尖锐,政局动荡不定,教会争夺教育权力,国家因经济落后,无力发展教育事业,教育发展受到很大的影响。

二战后,政府为了发展教育事业,曾多次进行教育改革,健全教育体制。1944年政府颁布《教师级别和工资等级法》,对教师的职责、福利、社会地位作了明确规定;1946年颁布《中等教育建制法》,努力提高中等教育水平;1947年颁布职业教育总则,加速培养中等科技人才。

进入60年代以后,厄瓜多尔进一步实行教育改革。为了提高印第安人文化水平,在部分学校开设克丘亚语课程。1964年在印第安人聚居的因巴布拉省建立了印第安人农村教育中心,创办了22所学校,专门培训印第安人。1967年进行初等和中等教育改革,实行9年义务教育制(小学6年,初中3年)。1975年进行大学教育改革。1977年政府颁布的《教育法》全面系统地规定了政府的教育方针和政策,教育体制,行政管理和经费,中央、省、市各级教育领导机构以及学校的职责和权力。从此,国家教育事业开始按照统一正规的教育体制发展。

20世纪60年代末、70年代初,厄瓜多尔在东部亚马孙雨林

第八章 教育、卫生、新闻出版和体育

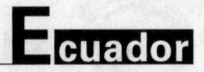

地区发现了丰富的石油资源，源源不断的石油收入为厄瓜多尔发展教育事业提供了良好的机会。随着石油业的快速发展，炼油业、石油化工工业、钢铁工业和其他工业相继发展起来。国内经济的发展对科技人员和训练有素的工人的需求日益增加。为了更好地发展经济，政府加大了对教育的投入，实行教育改革，制定教育发展计划，加速人才培养。

自70年代开始，政府加大对教育的投入。1970年公共教育开支占GDP的比重达到4.2%。1972年政府制定计划发展教育，在尽可能短的时间内，消灭一切形式的文盲。对所有学龄儿童实行普通小学教育。给予大学自治权利，改善内部的教学和行政组织形式。厄瓜多尔的教育获得显著发展，学生入学人数大幅度增加。入幼儿园的儿童人数从1970年的13755人，增加到1977年的28504人。1970~1980年，小学生由101.6万人增加到142.8万人；中学生由21.7万人增加到53.5万人。大学生由1971年的4.4万人增加到1980年的22.5万人。同时，教师人数也大幅度增加。1970年学前教育教师仅有417人，1977年增加到910人。1970~1980年，小学教师由2.7万人增加到4万人；中学教师由1.57万人增加到3.15万人。1980年大学教师在万人以上，而1970年仅有2867人。[1]

90年代，动荡的经济和政治形势影响了教育的发展。1998年宪法第71条规定，教育开支不能少于中央政府财政预算的30%，实际上公共教育开支远达不到这一水平。公共教育开支占GDP的比重呈现下降趋势，由1980年的5.6%跌到1990年的3.1%和1995年的3.4%。90年代末，由于石油价格暴跌、厄尔尼诺现象和东南亚金融危机等不利因素影响，厄瓜多尔陷入金融

---

[1] 陈作彬、石瑞元等编《拉美国家的教育》，北京，人民教育出版社，1986，第231页。

危机。经济危机和外债压力的双重影响制约了政府对教育的投资。根据拉美经委会的统计数字，2000年和2001年，公共教育开支占GDP的比重仅为1.5%和1.1%。此后，随着经济状况的逐步改善，这种状况逐步有所改观。

表8-1 初等和中等教育情况

	1970	1980	1990	1995	2000	2001	2002	2003	2004
教师人数									
小学	26609	42415	61039	70162	82809	84758	81021	83736	86012
中学	15699	34868	67548	68963	71175	73284	74685		
小学教师(a)	37	36	30	29	23	23	23	24	23
中学教师(b)	14	17	13	14	14	14	13	13	

说明：(a)、(b) 每位教师平均学生数。
资料来源：*Anuario Estadístico de América Latina 2006*，la Cepal。

城市和农村居民受教育的机会存在明显的差距。根据2001年的人口普查统计，城市中24岁以上人口达到人均接受教育9年以上，而在农村这一年龄组人的受教育年限还不到5年。很多农村的小学只有一名教师，并缺少电力供应。18岁以上人口中完成中等教育的占30%。在印第安人中，人均受教育2年，文盲率为40%~50%。

表8-2 2001年各级学校和在校教师及学生人数

	学校（所）	学生（人）	教师（人）
小 学	18070	1947338	84962
中 学	3482	950806	81259
大 学	56	295787	18821

资料来源：中国外交部网站 http://www.fmprc.gov.cn/chn/wjb/zzjg/ldmzs/gjlb/2023/

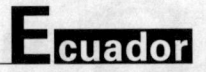

二 教育体系

最高教育领导机构是公共教育部。下属机构有：全国教育委员会、全国教育研究协会、全国教育领导委员会和各省的教育领导委员会。

厄瓜多尔的教育分为3级：初等教育、中等教育和高等教育。初等教育包括学前教育和小学。中等教育包括普通中学和职业技术学校两种类型，而普通中学又分为初中和高中两个阶段。高等教育包括大学、综合性国立院校和研究生班。

厄瓜多尔实行初、中级免费教育，每个公民都享有受教育的权利和义务。政府监督义务教育的执行，保障每个公民受教育的机会均等。

高等教育全国理事会是高等教育的最高权力机构，下设全国代表大会、执行委员会和常设秘书处。全国代表大会由全国各个大学的代表组成。全国代表大会的成员有：公共教育部长或他的代表；全国经济和社会计划协调委员会主席或它的代表；全国高等学院院长或他的代表；下列大学生组织的全国执行委员会主席或代表：厄瓜多尔大学生联合会、厄瓜多尔天主教学生联合会、厄瓜多尔工艺学院学生联合会。由公共教育部长或他的代表主持全国代表大会的会议。

全国代表大会的职责是：代表各高等教育学院，选举执行委员会，听取并审议执行委员会的报告，向立法机构或立法机构的代理人报告建立或取消高等教育的学院、系和专业学校，就修改关于高等教育的法律提出建议，颁布和修改高等教育总章程。

执行委员会由下列人员组成：代表各国立大学的一名校长、代表各私立大学的一名校长、代表各工艺学院的一名校长、一名学生代表、一名教育部的代表、全国计划委员会的一名代表等。

教育部和全国计划委员会的代表由政府任命,执行委员会的其他代表由全国代表大会选出。由教育部的代表主持执行委员会会议。

三 高等教育

高等教育分为大学、工艺学院及国立的和私立的高等学院。著名高等院校有厄瓜多尔中央大学、天主教大学、瓜亚基尔大学和昆卡大学。厄瓜多尔中央大学位于基多,1769年成立,由圣路易斯神学院、圣格雷戈里奥大学和圣托马斯·德阿基诺大学合并而成,曾于1822年和1926年两次重建,1925年取得管理自治权。大学设法律、经济管理、医学、农业等11个系和多所研究所,是全国高等教育中心和实验基地。瓜亚基尔大学位于瓜亚基尔,1867年成立。中央大学和瓜亚基尔大学规模最大,两校的学生约占全国大学生总数的2/3。另外还有厄瓜多尔天主教教育大学,位于基多,1946年成立。昆卡大学位于昆卡,1868年成立。

表8-3 教育统计数字

	1997	1998	1999	2000	2001
人均学年(a)	9.5	9.3	9.3	9.3	9.2
教师人均学生(人)(b)					
所有水平	18.5	18.2	17.4	17.3	
初等水平	24.9	24.4	23.4	23.4	
中等水平	12.2	12.2	11.7	11.7	
大学教育(%)	22.6	22.0	21.6	21.5	23.1
男性	24.8	24.9	23.5	23.3	24.0
女性	20.5	19.4	19.8	19.9	22.2

说明:(a) 24岁以上人口;(b) 城市和农村。

资料来源:*Sistema Integrado de Indicadores Sociales del Ecuador*, taken from 2001 census by INREC。

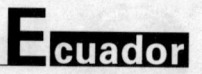

四 扫盲工作

文盲人口系指 15 岁以上、文化水平在小学 3 年级以下，无阅读能力和书写能力的人口。文盲率系指文盲人口与 15 岁以上人口的比例关系。65 岁以上人口的文盲率较高，24 岁以下人口的文盲率较低。2005 年全国文盲率为 7%。文盲率最高的省份是那些印第安人口集中的省份。①

厄瓜多尔政府历来重视开展扫盲运动，1981 年政府规定，中学生在最后一年学习期间，即可以写专题论文，也可以参加扫盲运动，特别是到农村去开展扫盲运动。1988 年厄瓜多尔开展了历史上规模最大的一次扫盲运动。政府对这次扫盲运动十分重视，通过新闻媒体大张旗鼓地宣传识字的重要意义，号召全国人民积极支持扫盲运动。总统亲自挂帅，成立了全国、省、市扫盲运动委员会。为了支持这场运动，政府拨款约 900 万美元用于宣传这场运动的重要意义和向参加扫盲运动的学生提供补贴。约有 7 万人参加了这次扫盲运动，其中大多数是青年学生。扫盲工作者经过短期的培训后，86% 的人员到农村和边远地区，14% 的人员在城市开展扫盲工作。经过长期的努力，扫盲工作取得成效（见表 8－4）。

表 8－4　厄瓜多尔文盲率

	1970	1980	1990	1995	2000	2005
占 15 岁以上人口的%	25.7	18.1	12.4	10.2	8.4	7.0
男性	20.0	14.2	9.8	8.2	6.8	5.6
女性	31.4	22.0	14.9	12.3	10.1	8.3

资料来源：*Anuario Estadístico de América Latina 2006*，la Cepal。

---

① Lola Vázquez y Napoleón Saltos：*Ecuador：Su realidad 2004 - 2005*，Fundación "José Peralta"，Décima Segunda edición，página 131，Quito，Ecuador，2004.

五 科技

科技体制 国家科技体制以两个中央机构为基础构成，即全国科技秘书处（Secretaría Nacional de Ciencia y Tecnología，SENACYT）和科学技术基金会（Fundación para la Ciencia y la Tecnología，FUNDACYUT）。全国科技秘书处为国家科技领导部门，隶属于副总统办公室。科学技术基金会为非营利性的司法组织机构，从事厄瓜多尔科技系统的技术管理和开发。

全国科技秘书处的主要职能有：与科技咨询理事会（Consejo Asesor de Ciencia y Tecnología）一道制定科技政策；制定国家科技发展规划；协调国家科技系统的重大战略行动；为科技系统提供资助资金，负责科技合作和资金合作谈判；建立和改善必要的司法手段，以促进科技发展；领导科学技术基金。

科学技术基金会的主要职能有：负责实施和监控科技政策和经由全国科技秘书处批准的中、长期科技发展计划；就国家科技规划的资金配置标准提出建议；向科技研究、服务和科技创新项目提供资金支持；负责培训科技人力资源；负责协调国家科技信息系统，并提供资金支持；为科技发展所需的基础设施和设备提供资金支持；为生产部门的技术管理提供资金支持；为全国科技秘书处谈判达成的科学技术传播、合作项目和机制提供资金支持；管理全国科技秘书处和其他多边机构提供的财力资源。

科技研究机构 科技研究活动主要集中于各个大学。从事科技活动的主要机构有31个大学和理工学院的150个机构，私人部门的46个机构，17个非政府组织机构，以及公共部门的12个机构。

厄瓜多尔主要有19个机构从事各领域的科技研究和提供科技服务，其中有厄瓜多尔中央大学的生物医药中心，国立理工学院的环境研究和控制中心、水利资源研究中心、多测计应用研究中

第八章　教育、卫生、新闻出版和体育

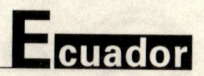

心、技术研究所、纺织技术程序试验室、结构工程和抗震研究中心、环境研究中心和脊椎动物学研究中心。昆卡大学的非金属矿研究资助中心，天主教大学的亚苏尼科学站，安巴托技术大学的技术研究所，海滨理工学院的全国海洋学和海洋研究中心，农牧业研究所，伊斯捷塔佩雷斯全国卫生研究所，全国渔业研究所等。

第二节　新闻出版

厄瓜多尔新闻事业比较发达，有50多种报纸和21种杂志，多为私人经营。主要报纸和发行量：《商报》，为曼蒂利亚家族的私营报纸，发行量9万份；《今日报》，由海梅·曼蒂利亚集资兴办，7.2万份；《宇宙报》，7.5万份；《快报》，6万份。《浏览》是发行量较大的综合性杂志。以上报刊均为西班牙文版。国家通讯社为厄瓜多尔新闻社。[①]

主管全国新闻宣传工作的机构是全国社会通讯秘书处，成立于1973年，原名全国公共新闻秘书处，为政府机构。

全国共有电台460多家，其中首都有54家。主要有厄瓜多尔电台、天主教电台、基多电台、成就电台和安第斯之声电台。电台绝大多数为私人所有。

全国共有19家电视台，均由私人经营。主要电视台有2台、4台、8台、10台和13台。

第三节　体育

厄瓜多尔虽人口不多，但在国际体育运动中曾取得过可喜的成绩，涌现出一批杰出运动员。比较有名的有跳

---

① http://www.ejercitoecuatoriano.org/espanol/mostrarweb.php?id=110

厄瓜多尔

高运动员哈辛塔·桑迪福德（Jacinta Sandiford）。另外还有罗纳尔多·贝拉（Rolando Vera），他在 1996 年亚特兰大奥运会上曾为厄瓜多尔赢得一枚金牌。杰斐逊·佩雷斯（Jefferson Perez）是厄瓜多尔著名的竞走运动员。自 1988 年，他经常获得全国赛冠军。1992 年在汉城曾获得青年竞走世界冠军。1996 年在亚特兰大奥运会上获得 20 公里竞走金牌。在 2003 年巴黎世界田径赛中获得竞走项目的金牌。他是厄瓜多尔体坛的骄傲。

在集体项目中，厄瓜多尔国际足球队曾在 2001 年打入世界杯决赛圈，参加了 2002 年韩国—日本世界杯决赛，获得了第 24 名的好成绩。厄瓜多尔历史上著名的足球运动员有阿尔韦托·斯潘塞（Alberto Spencer）和亚历克斯·阿吉纳加（Alex Aguinaga）。斯潘塞虽然没有能够参加世界杯赛，但是在其 12 年的俱乐部比赛生涯中曾取得过辉煌的战绩。由于其足球天赋和骄人战绩，乌拉圭曾盛邀他加入乌拉圭国籍，但是受到他的婉拒。阿吉纳加曾 99 次代表厄瓜多尔国家队参加比赛，是国家队中的绝对主力和灵魂人物。他曾代表厄瓜多尔参加过 1990 年、1994 年、1998 年和 2002 年的世界杯预选赛。

拳击是厄瓜多尔的传统运动项目，具有广泛的社会基础。在 20 世纪 60 年代，曾出现黄金时代，涌现了丹尼尔·瓜宁（Daniel Guanin）、欧亨尼奥·埃斯皮诺萨（Eugenio Espinosa）和海梅·巴利亚达雷斯（Jaime Valladares）等优秀拳击运动员。巴利亚达雷斯曾在 1969 年世界拳击锦标赛中打入决赛。2001 年厄瓜多尔拳击选手塞萨尔·"马拉维利亚"·辛戈（Cesar "Maravilla" Singo）曾一路过关斩将，获得国际拳击协会的金腰带。

厄瓜多尔奥林匹克委员会成立于 1956 年，于 1959 年获得国际奥委会的承认。厄瓜多尔奥委会有 40 多个体育协会成员。

厄瓜多尔是多山国家，登山运动比较普及，也涌现出一些著名运动员，其中有伊万·巴列霍（Iván Vallejo）。1999 年 5 月 28

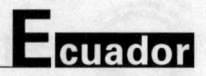

第八章 教育、卫生、新闻出版和体育 **E**cuador

日他曾成功登上珠穆朗玛峰，成为第一个登上世界最高峰的厄瓜多尔人。另外，他还成功攀登上世界其他很多有名山峰。

厄瓜多尔还在其他一些体育运动项目上取得过好成绩。如网球运动员安德烈斯·戈麦斯（Andrés Gómez）曾在1990年戴维斯网球赛上，以3比1的比分战胜美国著名选手阿加西，这使得他的ATP排名一度上升到第4位。比较有名的运动员还有：自行车运动员胡安·卡洛斯·罗塞罗（Juan Carlos Rosero）、佩德罗·罗德里格斯（Pedro Rodríguez）和马里奥·庞斯（Mario Pons），国际象棋运动员玛尔塔·费耶罗（Martha Fierro），游泳运动员豪尔赫·德尔加多（Jorge Delgado）和加洛·耶佩斯（Galo Yépez）。德尔加多在1974年慕尼黑奥运会上曾获得200米蝶泳比赛第4名。

厄瓜多尔体育运动的发展主要靠运动员自己的努力。国家投入比较少，在一定程度上影响到一些体育运动项目的发展。[①]

第四节 卫生

厄瓜多尔的医疗卫生事业发展比较缓慢。1995年每千名居民平均拥有1.6张病床，到2004年仍停滞在这一水平，甚至低于1970年的2.7张病床的水平。2004年全国共有2.2万名医生。医生人数的增长速度也不理想，2001~2004年，全国仅增加2200名医生。2001年医生与居民的比例为1∶644，2004年为1∶603。

全国医疗卫生力量分布不平衡。2000年全国每1万名居民平均拥有14.5名医生，1.5名牙科医生，5名护士，0.8名助产

[①] *Enciclopedia Ecuador a su alcance*, Editorial Planeta Colombiana, Página 734, Bogotá, Colombia, febrero de 2004.

士，10.5 名医护辅助人员。在经济和社会比较发达的地区，如皮钦查地区每 1 万名居民拥有 21.7 名医生、9.2 名护士和 12.6 名医护辅助人员；帕斯塔萨地区每 1 万名居民拥有 6.5 名牙科医生。而在边远的亚马孙地区，每 1 万名居民仅有 9 名医生。全国隶属卫生部、具有住院服务能力的医院仅有 121 家。

表 8-5 卫生指标

	1970	1980	1990	1995	2000	2001	2002	2003	2004
病床数	15987	14560	17004	17804	19564	20171	19653	18544	21200
医生人数	2080	6342	9785	15212	17773	19387	19998	19510	21603
居民数/医生	2870	1255	1050	749	692	644	633	658	603
每千居民病床数	2.7	1.8	1.7	1.6	1.6	1.6	1.6	1.4	1.6
卫生开支(a)	0.5	1.8	1.6	1.8	0.9				

说明：(a) 占 GDP 的百分比。

资料来源：*Anuario Estadístico de América Latina 2006*，la Cepal。

第九章

文学和艺术

第一节 古印第安时期的文学

发源于安第斯地区的克丘亚文学明显落后于墨西哥的阿兹特克文学和玛雅文学。在西班牙人来到这里以前,现在的厄瓜多尔地区处于印加人的统治之下,是印加帝国塔万廷苏约的一部分。这一时期的文学是由后来的传记作家和历史学家根据当时的记事绳作品记载下来的。印加人的记事绳记载了过去发生的一些事情,形成口头传播的文学。它采取宗教诗歌、宇宙起源的传说、赞美神和英雄的颂歌、抒情合唱、爱情歌曲、剧情诗、故事以及表现民间智慧的演说形式。后来的传记作家安东尼奥·阿尔塞多(Antonio Alcedo)在其《美洲书院》(*Biblioteca Americana*)中记述说,出生在伊瓦拉的一位叫作哈幸托·科利亚瓦索(Jacinto Collahuazo)的印第安酋长根据记事绳和传说写下了《秘鲁印加人史》(*Historia de los Incas del Perú*)。一位西班牙地方长官发现后,斥责其为异端邪说,当众把它烧毁了。后来,这位印第安酋长向检审庭提出申诉,检审庭允许他再次写出作品,并改名为《印加阿塔瓦尔帕国王与他的兄弟安托克,通称瓦斯卡尔相残的战争》(*Las guerras civiles del Inca Atahualpa con su hermano Antoco, llamado comunmente Huáscar*)。但可惜的是后来这部手记作品流失于民间。

19世纪，胡安·莱昂·梅拉（Juan León Mera）搜集到了克丘亚语作品《阿塔瓦尔帕·瓦努伊》（*Atahualpa Huanui*）又名《阿塔瓦尔帕的挽歌》（*Elegia por la muerte de Atahualpa*）。梅拉和路易斯·科尔德罗（Luís Cordero）把这部作品翻译成了西班牙文。作者以被征服者的身份把部落群体的哀伤之情注入挽歌，哀悼阿塔瓦尔帕的被俘和遇害。挽歌是这样描述的，"白人贪婪黄金，像密布的阴云扑来。他们遍布山野，抓住了印加之父，把他砍倒在地，残忍地杀害。他们怀着禽兽之心，长着豺狼之爪。啊，他们把他撕裂，就像撕扯一只羔羊"[①]。这部诗作创作于西班牙征服者到来之后，更多表述的是印加人的乡土之恋，而非西班牙后来者之情。

在古印第安时期，经常有游唱诗人、古秘鲁诗人和民间诗人走街串巷，四处游历，歌唱神灵和英雄。从这种古老史诗的表述形式诞生了后来伴有安第斯音乐的抒情情歌形式。在19世纪，希门尼斯·德拉埃斯帕达（Jiménez de la Espada）向在马德里召开的第五届拉美研究学者大会提交了18部基多情歌作品。

在印加帝国的创建和组织过程中，专门有一些文人负责记述史实，并传授给贵族青年。在20世纪的厄瓜多尔，甚至在我们现在的时代，通过对民间文学的考察，我们仍然可以发现一些民间歌曲和警句，甚至包括一直流传到19世纪的戏剧，如费利克斯·普罗亚尼奥（Félix Proaño，1850~1938年）教长搜集的克丘亚语的作品《演说》（*Las Arengas*）以及其他具有西班牙殖民之前史实内容的作品。另外，还有很久以后创作的一些剧本，如《蒂

[①] *Enciclopedia Ecuador a su alcance*, Editorial Planeta Colombiana, Página 530, Bogotá, Colombia, febrero de 2004.

第九章 文学和艺术

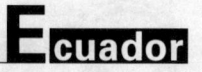

文，蒂文》(*El Diun, Diun*) 和《基利亚科人》(*Los Quillacos*)。这些剧作被作为殖民时期之前的作品收集于里卡多·德斯卡尔西 (Ricardo Descalzi) 编撰的《厄瓜多尔戏剧评论史》(*La Historia Crítica del Teatro Ecuatoriano*) 之中。实际上这些作品并不是创作于那个年代,但却反映了那个时期口述文学的风貌。

第二节 殖民地时期的文学

16 世纪的基多文学 在经过征服战争,巩固了殖民统治之后,西班牙人在印第安人村落的废墟上建立了城镇,都市生活发展起来。西班牙人建立了自己的政治、司法和行政机构,以及新的社会和经济秩序。在西班牙殖民征服战争和新的社会生活基础上,产生了16世纪的基多文学。

为了使印加帝国的印第安臣民皈依天主教,西班牙殖民当局在推广西班牙语的同时,允许普遍使用克丘亚语。16世纪的基多文学首先是教士和士兵们撰写的西印度纪事,记述了他们在这个陌生世界中的所见所闻。他们使用的语言比较粗糙,甚至粗俗,但是所讲述的东西却为亲身感受,很有感染力。他们的信件和回忆录并不追求诗情画意般的文学修饰,而侧重对历史事实做见证和记录。其中包括对西班牙王室征服土地的描述,突出征服行动的业绩。作者对一切感到陌生,惊叹这个神奇的世界,他们对新大陆的描述就像古希腊和中世纪时期的神话和传说,充满了文学意境。

当时的基多西班牙纪实作家写作的主题是如何俘获和杀害阿塔瓦尔帕,印第安军队的将领们如何抵抗西班牙人的进攻以及最后如何失败,还包括对印第安人社会的观察,如何建立城市,进行新的探险,例如发现埃尔多拉多 (El Dorado) 和亚马孙河,还有殖民征服者是如何相互倾轧和勾心斗角的。16世纪比较有

厄瓜多尔

名的纪实文学作者有弗朗西斯科·德赫雷斯(Francisco de Jerez, 1504~1539年)、佩德罗·桑乔·德拉奥斯(Pedro Sancho de la Hoz,?~1547年)、佩德罗·皮萨罗(Pedro Pizarro, 1514~1571年)、马科斯·德尼萨(Marcos de Niza)神父、佩德罗·谢萨·德莱昂(Pedro Cieza de León, 1518~1560年)、米格尔·卡韦略·德巴尔沃亚(Miguel Cabello de Balboa, 1530~1608年)、加斯帕尔·德卡瓦哈尔(Gaspar de Carvajal, 1504~1584年)神父、托里维奥·德奥蒂格拉(Toribio de Ortiguera)等。当时也产生了一些诗歌,主题仍然是描述征服战争和印第安人的反抗斗争。

17世纪,殖民统治得到了稳定,耶稣会教士们建立了圣路易斯神学院、圣费尔南多神学院、圣富尔亨西奥大学、圣托马斯大学和圣格雷戈里奥大学。在昆卡、伊巴拉、里奥班巴、波帕廷和帕斯托也建立了神学院,教会和修道院控制了教育和文化。这个时期的文学包括宗教颂歌、布道词、宗教诗歌、司法和神学著作。

在这一时期的文学中,加斯帕尔·德比利亚罗埃尔神父(Gaspar de Villarroel, 1587~1665年)占有重要地位。他出生于基多,就学于利马,在那里加入了圣奥古斯丁教会。他十分爱好文学,并极具天赋,曾游历西班牙,成为西班牙国王的讲道士。后来,先后任智利圣地亚哥主教、阿雷基帕的主教和苏克雷查尔卡斯的大主教,1665年去世。他创作的作品有《封斋节的福音书述评》(Comentarios sobre los evangelios de cuaresma)、《天主教与和平的政府》(Gobierno Eclesiástico y Pacífico)、《两把匕首的合力》(Unión de los dos cuchillos)和《神圣教会的历史》(Hstotias sagradas y eclasiásticas)。

在教廷赋予王室任命神职人员特权后,作者创作了《天主教与和平的政府》一书,表述了对教会与王室关系的政治观点。

书中收集了作者的回忆录、经历、慈善之举和具有中世纪风格的奇闻轶事，劝告主教们行善事，守戒律，以便和王室当局和睦相处。在《天主教与和平的政府》以及《神圣教会的历史》这两部书中，作者以灵活的语言技巧讲述了大量故事，展示了17世纪殖民社会的风俗习惯、信仰和生活价值观，既有道德伦理又有文学价值。

巴罗克文学 17世纪巴罗克艺术传入美洲西属殖民地，其影响波及各个文化领域，包括文学。在西属美洲，巴罗克文学贯穿整个17世纪和18世纪。殖民者在亲身经历的基础上创造了关于殖民征服的纪实文学和史诗，他们所使用的语言并不追求美学目的。到了巴罗克时期，作家们进行的文学创作大多基于别人的经历，语言追求美学感受和复杂的艺术风格，力图运用具有感性吸引力的形式抒发感情。在艺术风格上，较前有很大进步，但却缺乏朴实无华的感染力。这个时期的抒情文学和宗教演讲都采用了这种绮丽的文体。1613年菲利普三世的王后奥地利的马加丽塔去世，为了纪念她，在基多举办了首次赛诗会，基多诗人曼努埃尔·乌尔塔多（Manuel Hurtado）以一首敷衍体诗获奖。这首诗可以被看作是巴罗克时期基多地区的首部诗作，也是巴罗克文学传入基多的明证。

1675年，《哈辛托·埃维阿大师早期创作和收集的诗歌集》(*Ramillete de varias flores poéticas, recogidas y cultivadas en los primeros abriles de sus años por el maestro Jacinto Evia*) 在马德里问世。它不仅收集了乌尔塔多的作品，而且还有他的老师、耶稣会教士、瓜亚基尔人安东尼奥·巴斯蒂达斯（Antonio Bastidas，? ~1681年）和新格拉纳达人埃尔南多·多明格斯·卡马戈（Hernando Domínguez Camargo，1601~1656年）的诗作。这部作品具有浓厚的巴罗克艺术风格，是殖民地时期基多第一部抒情诗集。

厄瓜多尔

1767年卡洛斯三世采取务实政策，驱逐耶稣会教士，这对西属美洲殖民地产生巨大影响。首先，人们对君主专制政权和宗教权力提出批评，并由此产生一种新的世界观，即启蒙运动思想。贸易开放有利于一些禁书传入殖民地，特别是启蒙运动的法国思想家的作品对土生白人和混血种人产生很大影响。其次，耶稣会教士在受到驱逐后，开始寻求一种自身的认同，肯定新大陆意识，创造了不少相关的文学作品。耶稣会教士受到驱逐使基多地区的教育陷入危机，也为教育调整带来机会。胡安·包蒂斯塔·阿吉雷（Juan Bautista Aguirre，1725~1786年）神父在圣格雷戈里奥大学引进了哥白尼和牛顿的新物理学。阿吉雷和胡安·德贝拉斯科（Juan de Velasco）神父对当时的教育产生了极大的影响。

科学的发展和印刷技术的引进也促进一种新精神的诞生和发展。1736年法国科学家地理测量团来基多测量赤道。1801年杰出的人文主义者、著名的科学家亚历山大·洪堡（Alexander von Humboldt）和阿伊米·本普兰特（Aime Bonpland）也来到基多。这促进了科学知识在厄瓜多尔的传播。在新格拉纳达和基多，科学家们惊奇地发现里奥班巴人佩德罗·比森特·马尔多纳多（Pedro Vicente Maldonado，1704~1748年）、西班牙人何塞·塞莱斯蒂诺·穆蒂斯（José Celestino Mutis，1732~1808年）、哥伦比亚人弗朗西斯科·何塞·德卡尔达斯（Francisco José de Caldas，1771~1811年）对知识的追求和不倦的探索。

这一时期正是两种世界观的交替年代。一种是根植于殖民制度之中的传统世界观，从经院思想中获得营养，使用宗教信仰作为工具，依靠神学理论和纯粹的思辨思维，它占据统治地位。另外一种世界观是破字当头，预示着未来，要求打破旧的制度，以启蒙运动思想为批判武器，主张理性，崇尚进步，采用实验方法。在现实中，这两种世界观并不从来都是相互排斥的，有时是

第九章 文学和艺术

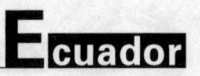

相互重叠的，交织在一起，使得启蒙思想观可以在经院思辨的缝隙中或多或少地显露出来。

这一时期文学的发展趋势首先表现为传统的延续，为绮丽文体诗歌和格言体诗歌、神话诗歌、唯灵论散文、祭神的演说文体和宗教史诗等。夸饰绮丽的文风在西班牙美洲的影响比在西班牙的影响要更加持久。这种文风的代表者是耶稣会教士胡安·包蒂斯塔·阿吉雷，他撰写了3部哲学著作，4部神学和伦理学著作，1部讲经布道作品，1部拉丁文、西班牙文和意大利文诗歌，3部论战文集。他生于道莱，父亲是瓜亚基尔人。早年到基多，就学于圣路易斯神学院，1742年5岁时加入耶稣会，33岁时成为耶稣会教士。阿吉雷在圣格雷戈里奥大学教授哲学，很有新意。他讲授《哲学教程》（*Cursus Philosophicus*）时，突出宣讲物理学、逻辑学和形而上学理论。在基多生活期间，他撰写了为人熟知的诗歌。另外，他还是一位受人欢迎的布道师。他42岁时离开基多，流亡到意大利，与耶稣会同事相聚，61岁辞世。

夸饰绮丽的文风在美洲延续时间长于西班牙，但是基多耶稣会教士们的诗歌作品却被人们淡忘了。到了19世纪，阿根廷人胡安·马丽亚·古铁雷斯发现了阿吉雷的诗歌作品手迹，并将其公之于众。《致利萨尔多的信》（*Carta a Lizardo*）、《想象中的漂亮贵妇人的赞歌》和《致卢斯贝尔的暴动和失败及其追随者》（*A la rebelión y caída de Luzbel y sus secuaces*）延续了西班牙的文学传统。作为宗教史诗作家，阿吉雷通过《致卢斯贝尔的暴动和失败及其追随者》，充分展示了自己的诗歌才华，给读者留下难忘的印象。

胡安·德贝拉斯科 这一时期，基多另一位有名的耶稣会教士是胡安·德贝拉斯科（Juan de Velasco，1727～1792年）。他出生于里奥班巴，父母为西班牙人，但是他从小便从奶妈那里学会了克丘亚语。1743年当他16岁时，进入基多耶稣会的圣路易

厄瓜多尔

斯神学院学习。在结束了神父学业后,因工作关系,他游历了基多检审庭各地,看到了殖民时期前的历史古迹,收集了很多历史资料,阅读了很多手迹,如后来失传的哈辛托·科利亚瓦索(Jacinto Collahuazo)手迹以及其他一些历史学家和纪实作家的作品。在走访过程中他与很多人进行交谈,还在一些地方任教,收集了很多民间传说和神话。这些对他世界观的形成产生很大影响,为其后来的历史创作积攒了大量素材。当他来到波帕延时,正值耶稣会教士受驱逐。贝拉斯科后来定居意大利的法恩扎,在前期工作的基础上创作了《基多王国的历史》(*Historia del Reino de Quito*),直到临去世前才完成这部作品。这部作品包括"自然历史"和"古代历史"。另外,他还创作了《基多王国的现代历史及该地耶稣会编年史》(*la Historia moderna del Reino de Quito y Crónica de la Companía de Jesús en este Reino*)以及耶稣会教士表达思乡情感的诗作《法恩扎的游手好闲者》(*El ocioso de Faenza*)。

贝拉斯科是一位具有批判精神的现实主义作家。有人称他为基多小说作家的先驱。他的巨作《基多王国的历史》是外部世界了解厄瓜多尔文学的必读物。另外,他的文学创作素材,广泛收集的传说和神话也是重要的历史考证资料。不少人怀疑这些传说和神话所叙述的事情的真实性,但是很多作家认为,以科学的方法去分析这些材料,确实能够为历史研究提供宝贵的价值。

贝拉斯科出版的诗集《法恩扎城一位游手好闲者的诗选》(*Colección de poesías varias hechas por un ocioso en la ciudad de Faenza*)收集了被从基多驱逐、定居于法恩扎城的耶稣会教士思念故乡而创作的诗歌。其中,包括基多人拉蒙·别斯卡斯(Ramón Viescas)、诗歌《米诺卡的征服》(*la conquista de Menorca*)的作者何塞·奥罗斯科(José Orozco)、诗歌《告别基多》(*la Despedida a Quito*)的作者马里亚诺·安德拉德(Mariano Andrade)、安布罗西奥(Ambrosio)和华金·拉雷亚(Joaquín Larrea)两兄弟、安

第九章 文学和艺术

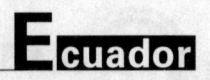

巴托人华金·艾利翁（Joaquín Ayllón）等人。这部诗集为研究18世纪基多文学提供了宝贵的资料。马里亚诺·安德拉德的作品《告别基多》以十分凄凉的语调描述了作者在辞别家乡基多时两眼充满泪水的伤感之情。贝拉斯科的这部诗集是18世纪流亡他乡的基多耶稣会教士一代人规模最大的诗创作品集。就像在胡安·包蒂斯塔·阿吉雷身上一样，既有体现出严肃的巴罗克风格的宗教诗歌和史诗，又有讽刺诗作和讥讽诗歌。后者大多创作于学校课堂，或随手而出，应景而作，但是字里行间却流露出诗人的风格和个性，显露出作者们流亡生活状况。他们以诗歌寄托对家乡的眷恋。最后，这些诗人都未能回到自己的家乡，客死意大利。

殖民时期文学创作的题材大多是神灵、宗教圣徒传和布道演讲。教堂和修道院的生活是文学创作的主题。圣徒传是基多殖民时期诗歌的主题，这在18世纪得到充分的体现。当时的著名作品有耶稣会教士华金·莫兰·布特龙（Jacinto Morán Butrón）的《教堂花园中绽开的基多百合花》（La Azucena de Quito que brotó del florido campo de la iglesia）。这部作品虽然创作于1696年，直到18世纪才开始在各地流传，1702年传到利马，1724年在马德里出版，1732年传到墨西哥。作者1668年出生于瓜亚基尔，1749年在瓜亚基尔去世。在他去世后，其作品《神灵的历史简述及瓜亚基尔港》（Compendio histórico de la providencia y Puerto de Guayaquil）才于1789年问世。

卡塔丽娜（Catalina）是当时一位很有才华的女诗作家。在她的年代，妇女难以享受充分的教育，她靠自学成名。24岁时由瓜亚基尔迁居到基多的圣卡塔丽娜修道院生活，在那里创作了诗歌和散文集《灵魂与上帝间的秘密》（Secretos entre el alma y Dios），题材大多为作者在修道院的生活经历，表达了作者虔诚的宗教信仰、神秘的修女经历和丰富的精神世界。

厄瓜多尔

这里需要提及的还有那些地理学家和历史学家,他们身上显露出与殖民时代的文学传统决裂的特征。他们所从事的职业和工作也有助于他们与宗教神学决裂。其中的一位便是佩德罗·比森特·马尔多纳多,他是基多检审庭最有名气的知识分子,学识渊博,受到法国学者们的公认。洪堡是这样称赞他的:"除了埃及和大印度(las Grandes Indias)一些地区的地图外,欧洲海外最详尽的地图当属马尔多纳多制作的《基多王国地图》(*El mapa del Reino de Quito*)"①。如果说马尔多纳多绘制了古基多王国地图,那么胡安·德贝拉斯科神父便是历史地图的制作者。在他们制作的地图中,无论是在时间还是在空间上,基多都具有了国家的雏形,反映出当时在基多已经开始产生民族意识。

欧亨尼奥·德圣克鲁斯·伊埃斯佩霍 最深刻反映当时时代的意识和变化的是欧亨尼奥·德圣克鲁斯·伊埃斯佩霍。他的父亲是印第安人。母亲是混血种人。埃斯佩霍家境贫寒,社会地位底下,因出身于低贱种族而受到歧视。他早年在市议会支持的一所学校接受教育。15岁时毕业于耶稣会学校。1779年他出版了《新卢西亚诺》(*El Nuevo Luciano*)。在其9部对话体裁作品中,作者阐述了他的审美观,关于知识和教育的看法,显露出文学爱好和天赋。他讥讽了当时盛行的绮丽文体和格言文体,同时还嘲弄了当时的一些社会名流,表现出一种犀利的文风。他曾经因此被投入监狱。1781年他出版了《布兰卡迪纳科学》(*La ciencia blancardina*)。埃斯佩霍在其作品中,表现出由巴罗克和殖民思想向一种新的审美观念过渡的痕迹。1785年他创作了《天花引起的思考》(*Reflexiones acerca de las viruelas*)流露出了关心基多民众疾苦,担心传染病在市民中扩散的忧患心情。1787年埃斯

---

① *Enciclopedia Ecuador a su alcance*, Editorial Planeta Colombiana, Página 534, Bogotá, Colombia, febrero de 2004.

佩霍创作了《里奥班巴的信》(Cartas riobambeses),嘲笑统治阶层的习惯和嗜好。后来因被指控在《护喉甲》(La Golilla)一文中嘲讽西班牙君主,被带到圣菲德波哥大总督府去辩诉。1792年他在报纸上开辟"基多文化集萃"专栏,每半个月发表一期。作品大多采取散文形式,其中有哲学杂文、书信、演讲等,从文学角度看这些作品并不出众,没有什么奇特之处,但是题材大多为社会问题,这标志着作者与夸饰绮丽、神学思辨和布道演讲等殖民文学传统的决裂。他创建了爱国社团"和睦学堂"。尽管埃斯佩霍公开表示拥护君主制度,在"基多文化集萃"专栏中并没有质疑西班牙王室及其基多权力机构的合法性,但是这些多为他实施爱国社团"和睦学堂"计划的策略,通过宣传批判理论和思维,揭露殖民社会的谬误,质疑其合法性,宣传爱国意识和民族感。

这个时期另外一位杰出的作家是安东尼奥·阿尔塞多。1807年他出版了5卷本的《西印度或美洲传记及美洲文库》(Diccionario biográfico-histórico de las Indias Occidentales o América y de la Biblioteca Americana),收集了以美洲为题材、使用各种语言进行创作的作家的生平及其作品。阿尔塞多是第一个研究美洲文化的伟大学者,以百科全书形式记录本民族的文化,弘扬本民族意识。另外一位较有名的作家是何塞·梅西亚·莱克里卡(José Mejía Lequérica, 1777~1813年),他作为议员,代表新格拉纳达参加了加蒂斯议会。他崇尚自由,渴望知识,深信人类的平等观念,反对独裁专制。

第三节 19世纪的文学

新古典主义 19世纪最初几十年是拉美地区独立战争和共和国诞生时期。在这种走向独立的过程中,文学从巴罗克向新古典主义形式发展。当时有两个概念十分流行:一

厄瓜多尔

个是"高贵"传统,另一个是佚名的民间诗歌。"高贵"传统由何塞·华金·奥尔梅多(José Joaquín de Olmedo, 1780 – 1847 年)代表。他是独立时期文学中大型诗歌《胡宁的胜利:玻利瓦尔的赞歌》(la victoria de Junín, Canto a Bolívar)的作者。他出生于瓜亚基尔,父亲是西班牙人,母亲是土生白人。在 9~12 岁时在基多的多明我会开办的圣费尔南多学校读小学。1794 年到利马,先在圣卡洛斯大学,后在圣马科斯大学学习。在圣马科斯大学获得法学博士学位,并留校任教。在利马期间,他广结朋友,扩大社交圈。他十分爱好读书、写诗。当时的动荡时代为他的诗歌创作提供了源泉、灵感和动力。后来,他作为参加加蒂斯议会的议员赴西班牙,在那里发表了废除米塔制度的演讲。1820 年 10 月 9 日,在瓜亚基尔独立革命中,领导了三人执政委员会。后来曾任利马立宪大会代表、驻伦敦和巴黎外交使团代表。在南方区脱离大哥伦比亚共和国并于 1830 年 5 月 13 日成为厄瓜多尔共和国后,奥尔梅多继续站在第一线为祖国服务。他当选为第一副总统,与弗洛雷斯总统共事两年。后来任瓜亚斯省长。1835 年任代表瓜亚基尔的议员和安巴托立宪大会主席。1845 年 3 月 6 日,领导了反对外国军事入侵的起义。在此两年后,奥尔梅多去世。作为诗人他有两大杰作,1825 年创作的《玻利瓦尔的赞歌》和 10 年以后创作的《米纳利加的颂诗》(la Oda a Minarica)。在《玻利瓦尔的赞歌》中,诗人怀着胜利之情回顾了胡宁战役的场景。尽管奥尔梅多在史诗作品中明显流露出新古典主义的成分,但同时又具有前一时代的巴罗克风格。玻利瓦尔在读到他的这部作品后,曾写信给他,对其诗作的艺术水平给予了很高的评价。《米纳利加的颂诗》这部诗作写的是 1835 年 1 月 18 日弗洛雷斯率领的军队与巴利亚加(Barriaga)将军领导的反对派之间的残酷战争。作者站在弗洛雷斯一边,歌颂了他的胜利和"公德"。在这部作品中,作者已经显露出浪漫主义的情调。

第九章 文学和艺术

在佚名的民间诗歌这一领域，独立时期文学也显示出热烈的爱国主义感情，讴歌了独立战争，抨击了西班牙殖民当局的血腥暴行。在由胡安·莱昂·梅拉收集在他的诗集《厄瓜多尔人民的诗歌》（*Cantares del pueblo ecuatoriano*）的附录中的题为《奇妙的古风》（*Antiguallas curiosas*）诗歌中，佚名作者以叙述形式歌颂了1809年8月10日主权委员会废除西班牙殖民当局的检审庭、代而执政的革命行动。这首诗歌描述了当时西班牙殖民当局进行屠杀的流血场面："哦，可憎的8月2日/残酷的西班牙人是刽子手/双手沾满了鲜血/犯下了滔天罪行/哦，这一天人们看到了基多/城市充满了恐惧和恐怖/让上帝的旨意显灵吧/他能够决定一切/不能不复仇，向那些可恶的刽子手"[①]。

1830年厄瓜多尔建立共和国时，如同其他拉美国家一样，除了国土满目疮痍、经济凋敝和战争带来的混乱之外，政治动荡，考迪罗横行，军事独裁频仍，文人阶层冲突不断，笼罩着新生的共和国。经济也经历了一场过渡，从传统的殖民制度向在金融方面依附和从属于外国市场的新殖民制度过渡。国家经济为工业化国家提供原料产品服务。在这种过渡时期，各种社会集团的利益和政治观念发生冲突：一方面是保守派贵族、传统派、天主教势力，他们维护大地产主的利益，维护封建统治；另外是兴起于农业出口贸易生意的自由的资产阶级、创新派，他们聚集于世俗旗帜下，主张开明政治体制和思想自由。另外还有其他新生的社会阶层，由中小地产主组成，他们在利益上与传统的大地产主存在冲突。厄瓜多尔如同其他拉美国家一样，在这种社会和政治冲突中，发展起来了各种审美倾向。不相匹配的不同历史时代的并列和社会的四分五裂使得审美运动并不能够以纯粹形式表现出

---

① *Enciclopedia Ecuador a su alcance*, Editorial Planeta Colombiana, Página 541, Bogotá, Colombia, febrero de 2004.

来。多质成分以并不对称的形式交织在一起。在19世纪,拉美诗歌中的新古典主义的范式——安德烈斯·贝略、何塞·华金·奥尔梅多——保留着巴罗克成分,但表现出浪漫主义的痕迹。

浪漫主义 厄瓜多尔的一位有名的浪漫主义作家是多洛雷斯·本提米利亚·德加林多(Dolores Ventimilla de Galindo, 1829~1857年)。在昆卡,一位贫穷的劳动者被判处死刑,女作家执言仗义,公开为他鸣不平,反对死刑;而在外省,女作家的这种态度和文学倾向遭到舆论界的贬斥,最后导致她自杀。多洛雷斯·本提米利亚的作品以自白形式、通过个体自我意识与他人的敌视之间的紧张对峙,以诗作表露感情的形式,流露出浪漫主义情调。

19世纪厄瓜多尔最有名的文学家是胡安·莱昂·梅拉和胡安·蒙塔尔沃(Juan Montalvo, 1832~1889年)。梅拉于1879年创作了《库曼达》(*Cumanda*),有人认为这是厄瓜多尔第一部小说。但实际上第一部小说问世于1863年,名为《获得解放的女人》(*la emancipada*),是由洛哈人米格尔·里奥弗里奥(Miguel Riofrio, 1832~1879年)创作的一部小小说。在这部小说中,主人公拒绝了她的丈夫为获取自由而行贿的行为。为了做到这一点,她深入贫苦人之中,了解情况,为其伸张正义。小说表现出了自由和浪漫主义情调。

在梅拉和蒙塔尔沃身上,同样分别存在着矛盾对立成分的交汇。他们两人同属于浪漫主义流派,但是人们常常把两人对立起来,把一个视为保守派,另一个视为自由派:梅拉是加西亚·莫雷诺的朋友和合作者,而蒙塔尔沃却是莫雷诺的死敌。

从文学—社会学角度,可以看到在文学构思方面,在如何看待当时的过渡时期方面,两位作家的相似性。当时,山区大庄园经济制度支撑着保守派政治权力,莫雷诺政权实行严格的意识形态控制。另方面,加西亚·莫雷诺所实行的政策有助于资本的发

第九章 文学和艺术

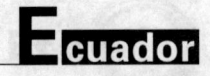

展,无论是在商业活动还是在山区中小地产主之中,或者在沿海地区的贸易和农业出口活动方面,从长期讲,有助于自由主义在全国的胜利。在 19 世纪背景下阅读梅拉和蒙塔尔沃的作品,二者有不同的标记:一个是新古典派,另一个是忏悔性的护教论者;二者又都是世俗教育家,同时,还都是浪漫主义作家,尽管二者的风格有所不同。梅拉的小说《库曼达》清晰地反映出了这三个方面的不同。1880 年梅拉出版了杂文《家庭学校》(*La escuela doméstica*)。1857 年蒙塔尔沃首次到欧洲旅游,3 年后回到厄瓜多尔,这对他的文学发展起了很大作用。他具有世俗和自由思想,与教会决裂。1869 年当加西亚·莫雷诺再次上台执政时,蒙塔尔沃流亡国外,曾长期侨居巴黎。在流亡期间,创作了《持久的独裁》(*La dictadura perpetua*),抨击莫雷诺的独裁统治。他的主要作品是《抨击》(*Las Catilinarias*)和《教会神灵》(*Mercurial Eclesiástica*)。蒙塔尔沃的作品在对独裁统治和教会的鞭挞中表现出浪漫主义的风格。《七项契约》(*Los siete tratados*)是蒙塔尔沃最富思辨、思路最为开阔的作品,它严厉抨击教会眼光狭窄、愚昧无知,反对教会干政。当时基多的大主教伊格纳西奥·奥多涅斯甚至发布禁令,禁止阅读这部作品。有人认为,蒙塔尔沃的作品曾是、甚至直到今天仍然是厄瓜多尔最严肃、最广泛地阐述新世界观、新价值观的系统作品。1871~1873 年,蒙塔尔沃在流亡期间创作了 5 幕剧作《激情书卷》(*El libro de las pasiones*)。此后,还创作了杂文《观众》(*El Espectador*)和小说《塞万提斯遗忘的章节》(*los capítulos que se le olvidaron a Cervantes*)。这部小说在蒙塔尔沃去世 5 年后才于 1889 年出版。这部小说模仿了塞万提斯的手法,构思了堂吉诃德及其随从新的历险经历。这部小说充满了浪漫主义情调,但是与社会浪漫主义还有一定的距离。

19 世纪末的风俗派和现实主义 浪漫主义与当地民间传统

风俗相结合促生了风俗派。其中比较有名的作家有何塞·莫德斯托·埃斯皮诺萨（José Modesto Espinosa，1833～1916年）。他是基多作家，创作了《风俗杂篇》（Artículos de costumbres），以讽刺和辛辣口吻描写了那个年代的城市生活。另一位风俗派作家是何塞·安东尼奥·坎波斯（José Antonio Campos，1868～1939年）。他是瓜亚基尔人，起初在当时的报刊上发表描写民间风俗的杂文，经常使用"撕裂者杰克"（Jack The Ripper）的笔名发表文章，后来著书《家乡逸事》（Cosas de mi tierra）和《神灯》（La linterna mágica）。他的作品首次以一个沿海地区的农民作为主人公。坎波斯在描写农民生活时，不像当时其他作家那样渲染农民生活中的暴力，其笔调十分温和，没有暴力色彩。

当时十分有名的作家还有曼努埃尔·J.卡列（Manuel J. Calle，1869～1918年）。他是一位著名的自由派记者，但同时撰写了一系列历史传说，汇集成《英雄时代的传说》（Leyandas del tiempo heroico）和《美洲传说》（Leyandas americanas）。他还撰写了小说《卡洛塔》（Carlota），风格介于风俗派和现实主义之间。当时的作家何塞·佩拉尔塔（José Peralta，1855～1937年）创作了风俗派作品短篇小说集《家乡来客》（Tipos de mi tierra）。他是一位著名的激进自由派人士，从年轻时起就献身于当时的政治斗争，曾在埃洛伊·阿尔法罗将军两任政府担任外交部长，并曾任外交官出使多个国家，参与起草了1906年宪法，把自由派思想纳入其中。他还创作了不少哲理杂文和政治杂文，如《神学的价值观》（La moral teológica）、《神学和科学眼中的大自然》（La naturaleza ante la teología y la ciencia）以及《拉丁美洲的奴隶制》（La esclavitud de América Latina）。在他的著作中，有《埃洛伊·阿尔法罗及其殉难者》（Eloy Alfaro y sus victimarios）和《斗争年代》（Años de lucha）。他的作品大多歌颂和肯定自由和世俗化，充满了对人民的感情和热爱。他具有拉丁

第九章 文学和艺术

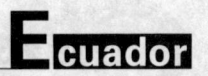

美洲意识，反对帝国主义。

路易斯·A. 马丁内斯（Luís A. Martínez，1869~1909 年）使用笔名"科拉斯修士"（Fray Colas）创作了不少风俗派短篇小说。但他最有名的作品是 1904 年出版的小说《沿海边》。这部小说描述了 3 项重大的历史事件：第一部分描述了 1895 年 6 月 5 日伊巴拉发生的地震，圣米格尔德奇波斯地区自由派和保守派之间的对抗；第二部分描写了大自然的威力、政治对抗、经济和社会动荡；第三部分描写劳动者由山区向沿海地区的大迁移。小说描述了名字叫萨尔瓦多·拉米雷斯的穷困山民流浪到沿海地区寻找生计，但又无法忍受繁重的农业雇工生活的经历。

在这个时期，产生了一位对民族文化作出贡献的作家费德里科·冈萨雷斯·苏亚雷斯（Federico González Suárez，1844~1917 年）。他出身贫苦家庭，与母亲一起生活，通过艰苦奋斗成才。他在其回忆录《内心深处的回忆》（Memorias íntimas）中回忆了这段历史。他 18 岁时进入耶稣教会学校学习 10 年。后来脱离了耶稣会，就职于昆卡主教区。他早年就阅读了胡安·德贝拉斯科的作品，写下了阅读安巴托人佩德罗·费尔明·塞瓦略斯（Pedro Fermín Cevallos，1812~1893 年）的《厄瓜多尔简史》（Resumen de la historia del Ecuador）的笔记。另外，他还是最早从事考古研究的学者，为后来的考古学打下了基础。他还在塞维利亚潜心 10 年抄录史料，在此基础上创作了《厄瓜多尔共和国通史》（Historia general de la República del Ecuador）。其中第四卷因涉及殖民时期基多各个教派内部的纷争而被人告发到罗马教廷，要求禁止出版并监禁作者，但是该企图并未得逞。1895 年冈萨雷斯·苏亚雷斯被任命为伊巴拉的首任主教，1905 年任基多大主教。另外，他还是著名的文学评论家，于 1908 年出版了《文学研究》（Estudios literarios），其中包括《大自然之美及其审美情感》（Hermosura de la naturaleza y sentimiento estético de ella）等名篇。

厄瓜多尔

第四节　20世纪的文学

现代主义在厄瓜多尔兴起得比较晚。人们一般把1888年鲁文·达里奥出版的《兰》（Azul）作为现代主义在西班牙美洲兴起的起点。直到1910年，人们对现代主义的热衷持续不减。在厄瓜多尔，现代主义文学创作持续了15年。劳尔·安德拉德（Raúl Andrade）把最有名的4位诗人称为"断颅的一代"（Generación Decapitada），以此凸显其放荡不羁的生活方式，而这种生活方式为这些诗人带来不少丑闻，也正因为此，他们都早年先衰，英年早逝。这些诗人把艺术作为最高价值，反对现实生活对艺术的侵害。受法国象征主义的影响，他们认为诗歌的精粹和最高的表现形式是节律和和谐。他们创造了梦幻的世界，或沉醉于宫廷和贵族轶事，或以鲜明的浪漫主义情调叙述痛苦的内心世界。痛苦的感触使他们的诗歌独具特色，给人一种崇高的感受，甚至使人们沉湎于对现实的逃避，去寻求一种朦朦胧胧的理想境界，热衷于一种方向不明的闲游，不免沉陷于对死亡的苦恼，对逝去的伊甸园的眷恋，由此产生的是疲倦和厌倦的精神。现代派诗人们采纳了不对仗的韵律，革新了以前传统诗歌的规则，使之更加灵活，节律十分特异，很不常见。

厄瓜多尔"断颅的一代"诗人，即最早的现代派诗人有：阿图罗·博尔哈（Arturo Borja，1892~1912年）、埃内斯托·诺沃亚·伊卡马尼奥（Ernesto Noboa y Camaño，1898~1927年）、温贝托·费耶罗（Humberto Fierro，1890~1929年）、梅达多·安赫尔·席尔瓦（Medardo Angel Silva，1898~1919年）。后来产生的现代派诗人有：阿方索·莫雷诺（Alfonso Moreno，1890~1940年），José María Egas（1897~1988年）。基多诗人阿图罗·博尔哈去世后，他的诗作《缟玛瑙的响笛》（La flauta de onix

于 1920 年问世。温贝托·费耶罗创作了《山谷中的诗琴》和《隐藏起来的披肩》（*Velada palatina*）。他的诗歌更贴近于鲁文·达里奥的《亵渎的散文诗》（*Prosas profanas*）。梅达多·安赫尔·席尔瓦出生于瓜亚基尔，与他同时代另外 3 位同伴不同的是，其他 3 人出身于富人家庭，而他出身贫民。他从小从事诗歌创作，因家境贫寒，被迫辍学，在瓜亚基尔的《电讯报》报社从事记者工作。他的诗集《好与坏的青树》（*El árbol del bien y mal*）收入了作者 1914~1917 年创作的作品。他还出版了一部短篇小说《马丽亚·赫苏斯》（*María Jesús*）。他的另一部诗集《金喇叭》（*Trompeta de oro*）还未出版作者就去世了。

20 世纪 30 年代不仅是小说作家而且是诗歌作家与前一时期的传统相决裂的年代。在前一时期，现代主义在厄瓜多尔曾有过姗姗来迟的繁荣。当然，诗歌作家们也经历了当代诗歌深刻的革新过程，如超现实主义和先锋派以及波及整个拉美地区的革新运动。参与拉美地区诗歌革新运动的有比森特·伊德罗博（Vicente Hidrobo）、塞萨尔·巴列霍、巴勃罗·涅鲁达、尼古拉斯·纪廉等人。后现代主义诗歌代表人物主要有乌戈·马约（Hugo Mayo，1897~1988 年）、豪尔赫·格拉·安德拉德（Jorge Carrera Andrade，1902~1978 年）、贡萨罗·埃斯库德罗（Gonzalo Escudero，1903~1971 年）和阿尔弗雷多·甘戈特纳（Alfredo Gangotena，1909~1944 年）。

卡雷拉·安德拉德擅长形象创作，对世界有敏锐的洞察力，善于用诗歌语言描述世界。1922 年他发表了处女作《冷漠的池塘》（*Estanque inafable*）。卡雷拉·安德拉德曾多年在国外任外交官，游历很广，他把自己的丰富经历和感情注入这部诗歌中。1926 年他创作了《超声波》（*Microgramas*），把日本诗歌中的俳句融入这部作品中，很好地抒发了对大自然的感情。同年他还创作了《沉寂中的吉马尔达》（*La guirnalda del silencio*）。卡雷

厄瓜多尔

拉·安德拉德结束外交生涯回到祖国后，继续进行诗歌创作。1928年创作了《主教堂的雄鸡》（*El gallo de la catedral*），抒发对贫苦大众的同情之心。1928～1929年创作了《印第安人诗集》（*Cuaderno de poemas indios*）。1930年先后创作了《大海与土地的讯息》（*Boletines de mar y tierra*）和《城市之画》（*Dibujo de ciudades*）。作者把对祖国的热爱和对当代社会的感受融为一体，倾注在自己的作品中。他的其他作品有：《群鸟使用的传记》（*Biografia para uso de los pájaros*，1937年）、《秘密之国》（*País secreto*，1939年）、《来源地》（*Lugar de origen*，1945～1947年）、《泡沫》（*Aquí yace la espuma*，1948～1950年）、《夜晚之家》（*Familia de la noche*，1952～1953年）、《赤道线的讯息》（*Boletines de la línea equinoccial*，1958年）、《地球人》（*Hombre planetario*，1959年）、《黎明叩门来》（*El alba llama a la puerta*，1966年）和《大地使命》（*Vocación terrena*，1972年）。1976年卡雷拉·安德拉德的诗歌全集问世。两年后，卡雷拉·安德拉德去世。

贡萨罗·埃斯库德罗进行诗歌创作十分严谨，对自己的作品精雕细琢。1919年他发表了处女作《艺术诗歌》（*Poemas del arte*）。他早期热衷于格言和史诗创作，歌颂美洲英雄、浪漫爱情、伟大的女性、与物质世界相认同的神灵以及多姿多彩的大自然，表现出先锋派的创作风格。这一时期，他大多以对外部世界的观察和感受进行创作。他这时期的作品有《奥林匹克的寓言故事》（*Las parábolas olímpicas*，1922年）和《飓风和太阳的螺旋线》（*Helices de huracán y de sol*，1933年）。此后，埃斯库德罗进入自省和内心剖析的创作阶段，因此作品渗透着深刻的哲理思考，语言也趋于柔和、平缓和朴素，但却并没有失去其特有的对音乐美感的追求，保持着古典诗歌的节律。其代表作品有：《深夜》（*Altanoche*，1947年）、《空气中的塑像》（*Estatua de aire*，

第九章 文学和艺术

1951年)、《安赫尔的材质》(*Materia de ángel*, 1953年) 和《形象自塑》(*Autorretrato*, 1957年)。后来,他还创作了《死亡的引言》(*Introducción a la muerte*, 1960年)。1983年他去世后,《由阳光而兴的安魂曲》(*Requiem por la luz*) 和《9月的夜晚》(*Nocturno de septiembre*) 才问世。

从文学角度讲,厄瓜多尔的20世纪来得稍迟些,大致始于1925年,当时银行寡头们控制了国家政治,委派部长,甚至扶持傀儡总统。与此同时,墨西哥1910年革命、阿根廷科尔多瓦大学改革和苏维埃革命的影响传入厄瓜多尔,催生了一种新的民主政治意识。

在这一时期,在文学和艺术方面,厄瓜多尔文化处于开拓性的蓬勃的运动之中,涌现出了迪奥赫内斯·帕雷德斯(Diogenes Paredes)、爱德华多·金曼(Eduardo Kingman)和奥斯瓦尔多·瓜亚萨明(Oswaldo Guayasamín)等一批大家。这时第一批研究印第安人和沿海农民的作品问世,出现了大量根植于社会现实的绘画作品和一批具有社会现实主义风格的高质量的小说。这些作品都属于新闻创作性的,热衷于选择农村环境,使用具有地方特色的方言,以最为粗俗的暴力事件构织情节,以直线的时间顺序构织历史。主人公大多是社会典型,而非具有强烈个性的个体形象。这个时代的小说叙述方式与前一时期的传统形成鲜明对照。作者们努力反映鲜为人知的社会现实,发掘土著人和沿海农民们的暴力斗争,抨击最为残酷地剥削印第安人的山区大庄园制度,反映无产阶级团体的斗争。

"瓜亚基尔派" 一批年轻有为的作家开创了一种新的文学创作道路,组成了"瓜亚基尔派"。这一流派主要有阿尔弗雷多·帕雷哈·蒂斯坎塞科(Alfredo Pareja Dizcanseco, 1908 ~ 1993年)和何塞·德拉夸德拉(José de la Cuadra, 1903 ~ 1941年)(grupo de Guayaquil)、华金·加列戈斯、恩里克·希尔·希

厄瓜多尔

尔韦特（Enrique Gil Gilbert，1912~1975年）和德梅特里奥·阿吉莱拉·马尔塔（Demetrio Aguilera Malta，1909~1981年）等人。他们成名时都很年轻，大致为18~21岁，其驾驭语言的技巧、娴熟程度和准确性都令人赞叹不已，十分有感染力。他们撰写了名为《走开的人们》（Los que se van）的小说集。这部作品由24部短篇小说组成。小说节奏紧凑，情节引人入胜，具有强烈的震撼力。他们运用极具地方特色的方言和细腻的人物刻画手法，细致入微地描写了土著人和沿海农民的暴力生活，为厄瓜多尔的小说创作开辟了新路。小说中常常会出现这样的情节：热恋中的男主人公欲火中烧，却受到背叛，他发誓要报仇，由此引伸出跌宕起伏的情节。在作品中，异性生活处于一种相互仇视的环境之中，沿海农村和岛屿居民的宗教信仰和传统风俗最后决定了男女主人公陷入悲剧。

希尔·希尔韦特于1933年发表了短篇小说《高温湿热带》（Yunga），1939年发表了《埃马乌埃尔的故事》（Emmauel），1941年发表了描写种稻谷农民生活的小说《我们的食品》（Nuestro pan）。后来，他放弃文学创作转而从政。1967年他又发表了短篇小说《垃圾堆中孩子的头颅》（Cabeza de un niño en un tacho de basura）。

加列戈斯·拉腊（Gallegos Lara）于1946年发表了《分水岭》，作品的主人公是阿尔弗雷多·巴尔德翁，一位人民英雄，在1922年11月15日与其他劳动者一起，被杀害在瓜亚基尔街头。另外，他还创作了短篇小说《最后的流浪》（La última erranza）。可惜的是他并没有能够完成这部作品，而且，这部作品在他去世后才得以发表。加列戈斯·拉腊的另一部作品《担架》（Los guandos）也未能写完，后来由内拉·马丁内斯（Nela Martínez）续写，完成了这部作品，并于1982年发表。

阿吉莱拉·马尔塔早年深入沿海地区农民的生活，进行了卓

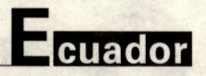

有成效的发掘,于 1933 年发表小说《堂戈约》(*Don Goyo*)。在同一生活环境中,他还创作了小说《处女岛》(*La isla virgen*),并于 1942 年发表。1964 年先后创作了《阳光下的女骑士》(*La Caballeresa del Sol*)和《埃尔朵拉多的吉诃德》(*El Quijote de El Dorado*)等作品后,重新深入沿海地区农民生活,于 1970 年创作了小说《七个月亮和七条蛇》(*Siete lunas y siete serpientes*)。

帕雷哈·蒂斯坎塞科是这一代作家中最多产的小说作家,他于 1933 年创作了《码头》(*El muelle*),描述瓜亚基尔和纽约码头工人的痛苦生活。1938 年创作了《拉贝尔达卡》(*La Beldaca*),描写受排斥民众阶层中的一位不屈不挠的女性生活。1938 年他发表了《没有时间的人》(*Hombre sin tiempo*),后来又创作了一系列具有历史感的短篇小说,如《警示、空气和回忆》(*La advertencia, El aire y los recuerdos*)和《专制政权》(*Los poderes omnímodos*)。这些短篇小说收集在三卷本小说集《新的岁月》(*Los nuevos años*)中。1970 年他又发表了《矮小身材》(*Las pequeñas estaturas*)和《曼提克拉》(*La manticora*)。在这些作品中,他使用的语言比以前更加富有表现力,更加丰富。

在何塞·德拉夸德拉早期的小说中,人们可以看到现代主义审美观的影响。他热衷于选择贵族豪门的生活环境作背景,以外来人作主人公,以爱情作主题,在语言上精心雕琢。后来,他逐渐转向现实主义,于 1931 年创作了《托架》(*Repisas*),1934 年创作了《熔炉》(*Hornos*)和《桑古里马斯》(*Los Sangurimas*),1938 年创作了《瓜辛通》(*Guasinton*)。德拉夸德拉是一位小说大师,从事律师工作,因工作关系,常常与沿海农民打交道,由此获取了最为丰富的创作素材,发表了《群居体》(*Banda de pueblo*)、《野蛮四脚蛇的经历》(*La tigra o Guasinton, historia del lagarto montubio*)。在短篇小说《桑古里马斯》中,作者表现出

厄瓜多尔

浓厚的现实主义倾向,这点在后来的古巴人阿莱霍·卡彭铁尔的小说《这个世界的王国》(*El reino de este mundo*)中,得到淋漓尽致的发挥。另外,在加夫列尔·加西亚·马克斯关于马孔多的叙事传说中,也得到体现。

在何塞·德拉夸德拉的这部作品中我们可以感受到两种世界观:一种是更贴近政权的贵族精神世界,现存的传统习俗和文化;另一种是贵族阶层的对立面,与其决裂的社会下层的民众价值观。何塞·德拉夸德拉早期作品之一,1923年创作的《解放者的孙女》(*Nieta de libertadores*)揭示了这两种世界观和意识形态的冲突。这部小说的主角,一位农民家庭的姑娘被迫与一位年事已高、富有的西班牙庄园主结婚,她对这位富豪很快充满了仇恨,最后把他杀死了。1931年何塞·德拉夸德拉发表了短篇小说集《托架》,在这部由21篇短篇小说组成的集子中,作家已经表现出高度的成熟,十分娴熟地驾驭故事情节和脉络发展节奏,语言丰富,对环境和人物的描写和刻画十分生动。该部小说集最后的8篇作品表明作者的创作生涯进入了一个新的阶段,即开始揭示一个沿海地区农民的生活世界,反映他们生活暴力的一面,如《仙人掌》(*Chumbote*)、《逃兵》(*El desertor*)、《马卢哈》(*Maruja*)、《玫瑰》(*rosa*)、《水果》(*fruta*)、《歌曲》(*canción*)等。在这一时期,他所从事的创作与《走开的人们》的创作思路和题材十分相近。何塞·德拉夸德拉在1932年发表并于1942年再版的《熔炉》中,作者在《托架》结束部分所反映出的创作倾向得到充分展现。他更加关注客观社会,而非个人主观世界和情感,通过对一无所有的被剥夺者的关注和同情以及对互助共济的呼吁,表明了作者对文学创作功能的看法。在他的这部作品中,大量描述了两性越轨和放纵不羁的行为,以此揭示社会的贫困和精神匮乏,唤醒社会大众起来反抗贫困和非正义。在以印第安人生活为主题的作品中,作者的关注倾向得到了充分的体现,如他的《狗的餐点》(*Merienda de perro*)、《虚假的阿约拉斯》(*Ayoras falsos*)、《婴儿的啼哭》(*Barraquera*)等。这些作品所反映出的冷漠、无动于衷、残暴、极端暴力成为对社会现实的逼真写照,反映出作者赋予文学创作的功能观。

30年代,还有一位较为知名的作家,洛哈人,巴勃罗·帕拉西奥(Pablo Palacio, 1906~1947年)。他的主要作品有:1927年的短篇小说集《被踢死的人》(*Un hombre muerto a puntapiés*)和小说《吞噬》(*Devora*)、1933年的小说《上绞刑架人的生活》(*Vida del ahorcado*)。他作品中的人物大多处于孤独的环境,游离于社会之外,同时又无法摆脱日常琐事和普通生活的困扰,反映出作者反传统的精神追求。人们对他的生活经历知之甚少。这个时期还有一位现实主义作家,豪尔赫·伊卡萨(Jorge Icaza, 1906~1978年),他于1934年创作了小说《养身地》(*Huasipungo*)。这是一部现实主义的社会写实杰作,是厄瓜多尔传播最广的作品,被翻译和介绍到很多国家。豪尔赫·伊卡萨早期曾经从事剧本创作,因此在他后来的作品中,人物间的大量对白成为他的作品的一大特色。他还发表了短篇小说集《山区的淤泥》(*Barro de la Sierra*),这也是一部描写印第安人生活的作品。《养身地》以激烈的笔锋揭露了山区大庄园主对印第安人的非人剥削和奴役。很多人对这部作品挑剔较多,认为在语言、写作构思、对印第安人历史的认知方面存在瑕疵。但是作品所表现的社会功能和对读者的震撼赋予它较高的知名度。此后他于1935年、1937年和1948年先后创作了《街头》(*En las calles*)、《乔洛人》(*Cholos*)和《瓦拉帕姆卡斯》(*Huairapamushcas*)。

此外,这一时期的作家还有安赫尔·F.罗哈斯(Angel F. Rojas, 1909~),他既是一位小说作家,又是一位有名的小说评论家。他的作品有1948年由墨西哥经济文化基金会出版的评论集《厄瓜多尔小说》(*La novela ecuatoriana*),在这部评论集中,

厄瓜多尔

他呼吁有代表性的作家们在当时的文学革新中更快地成熟起来，肩负起更大的责任。另外，他还发表了小说《扬加纳村的迁徙》（*El éxodo de Yangana*），这部作品出版于1949年，是一部在厄瓜多尔小说文库中占有重要地位的成熟作品，为社会现实主义画上了一个句号。这部作品不仅反映出作者热切期望当时代的年轻作家们尽快成熟起来，而且指出了今后几十年厄瓜多尔叙事文学应该发展的道路。他的这部作品对人物的刻画十分细腻，对情节的描述引人入胜。

罗哈斯与本哈明·卡里翁（Benjamín Carrión，1898~1979年）一道组成了这个时期最著名的历史学家和文学评论家。卡里翁于1959年创作了历史杂记《刑场的圣徒》（*El Santo del Patíbulo*），其中涉及加西亚·莫雷诺有争议的历史经历。另外还发表了文学评论和杂文，其中有《新美洲的创建者》（*Creadores de la nueva América*，1928年）、《乌纳穆诺的圣米格尔》（*San Miguel de Unamuno*，1956年）、《圣加夫列拉·米斯特拉尔》（*Santa Gabriela Mistral*，1959年）等。此外，他还是热心推动民族文化发展的倡导者。1944年他曾同其他人一道创建了厄瓜多尔文化基金会，支持厄瓜多尔作家出版文学和艺术作品。1951年出版了他最重要的评论作品《关于厄瓜多尔的新小说》（*El nuevo relato ecuatoriano*）。书中介绍了厄瓜多尔小说的发展情况，书中还有小说作家介绍，对厄瓜多尔小说创作的评论及对今后小说文学发展的看法。

除了上述作家外，还要提及的有：瓜亚基尔人佩德罗·豪尔赫·贝拉（Pedro Jorge Vera，1914~2000年），他的作品有《纯粹的野兽》（*Animales puros*，1946年）、《贫瘠的种子》（*La semilla estéril*，1962年）、《我即人民》（*El pueblo soy yo*，1976年）、《家庭与年代》（*Las familias y los años*，1982年）和《疲惫的上帝》（*El cansancio de Dios*，1997年）。另外，还有埃斯梅

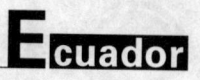

拉达斯人阿达尔韦托·奥尔蒂斯（Adalberto Ortiz，1914~），著有小说《胡云戈》（*Juyungo*，1943年）；纳尔逊·埃斯图皮尼安·巴斯（Nelson Estupiñán Bass，1912~2001），作品有《当瓜卡延花盛开的时候》（*Cuando los guacayanes florecían*，1954年）。他们的这两部小说是埃斯梅拉达斯省最获成功的黑人作家小说作品。

"爆炸"文学 1950~1970年可以说是小说和短篇小说发展的过渡时期，即由社会现实主义向新流派过渡。这时候在小说创作领域中诞生了风靡拉美地区的"爆炸"文学。这时期主要的小说作品有：塞萨尔·达维拉·安德拉德（Cesar Davila Andrade）的短篇小说集《被遗弃于大地的人们》（*Abandonados en la Tierra*，1953年）、《13部叙事小说》（*13 relatos*，1955年）和《鸡首》（*Cabeza de gallo*，1966年），亚历杭德罗·卡里翁（Alejandro Carrión，1915~1991年）的短篇小说集《败坏声誉的威胁》（*La amenaza dañada*，1948年）、小说《芒刺》（*La espina*，1959年）、短篇小说《丢失的钥匙》（*La llave perdida*，1970年）和小说《糟糕的蚂蚁式的圣灵送行》（*Mala procesión de hormigas*，1978年），阿图罗·蒙特西诺·马洛（Arturo Montesino Malo，1913~）的短篇小说《难使唤的黏土》（*Arcilla indócil*，1959年）、小说《第二次生命》（*Segunda vida*，1962年），阿方索·奎斯塔·伊奎斯塔（Alfonso Cuesta y Cuesta，1912~1991年）的《儿女们》（*Los hijos*）。

20世纪50年代，厄瓜多尔的诗歌却收获颇丰，后现代主义诗歌创作日臻成熟，一批杰出的作品相继问世，如豪尔赫·卡雷拉·安德拉德（Jorge Carrera Andrade）、贡萨洛·埃斯库德罗（Gonzalo Escudero）和塞萨尔·卡韦拉·安德拉德（César Cavila Andrade，1918~1967年）的作品。塞萨尔·卡韦拉·安德拉德是厄瓜多尔当代最有名的作家之一。他在晚年写出了关于诗歌创

作的杂文集《魔幻、瑜伽和诗歌》(*Magia, yoga y poesía*)。在这部作品中,他阐述了自己对诗歌创作的看法。他十分关注宗教问题,诗歌创作与宗教问题联系在一起。他的早期诗歌作品和《时空,你战胜了我》(*Espacio, me has vencido*, 1947 年)流露出现代主义的痕迹、亚历山大诗体、繁复的节律、形容词修饰句等。卡韦拉·安德拉德在诗歌创作中追求绝对论,这体现在他的作品《建筑师的赞歌》(*Oda al Arquitecto*)中。这部作品歌颂了一种不同于任何其他的内在的神灵,它存在于人的感受中,存在于现实空间、树木、山川和一切事物的深处,处于沉眠状态,始终窥视着人类,甚至死亡都存在意义,因为它意味着复归无处不在的普天神灵。诗人的泛神论表现在他的作品《胜利生涯的邀约》(*Invitación a la vida triunfante*)中,神灵本身存在于整个生活中,时时处处驱使人们去爱一切事物和人。他的作品有《妖魔化的外表》(*Corteza embrujada*)、《野蛮的主教堂》(*Catedral salvaje*, 1951 年)、《居民》(*El habitante*)、《预言》(*Vaticinio*)、《致陌生的上帝》(*Al Dios desconocido*)等。他在晚期的作品中,如《与土地的情谊》(*Conexiones de tierra*, 1964 年),对普天神灵的探究更加深奥。

第五节　20 世纪 70 年代以来的文学

随着 1972 年厄瓜多尔开始大规模开发石油,国家的社会物质生活条件发生了深刻变化,政府的政策壮大了官僚阶层和中产阶级,形成消费社会阶层。石油繁荣和财富增生使人们的风俗、价值观、观察世界的方式,甚至娱乐方式、自由时间消磨方式和梦幻方式都发生了变化,形成了一种不同的集体意识。这种新的集体意识同样受到拉美和整个世界发展进程的影响。而这种集体意识的形成对 70 年代以来的文学产生着影响。

第九章 文学和艺术

在 60 年代和 70 年代的诗歌创作方面可以感受到石油繁荣留下的巨大财富和活力的印记。这体现在很多作家身上，如豪尔赫·恩里克·阿多姆（Jorge Enrique Adoum，1926~）、埃弗拉因·哈拉·伊德罗沃（Efrain Jara Idrovo，1926~）、弗朗西斯科·托瓦尔·加西亚（Francisco Tobar García，1928~1995 年）、埃德加·拉米雷斯·埃斯特拉达（Edgar Ramírez Estrada，1923~）、卡洛斯·德拉托雷·雷耶斯（Carlos de la Torre Reyes，1925~1995 年）、戴维·莱德斯马（David Ledesma，1934~1961 年）、乌戈·萨拉萨尔·塔马里斯（Hugo Salazar Tamariz，1923~1999 年）、欧亨尼奥·莫雷诺·埃雷迪亚（Eugenio Moreno Heredia，1925~1998 年）、拉斐尔·迪亚斯·伊卡萨（Rafael Díaz Icaza，1925~）、菲洛特奥·萨马涅戈（Filoteo Samaniego，1928~）、弗朗西斯科·格拉尼索·里巴德内拉（Francisco Granizo Ribadeneira，1928~）、欧雷尔·格兰达（Euler Granda，1935~）、费尔南多·卡松·贝拉（Fernando Cazon Vera，1935~）、卡洛斯·爱德华多·哈拉米略（Carlos Eduardo Jaramillo，1932~）、鲁文·阿斯图迪略（Rubén Astudillo，1938~）、安东尼奥·普雷西亚多（Antonio Preciado，1941~）、安纳·马丽亚·伊萨（Ana María Iza，1941~）、温贝托·比努埃萨（Humberto Vinueza，1944~）、拉斐尔·拉雷亚（Rafael Larrea，1943~1995 年）、比奥莱塔·卢纳（Violeta Luna，1943~）等。

豪尔赫·恩里克·阿多姆于 1952~1961 年创作了诗集《大地诗集》（Los cuadernos de la Tierra），他因此获得"美洲之家奖"。另外还有诗集《我与你的名字在大地相伴》（Yo fuí con tu nombre por la tierra，1964 年）、《关于形势的个人报告》（Informe personal sobre la situación，1973 年）、《在场的人并非全部》（No son todos los que están，1979 年）《暴露出来的爱情》（El amor desenterrado，1983 年）。

厄瓜多尔

埃弗拉因·哈拉创作的作品有《两首诗》（*Dos poemas*，1973年）、《为佩德罗·哈拉哭泣》（*Sollozo por Pedro Jara*，1978年）、《回忆录》（*In memorian*，1980年）、《支配自己死亡的人》（*Alguien dispone de su muerte*，1988年）等。

弗朗西斯科·格拉尼索的主要作品有《仅有话语》（*Nada más que el verbo*，1969年）和《母亲的死亡与追逐》（*Muerte y caza de la madre*，1990年）。欧亨尼奥·莫雷诺·埃雷迪亚的主要作品有《仅有男人》（*Sólo hombre*，1972年）。埃德加·拉米雷斯·埃斯特拉达创作的作品有《裸露的皮肤》（*Con la piel afuera*，1970年）。菲洛特奥·萨马涅戈撰写了《征兆》（*Signos*）、《裸露躯体的大地》（*El cuerpo desnudo de la Tierra*，1973年）和《失聪的孩子们》（*Los niños sordos*，1977年）。卡洛斯·爱德华多·哈拉米略创作了《失眠的哈科沃》（*Las desvelaciones de Jacob*，1970年）、《当幸福来临时》（*Una vez la felicidad*，1972年）、《镜子中的英仙座》（*Perseo en el espejo*，1974年）。欧雷尔·格兰达创作了《弹奏里拉琴的狗》（*Un perro tocando la lira*，1977年）和《布拉，布拉，布拉》（*Bla-bla-bla*，1982年）。

豪尔赫·恩里克·阿多姆的作品有诗歌、小说、剧作和杂文等。1949年他创作了首部诗集《苦难的厄瓜多尔》（*Ecuador amargo*，1949年）。后来又写了《大地诗集》，这是一部关于祖国历史的诗作，十分宏大，从遥远的古代到殖民时期，除了描述历史和进行史实评论外，还涉及诗歌永恒的主题——爱情，另外还有与孤独抗争、人类转瞬即逝的经历、对死亡的思考等。其他诗作有《暴露出来的爱情及其他诗歌》（*El amor desenterrado y otros poemas*）。后者是一部关于爱情的诗集，其中包括他的著名诗歌《火药桶之后的曼努埃拉》（*Tras la pólvora, Manuela*）。阿多姆的小说作品题材丰富，情节曲折，反映了作者生活中遇到的困惑，国家发展和民族认同的危机，以及作者所体验到的人类的危机。他创作了《没有天使的城市》（*Ciudad sin ángel*，1995年）。他的剧作有《马蹄下的太阳》（*El sol bajo las patas de los caballos*）和《地狱之路》（*La subida a los infiernos*），杂文有《厄瓜多尔：特殊的标记》（*Ecuador: Señas particulares*，1998年）。

弗朗西斯科·托瓦尔自1955年开始从事剧本创作，他既是编导、剧作家又是话剧演员，是这一时期活跃在基多话剧领域的主要人物。他的悲剧剧本有：《寓言故事》（*Parábola*）、《深渊之门的钥匙》（*La llave del abismo*）、《奇怪的职业》（*Extraña ocupación*）、《失明的女人》（*La dama ciega*）、《人们迷惘的眼睛》（*En los ojos vacíos de la gente*）、《沙地上的一滴雨水》（*Una gota de lluvia en la arena*）等，喜剧作品有：《给恶棍的叙事曲》（*Balada para un imbécil*）、《善于算计者》（*Un hombre de provecho*）、《打哈欠的凯撒》（*El César ha bostezado*）等。70年代，托瓦尔带着怨恨离开了"可咒的"城市基多，长期移居西班牙，后来，到海地和委内瑞拉生活。他开始从事小说和短篇小说创作，其中有《基多人》（*Los quiteños*，1981年）、《纯净的流水》（*La corriente era limpia*，1977年）、《偶数群和奇数群》（*Pares o nones*，1979年）、《无休止的消遣》（*El ocio incesante*，1994年）等。他在小说中擅长使用戏谑、讽刺和嘲弄等艺术手法来表达他对世界中爱情和仇恨的感受。弗朗西斯科·托瓦尔最有代表性的作品是诗集《灾难及其他诗歌》（*Naufragio y otros poemas*，1962年）、《永久的准则》（*Canon perpetuo*，1969年）、《永恒的沉醉》（*Ebrio de eternidad*，1991年）。他的诗作广泛使用节律，气势宏伟，具有强烈的震撼力。

最近一个时期以来，厄瓜多尔的诗歌创作在某种程度上延续了20世纪热情奔放的抒情传统，语言精心雕琢而且深奥，抒情

厄瓜多尔

主题为爱情、时代、死亡、人类转瞬即逝的经历等。埃弗拉因·哈拉的诗作很好地体现了这一点。特别是他的《为佩德罗·哈拉哭泣》,这一作品采用的是开放体例,围绕同一个主题,即儿子的死亡这一人类最致命的极限展开。他以死亡为主题的诗作还有《支配自己死亡的人》。在这方面需要提及的还有诗人伊万·卡瓦哈尔,他的诗作有《抒情诗不景气时代的诗歌》(*Poemas de un mal tiempo para la lírica*, 1980 年)、《变形》(*Del avatar*, 1981 年)、《逗留地》(*Parajes*, 1984 年)。卡瓦哈尔以《逗留地》荣获了"奥雷利奥·埃斯皮诺萨·波利特"(Aurelio Espinosa Polit)全国文学大奖。他的其他诗作有《孙帕的恋情者》(*Los amantes de Sumpa*, 1983 年)《遮至嘴唇的头盔》(*En los labios la celada*, 1996 年)、《歌剧》(*Opera*, 1997 年)。另外需要提及的诗作还有布鲁诺·萨恩斯(Bruno Sáenz)的《学徒与话语》(*El aprendiz y la palabra*, 1980 年)、《镜中看话语》(*La palabra se mira en el espejo*)以及《哦,重复的话语》(*Oh palabra otra vez pronunciada*, 2001 年)。其他一些较有创作力的诗作家有哈辛托·科尔德罗(Jacinto Cordero)、欧亨尼奥·莫雷诺(Eugenio Moreno)、费尔南多·卡松(1935~)、卡洛斯·爱德华多·哈拉米略、欧雷尔·格兰达以及鲁文·阿斯图迪略。

厄瓜多尔诗歌创作中形成的一个特点是,把被遗忘抑或被视为有损诗歌大雅的成分作为抒情诗歌的组成部分纳入其中,如平铺直叙的散文体,特别是直白对话形式。一些诗人把民间俚语和社会下层俗语引入诗歌创作。例如费尔南多·涅托·卡德纳(Fernando Nieto Cadena, 1947~)早在 70 年代就创作了《心甘情愿》(*De buenas a primeras*),1989 年又发表了《行路者的流放地》[*Los des(en) tierras del caminante*]。

最近几年,出现了一些进行诗歌创作的新形式,如利用诠释历史进行诗歌创作的倾向。在这方面有温贝托·比努埃萨

第九章 文学和艺术

(Humberto Vinueza, 1944~)的《诗人,你的诺言》(*Poeta tu palabra*, 1989年);另外还有讽刺和揭露社会阴暗面的诗歌创作,如乌利塞斯·埃斯特雷利亚(Ulises Estrella, 1939~)的《击穿时空的针刺》(*Aguja que rompe el tiempo*, 1980年)、《出局》(*Fuera del juego*, 1983年)、《60首诗歌》(*60 poemas*, 1984年)、《下等人》(*Inferiores*, 1986年)和《太阳当头照》(*Cuando el sol se mira de frente*, 1989年)。

在小说创作方面,那些经历了社会现实主义并作为其主角、却得以继续发展下来的作家在70年代仍在孜孜不倦地进行创新。这方面的典型作家是阿尔弗雷多·帕雷哈·迭斯坎塞科(Alfredo Pareja Diezcanseco),他创作了《矮子》(*Las pequeñas estaturas*, 1970年),这部作品更贴近于荒诞和嘲讽,而非现实主义的表述,作者采用了最近拉美小说家常常采用的各种叙事手法。德梅特里奥·阿吉莱拉·马尔塔做出极大努力,创作了《七个月亮七条蛇》(1970年),以此脱离他早前的《堂戈约》(*Don Goyo*),回归到魔幻现实主义。他在创作《绑架将军》(*El secuestro del general*, 1973年)和《魔鬼的安魂曲》(*Réquiem para el diablo*, 1978年)时,更热衷于使用讽刺和滑稽手法,而非30年代所使用的现实主义记录手法。但是仍然有很多作品是沿用现实主义纪录手法进行创作的,如安赫尔·F. 罗哈斯(Angel F. Rojas)很晚才发表的《库利潘巴》(*Curipamba*, 1983年)。仍然沿用现实主义记录手法进行创作的其他小说家还有佩德罗·豪尔赫·贝拉(Pedro Jorge Vera),他以何塞·马丽亚·贝拉斯科为原型,创作了《我即人民》(1976年)、《家庭与年代》(*Las familias y los años*, 1982年)、《因银币跳舞的狗》(*Por la plata baila el perro*, 1989年)、《疲倦的上帝》(*El cansancio de Dios*, 1997年)等。

自70年代以来,在厄瓜多尔小说家身上可以更加明显地看到博尔哈斯、科塔萨尔、加西亚·马克斯、鲁尔夫或卡彭铁尔等

厄瓜多尔

人的印记。在这10年中，出现了一批重要的小说作品，其中有：《失之交臂》（*El desencuentro*，1976年）、《生死之间的玛丽亚·华金纳》（*María Joaquina en la vida y en la muerte*，1976年）、《亚麻地》（*Las Linares*，1976年）、《尘飞烟灭》（*Polvo y ceniza*，1979年）。在豪尔赫·达维拉·巴斯科斯（Jorge Dávila Vázquez，1947～）的《生死之间的玛丽亚·华金纳》中，幻境、毫无节制、幽默和夸张等构成了奇特的现实主义，尽管这稍逊于加西亚·马克斯在"马孔多"中的描述，但是却更加符合厄瓜多尔山区寒冷和雾气重重的氛围。达维拉·巴斯科斯在他的这部小说中，巧妙地使用了断裂的时间和空间、多样的叙事口吻等手法，具有胡安·鲁尔夫和卡洛斯·富恩特斯的风格。埃圭斯（Eguez，1944～）在他的小说《亚麻地》（近年来得到广泛传播的作品之一）中，把土生白人流浪汉作为作品的主人公，使其活灵活现，由此，生动描述了基多由一个村镇发展成现代化都市的社会过渡状况。

这个时期另一位多产小说作家是埃列塞尔·卡德纳斯（Eliécer Cárdenas，1950～）。他于1971年发表了处女作《今天，致将军》（*Hoy, al general*），后来便一发不可收拾，相继发表了一系列小说作品。另外，他还从事剧本创作。卡德纳斯最有名的小说是《尘飞烟灭》，曾获得由"厄瓜多尔文化之家"颁发的全国青年小说家大奖。读者们十分喜爱这部小说是理所当然的，因为书中的生活环境对他们太熟悉了，而且是从一位名叫瑙恩·布里奥内斯的江洋大盗、受排斥的社会阶层的眼光来审视厄瓜多尔社会中的一切。

费尔南多·迪纳赫罗（Fernando Tinajero，1940～）是上面提及的另一部较为有名的小说《失之交臂》的作者。它讲述的是关于一代知识分子陷入危机的故事。在20世纪60年代社会的动荡和变化之中，知识分子们遇到各种困惑，却找不到答案。他们通过不同的路径,最后均陷入失望。其他可以被视为一代人进行自我审视的作品还有《沮丧之理》(*Teoría del desencanto*,1985年)、《狼的梦想》(*Sueño de lobos*,1986年)、《被摧残的天堂花园》(*El devastado jardín del paraíso*,1990年)等。在一代人进行自我审视的同时,这些作品直接和鲜明地揭示了那个时代危机的复杂性。《狼的梦想》是同一时代另一部重要的小说作品,由作家阿夫东·乌维迪亚(Abdón Ubidia,1944~)创作。这部作品通过对主人公的成功塑造,揭示了两个不同时代、不同环境的变化和两种不同的社会集体意识,反映出人们十分关注70年代石油经济造成的社会变革。那是乌托邦和充满革命热情的年代,但又是怀有饿狼式梦想的新年代,这两种年代处于更迭和过渡过程中,因此小说的主人公塞尔希奥身处分裂状态的社会的迷宫中倍感迷惘。涉及同一个时代、同样宏大梦想的小说还有亚历杭德罗·莫雷诺(Alejandro Moreno,1944~)的《被摧残的天堂花园》。作者力图从总体上把握一个广泛的、多样化的社会,作品中既有对宗教信仰的忧患,哲理性的思辨,历史评论,又有对国家政治发展的思考,主人公涉及社会各个阶层和集团有代表性的人物。小说中若干章节的描述堪称这一时期厄瓜多尔小说中的精粹。作者的笔触集中于城市贫困环境和受排斥社会阶层,作品取得很大成功。

但是,这一时期厄瓜多尔的小说创作并不仅仅围绕着梦想的破灭和失望,而且还集中批判政权和各个社会集团的冲突和紧张关系,他们的精神狂乱、苦恼和矛盾的心理感受。家庭、社区、农民社团和省城都是小说作家们描述的对象,主人公赖以生活和发展的环境。伊万·埃圭斯(Iván Egüez)在他的小说《鸟的回忆》(*Pájara la memoria*)中,通过对丹尼尔·马丁内斯家庭生活的描写,对国家历史进行了剖析,揭露了政治上的尔虞我诈和争斗,分析了政权的基础,从头至尾、再回复始端的历史循环怪圈。

厄瓜多尔

在厄瓜多尔文学中，短篇小说具有某种前瞻性。30 年代，它的发展要先于长篇小说。1950～1970 年，短篇小说实现了一些创新。在此后的几十年，出现了不少有名的短篇小说作家。主要有：劳尔·佩雷斯·托雷斯（Raúl Pérez Torres，1944～），1980 年他发表了《夜晚与雾》（En la noche y en la niebla），该书获得了美洲之家的大奖。豪尔赫·达维拉·巴斯科斯，他于 1979 年发表了《遗忘的年代》（Los tiempos del olvido）。此后不久，他的《这个世界是必由之路》（Este mundo es el camino，1981 年）获得了"奥雷利奥·埃斯皮诺萨·波利特"全国文学奖。哈维尔·巴斯科内斯（Javier Vasconez，1946～），他创作了《遥远的城市》（Ciudad lejana，1982 年）、《斜视的人》（El hombre de la mirada oblicua，1989 年）。他的作品《赌者的影子》（La sombra del apostador，1998 年）获得 2001 年举办的罗穆洛·加列戈斯大奖赛的提名奖。弗朗西斯科·普罗亚尼奥（Francisco Proaño，1944～），他于 1987 年发表两部短篇小说集，《双重性》（La doblez）和《抵触魔幻》（Oposición a la magia），此后创作了小说《镜中的老面孔》（Antiguas caras en el espejo，1984 年）等。弗拉迪米罗·里瓦斯（Vladimiro Rivas，1944～），他创作了《财富》（Los bienes，1981 年）和《体验故事》（Vivir del cuento，1983 年），还发表了长篇小说《老虎的遗训》（El legado del Tigre，1977 年）和《消沉与夜晚》（La caida y la noche，2000 年）。马科·安东尼奥·罗德里格斯（Marco Antonio Rodríguez，1944～），他创作了短篇小说集《角落的故事》（Cuentos del rincón，1970 年）、《闯入者的历史》（Historia de un intruso）、《海豚和月亮》（El delfín y la luna）等。卡洛斯·贝哈尔·波蒂利亚（Carlos Béjar Portilla，1938～），他创作了短篇小说《月亮港》（Puerto de luna，1986 年）。阿夫东·乌维迪亚，70 年代末期他创作了短篇小说集《同一奇异的天下》（Bajo el mismo extraño

第九章 文学和艺术

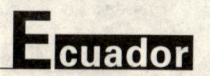

cielo)。此后，又出版了《趣味，魔幻和空想之书》(*Divertimientos, libro de fantasías y utopías*, 1989 年)。这后一部作品开创了厄瓜多尔小说创作的一条新路，即注重魔幻手法。

厄瓜多尔小说特别是短篇小说一直沿着现实主义的道路发展，受传统的影响很深。弗拉迪米罗·里瓦斯和卡洛斯·贝哈尔·波蒂利亚这两位作家尽管其关注点和创作重点有所不同，但是都注重魔幻手法，另外都十分敬佩豪尔赫·路易斯·博尔哈斯，以他为大师。

新现实主义 最近几年，厄瓜多尔小说家在发展现实主义文学流派方面作出很大努力，在反映现实题材方面作出创新。他们更多关注人物复杂内心的刻画，赋予魔幻更多空间，更多地使用魔幻手法，更多地进行思考和剖析。这些似乎正在形成一种新的现实主义。在反映和阐述现实之前，努力对现实进行探究和深度挖掘。他们认为，世界现实是多样的和多面的，有多种交汇点，可以进行多方位的思考和发掘。30 年代的社会现实主义致力于揭示社会问题，进行准确和精确的描述。但是最近几年的小说界所描述的世界是模糊的，充满了复杂性。这种对现实感受的模棱两可性在一些小说作品中得到体现。如弗朗西斯科·普罗亚尼奥的《镜中的老面孔》，米格尔·多诺索（Miguel Donoso）的《大海不在》（*Nunca más el mar*, 1981 年）和路易斯·费里克斯（Luís Félix）的《麻雀在黑暗中鸣叫》（*El gorrión canta en la oscuridad*, 1986 年）等。一些小说使用了传说、幻觉或美学和哲学思考。这些在 70 年代以来的小说作品中得到更多的体现，甚至出现了这样一种倾向，即重新诠释历史，至少是把历史作为一种必不可少的参照或参考。这类的小说有：伊万·埃圭斯的《鸟的回忆》和《尊贵先生的权力》（*El poder del gran señor*），豪尔赫·贝拉斯科的《被遗弃歌曲的伴鼓声》（*Tambores para una canción perdida*, 1986 年)，巴尔达诺（Valdano）的《当白

日来临的时候》(*Mientras llega el día*)、卡洛斯·德拉托雷·弗洛尔(Carlos de la Torre Flor)的《日当午时夜幕降临》(*Anocheció en la mitad del día*, 1983年)、劳尔·罗哈斯的《屠杀的理由》(*Una razon para matar*, 1990年)。这些作品更多地是一种历史纪实, 而非小说。另外, 大部分小说特别是短篇小说热衷于把历史小说建立在得到明确诠释的真实的历史基础之上。例如, 阿莉西亚·亚涅斯(Alicia Yáñez)在其小说《餍足的处女》(*La virgen pipona*)中, 几乎把国家政治发展的编年材料作为素材引入小说中。在《三里屯的调侃》(*Las tertulias de San Litun*, 1993年)中, 作者胡安·安德拉德·埃曼(Juan Andrade Heymann)在描述国际政治进程时也大量引用了史实资料。

进入20世纪80年代后, 厄瓜多尔的小说创作更趋严肃, 更少讥讽、滑稽和幽默。而在70年代, 使用滑稽手法似乎是小说创作的一种时髦手法, 如伊万·埃圭斯在其小说《尊贵先生的权力》中, 采用了滑稽手法构思作品, 阿莉西亚·亚涅斯在其《餍足的处女》和《健康愉悦之家》(*La casa del sano placer*, 1989年)中, 采用了某种讥讽式的幽默。但是这些并不影响小说创作日趋严肃、更谨慎地使用讽刺手法的总的发展趋势。

第六节　杂文和散文

最近几十年来, 涌现出了一批杂文作家, 可以提及的有阿古斯丁·奎瓦(Agustín Cueva, 1937~1992年)和费尔南多·蒂纳赫罗(Fernando Tinajero)。后者创作了《趋近和距离》(*Aproximaciones y distancias*)和《从遁世到沮丧》(*De la evasión al desencanto*, 1987年), 胡安·巴尔达诺(Juan Valdano)的《厄瓜多尔：文化与一代代人》(*Ecuador: cultura y generaciones*, 1985年), 弗拉迪米罗·里瓦斯的《明示与同谋》

(*Desciframientos y complicidades*,1991 年),安德烈斯·格雷罗(Andrés Guerrero) 的《统治的语义：与印第安人的契约》(*La semántica de la dominación: el concertaje de indios*) 等。

阿古斯丁·奎瓦是厄瓜多尔近几年来最有名的杂文作家，他的作品有：《在愤怒与希望之间》(*Entre la ira y la esperanza*, 1967 年)、《拉丁美洲资本主义的发展》(*El desarrollo del capitalismo en América Latina*, 1977 年)、《拉丁美洲社会理论和政治进程》(*Teoría social y procesos políticos de América Latina*, 1988 年)。奎瓦把社会学、政治分析、广泛的文化思考以及文学领域的杂文表述力量结合起来，混为一体。其他一些比较有名的社会学、经济、政治和历史杂文作家有奥斯瓦尔多·乌尔塔多、胡利奥·埃切韦里亚(Julio Echeverría) 和恩里克·阿亚拉·莫拉(Enrique Ayala Mora)。

最近几年，文学评论也得到较大发展。在厄瓜多尔文学史方面颇有建树的有埃尔南·罗德里格斯·卡斯特洛(Hernán Rodríguez Castelo, 1939~)，他的作品有《16 世纪基多检审庭的文学》(*Literatura en la Audiencia de Quito, siglo XVI*, 1980 年)，他还为厄瓜多尔阿列尔作家经典丛书收集的100 部作品进行了导论性研究。另外，发表了《厄瓜多尔当代的抒情诗》(*Lírica ecuatoriana contemporánea*)，研究并选编了最近几年厄瓜多尔的诗歌作品。

在民间诗歌评论方面，有劳拉·伊达尔戈(Laura Hidalgo)，他的作品有《埃斯梅拉达斯的十行诗》(*Décimas esmeraldeñas*, 1982 年)和《瓜兰达狂欢节的民歌》(*Coplas del carnaval de Guaranda*, 1984 年)。

在叙事文学评论方面有建树的有米格尔·多诺索·帕雷哈、安东尼奥·萨科托(Antonio Sacoto)、塞西里亚·安萨尔多(Cecilia Ansaldo)、梅塞德斯·马弗拉(Mercedes Mafla)、胡

安·巴尔达诺等。

在抒情诗歌研究方面，有埃尔南·罗德里格斯（Hernán Rodríguez）、胡利奥·帕索斯（Julio Pazos）、马丽亚·罗莎·克雷斯波（María Rosa Crespo）、马丽亚·奥古斯塔·本提米利亚（María Augusta Ventimilla）等。

在历史研究方面，厄瓜多尔智库图书馆出版了重要的系列丛书。比较有名的著作有《厄瓜多尔的新编历史》（*Nueva historia del Ecuador*）和多卷本的《厄瓜多尔文学史》（*Historia de las literaturas del Ecuador*）。

第七节 造型艺术

一 古印第安人时期的造型艺术

公元前3500~前1500年，当时的巴尔迪维亚人发明了陶器，可以说这是美洲大陆最早的陶器文化。巴尔迪维亚人制作的陶器上面有立体图案，依稀可见的精美条文，由3种颜色组成的彩绘，以及被叫做"巴尔迪维亚女神"的形象。公元前1500~前1000年，马查理利亚人制作了精美的黑色器皿，上面烟黑色与红色相配，还制作了十分好看的细嘴瓶。乔雷拉人代表了截至公元前1000年最先进的艺术，他们制作的陶制器皿采用了拟人和动物形状，造型十分漂亮，上面以陶器自然色为底色，绘有乔雷拉人日常生活中使用的一些实物，配有彩虹状的图案。他们还发明了可吹出响声的小瓶子。另外，还加工首饰品。他们把生活日常用品加工得十分精美，堪称艺术品。此后，出现了托里塔文化。托里塔人制作了十分精细的陶制品、黄金制品、铜制品，银、金、铜甚至白金合金制品。北部山区的屯卡乌安人以立体图案装饰他们制作的器皿。后来的曼特尼亚人制作了

第九章　文学和艺术

呈"U"字型、底部支撑形状各异、有动物和人物图案的石料椅子和精美的陶制器皿,以及送葬时使用的漂亮的银制面具。

二　殖民地时期的造型艺术

在西班牙殖民时期,基多艺术家创作的艺术作品在西班牙美洲具有很高水平。他们创作的绘画和雕塑作品质量很高,风格十分突出,摆设在基多富丽堂皇的教堂中,十分引人注目。在17世纪和18世纪,基多艺术甚至传播到欧洲和美洲其他地区。17世纪,基多著名的画家有埃尔南多·德拉克鲁斯(Hernando de la Cruz)、米格尔·德圣地亚哥(Miguel de Santiago)和尼古拉斯·哈维尔·戈里瓦尔(Nicolás Javier Goribar)。米格尔·德圣地亚哥创作了关于圣奥古斯丁的系列画和关于瓜普罗寺院的绘画作品。帕德雷·卡洛斯创作了十分精美的雕塑作品。18世纪,出现了殖民时期基多最杰出的两位雕塑家,贝尔纳多·德莱加尔达和卡斯皮卡拉·莱加尔达(Caspicara Legarda)。这一时期最杰出的画家有贝尔纳多·罗德里格斯和曼努埃尔·德萨马涅戈,他们把基多的巴罗克风格推向了矫饰风格。

在16世纪至18世纪,宗教建筑艺术得到很大的发展,使基多成为宏大建筑成群的城市。16世纪基多最有名的建筑,乃至美洲最重要的宗教建筑之一是圣弗朗西斯科教堂。1533年开始建筑广场和回廊,并于1573年完工。16世纪建筑的还有圣多明各教堂。17世纪扩建了大主教堂的祭坛,建成了圣奥古斯丁教堂、萨格拉利奥教堂、圣克拉拉和瓜普罗教堂。18世纪建成了富丽堂皇的德拉梅塞德教堂。

三　19世纪的造型艺术

19世纪初,拉美国家获得独立后所面临的一项重要任务是在殖民文化的基础上,塑造民族文化,脱离殖民时

厄瓜多尔

期的规范和模式,逐步形成本民族的艺术。在造型艺术方面也是如此。厄瓜多尔造型艺术的发展经历了一个比较漫长的过程。

在西班牙殖民统治崩溃后,原殖民地的文化并没有自然而然地在本土条件下很快过渡为一种本土的民族文化。殖民文化的桎梏消失后,这些新独立的国家却沿袭和继承了欧洲的文化发展模式。这一方面是因为民族文化的发展基础比较薄弱,弱小的本土文化和艺术难以填补新出现的空白。另一方面是因为一个时期以来,西班牙美洲殖民地受到欧洲文化,其中包括文艺复兴、启蒙运动和法国大革命的影响。这一系列运动对美洲殖民地的影响十分深远,乃至在拉美国家获得独立后,在塑造民族文化的过程中,欧洲模式成为他们追求的目标和范式。因此,在19世纪,拉美新独立的国家,包括厄瓜多尔的文化和艺术大多是在欧洲文化的影响下发展起来的,走过了欧洲19世纪所经历的文化艺术发展过程,也相应地产生了欧洲各个时期产生的文化和艺术流派,如浪漫主义和新古典主义。也可以说,拉美地区,包括厄瓜多尔,19世纪是浪漫主义和新古典主义世纪。

如果说,在殖民时期占优势或正统地位的基本上是宗教艺术,那么在19世纪初,争取独立的战争和政治的需要成为艺术表现的主要内容,如人物画像、战役场面、屠杀场面以及其他与战争和政治斗争紧密相关的题材。在这一时期,教会的权力和影响力大为削弱,宗教题材的艺术创作明显减少。

战争和政治题材艺术 在独立战争年代,出现了很多战争领袖和英雄的画像,其中包括基多独立时期的英雄迪奥斯·莫拉莱斯(Dios Morales)。他积极参加了1809年8月10日的基多独立运动,并于1810年8月2日在利马皇家城堡被杀害。这幅画像是遵循18世纪新古典主义和浪漫主义的艺术标准进行创作的,为半身像,人物占去版面的3/4,双手交叉在胸前,穿着18世纪末传统的正规服饰,给人以自由派和现代派的印象。肖像显示

第九章 文学和艺术

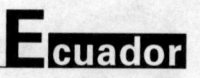

出文艺复兴传统所要求的表现技术和技巧。这部作品揭示出自18世纪末以来绘画艺术家们所面临的挑战,出现了新的创作题材,同时需要保持殖民时期宗教艺术所要求的标准和规范,即需要把二者巧妙地结合起来。如同殖民时期其他绘画作品一样,这部肖像的创作时间和作者均无法查证。另外,在这一时期,还有很多绘画作品均为无名氏所做。

在独立战争时期,出现了很多直接和客观地反映战争、战役和执行枪决场面的绘画,如《枪决罗萨·萨拉特》(*Fusilamiento de Rosa Zárate*)、《米尼亚利加战役》(*Batalla de Miñarica*)和《阿亚库乔战役》(*Batalla de Ayacucho*)等。这些作品表现出较强的绘画技巧,场面生动,人物栩栩如生,技术构思十分娴熟和自然。

共和国时期的艺术从宗教肖像画发展到肖像、风俗和风景画,安东尼奥·萨拉斯(Antonio Salas,1780~1858年)开创了绘画艺术的一个新高峰。在他的影响和熏陶下,他的儿子拉蒙和拉斐尔也在绘画方面颇有建树。这个时代比较有名的画家有卡德纳(Cadena)、马诺萨尔瓦斯(Manosalvas)、特罗亚(Troya)、格雷罗(Guerrero)、华金·平托(Joaquín Pinto)等。

政治肖像画 安东尼奥·萨拉斯是这一时期从事政治肖像画创作的代表人物,他继承了18世纪末的画家萨马涅戈和莱加尔达时期形成的绘画繁荣。萨拉斯既为政府官员又为私人做画像,他画的人物有宗教领袖和军事官员。萨拉斯的肖像画线条略显僵硬,色彩的使用少有立体感。现在,在基多市立博物馆中珍藏着据说是他创作的玻利瓦尔的一幅肖像画。作品中的玻利瓦尔显得很有尊严和自信,但是面部表情不大生动,耳部、头发和脸部的线条比较僵直。这部作品体现了殖民时期巴罗克艺术风格,如色彩明暗相间等。玻利瓦尔的表情似乎表明这可能是一幅人物写真画。这部作品的艺术价值在于它不遵循经院式的教规和范式,追

厄瓜多尔

求一种精美的直接表现和写真效果。胡安·何塞·弗洛雷斯将军当时任南方区的总司令,从事解放南方区的战事,他委托萨拉斯为自己和追随他的将军们制作了不少肖像。作品一般为全身像,将军们大多为站立姿势,身负戎装,表情严肃,显得高贵和威严。这些肖像画的背景颜色大多为金黄色。这种色彩为中性,有助于突出人物形象,同时还是一种抽象的精神空间象征。殖民时期,特别是拜占廷时期,金黄色背景通常用于宗教肖像画,以显示人物的尊贵地位和身份。

在整个19世纪,肖像画一直是主要的艺术表现形式之一。画中人物不仅是将军,而且有总统和其他政府首脑,还有比较显赫的贵族人物。一些贵族夫人们喜欢在肖像画中配上当时欧洲比较时髦的服装,尽管她们的衣柜中并没有这种服饰,而是在当时从欧洲传播过来的杂志上见到过。当时,在厄瓜多尔的贵族中流传着一种观念和意识,即希望在画像和肖像中寄托或表述对未来的期盼。在这方面,比较有名的肖像作品是19世纪中期安东尼奥·桑托斯·塞瓦略斯(Antonio Santos Cevallos)创作的肖像画《安东尼娅·桑切斯·巴尔迪维索》(*Retrato de Antonia Sánchez Valdivieso*)。

19世纪下半期,日益增强的自然主义在艺术表现方面的影响力增大。人们对自然的观察和自然知识日益感兴趣,并建立了艺术教育机构。

艺术研究院的兴起 新生的拉美各国日益重视艺术研究和教育,开始建立艺术研究院,制定并实施促进艺术发展的规划。在波旁王朝的支持下,墨西哥在独立后建立了拉美第一个艺术研究院,即圣卡洛斯艺术研究院。1826年巴西在里约建立了艺术研究院。大致与此同时,玻利瓦尔制定了大哥伦比亚公共教育法,根据这一法律,要开办学校,教授绘画、艺术理论和设计、建筑和雕塑艺术等课程。直到1850年才在加拉加斯建立绘画和雕塑

第九章 文学和艺术

研究院。从此,殖民时期的经院艺术才开始向与人文艺术相关的方向发展。1850年前后,玻利瓦尔的计划在厄瓜多尔加以实施,当时在基多建立了一系列的艺术机构,尽管这些机构存在时间并不长。1849年建立了由法国画家厄恩斯特·沙尔东(Ernst Charton)领导的绘画协会。当时他教授了风俗派绘画艺术。1852年米格尔·德圣地亚哥民主学校(Escuela Democrática de Miguel de Santiago)成立。1860年艺术和绘画院(Academia de Arte y Pintura)成立。1872年,在加西亚·莫雷诺政府任期,艺术和职业技能学校(Escuela de Bellas Artes y Oficios)成立,由画家路易斯·卡德纳(Luís Cadena,1830~1889年)任校长,当时在厄瓜多尔举办了第一次艺术展览会。但是在1875年加西亚·莫雷诺总统被杀后不久,该学校便关闭了。

在这一时期与艺术机构并存的是进行绘画制作的手工工场,如安东尼奥·萨拉斯和拉斐尔·特罗亚分别开办的绘画工场。在这些工厂里,他们的儿子、孙子和众多徒弟在里面从事绘画制作,负责为委托人制作作品。虽然这一时期先后建立的各个艺术机构存在时间不长,但反映出当时厄瓜多尔日益重视并致力于艺术教育和发展,为后来厄瓜多尔的艺术发展打下了基础。随着艺术的社会地位不断提高,人们逐渐改变了对艺术家的看法,由一种作坊手工技师转变成为职业艺术家。1904年,基多艺术学校成立。

路易斯·卡德纳出生于马查奇,早年为裁缝,在认识了画家安东尼奥·萨拉斯以后,经常光顾他的画廊和工场,对绘画产生浓厚兴趣,遂改行绘画制作,1852年他在刚刚成立的米格尔·德圣地亚哥民主学校的绘画大奖赛中获奖,获得一定的社会名气。1855年卡德纳的一位顾客资助他赴智利游历。在那里他在艺术家蒙沃伊辛(Monvoisin)领导的学校进修绘画近一年,不仅提高了绘画艺术,而且掌握了当时十分流行的绘画艺术教学方

厄瓜多尔

法,临摹绘画艺术名人的作品。1856年他回到厄瓜多尔,翌年享受罗夫雷斯总统提供的奖学金赴意大利,在十分有名气的圣卢卡斯艺术院(Academia de San Lucas)学习两年。在那里,他继续临摹欧洲绘画艺术大师们的作品,绘画水平大有长进。大致在1859年和1860年,他返回厄瓜多尔,负责筹建艺术和绘画院。当时积极推动艺术教育和建立艺术机构的除了路易斯·卡德纳以外,还有胡安·马诺萨尔瓦斯(Juan Manosalvas,1837~1906年),他们除了从事艺术教学外,还到外地和国外参加艺术活动和教学。

胡安·马诺萨尔瓦斯的艺术经历与卡德纳相似。1871年他赴罗马在圣卢卡斯艺术院学习,师从西班牙绘画大师亚历杭德罗·马里尼(Alejandro Marini)。后来赴墨西哥艺术院从事艺术教学和创作。还在哥伦比亚和玻利维亚的艺术院工作过。1873年他回到厄瓜多尔,领导基多艺术学校,直到1876年该校关闭。

风景和风俗画派 18世纪末,当西班牙王室开始对外开放西属殖民地后,不少其他地区的游客和科学家到这里旅游和考察。新大陆的人文地理、风景和风俗等在欧洲国家引起广泛的兴趣,人们渴望通过游记和绘画了解新大陆。这刺激了拉美地区科学研究和绘画艺术的发展。18世纪末,何塞·塞莱斯蒂诺·穆蒂斯(José Celestino Mutis)领导了对新格拉纳达地区进行植物考察之行,绘制了这一地区5300多幅植物标本画,其中很多是由基多的画师们制作的。此后,在整个19世纪,当地画师也陆续地参与了欧洲科学家的科学考察工作。例如,当地画师拉蒙·萨拉斯(Ramón Salas)和特罗亚就曾陪伴欧洲科学家的考察队,制作了大量的植物标本画。他们所创作的作品为后来厄瓜多尔的绘画,特别是风景画的发展打下了基础。19世纪中叶,在此基础上,发展起了厄瓜多尔风景和风俗画。当时的风景和风俗画家有拉蒙·萨拉斯、特罗亚、拉斐尔·萨拉斯、胡安·奥古斯丁·

格雷罗、何塞·华金·平托（José Joaquín Pinto）等。他们的不少作品现在珍藏在欧洲一些国家的博物馆中。

1850年拉斐尔·萨拉斯创作了《基多风景》（Vista de Quito），这部作品通常被视为厄瓜多尔第一部风景画。1858年曼努埃尔·比利亚维森西奥（Manuel Villavicencio）在纽约出版了《厄瓜多尔地理》（Geografía de Ecuador），其中收入了厄瓜多尔山区的很多风景画。1868年，何塞·华金·平托创作了《从卡皮亚潘巴看皮钦查火山口》（Vista del crater del Pichincha desde Capillapamba），1899年创作了《从埃尔普拉瑟山看基多风景》（Vista panorámica de Quito desde El Placer），据说，这部作品是为基多庆祝使用电灯剪彩而作。19世纪和20世纪之交，出现了一位有名的风景画家，路易斯·A. 马丁内斯（Luís A. Martínez, 1869~1909年）。他多才多艺，艺术领域涉猎广泛，除了绘画外，还从事小说创作、农艺学研究并出版著作，曾任教育部长。在绘画艺术方面，曾从师拉斐尔·萨拉斯，并且艺术水平很快便超过了老师。

19世纪末期的雕塑艺术 在殖民时期，宗教题材是雕塑艺术的主要方面。但是进入19世纪后，如同绘画艺术一样，以宗教为题材的雕塑艺术受到影响。这一方面是由于天主教会普遍处于经济困境之中，没有充足的财力扩大需求，另一方面，厄瓜多尔世俗社会的不断发展为艺术家们开辟了更加宽阔的创作领域和题材，影响着他们的创作方向。在这一时期，从事宗教题材创作的雕塑家并不多，其中比较有名的是米格尔·贝莱斯（Miguel Vélez），他既保持了殖民时期传统的技术程序和教会的艺术要求，同时又采纳了时代的审美标准和观念，他使用的色彩更加明亮。这一时期雕塑领域进一步扩大，纪念性雕塑，如公园、广场的纪念碑和历史建筑雕塑群的修复，以及丧葬性雕塑如基多和瓜亚基尔新建的公墓区中的纪念堂和墓葬碑等的需求显著增加。

厄瓜多尔

四　20世纪的造型艺术

现代艺术的诞生　厄瓜多尔文化界普遍流行一种看法，即从文化角度讲，厄瓜多尔20世纪的起点是在1922年发生瓜亚基尔大屠杀事件之后。另有一种观点认为，根据历史事件，20世纪起始于1895年的自由派革命。但是从造型艺术来讲，该世纪应该从1893年在昆卡市建立美术学校和1904年在基多建立国立艺术学校（Escuela Nacional de Bellas Artes）算起。当时的自由派政府执行新文化政策，建立了这些艺术教育机构。

尽管厄瓜多尔建立国立艺术学校要晚于拉美其他国家，它却标志着国家艺术活动的体制化和专业化的开始，为专业艺术的发展构造了体制基础，包括艺术培训、作品展览、艺术评论等。尽管当时保守主义政策和艺术观在教育领域占统治地位，国立艺术学校为造型艺术的创新和国家现代艺术的发展提供了依托。艺术活动开始具有社会意义和价值，与国家的文化结合为一体。1917年，马里亚诺·阿吉莱拉年度艺术大奖赛首次举行，虽然是由私人倡议的，却受到国立艺术学校的支持。

国立艺术学校在成立之初的7年中，由西班牙人维克多·普伊赫（Víctor Puig）领导，实行欧洲传统的经院式教育模式。为此，聘请了当时最为重要的厄瓜多尔艺术家任教，如拉斐尔·萨拉斯、胡安·马诺萨尔瓦斯和华金·平托。1906年，在他们先后去世后，普伊赫聘请了很多欧洲教师，并从欧洲进口了一系列仿制的古典石膏雕塑像作教具，还成立了教学用的平版印刷室，首次创办了专门发表造型艺术成果的杂志《艺术学校杂志》。另外，还设立了到国外主要是意大利留学的奖学金，学习欧洲艺术。1911年，何塞·加夫列尔·纳瓦罗（José Gabriel Navarro）代替普伊赫任国立艺术学校校长。1915年国立艺术学校的首批学员毕业，他们成为国家艺术发展的新生力量，形成了两个主要的艺术流派：古典经院派和新艺术现代主义经院派。古典经院派的著名代表性作品是安东尼奥·萨尔加多（Antonio Salgado）的《诡计》（*Insidia*）。新艺术现代主义经院派以卡米罗·埃加斯（Egas）、维克多·米德罗斯（Víctor Mideros）和何塞·阿夫拉姆·莫斯科索（José Abraham Moscoso）等人创作的早期作品为代表。新艺术现代主义经院派体现了推动艺术走向现代化和民族化的努力，其中尤以埃加斯的作品表现突出，其风格来源于象征主义，特别是西班牙的新艺术流派，即西班牙现代主义。西班牙现代主义在欧洲官方传播十分广泛，并通过西班牙的杂志在拉美地区广为人知晓。在1917年由国立艺术学校举办的年度绘画大奖赛中，西班牙现代主义的影响十分明显，当时埃加斯、米德罗斯和莫斯科索参加了这次活动，他们参赛的作品具有浓厚的西班牙现代主义风格。

米德罗斯和埃加斯创作了一系列具有浓厚西班牙现代主义风格的风俗画，如前者的《森比萨》（*La Zámbiza*），而埃加斯在1916~1923年间创作的这种风格和题材的作品数量最多。他使印第安题材回归厄瓜多尔艺术，印第安人成为厄瓜多尔现代民族和进步的象征。米德罗斯在其艺术生涯中则贴近欧洲19世纪末期的艺术风格，尽管在30年代他吸收了先锋派的成分。自20年代初起，他从意大利和美国游历回国后，逆造型艺术世俗化的潮流而动，开始从事宗教题材的艺术创作，并取得显著成功。

20世纪，厄瓜多尔的宗教艺术绘画又有所斩获，出现了著名画家维克多·米德罗斯。他擅长于象征主义风格创作，成为20世纪初厄瓜多尔画坛的领军人物。

社会现实主义　20世纪初的国际环境和艺术背景十分有利于厄瓜多尔的社会现实主义艺术的产生。当时，墨西哥爆发了革命，国际社会主义运动方兴未艾，墨西哥壁画艺术在整个拉美产生重要影响，1922年在瓜亚基尔发生了工人大屠杀惨案，1925

厄瓜多尔

年爆发了胡利亚纳革命，1926年诞生了厄瓜多尔社会主义党。正是在这种背景下，"瓜亚基尔团体"在30年代初发起了文学领域中的社会现实主义创作运动。此后，社会现实主义波及绘画艺术。

谈及厄瓜多尔社会现实主义绘画艺术不能不提及埃加斯。1927年埃加斯移居美国纽约，一直生活到1962年去世。在那里任社会研究新学校（New School for Social Research）艺术系主任。在大萧条期间他曾参加在美国发生的一系列社会运动。他的政治倾向促使他在30年代在艺术创作中转向社会现实主义，他经常以工人和贫苦人为创作题材，制作了很多以印第安人风俗和节日为题材的壁画。尽管埃加斯长期定居海外，远离厄瓜多尔艺术环境，但是对厄瓜多尔20世纪的艺术发展却产生很大的精神影响，各个时期的很多青年艺术家均参考他的作品进行创作。

但是在厄瓜多尔国内，促使30年代中期绘画艺术发展出现重要变化的却是一位年轻画家埃德华多·金曼（Eduardo Kingman）。1935年，金曼具有社会现实主义风格的绘画作品《烧炭工》（*El carbonero*，1934年）参加马里亚诺·阿吉莱拉艺术大奖赛，其参赛资格却遭评委会质疑。另外评委们对其以受剥削和贫困困扰的工人为题材难以接受。几经众多青年画家们的强烈抗议，评委会进行了改选，重新进行评选，作品最终折桂。这大大提高了该作品的社会和艺术影响。这部极具艺术水平的作品成为厄瓜多尔社会现实主义绘画艺术的范式，开启了国家绘画艺术中社会现实主义的始端。自此，出现了大量以劳动者特别是印第安人为题材的社会现实主义绘画作品。1939年，青年画家们成立了五月第一画廊（Primer Salon de Mayo），决心与反映官方艺术政策和传统艺术观念的马里亚诺·阿吉莱拉艺术评奖机构决裂，主张向一切绘画艺术流派开放。1940年，埃德华多·金曼和其兄弟尼古拉斯·金曼一起发起成立了卡斯皮卡拉画廊，吸引了左翼青年画家。画廊十分活跃，仅在成立第一年就举办了13次画展。

艺术家本哈明·卡里翁（Benjamín Carrión）受墨西哥壁画文化反映的民族主义的影响，从墨西哥回到厄瓜多尔后，于1944年发起成立了"厄瓜多尔文化之家"（Casa de la Cultura Ecuatoriana），目的是促进民族文化的发展。在40年代和50年代，"厄瓜多尔文化之家"在造型艺术方面大力提倡社会现实主义。可以说，在这20年，社会现实主义在画坛占据了主导地位，佩德罗·莱昂（Pedro León，1894~1956年）和米德罗斯等都加入了社会现实主义运动。

20世纪40年代又出现了一批新的造型艺术家，如加洛·加莱西奥（Galo Galecio，1908~1993年）、海梅·安德拉德·莫斯科索（Jaime Andrade Moscoso，1913~1990年）和奥斯瓦尔多·瓜亚萨明（Oswaldo Guayasamín，1919~1999年）。其中，瓜亚萨明是最有名气和最具争议的画家。加莱西奥和安德拉德分别擅长于木刻和雕塑。1944~1947年，加莱西奥曾在墨西哥民间木刻艺术学校（Taller de Gráfica Popular）学习。1942年安德拉德就学于纽约的社会研究新学校，从师于西班牙雕塑家何塞·德克雷夫特（José de Creft）。加莱西奥在赴墨西哥学习之前，曾与瓜亚基尔的进步作家和知识分子保持联系，为"瓜亚基尔团体"的作家设计小说和短篇小说集封面，并为报社和杂志社制作政治漫画。后来，与安德拉德、瓜亚萨明、金曼等发起了壁画创作运动。在墨西哥他为墨西哥艺术学校创作了壁画《人民大众》（Gente de pueblo）。后来在基多为"厄瓜多尔文化之家"创作了壁画《厄瓜多尔历史》（Historia del Ecuador），为刚刚落成的社会保障协会绘制了《保护劳动者》（Protección a los trabajadores），为基多苏克雷将军机场制作了《首航安第斯山脉》（Primer vuelo sobre los Andes）。在壁画、特别是木刻方面，加莱西奥为厄瓜多

厄瓜多尔

尔更新了造型艺术语言,由自然色彩描绘转向简单和浓重色彩的使用和调配,以此来表述历史和社会内容。可以认为,加莱西奥是厄瓜多尔最重要的社会现实主义艺术家之一和最杰出的木刻艺术家之一。

安德拉德是厄瓜多尔20世纪最杰出的雕塑家,历史上最杰出的雕塑家之一,毕生从事社会现实主义艺术创作,为之做出了重要贡献。他同时又是壁画家,1948~1954年,为厄瓜多尔中央大学校长楼制作了浮雕壁画,1949年,为社会保障协会制作了浮雕壁画。前者为社会现实主义常见的拉美历史题材,该题材以印第安人为主,欧洲人为反面角色。为社会保障协会大楼制作的壁画反映的是国家各地区印第安人的生活。如同加莱西奥,他的作品主要是社会现实主义风格,但是并不是原始性的现实主义表现形式,而具有先锋派艺术的简化形式。自60年代,安德拉德的作品开始最大化地简化自然形式,并在浮雕壁画和雕塑创作中使用铁做材料。他使用多种技术形式进行创作,包括用石条等石料、镶嵌砖、彩饰铁料等。

在造型艺术革新的年代,瓜亚萨明为社会现实主义的发展做出杰出贡献。1942年,他在卡斯皮卡拉画廊举办了第一个个人画展。他在1942年创作的作品《家庭》(*La familia*)中,通过色彩的巧妙运用、布局的精心构思和笔触的轻重结合突出了社会现实主义的主题。

1946年,曼努埃尔·伦东·塞米纳利奥(Manuel Rendón Seminario,1894~1982年)在第二国立艺术馆展出了一幅抽象体裁绘画作品,这也是在厄瓜多尔第一次展出这种风格的作品,这反映出国内寻求艺术创新、加入国际现代艺术的一种新尝试。

第二次世界大战后的国际政治形势和世界政治两极化格局对艺术流派产生深刻影响,促进了新的国际艺术流派的产生和发展。如抽象立体派,认同于地缘政治中西方一极;社会现实主义

第九章 文学和艺术

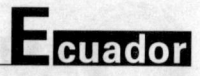

派,更多地认同苏联阵营。拉美地区与外部世界的联系进一步加强,国际上各种艺术流派的发展也影响到拉美,包括厄瓜多尔。拉美和厄瓜多尔的很多艺术家十分关注这种国际影响及民族文学艺术的发展前途。

抽象派艺术 伦东和阿拉塞利·希尔韦特(Araceli Gilbert, 1914~1993年)可以说是厄瓜多尔抽象派艺术的创始人。伦东生于法国巴黎,并在那里度过其青年时代。1937~1950年,在厄瓜多尔生活。最初参与社会现实主义文艺运动,发表作品《大管家》(Mayordomo,1941年)。40年代中期,开始创作充满活力、日趋抽象的绘画作品。他的作品主题比较晦涩,需要结合作者本人对世界的看法加以理解。他寻求简朴的生活方式和更高层次的精神世界。他的作品线条流畅,画面由不同层次的色彩组成,给人以半透明的印象和感觉。作品中的曲线和圆形具有重要的象征含义,在伦东的作品中,可以发现"一种意识和思想表现,一种向更高层次升华的感觉,物体和形式已经不属于现实世界"[1]。在这种精神高度,伦东的绘画作品具有二战后表现主义的一些表现形式,是发自作者内心世界的精神表述。

阿拉塞利·希尔韦特是一位杰出的厄瓜多尔女画家。早年生活在智利,在圣地亚哥艺术院学习绘画。回到厄瓜多尔后,在瓜亚基尔艺术院师从当时在那里任教的汉斯·迈克尔森(Hans Michaelson)。1944年,赴纽约阿梅代奥森凡特艺术学校(Amedee Osenfant Art School)进行深造。后赴巴黎学习绘画技术。在那里结识了抽象派艺术家安德烈·埃尔文(Andre Herbin)。丰富的艺术经历使她具备了扎实的抽象派艺术基础。50年代阿拉塞利创作了一系列具有很强的立体抽象感的作品,并于1955年举办

---

[1] *Enciclopedia Ecuador a su alcance*, Editorial Planeta Colombiana, Página 622, Bogotá, Colombia, febrero de 2004.

画展。她热衷于使用纯粹抽象的表现形式,完全脱离自然,擅长运用节奏和色彩,通过大量色彩之间的相互协调实现精确的均称效果,使作品内容丰富,充满活力。可以说,阿拉塞利和伦东促进了当时和此后十多年占主导地位的两个艺术流派的发展,即阿拉塞利代表了建筑立体抽象派,伦东则代表了具有表现主义成分的立体抽象派。

建筑艺术 阿拉塞利与其他一些艺术家一道,于60和70年代,在厄瓜多尔掀起了一场虽然不大却很有代表性的建筑艺术运动。在这场运动中,还有一位较有代表性的人物,即路易斯·莫利纳里(Luís Molinari,1929~1995年)。他50年代生活在布宜诺斯艾利斯。阿根廷具有立体艺术的传统,当时那里出现的动力艺术高潮对他后来的艺术发展产生很大影响。60年代前半期他侨居巴黎,1968~1975年生活在纽约。莫利纳里早年为超现实主义者,自60年代,开始转向建筑艺术和视觉艺术。莫利纳里在其作品中习惯于立体学向量的使用,通过不断变换方向显示活力,同时构置三维空间。另一位艺术家是埃斯图亚多·莫尔多纳多(Estuardo Moldonado,1930~)。他出生于基多附近的一个乡村,1944年到瓜亚基尔艺术院学习。后来争取到政府的奖学金,到意大利深造。自1968年开始研究建筑型立体抽象派艺术,利用工业建筑材料"建筑"作品的形式和结构。他采用一种在工业中已广泛使用的新技术,即氧化上色术(inox-color)。这种技术使用于汽车工业,把不锈钢材料浸于酸性液体中,通过不同时间的浸泡,使不锈钢材料的表面呈现不同色彩。

60年代的寻古主义 60年代,受欧洲和美国抽象派艺术的影响,也产生了根植于本土文化的抽象派艺术流派。在安第斯地区产生了一种艺术流派,最初它被称为前殖民艺术流派,现在通常被称为寻古主义。寻古主义力图摆脱全盘模仿欧洲艺术进行创作的做法,在传统民族文化中寻找创作源泉。其代表人物在玻利

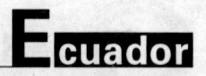

维亚有马丽亚·路易莎·帕切科（María Luísa Pacheco），在秘鲁有费尔南多·德希什罗（Fernando de Szyszlo），在厄瓜多尔有恩里克·塔瓦拉（Enrique Tabara，1930～）、阿尼瓦尔·比利亚西斯（Aníbal Villacis，1927～）和埃斯图亚多·莫尔多纳多。

恩里克·塔瓦拉、阿尼瓦尔·比利亚西斯和埃斯图亚多·莫尔多纳多于40年代开始其学业，当时恰逢印第安主义处于发展高潮。50年代中期，3位青年人留学欧洲，这种经历对他们后来的艺术发展产生很大影响。塔瓦拉于1955～1964年在巴塞罗那生活和学习，于1963年创作了作品《迷信》（*Superstición*）。在这部作品中，他在不规则和色彩柔和的平面上进行分割，以这种方式隐喻创作的主题。他没有直接涉及殖民前的土著文化，而是以模糊的方式加以反映，分割方式隐喻殖民前各土著文化及其象征，丰富的线条色彩隐喻当时土著人的彩色陶器文化。阿尼瓦尔·比利亚西斯于1953～1956年曾生活在法国和西班牙。他大量使用线条进行构思，隐喻殖民时期的金银丝细工和十字褡，以及殖民前时期土著人的陶器上的图案，这种构思隐喻厄瓜多尔文化中印第安和欧洲的双重性，反映了在那个年代知识分子中存在的关于混血文化（mestizaje cultural）的争论。埃斯图亚多·莫尔多纳多的作品的特点是立体感和动力感十分突出。这一代艺术家的作品反映了当前安第斯文化的复杂性，不仅涉及文化方面，而且表现在社会问题方面。可以说，他们采用国际流行的艺术创作方式，反映本地文化内容，表现出一种重建复杂的拉美文化认同的艺术创作努力。

70年代雕塑艺术的复兴　在安德拉德的影响下，70年代涌现出了一些较有创作力的雕塑家，如米尔顿·巴拉甘（Milton Barragán，1934年）。巴拉甘大学专业为建筑学，后来学习绘画和水彩画。在安德拉德的启发下，他走上了雕塑艺术创作道路。60年代，当安德拉德开始使用铁料进行雕塑时，巴拉甘也采用

厄瓜多尔

了这一技术,并一直致力于这方面的雕塑创作。1972年,他在阿尔塔米拉画廊首次举办个人展览,引起社会关注。他在作品中主要使用建筑铁料,对其进行艺术加工,有时也使用木质材料。他更多地以地中海地区古老文化为题材进行创作。他的抽象派雕塑作品表现出较强的力量感和均衡感。自90年代,他开始更多地使用木料进行创作。自80年代,巴拉甘培养出了一批雕塑艺术青年,其中有保林·巴卡(Paulin Baca)、弗朗西斯科·普罗阿尼奥(Francisco Proaño)、维基·卡马乔(Vicky Camacho)、加夫列尔·卡斯塔涅达(Gabriel Castañeda)和孔苏埃洛·克雷斯波(Consuelo Crespo)。这些青年雕塑家参加了90年代开始的基多市容改造和古老艺术建筑的修复工作,显露出其艺术才华。

这一时期还有几位比较成功的雕塑艺术家,其中有赫苏斯·科沃(Jesús Cobo)和毛里西奥·苏亚雷斯·班戈(Mauricio Suárez Bango)。赫苏斯·科沃于70年代中期毕业于中央大学艺术系。他不同于安德拉德和巴拉甘,在90年代中期以前主要采用象牙作雕塑材料,题材主要是风景和爱情等。最近,他开始探索新的雕塑材料、创作题材和艺术表现形式,如采用历史题材等。赫苏斯·科沃使用窄叶箣竹作雕塑材料,在厄瓜多尔沿海地带,这种材料广泛用于传统建筑中。他擅长于创作动感较强的作品。

20世纪厄瓜多尔的雕塑艺术曾出现过一些繁荣时期,但总的来说,其发展是断断续续的。

表现主义艺术 80年代进入艺术创作界的青年人推动了表现主义的新发展。路易吉·斯托纳奥罗(Luigi Stornaiolo, 1956~)便是其中之一。他采用漫画、抱怨和过分的彩墨涂抹手法扭曲作品所表现的形象,以此作为社会评论的方式。埃尔南·奎瓦(Hernán Cueva, 1957~)也采用类似手法,而且更加激越,为了表现一种目的,甚至超出了技术极限。这些年轻艺术家们采用了新技术。在作品的表层或表面，使用切割或油墨涂抹方法来加强表现效果，由此，强化他们所制作的具有爱情色调的形象的表现力。自90年代以来，画家皮拉尔·弗洛雷斯（Pilar Flores，1957~）采用强力手法表现抽象主题，甚至把似乎互不相干的物体拼集在一起，强化表现效果。现在他更加注重表现内心世界，不对称性、转瞬即逝、非物质性等成为理解其绘画作品的关键词。另一位画家马塞洛·阿吉雷（Marcelo Aguirre，1956~）注重表现内心世界与社会和政治现象的冲突与冲撞，表现失控的科技发展、政治腐败和社会道德沦丧等现象对人的精神的扭曲。

摄影艺术 20世纪40和50年代曾是摄影艺术发展的黄金时代，著名摄影作家有布隆贝格（Blomberg）、伊斯（Hirz）和沃思（Wuth）。60年代，出现了乌戈·西富恩特斯（Hugo Cifuentes）。自90年代中期以来，摄影艺术以前所未有的有力势头发展。当前比较有名的摄影家有：露西亚·奇里沃加（Lucia Chiriboga，1954~）、佩培·阿维莱斯（Pepe Avilés）和帕科·萨拉萨尔（Paco Salazar）。露西亚·奇里沃加还是摄影艺术史领域的社会学家和学者。[①]

著名画家瓜亚萨明 瓜亚萨明1919年7月6日出生于基多市一个贫穷家庭，父亲为印第安人，母亲为混血人。1932年考入基多美术学校。1942年首次在基多举办个人画展，大获成功。其中《我弟弟的肖像》获马利亚诺·阿吉莱拉大奖赛一等奖。他的著名作品《泪之路》获第三届西班牙巴塞罗那双年展大奖（1955~1956年）、1957年圣保罗双年展金奖、墨西哥第二届绘画雕塑双年展大奖（1961年）。1957年瓜亚萨明当选为"厄瓜多尔文化之家"主席。

[①] *Enciclopedia Ecuador a su alcance*, Editorial Planeta Colombiana. S. A., página 672, Bogotá, Colombia, 2004.

自 40 年代末期，瓜亚萨明开始设计包括 100 幅作品的系列画作《哈乌卡伊尼延》（*Haucaynán*）。如同 40 年代安德拉德和加莱西奥的作品，这部系列画作脱离了表现主义，形成简明风格和立体主义的几何传统构思。瓜亚萨明的这种创作思路受到毕加索的作品《格尔尼加》（*Guernica*）和墨西哥人鲁尔夫·塔马约作品的启发。可以说，瓜亚萨明从拉美现实出发，在发展现代艺术、艺术反映社会现实等方面做出了极大的努力，并卓有成效。瓜亚萨明后来以其著名系列画作如《哈乌卡伊尼延》和《愤怒的年代》（*La edad de la ira*）等享誉世界画坛。瓜亚萨明曾于 1960 年访问中国，见到过毛泽东主席。

第八节 电影

厄瓜多尔的电影历史是一部断断续续的历史，最早产生于 20 世纪初，此后，除了电影纪录片外，电影艺术没有什么大的发展。20 世纪 20 年代，两部电影作品开启了电影制作的两种趋势：科幻片和纪录片。科幻片由奥古斯托·圣米格尔（Augusto San Miguel）制作，片名为《阿塔瓦尔帕的财宝》（*El tesoro de Atahualpa*）。纪录片由神父卡洛斯·克雷斯皮（Carlos Crespi）制作，他既从事传教活动，又从事科学研究和电影制作。厄瓜多尔的电影创作相对沉默了多年后，出现了《皮钦查的黎明》（*Amanecer en el Pichincha*）。它是由著名剧作家、诗人和小说家帕戈·托瓦尔·加西亚（Pago Tobar García）创作的。他是一位电影业余爱好者。在很长时间内，只有一位职业电影作家活跃在影坛，即奎斯塔·奥多涅斯（Cuesta Ordoñez），他是记者和纪录电影制作人。后来，埃内斯托·阿尔万（Ernesto Albán）和胡里奥·哈拉米略（Julio Jaramillo）与拉美其他国家的电影制作公司合作拍摄了电影《我们的誓言》（*Nuestro*

第九章 文学和艺术

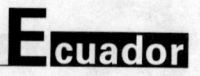

Juramento)。

70年代,出现了两部电影纪录片,劳尔·卡利菲(Raúl Kalife)制作的《饿狼之口》(*Boca de Lobos*)以及伊戈尔(Igor)和古斯塔沃·瓜亚萨明(Gustavo Guayasamín)兄弟制作的《钦博拉索山的采冰者》(*Los hieleros del Chimborazo*)。此后,伊戈尔继续从事电影事业,于90年代制作了一系列关于厄瓜多尔印第安人和黑人的电影纪录片。1989年,卢苏里亚加(Luzuriaga)把何塞·德拉瓜德拉的文学作品《雌美洲豹》(*La tigra*)改编成同名电影。卢苏里亚加在70年代从事话剧制作,后来改行专门从事电影创作。后来出现了一批电影纪录片制作人,如何塞·科拉尔(José Corral)、"庞乔"·阿尔瓦雷斯("Poncho" Alvarez)、海梅·奎斯塔(Jaime Cuesta)、圣地亚哥·卡塞伦(Santiago Carcelen)等。自2000年以来,由一批青年电影制作人拍摄的4部科幻电影在厄瓜多尔各大城市电影院上演,其中,已有一定国际知名度的塞瓦斯蒂安·科尔德罗(Sebastian Cordero)拍摄的电影《老鼠,大老鼠和鼠贼》(*Ratas, ratones y rateros*)甚至在威尼斯国际电影节上得到肯定,赢得赞誉。2002年,维克多·阿雷吉(Victor Arregui)拍摄的电影《出局》(*Fuera de juego*)在巴塞罗那电影节上获得"发展中的电影"奖项。1997年,胡安·马丁·奎瓦(Juan Martín Cueva)制作了电影《海员》(*Marineros*);2002年,阿道夫·马西亚斯(Adolfo Macias)拍摄了《可恶》(*Maldita sea*);2001年,马丁·埃雷拉(Martín Herrera)拍摄了《享尽快乐》(*Alegría de una vez*);2002年,亚纳拉·瓜亚萨明(Yanara Guayasamín)拍摄《当死亡降临到我们头上》(*De cuando la muerte nos visitó*);2003年,比维亚纳·科尔德罗(Viviana Cordero)拍摄了《拳击场上的泰坦巨人》(*Un titán en el ring*)。另外,经常有一些厄瓜多尔电影制作人拍摄短篇电影在各大城市的电影院上映。

厄瓜多尔

60年代，厄瓜多尔诗人、"桑斯科斯"（"Tzantzicos"）文化团体的创始人乌利塞斯·埃斯特雷利亚（Ulises Estrella）在电影领域做出的努力也值得一提。他曾在20年间支持"厄瓜多尔文化之家"的国立电影资料馆的工作。国立电影资料馆不仅致力于传播厄瓜多尔电影，而且是一个厄瓜多尔民族电影研究、教学和培训本国青年电影工作者的中心。自70年代，乌利塞斯·埃斯特雷利亚一直支持举办各种电影论坛的活动。

第九节　音乐和舞蹈

厄瓜多尔音乐主要有两个来源，印第安音乐和西班牙音乐，但是也有非洲后裔人的音乐成分。

在厄瓜多尔山区流行着一种混血种人音乐，即丹桑特舞曲，旋律主要采用五声音阶，时有七声音阶，舞曲常出现三度平行，交替使用3/4和6/8节拍。伴奏乐器主要有排箫、竖笛、横笛和当地广为使用的竖琴。

更多保留了印第安音乐成分的民间音乐有亚拉维埃斯乐曲和舞曲（Yaravíes）。印第安和西班牙混合型音乐有圣胡安尼托（Sanjuanito）和卡丘利亚皮斯（los cachullapis）。圣胡安尼托乐曲是厄瓜多尔最广泛的音乐体裁之一，因常用于保护神圣胡安日弹奏，故得其名。乐曲采用小调式，2/4节拍，有轻度的切分，即用16分音符、8分音符和16分音符替换三连音。

帕西利奥（pasillo）、帕萨卡里埃（pasacalle）和华尔兹则保留了西班牙音乐成分。有人考证说，帕西利奥是从华尔兹演变而来的，在哥伦比亚和厄瓜多尔都有所流行。厄瓜多尔的帕西利奥为小调式，在当地的民族节日中常常可以听到，演奏乐器主要是竖琴、吉他等。

在厄瓜多尔还流行着具有非裔文化特色的音乐，比较典型的

第九章 文学和艺术

是马林巴歌舞音乐,主要流行于沿海地区的非裔居民之中。舞曲伴奏以乐器马林巴琴为主,马林巴琴常进行变奏,重复旋律或低声部,平行三度,连续的切分等,有时还形成复调。①

随着民族文化的发展,厄瓜多尔的音乐家们不断努力创造本地题材的民族音乐。20世纪,出现了不少杰出的音乐家,如弗朗西斯科·萨尔加多(Francisco Salgado),他于1922年创作了第一部乐团交响乐。塞贡多·路易斯·莫雷诺(Segundo Luís Moreno),创作了一首厄瓜多尔的组曲。最重要的音乐家是路易斯·温贝托·萨尔加多(Luís Humberto Salgado),他致力于歌剧和交响乐曲创作。他的一些作品在欧洲和美国上演。最近对音乐发展做出较大贡献的音乐家有梅西亚斯·马伊瓜什卡(Mesías Maiguashca),他创作了十二音体系四重奏曲(dodecafonismo Cuarteto de Vientos),后来从事电子音乐创作,成为现今作品被搬上欧洲乐坛最多的厄瓜多尔作曲家。其他比较有名的作曲家有赫拉尔多·格瓦拉(Gerardo Guevara)和克劳迪奥·艾萨加(Claudio Aizaga)。

---

① 陈自明:《拉丁美洲音乐》,北京,人民教育出版社,2004,第105页。

第十章

对外关系

第一节 外交政策

厄瓜多尔认为,当今世界格局发生了深刻变化,具有不同于冷战时期的特点。在新千年,应该寻求力量平衡。世界政治权力应该是多极的,由世界上几个地区分享,其中包括发展中国家更多地参与国际社会的决策。主张建立一个以和平、合作和各国平等为基础的新的世界体系,建立一个更加公正和团结的世界。新的世界体系应该基于司法权利和民主,以联合国宪章的原则和目标以及国际法作为各国行事和处理国家关系的准则,以司法和和平手段解决国际纠纷。反对使用武力或通过武力威胁解决国家之间的冲突,反对以军事手段剥夺他国的权利。主张各国互相尊重主权和领土完整,互不干涉内政。认为应该把促进持续的经济增长和可持续发展作为消除贫困、促进就业和社会发展的有效手段,这是维护和平和国际安全的基本前提。

厄瓜多尔主张加强国际机构的作用,特别是联合国及其下属组织以及美洲国家组织的作用,在与和平、安全和裁军,国际金融体系失衡,外债,消除贫困,可持续发展,促进和尊重人权和基本自由,控制贩毒以及救灾相关的事务中积极参与多边合作。

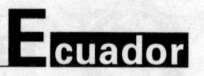

积极参与各国际贸易机构，参与地区和次地区机构，如热带金枪鱼美洲委员会，南太平洋委员会，拉美能源组织，拉美经济体系，亚马孙合作条约等。

作为拉美国家，厄瓜多尔特别主张加强安第斯地区和拉美地区一体化。认为在世界经济全球化和地区化日益加强的形势下，拉美国家只有加强团结与合作，实行一体化，才能在新的国际经济秩序中获得自己的地位。

作为太平洋国家，厄瓜多尔把积极参与亚太区域合作作为对外战略的一个明确目标。主张促进在该地区建立世界上最大的自由贸易区，寻求加入一个正在实现体制化的大市场，把它作为进行贸易、金融合作的新空间。为此，积极发展同亚太地区，特别是同日、中、韩3国的政治和经济关系，要求加入亚太经合组织。

在对外关系中，厄瓜多尔坚决维护本国和本民族的利益，维护自己的领土完整，捍卫自己的国土、地下资源、各个岛屿，包括加拉帕戈斯群岛，以及领海的不可分割性。积极促进贸易出口和对外文化传播，使国家成为一个优越的旅游目的地，促进外国对本国生产部门的投资和技术合作。

作为一个发展中国家，厄瓜多尔的对外政策具有鲜明的发展中国家立场。厄瓜多尔对全球化及其影响、环境恶化和外债感到担忧。认为贫困、腐败和发达国家与发展中国家间日益扩大的不平等是国际社会在21世纪初面临的严峻问题和挑战。需要建立一种新的、人道的世界秩序，改变穷人和富人、穷国和富国差距日益拉大的现象。反对一切形式的殖民主义、新殖民主义和歧视。承认各国人民有自决权和从压迫制度下获得解放的权利。厄瓜多尔在所有多边场合主张尊重和促进人权。这意味着公民和政治权利，以及包括发展权利在内的经济和社会权利。[①]

---

① 厄瓜多尔外交部网站 http://www.mmrree.gov.ec/

厄瓜多尔主张，需要重新审视现行的国际经济和金融体系，以便使其适应新的国际现实。认为国际社会应该紧迫和最终解决外债问题。联合国和布雷顿森林体系有关机构应该以公正和面向发展的态度寻求有效解决这一问题的方案，特别要关注中等收入国家。发达国家应该履行其承诺，把其0.7%的国内生产总值用于官方的发展援助。

厄瓜多尔认为，自己在多边政治中的谈判能力因其属于发展中国家的主要集团并在其间开展活动而得到加强。因此，积极参加里约集团、伊比利亚国家首脑会议、77国集团和不结盟国家运动，并在这些组织和运动中，寻求与其他南方国家一道协调目标和优先点，参与经济国际化和市场自由化的进程。

厄瓜多尔主张，实现全面裁军，拉美应成为真正的无核区。在国际政治事务中，支持联大关于以色列从所占阿拉伯领土撤走的决议，同时与以色列保持友好关系。主张加强联合国安理会的代表性，支持德国、日本成为安理会常任理事国。

目前，厄瓜多尔同85个国家保持外交关系。

第二节 同美国的关系

厄瓜多尔独立后不久便开始发展与美国的关系。1839年与美国建立领事级外交关系。

厄瓜多尔同美国的关系较深。历届总统十分重视与美国的关系，乌尔塔多总统于1984年访问美国，费夫雷斯总统在当政期间曾3次访问美国，1990年博尔哈总统访问美国，杜兰于1992年以当选总统身份访问美国时，强调把厄瓜多尔与美国的关系置于特别重要的地位。1996年8月，当选总统布卡拉姆访问美国。1998年马瓦德总统访问美国。1987年3月，美国副总统布什访问厄瓜多尔。2000年8月，美国国务卿奥尔布赖特出访厄瓜多

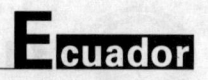

尔。2000年8月古斯塔沃利用参加联合国千年首脑会议机会访问美国并与克林顿总统举行会晤。2004年，美国南方军司令詹姆斯·希尔访问厄瓜多尔。2004年5月，厄瓜多尔与哥伦比亚和秘鲁一道同美国正式启动自由贸易谈判。

厄瓜多尔同美国的经济关系也比较密切，其资金和技术多来自美国，石油出口主要面向美国，占厄瓜多尔石油出口总额的一半以上。根据美国的安第斯关税优惠法（Ley de Preferencias Arancelarias Andinas），厄瓜多尔享有美国市场的优惠准入条件。该法律旨在支持安第斯国家反对贩毒以及与贩毒有关的犯罪行为的努力，支持这些国家减少对古柯种植和毒品经济的依赖。根据该法律，厄瓜多尔可以享受关税优惠，向美国市场扩大出口。

厄瓜多尔与美国的军事合作关系也比较密切。1952年2月，厄瓜多尔与美国签署厄瓜多尔美国军事互助协定。该协定规定，在联合国宪章允许的范围内，美国向厄瓜多尔提供军事援助，以维护地区和平；厄瓜多尔保证，未经美国许可，不将美国提供的军援挪作他用或转让他人。美国向厄瓜多尔派遣人员执行该协定并监督协定的实施情况，厄瓜多尔对美国派遣人员给予外交人员待遇。厄瓜多尔与美国进行合作，共同采取措施控制同危及本地区安全的国家的贸易。厄瓜多尔向美国提供重要的原材料及半成品。20世纪90年代末期，厄瓜多尔与美国的军事合作关系得到进一步深化。1999年4月，双方签署协议，厄瓜多尔允许美国使用曼塔空军基地，作为美国在南美洲地区的反贩毒基地。使用曼塔空军基地协定主要是针对贩毒活动，加强在侦察、监视、搜寻和控制贩毒活动方面的国际合作。目前，美国政府正在根据协定规定改善曼塔空军基地基础设施的建设。根据协定，在美国结束对这些设施的使用后，将与厄瓜多尔政府协商移交这些设施。美国政府支持厄瓜多尔政府实行经济美元化。2000年3月30

厄瓜多尔

日,美国众议院批准127亿美元的紧急援助基金,主要用于开展安全方面的国际行动。其中最大的项目是落实哥伦比亚计划。根据哥伦比亚计划,美国向安第斯地区,包括厄瓜多尔,提供援助,开展打击贩毒斗争。

美国作为《里约热内卢议定书》4个保证国之一,支持厄瓜多尔与秘鲁改善关系。为了落实厄瓜多尔和秘鲁广泛一体化协定,美国向厄瓜多尔提供援助。

厄瓜多尔在积极发展与美国的合作关系时,也坚持维护本国的合法权益。1971年1月,厄瓜多尔海军巡逻队在圣埃莱娜角、安孔角和圣克拉拉岛等海域先后抓获17条美国非法进入厄瓜多尔领海的金枪鱼捕捞船。厄瓜多尔外交部就此提出抗议。美国政府则表示拒绝承认厄瓜多尔200海里领海管辖权,要求厄瓜多尔立即释放美国渔船,否则美国将对厄瓜多尔实行制裁并中断对厄瓜多尔的军事援助。厄瓜多尔采取强硬措施,向美洲国家组织提出申诉,强烈要求召开该组织外长特别会议,讨论美国入侵厄瓜多尔领海权问题。厄瓜多尔的立场和要求得到美洲国家组织绝大多数成员国的支持。最后,美国被扣渔船在如数缴纳全部罚款后才被释放。

厄瓜多尔政府希望与美国签订互免签证和引渡协定。美国也表示希望在这方面进行合作。厄瓜多尔还希望在国际准则和惯例的基础上,与美国建立制止非法移民方面的合作,建立相关机制,阻止非法移民。

双方签订的主要双边协定:和平、通商友好协定(1839年)、引渡条约(1872年)、特别贸易协定(1900年)、军事援助条约(1952年)、技术合作和经济援助协定(1990年)、相互促进和保护投资协定(1993年)、保护和履行知识产权协定(1993年)、美国使用厄瓜多尔曼塔空军基地打击贩毒的协定(1999年)。

第三节 同拉美主要国家的关系

厄瓜多尔与拉美其他国家,特别是安第斯邻国拥有共同的历史和文化渊源,关系比较紧密。厄瓜多尔一贯坚持优先发展地区和次地区政治和经济一体化关系。1952年厄瓜多尔与智利和秘鲁共同签署了维护200海里领海权的圣地亚哥宣言。1984年初,在厄瓜多尔的倡议下,拉美30多个国家在基多召开了拉美经济会议,协调拉美国家关于重新谈判外债的立场,同年6月,厄瓜多尔又与其他10个拉美主要债务国一道,在哥伦比亚的卡塔赫纳召开会议,通过了《卡塔赫纳协议书》,提出公正合理解决拉美国家债务危机的主张,组成拉美债务国共同阵线即卡塔赫纳集团。

1992~1996年,巴连总统先后访问哥斯达黎加、墨西哥、巴西和智利等。其间,还与巴拉圭、哥伦比亚和阿根廷总统实现互访。1997年阿拉尔孔总统访问巴拉圭、乌拉圭和智利。同年9月,哥伦比亚总统桑佩尔访问厄瓜多尔。1998年2月,阿拉尔孔总统访问哥伦比亚。1999年8月,智利总统弗雷访问厄瓜多尔。2000年8月,诺沃亚总统访问哥伦比亚。同年9月,哥伦比亚总统帕斯特拉纳访问厄瓜多尔。2001年9月,巴西总统卡多佐访问厄瓜多尔。同年12月,诺沃亚总统访问哥斯达黎加。

厄瓜多尔优先重视发展安第斯共同市场内部的经济一体化。根据1991年卡塔赫纳首脑会议的决议,安第斯地区开始实行市场开放和启动自由贸易区进程。自1995年1月,厄瓜多尔、哥伦比亚、委内瑞拉开始实行共同对外关税。

同秘鲁的关系 厄瓜多尔与秘鲁边界线长达1600公里,两国自独立以来一直对边界划分存在争议,双边关系的发展一直受到边界问题的影响。在殖民统治时期,厄瓜多尔和秘鲁同属于秘

厄瓜多尔

鲁总督辖区。独立后,两国的边界始终没有正式划定,大致以原行政区为界,而行政区间很多地段又缺乏明确界线。1832年两国签订条约,承认了当时的边界,但仍有很多遗留问题悬而未决。边界争议主要集中于3个地区,即通贝斯地区的1295平方公里土地、塞尔瓦地区10360平方公里土地和马拉尼翁河流域的25.9万平方公里土地。

1941年7月两国爆发边界战争,厄瓜多尔战败,秘鲁占领了位于厄瓜多尔西部埃尔奥罗省所有有争议的地区及一部分没有争议的厄瓜多尔领土。在美国、巴西、阿根廷和智利的调停下,两国于1942年1月在里约热内卢签订了《和平、友好和边界议定书》,即《里约热内卢议定书》,划定了两国争议地区的归属。厄瓜多尔失去20万平方公里土地,其中包括埃尔奥罗省的部分土地和东部亚马孙流域的大片领土。同年2月,两国议会分别通过了该议定书,并同意上述4国为议定书保证国。但是后来双方对亚马孙地区塞内帕河边界走向产生严重分歧,在孔多尔山留下一段78公里长的未确定边界,争议面积约340平方公里。60年代后,厄瓜多尔政府多次宣布议定书无效。

80年代初,在两国争议地区发现金矿、铀矿和油田,双方都加紧勘探和开采,领土纠纷再次激化,双方多次发生武装冲突。经美洲国家组织调停实现停火。1995年1月边界武装冲突再次爆发。后经里约热内卢议定书4个保证国的斡旋,两国于同年2月17日和28日签署了《伊塔马拉蒂和平声明》和《蒙得维的亚声明》。虽然边界问题并没有因此得到解决,但两国关系走向缓和。

1995年9月秘鲁总统藤森赴厄瓜多尔参加里约集团第9次首脑会议。1996年1月两国外交部长举行会晤,商讨边界问题。1997年1月厄瓜多尔总统布卡拉姆访问秘鲁期间,两国签订了边界卫生、共同保护文化遗产等协议。1998年马瓦德政府上台

第十章 对外关系

后积极推动厄、秘两国关系正常化，与秘鲁藤森政府商讨永久解决边界争端事宜。双方同意由里约热内卢议定书4个保证国提出解决边界问题的建议及和平方案。同年10月26日，厄、秘两国签署了以4个保证国提出的建议为基础的《巴西利亚总统条约》。该条约的内容包括：争议地区边界的划分仍按《里约热内卢议定书》的有关规定，以孔多尔山脊为边界线；秘鲁将蒂温萨军事据点为中心的1平方公里土地移交给厄瓜多尔，但厄瓜多尔不得在该区域内部署军队和警力或从事军事和警事活动；两国在边界线勘定立桩后，各自从与对方接壤的地区撤军，沿边界建立同名生态保护区，暂不进行开发。

除《巴西利亚总统条约》以外，双方同时签署了其他文件：巴西利亚总统备忘录、贸易和航海协定、边境一体化、发展和邻邦广泛协议、厄瓜多尔与秘鲁加速深化自由贸易协定、关于相互信任和安全措施双边委员会协议、采取措施保证萨卢米里亚运河（Zarumilla）运转的协议、管理萨卢米里亚运河及利用该河水源的安排文件。据1998年有关协定和文件的规定，双方正在研究制定一系列发展边境地区和基础设施建设的计划。一些友好国家和国际组织为此承诺提供资助。

1999年5月13日，两国完成树立界碑工作，结束划界。1999年8月和10月，马瓦德总统和藤森总统实现互访。2001年10月，秘总统托莱多访问厄瓜多尔。2002年3月诺沃亚总统访问秘鲁。1998年12月，两国在基多和瓜亚基尔举办第一届厄瓜多尔—秘鲁企业家论坛。1999年4月，在秘鲁召开第二届论坛，藤森总统为论坛开幕式剪彩，当时身为副总统的诺沃亚出席论坛。

1998年两国关系实现正常化后，双边贸易稳定增长。厄瓜多尔有顺差。两国间的边境贸易很活跃，非正规贸易量很大。厄瓜多尔与秘鲁之间的贸易关系互补性较强，厄瓜多尔主要出口原

油、橡胶、金枪鱼罐头、木板、肉类、奶制品、纺织品和铁制品等。

两国的自由贸易谈判进展显著。大量商品纳入免税范围。但是两国仅有能力相互进口其中10%的商品，贸易的进一步发展有待于对两国所有商品的进出口实行自由化。

厄瓜多尔与秘鲁签署的协定主要有：通商和航海协定（1832年）、和平、友好和同盟协定（1860年）、和平、友好和边境议定书（1942年1月29日）、贸易协定（1950年）、关税互惠协定（1972年）、科技合作协定（1985年）、文化和教育交流协定（1985年）、贸易协定（1986年）、整顿边境贸易协定（1987年）、双边贸易协定（1992年）、伊塔马拉提公报（1995年）、巴西利亚和平协定（1998年）。

同墨西哥的关系　1883年厄瓜多尔与墨西哥建立外交关系。近年来，两国政府努力推动建立规范双边关系的广泛的司法框架，领域包括：移民、反贩毒、自由贸易、科技合作、双边混合委员会等。在移民领域，两国研究采取联合行动，解决厄瓜多尔移民经过墨西哥境内进入美国的问题。在反贩毒方面，制定具体措施，实施打击贩毒和解决药物依赖问题的双边协定。

两国之间的经贸关系存在较强的发展潜力。从1996年，两国就签署所及内容比现行的经济互补协定更为广泛的新的贸易协定保持接触和谈判，研究签署一项部分贸易实行自由化的协定。该协定将不包括两国存在竞争的商品。厄墨贸易中，厄方通常持有贸易逆差。厄瓜多尔主要向墨西哥出口木材、金枪鱼、生可可、咖啡、纺织品（人造纤维毯）等。2004年11月，比森特·福克斯总统访问厄瓜多尔。

在科技合作方面，为了落实1992年6月23日签署的科技合作基础协定，两国于1998年4月签署了一项科技合作双边计划，该计划包括一些具体的项目。两国十分感兴趣充实新的内容，活跃科技合作。

两国签署的主要协定和文件有：和平、友好、通商和航海条约（1838年）、友好、通商和航海条约（1888年）、签证协定（1939年）、关于文化关系的协定（1948年）、文化补充协定（1974年）、科技合作基础协定（1974年）、混合委员会结构协定（1978年）、社会保障合作协定（1980年）、科技合作补充协定（1986年）、打击贩毒和解决药物依赖问题协定（1990年）、旅游合作协定（1992年）、防止双重征税和逃避所得税协定（1992年）、关于航空运输协定（1995年）、两国外交部学术合作协定（1998年）、关于卫生和植物检疫合作协定（2002年）等。

同阿根廷的关系 1942年厄瓜多尔与阿根廷外交关系升格为大使级，在此之前为领事级。近年来，两国在各方面的关系得到较大发展。根据两国外交部间的协议，两国建立双边合作混合委员会，研究在政治、经济、贸易、文化、教育、技术与金融双边合作事务。两国制定了1999～2000年文化和教育交流与合作规划，两国政府表示支持建立拉美—东亚论坛和拉美—欧盟战略协会。

两国的经贸和科技合作比较活跃。阿根廷一些企业，特别是石油、水利、电信和公路建设部门的企业参与了在厄瓜多尔开展的基础设施建设工程。阿根廷对与厄瓜多尔进行技术合作十分感兴趣。两国政府间的技术合作在阿根廷外交部横向合作基金会和厄瓜多尔外交部国际合作协会之间进行。

厄瓜多尔在与阿根廷的贸易中多为逆差，而且逆差额较大。阿根廷限制厄瓜多尔金枪鱼罐头进入阿根廷市场。另外，虽然厄瓜多尔香蕉的质量优良，但由于价格大大高于巴西和玻利维亚，厄瓜多尔香蕉在阿根廷市场上的竞争力大为削弱，香蕉出口显著减少。

两国签署的主要协定和文件有：领事协约（1901年）、通商条约（1943年）、文化协定（1954年）、农业技术援助协定（1971年）、科技合作基础协定（1972年）、旅游合作协定（1990年）、阿根廷外交学院与厄瓜多尔"安东尼奥 J. 克维多"外交学院签订的学术合作协定（1990年）、金融议定书（1994年）等。

同智利的关系 1833年厄瓜多尔与智利建立外交关系，当时，智利向厄瓜多尔派驻临时代办。时任总统比森特·罗卡富埃尔特为了调解智利与秘鲁之间的冲突，派出驻智利大使。1837年两国签署第一个通商、航海友好协定。

两国关系的发展有着良好的基础。在厄瓜多尔与秘鲁的长期领土纠纷中，作为1942年厄瓜多尔与秘鲁《里约热内卢议定书》的担保国，智利向厄瓜多尔提供了宝贵的支持。

90年代以来，双边关系获得显著的发展。1997年8月，厄瓜多尔临时总统阿拉尔孔访问智利，两国签订了技术合作国际体制协定和人员行李和旅游运输车辆过境修改协定。1999年4月，召开两国文化混合委员会第一次会议，评估和商讨教育、文化、体育领域的各个合作协定的实施情况。此后，两国每年都通过政治磋商机制，召开副部长级双边会议，评估上述领域的合作情况。2000年11月，诺沃亚总统应智利总统里卡多·拉戈斯的邀请，访问智利。双方签署了互补合作协定。2004年4月，古铁雷斯总统访问智利。

1995年1月，两国关于相互优惠关税的经济互补协定开始生效，根据该协定，两国间对90%的商品提供免税待遇。在技术合作领域，两国也积极开展活动，交流人员，进行农业、林业、政府管理、高等教育、卫生、电信、对外贸易等领域的合作。

为了扩大厄瓜多尔安第斯山区的驼羊饲养，智利政府于

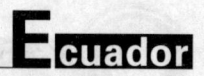

1988 年向厄瓜多尔赠送 100 只优良品种驼羊。

两国签署的主要协定和文件有：通商和航海协定（1908年）、文化交流协定（1943年）、贸易协定（1945年）、贸易和支付协定（1949年）、经济合作协定（1955年）、文化和相互提供奖学金协定（1962年）、两国中央银行相互提供贷款协定（1976年）、智利外交部"安德烈斯·贝略"外交学院与厄瓜多尔外交部"安东尼奥 J. 克维多"外交学院签署的学术合作协定（1990年）、科技合作基础协定（1993年）、经济互补协定（1994年）、体制合作协定（1997年）等。

同委内瑞拉的关系 厄瓜多尔于 1832 年 10 月承认委内瑞拉为主权国家，是最早承认它为主权国家的国家之一。1861 年 3 月，委内瑞拉向厄瓜多尔派遣常驻大使。此后两国保持着频繁的友好往来。

作为安第斯地区开始实行市场开放和启动自由贸易区进程的组成部分，厄瓜多尔与委内瑞拉的自由贸易区于 1993 年 3 月 1 日开始运行。在双边贸易中，厄瓜多尔多为逆差。

两国签署的主要协定和文件有：通商和航海友好条约（1838年）、技术合作基础协定（1973年）、厄瓜多尔中央银行和委内瑞拉中央银行签署的相互提供贷款的协定（1976年）、文化合作协定（1982年）、贸易交流协定（1985年）、能源和矿业信息补充协定（1989年）等。

同玻利维亚的关系 玻利维亚是最早承认厄瓜多尔的国家，两国于 1842 年签署进攻和防卫友好条约，并建立外交关系。厄瓜多尔和玻利维亚两国拥有更多的相似点，均是混血种人为主、印第安人口众多的国家，两国文化传统十分相似，双边关系的发展拥有更有利的基础。厄瓜多尔与玻利维亚保持着良好的传统关系。两国均为安第斯共同体成员国，拉美一体化协会成员国，并且在拉美同属经济发展水平相对较低的国家，因此在很多问题上

的立场保持着一致性。在厄瓜多尔与秘鲁进行和平谈判过程中，玻利维亚向厄瓜多尔提供了坚决的支持。

两国的贸易额不大，但却拥有较大的潜力。厄瓜多尔可以向玻利维亚出口鲜海产品和罐头海产品、可可及其加工产品、卫生用品等。在卫生、旅游、环保、小工业、财政、行政分权化、教育等方面，两国保持着技术合作。

两国签署的主要协定和文件有：友好同盟条约（1859年）、领事协定（1866年）、友好条约（1911年）、文化交流和学生及专业人员奖学金协议（1943年）、科技合作协定（1972年）、文化合作协定（1972年）、减税协定（1972年）、教育和文化合作规划（1989年）、建立双边磋商机制协议（1990年）、科技合作协定（1990年）、玻利维亚外交部"安东尼奥·吉哈罗"外交学院与厄瓜多尔"安东尼奥 J. 克维多"外交学院合作协定（1990年）、相互保护投资协定（1995年）、卫生领域合作协定（1999年）。

同哥伦比亚的关系 自1830年，两国关系不断加强。1989年两国建立了邻邦双边委员会，处理两国双边事务。

90年代以来，双边关系呈现较好发展势头。1997年9月，埃尔内斯托·桑佩尔总统访问厄瓜多尔，并签署了推动两国旅游合作的几项协定，双方还决定，把曼塔港和布埃纳文图拉港纳入两国陆路、海路和航空通道一体化区。两国还决定两国公民的身份证具有等同护照的效力。两国还签署了保护环境和防止厄尔尼诺现象效应的加拉帕戈斯文件。1998年7月1日，桑佩尔总统和阿拉尔孔临时总统在哥伦比亚的伊皮亚雷斯（Ipiales）举行会晤，评估双边关系的发展和邻邦双边委员会工作所取得的成果，两位总统签署了关于社会住宅合作的协定和两国138千伏电网联网的实施协定。1998年11月，两国在厄瓜多尔的埃斯梅拉达斯召开邻邦双边委员会特别会议，磋商人权、边境通道地区住宅、河流流域、司法事务、捕鱼、劳工和移民问题、环境问题、地热等方面的合作问题。自1993年以来，双边贸易有了显著的增长。厄瓜多尔一般持有贸易顺差。

在反对贩毒、控制贩毒及边境地区扫毒方面，两国保持着很好的合作。厄瓜多尔坚决支持哥伦比亚的反贩毒斗争和解决哥伦比亚游击队问题所采取的措施。2000年8月和9月，诺沃亚总统和帕斯特拉纳总统实现互访。双方签署了一系列协定，其中包括修建马塔赫河国际桥梁和建立照管边境的国家中心的协定、常规性移民章程、厄瓜多尔民用航空总局与哥伦比亚民用航空管理局签署的技术合作协定、厄瓜多尔警察总局和哥伦比亚警察总局签署的体制化合作协定、边境集市和重大活动协定等。2004年，古铁雷斯总统和哥伦比亚总统乌里韦实现互访。2005年10月，乌里韦总统访问厄瓜多尔。

两国签订的主要协定和文件有：团结、友好、结盟条约和附加条约（1832年）、通商、航海友好条约（1843年）、和平友好条约（1863年）、国际私法条约（1903年）、贸易协定（1942年）、技术援助协定（1971年）、文化协定（1971年）、科技合作协定（1972年）、哥伦比亚促进高等教育协会与厄瓜多尔全国大学和学校理事会之间签署的科技和文化合作协定（1991年）等。

同乌拉圭的关系　厄瓜多尔与乌拉圭的关系始自1885年，当年6月10日，两国在智利圣地亚哥签署了交换文学出版物的议定书。

近年来，两国的友好合作关系获得了发展。在政治方面，两国在联合国、里约集团、美洲国家组织和伊比利亚首脑会议等国际组织中保持着良好的合作关系。

两国签署的协定有：文化关系协定（1955年）、通商和支付协定（1955年）、厄瓜多尔中央银行和乌拉圭中央银行相互提供贷款的协定（1977年）、加强相互贸易的协定（1977年）、科技合作基础协定（1977年）、两国建立双边企业家商会的协定（1985年）、厄瓜多尔外交部"安东尼奥·J. 克维多"外交学院与乌拉圭外交部阿蒂加斯学院签署的合作协定（1990年）、厄瓜多尔外交部与乌拉圭外交部合作协定（1997年）等。

同巴西的关系　为了加强两国的边境安全，1853年两国签署引渡条约。

在厄瓜多尔发展地区关系中，巴西起着重要作用。巴西是厄瓜多尔与秘鲁1942年签署的《里约热内卢议定书》保证国协调员，在厄瓜多尔—秘鲁军事观察员委员会中起着协调和通报信息的作用。

1997年两国在巴西召开了双边政治磋商机制会议，商讨贸易、环境和亚马孙河流域合作、科技合作、反贩毒斗争合作等事务。两国在亚马孙合作协定的框架下，就共同采取行动方面保持着合作。厄瓜多尔在与巴西的贸易中为逆差。

两国签署的主要协定和文件有：同盟条约（1904年）、边境条约（1904年）、通商和航海条约（1907年）、通商临时性条约（1936年）、文化协定（1944年）、关于经济和技术合作基础的协定（1958年）、文化和科学交流协定（1973年）、科技合作基础协定（1982年）、友好和合作协定（1982年）、文化和科学交流协定的补充协议（1988年）、文化和教育交流协定（1989年）、市场开放区域协定（1991年）、航空服务协定（1996年）、厄瓜多尔"安东尼奥J. 克维多"外交学院与巴西里约布兰科学院签署的合作协定（1996年）等。

同巴拉圭的关系　厄瓜多尔在1932年的查科战争中是中立委员会成员国，调停双方的冲突。1991年8月14日，两国建立双边政治磋商机制，并在亚松森召开了第一次会议。1994年1月，巴拉圭总统胡安·卡洛斯·瓦斯莫西（Juan Carlos Wasmosy）访问厄瓜多尔,与厄瓜多尔签署促进和保护相互投资协定,并就经贸问题、环境问题、反贩毒和恐怖主义问题进行磋商。同年9月,厄瓜多尔总统杜兰·巴连进行了回访。双方签署第30号经济互补协定,航空运输协定,技术、农业、牧业和渔业合作协定,厄瓜多尔—巴拉圭建立常设协调委员会的协定等。

同古巴的关系 同古巴的关系始自19世纪,当时古巴还是西班牙的殖民地。1844年厄瓜多尔在哈瓦那建立第一个领事馆。1930年两国签署第一个外交信使协定。1953年两国建立大使级外交关系。1962年美洲国家组织在乌拉圭的埃斯特角召开第8次外长磋商会议,在对把古巴驱逐出美洲国家组织进行表决时,厄瓜多尔投了弃权票。同年,当厄瓜多尔驻古巴大使馆被一些古巴人占领时,两国关系出现危机,厄瓜多尔宣布断绝与古巴的外交关系。1979年8月24日,两国恢复外交关系。1985年4月,莱昂·费夫雷斯·科尔德罗总统访问古巴。2002年11月,诺沃亚总统访问古巴。2003年7月,帕拉西奥总统访问古巴。卡斯特罗主席曾几次访问厄瓜多尔。

两国签署的主要协定和文件有:贸易协定(1984年)、经济和科技合作协定(1987年)、文化和科学合作协定(1988年)、技术和文化交流协定(1989年)、厄瓜多尔—古巴混合委员会第一次会议最终备忘录(1989年)、古巴劳动和社会保障全国委员会与厄瓜多尔劳动和人力资源部签署的双边合作协定(1991年)、古巴海关总局与厄瓜多尔海关总局签署的合作发展谅解备忘录(1992年)、厄瓜多尔社会保障协会与古巴公共卫生部签署的技术合作与医疗援助协定(1992年)、厄瓜多尔卫生部与古巴卫生部签署的科技合作协定(1994年)、旅游合作协定(1994年)、技术合作协定(1994年)、林业技术合作协定(1994年)、反贩毒协定(1996年)、厄瓜多尔—古巴相互促进和保护投资协定(1997年)、环境保护技术合作与援助协定(2002年)、科技合作国际协定（2002年）、相互承认专业职称和高等教育合作协定（2002年）等。

表10-1　厄瓜多尔与拉美主要国家的贸易*

单位：百万美元

	1995	2000	2001	2002	2003	2004	2005
阿根廷	89.9	94.0	70.9	15.3	35.4	34.61	42.9
玻利维亚	142.7	7.0	5.5	4.9	5.5	7.51	9.4
巴西	4041.1	18.8	15.1	14.7	20.6	74.81	91.2
智利	584.1	223.6	90.9	74.4	75.7	125.81	305.2
哥伦比亚	60.9	267.9	324.0	362.5	375.6	334.81	511.0
墨西哥	312.9	50.5	49.9	25.7	49.6	42.31	61.7
秘鲁	30.8	293.8	341.4	374.5	642.5	605.81	876.0
乌拉圭	267.1	5.3	5.3	1.2	1.1	1.21	3.5
委内瑞拉	36.0	117.9	165.6	64.7	59.3	126.31	139.8
拉美地区	2821.6	1545.4	1491.6	1387.0	1819.2	2654.81	3101.7

说明：FOB价格。

资料来源：*Anuario Estadístico de América Latina 2006*, la Cepal。

第四节　同欧洲国家的关系

厄瓜多尔同欧洲、特别是欧盟国家保持着密切合作关系。欧盟是厄瓜多尔所需资金、技术的重要来源，又是厄传统出口产品的重要市场，相互间签有多项经贸和科技合作协定。厄瓜多尔向欧盟出口占其出口总额的12%。

厄瓜多尔积极参加历届伊比利亚美洲国家首脑会议，加强同西班牙的传统往来，并通过这些会议加强与欧洲其他国家的关系。90年代以来，厄瓜多尔高级代表团频繁出访欧洲国家。1991年博尔哈总统出访法国、瑞士和比利时。1992年当选总统杜兰访问西班牙。1995 年杜兰·巴连总统访问荷兰、德国和梵蒂冈。德国、英国、西班牙等欧洲国家对发展与厄瓜多尔的关系持积极态度。1993 年德国总统访问厄瓜多尔。1994 年德国国防部长、英国财政大臣、西班牙商业和旅游大臣先后对厄瓜多尔进行了访问。1997 年 10 月，阿拉尔孔总统以安第斯共同体总统委员会主席身份访问比利时、卢森堡、意大利和梵蒂冈等国。1999 年 6 月，西班牙首相阿斯纳尔访问厄瓜多尔。2000 年 10 月，诺沃亚总统出访意大利、德国和梵蒂冈。2001 年 7 月，诺沃亚总统对西班牙进行了访问。

厄瓜多尔与东欧国家保持正常的外交和贸易关系，政治交往不多。1991 年 12 月，匈牙利总统访问厄瓜多尔。1993 年 1 月，厄瓜多尔宣布同捷克共和国和斯洛伐克共和国建交。1998 年同波黑建交。2000 年同马其顿建交。在香蕉出口方面，厄瓜多尔与法国等欧盟国家存在贸易争端。厄瓜多尔多次诉诸世贸组织。2000 年 3 月，世贸组织曾做出有利于厄瓜多尔的裁决，裁定欧盟的保护措施每年为厄瓜多尔香蕉出口造成 2.01 亿美元的损失。2000 年 10 月，欧洲委员会基于"谁先到，谁售货"的原则，提出一个新的香蕉进口制度的建议。厄瓜多尔接受了这一建议，因为据此可以取消对方实行的国家份额制度，有利于自己的香蕉生产和出口部门。2001 年 4 月 30 日，厄瓜多尔与欧洲委员会签署"香蕉谅解备忘录"，该文件结束了双方之间的"香蕉战争"。欧洲委员会承诺，在今后的关税谈判中，厄瓜多尔将享有主要的香蕉供应者的身份，取消国家份额和许可证，建立有利于中小供应商的贸易竞争框架。

同英国的关系 1825 年英国与大哥伦比亚建立外交关系，双方签署了通商友好条约。1832 年厄瓜多尔与英国建立领事关系。1837 年 5 月，厄瓜多尔政府任命特使赴英国与大哥伦比亚外债债券持有者商谈债务事宜。1838 年 3 月，厄瓜多尔派出全权代表与英国谈判债务问题,并建立友好关系。1839年6月,两国签署新的通商友好条约。根据该条约,英国承认厄瓜多尔为独立国家。1841年5月24日,厄瓜多尔与英国在基多市签署关于废除奴隶贸易的条约。英国与厄瓜多尔分别于1847年2月和1847年7月批准了该条约。

主要双边协定有:贝尔纳萨—汉密尔顿引渡条约(1880年)、直接交换邮包协定(1911年)、游客待遇协定(1929年)、外交邮包协定(1939年)、签证制度协定(1963年)、1979年文化协定(1979年)、部分商业债务协定(1984年)、关于在厄瓜多尔开展运输研究计划的技术合作协定(1988年)、关于培训英语教师计划的技术合作协定(1989年)、关于发展渔业计划的合作协定(1990年)、促进和保护投资协定(1994年)、债务协定(2001年)、债务协定(2003年)。

同法国的关系 厄瓜多尔主要向法国出口虾、可可及其制品、咖啡及其制品、脱水香蕉、金枪鱼等。法国向厄瓜多尔主要出口机械、电力设备、汽车、拖拉机、医药品、铁锭和钢锭、有机化学产品、塑料产品等。

在关税方面,厄瓜多尔可以享受安第斯国家关税优惠制度,即"零关税"制度。根据该制度,自1990年11月,安第斯国家所有可出口的产品均可享受优惠关税。其目的是扩大安第斯国家(哥伦比亚、厄瓜多尔、秘鲁和玻利维亚)在欧盟国家的市场准入。

主要双边协定和文件有:避免双重征税协定(1989年签订,1992年3月开始实施)、促进和保护相互投资协定(1994年签订,1996年6月开始实施)等。

同德国的关系 厄瓜多尔与德国的关系始自1845年,当时德国向厄瓜多尔瓜亚基尔派驻领事。1895年厄瓜多尔向德国派出领事。1887年3月两国签署友好协定,建立外交关系。

第十章 对外关系

1994年3月杜兰·巴连总统访问德国。2000年10月，诺沃亚总统访问德国。

主要双边协定和文件有：友好、永久和平贸易和航海协定（1887年）、邮件协定（1905年）、外交邮件协定（1929年）、贸易基础协定（1953年）、工业产权协定（1953年）、厄瓜多尔和德国公民入籍信息协定（1958年）、航空运输协定（1962年）、扩大支付体系协定（1963年）、促进和保护相互投资协定（1965年）、技术合作协定（1973年）、国防合作协定（1974年）、经济技术合作协定（1975年）、金融合作协定（1980年）、避免所得税和财产税双重征税协定（1982年）、金融合作协定（1989年）、金融合作协定（1995年）、促进和保护相互投资协定（1996年）、金融合作协定（2002年）等。

同意大利的关系 1890年厄瓜多尔政府向意大利派出全权代表，负责处理两国事务。9年后，两国在基多签署旨在保护意大利在厄瓜多尔利益的议定书。1900年8月，两国在基多签订通商和航海友好条约，1906年双方交换该协定的批准文本。1954年厄瓜多尔派驻意大利的使团提升为大使级。1989年4月，两国召开技术合作双边混合委员会第一次会议。1997年10月，阿拉尔孔总统访问意大利，签订厄瓜多尔保证食品安全的特别计划。2000年10月，诺沃亚总统访问意大利，双方商讨了减缓债务压力的问题，签署一项关于债务问题的谅解备忘录。2003年12月，厄瓜多尔外交部长、安第斯共同体部长理事会主席帕特里西奥·苏吉兰达·杜克（Patricio Zuquilanda Duque）访问意大利，签署安第斯共同体和欧盟关于政治合作的协定。2005年3月，厄瓜多尔与意大利签署债务转换协定，该协定于2005年9月开始生效。根据该协定，2636万美元债务转换为社会领域的投资，由双方组织社会项目投资招标，用债务转换资金从事社会项目建设。

厄瓜多尔

主要双边协定和文件有：普通邮件交换协定（1910年），交换外交邮件的协定（1939年），相互承认学历资格的协定（1952年），签证制度协定（1964年），贸易、工业和技术合作协定（1978年），避免所得税和财产税双重征税和逃税的协定（1984年），文化科技合作协定（自2004年6月15日开始生效）。

同西班牙的关系 1836年厄瓜多尔任命全权代表在巴黎与西班牙代表谈判贸易和航海协定。1840年2月双方签署和平、友好和相互承认协定，西班牙承认厄瓜多尔为主权国家。双方互派外交代表。实际上，在此协定签署之前，厄瓜多尔已向西班牙多个城市派出了领事。

自20世纪90年代末期以来，西班牙成为厄瓜多尔移民的主要目的地之一。2002年12月，古铁雷斯总统访问西班牙。

主要双边协定和文件有：和平友好条约（1885年）、通邮协定（1916年）、气象合作协定（1949年）、签证协定（1963年）、双重国籍协定（1964年）、社会合作协定（1967年）、旅游技术合作协定（1971年）、技术合作基础协定（1971年）、文化合作协定（1975年）、航空运输协定（1974年）等。

第五节 同中国和亚洲其他主要国家的关系

同中国的关系 厄瓜多尔与中国的关系源远流长。早在19世纪中叶，就有中国人赴厄瓜多尔做华工或做生意。[①] 根据厄瓜多尔历史学家鲁道夫·佩雷斯·皮门特尔记载，1860年，厄瓜多尔商人路易斯·博宁·夸德拉多曾驾驶他的

---

① 沙丁等著《中国和拉丁美洲关系简史》，郑州，河南人民出版社，1986，第171页。

第十章 对外关系 Ecuador

"美丽安赫里塔号"三桅船往来于澳门与厄瓜多尔,把一些亚洲人运抵瓜亚基尔港。当时,正值从澳门贩运中国"合同工"的高峰期,这些亚洲人很可能就是中国人。到 19 世纪末,大量做苦力的中国人已经获得自由,进入沿海地区城市经商,在瓜亚基尔很容易遇到中国人。① 1908 年在瓜亚基尔的华侨甚至成立了华侨社团中华会馆,后改称中华总商会。基多的华侨也成立了中华会馆。1941~1944 年,侨居厄瓜多尔的中国人达到 3155 人。② 1949 年 4 月 9 日,中国与厄瓜多尔签订的《友好条约》批准换约,两国正式建交。③ 1949 年以后,虽然厄瓜多尔与中国没有官方往来,但是却有民间交流。1961 年 3 月"厄瓜多尔—中国青年协会"成立,致力于发展民间友好关系。

进入 20 世纪 70 年代以后,双边关系出现重大变化。1971 年 10 月 25 日,第 26 届联合国大会就恢复中华人民共和国在联合国的合法地位问题进行表决,厄瓜多尔投了赞成票,支持恢复中国在联合国的合法权益。1980 年 1 月 2 日,厄瓜多尔与中国建立外交关系。同年 7 月,中国在厄瓜多尔设立大使馆。翌年 7 月,厄瓜多尔在华设大使馆。

自两国建交以来,双边关系得到了显著发展。在政治方面,两国政府的高级互访频繁,双方签署了一系列重要的协定和文件,为两国关系的发展打下了良好的基础。1984 年 5 月厄瓜多尔总统奥斯瓦尔多·乌尔塔多对中国进行正式友好访问,成为两国建交以来访华的第一位厄瓜多尔总统。李先念主席与乌尔塔多

---

① Jaime Díaz marmolejo: *De China con honor*, página 14 y 22, Guayaquil, Ecuador, 2000.
② 沙丁等著《中国和拉丁美洲关系简史》,郑州,河南人民出版社,1986,第 263 页。
③ 李明德主编《拉丁美洲和中拉关系——现在与未来》,北京,时事出版社,2001,第 460 页。

厄瓜多尔

总统举行会谈。中厄双方签署了两国政府关于经济和科技合作基础协定，关于成立中厄经济、科技和贸易混委会协议以及关于在上海和瓜亚基尔设总领事馆的协议。1987年6月，国务委员兼外交部长吴学谦访问厄瓜多尔期间，两国外长签订了中厄贷款合作协定和两国互免外交、公务护照签证的协定。此后，钱其琛外长访问厄瓜多尔时，双方就两国外交部建立不定期政治磋商制度和加强联合国机构内的磋商达成了谅解。90年代以来，全国人大副委员长王汉斌（1991年7月）、国务委员兼国务院秘书长罗干（1996年3月）、全国人大副委员长陈慕华（1996年8月）等先后访问厄瓜多尔。与此同时，厄瓜多尔也多次派高级代表团访问中国。1983年4月厄瓜多尔外交部长巴伦西亚访问中国。1984年5月乌尔塔多总统访问中国期间，双方签署了两国政府间经济和科技合作基础协定及贷款合作协定。1994年3月杜兰总统对中国进行了正式访问。近年来，访问中国的厄瓜多尔高级领导人有：教育和文化部长罗萨莉亚·阿尔特加（1994年3月）、三军联合指挥部司令阿方索·阿拉尔孔（1994年6月）、议长法维安·阿拉尔孔（1996年5月）、陆军司令帕科·蒙卡约上将（1996年6月）、外交部长何塞·阿亚拉（1997年10月）。1999年8月底，马瓦德总统对中国进行了国事访问。1997年10月27日，双方签署议定书，建立政治磋商机制。1998年10月双方在基多召开第一轮政治磋商会议，2000年5月在北京召开第二轮政治磋商会议。此后，分别于2003年和2004年在基多和北京召开第三轮和第四轮政治磋商会议。

中国和厄瓜多尔的双边合作范围广泛。在经贸方面，两国签有贸易协定、经济和技术合作协定、贷款支付协定、无偿援助换文等。1984～1990年，中国向厄瓜多尔提供总计4500万元人民币的经济援助贷款，用于实施果树栽培、建立示范性养鸭场、陶瓷技术培训中心、小水电站、供水工程等项目。1992年5月中

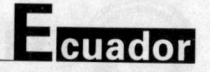

国又承诺向厄瓜多尔提供 3000 万元人民币无息贷款。2006 年，中厄贸易额为 8 亿美元，厄瓜多尔进口 7.1 亿美元，出口 0.9 亿美元。多年来，厄瓜多尔一直为贸易逆差。

两国的文化交流也日益加强。1974 年 6 月 15 日厄瓜多尔—中国文化协会在瓜亚基尔市成立，成为促进厄中两国之间相互了解、友谊和合作的重要纽带。两国于 1982 年签订政府间文化合作协定。根据文化合作协定和文化交流执行计划，中国的各种文艺和体育代表团先后访问厄瓜多尔。厄瓜多尔的文化、电视新闻、卫生、教育等方面的人士也先后访问中国。中国曾派出杂技团、歌舞团、京剧团和武术团等赴厄瓜多尔演出，还在厄瓜多尔举办工艺美术展、图片展、书展和电影节。应厄瓜多尔方要求，中国曾派出乒乓球、排球、篮球、体操和跳水教练赴厄瓜多尔任教。厄瓜多尔先后派出过教育、医学、文化代表团访华。一些画家还在中国举办过画展。

两国在军事方面的往来也不断加强。1993 年 7 月，两国签署互建武官处协议。1994 年 7 月中国首任武官赴任。中国和厄瓜多尔多次派遣高级军事友好代表团进行互访。2004 年 2 月，中国人民解放军总政治部副主任唐天标上将率军事代表团访问厄瓜多尔。2004 年 11 月，厄瓜多尔武装力量联合指挥部司令罗塞罗海军上将访华。2006 年，厄瓜多尔国防部长奥斯瓦尔多·哈林访华。

1993 年 4 月 20 日，昆卡市与河南省淮阳市建立友好城市关系。1977 年 12 月，台湾当局在基多和瓜亚基尔设立商务处和商务分处。

两国签署的主要协定和文件有：贸易协定（1975 年）、文化协定（1982 年）、谅解备忘录（1984 年）、经济和科技合作基础协定（1984 年）、信贷合作协定（1984 年）、在瓜亚基尔和上海建立总领事馆的协定（1984 年）、建立经贸和科技混合委员会的

协定（1984年）、经济和技术合作议定书（1985年）、外交护照和公务护照免签协定（1987年）、经济和技术合作议定书（1987年）、经济技术合作议定书（1990年）、信贷合作协定（1990年）、中国向厄瓜多尔捐款300万元人民币协定（1990年）、中国在厄瓜多尔埃尔奥罗省波尔托维罗实施引水和供水规划的筹资协定（1991年）、体育合作协定（1993年）、经济技术合作协定（1994年）、中国石油天然气总公司与厄瓜多尔国家石油公司合作总协定（1994年）、促进和保护相互投资协定（1994年）、经济技术合作协定（1996年）、两国外交部建立政治磋商机制议定书（1997年）、经济技术合作协定（1999年）、经济技术合作协定（2001年）、经济技术合作协定（2002年）、动植物检疫合作协定（2003年）、经济技术合作协定（2003年）等。

同日本的关系 1918年厄瓜多尔与日本建立外交关系，并签署通商和航海友好条约。二战后，两国于1955年12月恢复外交关系。1994年3月，杜兰·巴连总统访问日本。2002年3月，诺沃亚总统访问日本。厄瓜多尔与日本的经济关系比较紧密，其外债中10%的债权属日本商业银行。

主要协定有：基多热电厂建设计划资金援助协定（1974年）、医学研究技术合作协定（1977年）、贷款协定（1977年）、技术合作协定（1979年）、重新安排债务协定（1990年）、农村道路计划捐款协定（2001年）、关于实施加强卫生基础服务计划的协定（2003年）等。

同韩国的关系 1962年两国建立外交关系。1982年6月厄瓜多尔向韩国派出第一位大使。韩国支持厄瓜多尔加入亚太经合组织。2002年3月，诺沃亚总统访问韩国。1983年两国在汉城签署经济技术合作协定。

附 录

一 中华人民共和国政府和厄瓜多尔共和国政府关于鼓励和相互保护投资协定[*]

中华人民共和国政府和厄瓜多尔共和国政府（以下称"缔约双方"），为缔约一方的投资者在缔约另一方领土内的投资创造有利条件，认识到相互鼓励、促进和保护此种投资将有助于促进投资者投资的积极性和增进两国的繁荣，愿在平等互利的原则基础上，加强两国间的经济合作，达成协议如下：

第一条

本协定内：

一、"投资"一词系指缔约一方投资者依照缔约另一方的法律和法规在缔约另一方领土内所投入的各种财产。特别是，但不限于：

（一）动产、不动产及其他财产权利，如抵押权、质权；

---

[*] 转引自中华人民共和国商务部网站 http://www.cytrade.gov.cn/policy/internatepact/internatepact489.htm

（二）公司的股份、股票和任何其他形式的参股；

（三）金钱请求权或任何其他具有经济价值的行为请求权；

（四）著作权、工业产权、专用技术和工艺流程；

（五）依照法律授予的特许权，包括勘探和开发自然资源的特许权。

二、"投资者"一词

在中华人民共和国方面，系指：

（一）具有中华人民共和国国籍的自然人；

（二）依照中华人民共和国的法律设立，其住所在中华人民共和国领土内的经济组织。

在厄瓜多尔共和国方面，系指：

（一）作为厄瓜多尔共和国国民的自然人；

（二）法人团体、商业合伙和其他社团或设立于厄瓜多尔共和国领土内并拥有法定资格的合伙，而不论其合伙人的责任类型或其从事的活动。

三、"收益"一词系指由投资所产生的款项，如利润、股息、利息、提成费和其他合法收入。

第二条

一、缔约一方应鼓励缔约另一方的投资者在其领土内投资，并依照其法律和法规接受此种投资。

二、缔约一方应根据其国内立法为到或在其领土内从事与投资有关活动的缔约另一方国民获得签证和工作许可提供帮助和便利。

第三条

一、缔约任何一方的投资者在缔约另一方领土内的投资和与投资有关的活动应受到公正与公平的待遇和保护。

二、本条第一款所述的待遇和保护，应不低于给予任何第三国投资者的投资和与投资有关的活动的待遇和保护。

三、本条第一款和第二款所述的待遇和保护,不应包括缔约另一方依照关税同盟、自由贸易区、经济联盟、避免双重征税协定和为了方便边境贸易而给予第三国投资者的任何优惠待遇。

第四条

缔约任何一方不应对缔约另一方的投资者在其领土内的投资采取征收、国有化或其他类似措施(以下称"征收"),除非符合下列条件:

(一)为了公共利益;

(二)依照国内法律程序;

(三)非歧视性的;

(四)给予公平的补偿。

本条(四)所述的补偿,应等于宣布征收时被征收的投资财产的价值,应是可以兑换和自由转移的。补偿的支付不应无故迟延。

第五条

缔约一方的投资者在缔约另一方领土内,由于战争、全国紧急状态、暴乱、骚乱或其他类似事件而遭受损失,缔约另一方给予该投资者的待遇不应低于给予第三国投资者的待遇。

第六条

一、缔约一方应依照其法律和法规,保证缔约另一方的投资者转移在其领土内的投资和收益,包括:

(一)利润、股息、利息及其他合法收入;

(二)投资的全部或部分清算款项;

(三)与投资有关的贷款协议的偿还款项;

(四)本协定第一条第一款第(四)项的提成费;

(五)技术援助或技术服务费、管理费;

(六)有关承包工程合同款项的支付。

二、上述转移应依照转移之日接受投资缔约一方通行的汇率进行。

第七条

如果缔约一方或其代表机构对其投资者在缔约另一方领土内的某项投资做了担保,并据此向投资者做了支付,缔约另一方应承认该投资者的权利或请求权转让给了缔约一方或其代表机构,并承认缔约一方对上述权利或请求权的代位。代位的权利或请求权不得超过原投资者的原有权利或请求权。

第八条

一、缔约双方对本协定的解释或适用所产生的争端应尽可能通过外交途径协商解决。

二、如在正式提交请求的六个月内通过协商不能解决争端,根据缔约任何一方的要求,可将争端提交专设仲裁庭。

三、专设仲裁庭由三名仲裁员组成。缔约双方应在缔约一方收到缔约另一方要求仲裁的书面通知之日起的两个月内各委派一名仲裁员。该两名仲裁员应在其后的两个月内共同推举一名与缔约双方均有外交关系的第三国国民为第三名仲裁员,并由缔约双方任命为首席仲裁员。

四、如果在收到要求仲裁的书面通知后四个月内专设仲裁庭尚未组成,缔约双方间又无其他约定,缔约任何一方可以提请国际法院院长任命尚未委派的仲裁员。

如果国际法院院长是缔约任何一方的国民,或由于其他原因不能履行此项任命,应请国际法院中非缔约任何一方国民的资深法官履行此项任命。

五、专设仲裁庭应自行制定其程序规则。仲裁庭应依照本协定的规定和普遍承认的国际法原则作出裁决。

六、仲裁庭的裁决以多数票作出。裁决是终局的,对缔约双方具有拘束力。应缔约任何一方的请求,专设仲裁庭应说明其作出裁决的理由。

七、缔约双方应负担各自委派的仲裁员和出席仲裁程序的有关费用。首席仲裁员和专设仲裁庭的有关费用由缔约双方平均负担。

第九条

一、缔约一方的投资者与缔约另一方之间就在缔约另一方领土内的投资产生的任何争议应尽量由当事方友好协商解决。

二、如争议在六个月内未能协商解决，当事任何一方有权将争议提交接受投资的缔约一方有管辖权的法院。

三、如涉及征收补偿款额的争议，在诉诸本条第一款的程序后六个月内仍未能解决，可应任何一方的要求，将争议提交专设仲裁庭。如有关投资者诉诸了本条第二款所规定的程序，本款规定不应适用。

四、该仲裁庭应按下列方式逐案设立：争议双方应各任命一名仲裁员，该两名仲裁员推选一名与缔约双方均有外交关系的第三国的国民为首席仲裁员。头两名仲裁员应在争议任何一方书面通知另一方提出仲裁后的两个月内任命，首席仲裁员应在四个月内推选。如在上述规定的期限内，仲裁庭尚未组成，争议任何一方可提请解决投资争端国际中心秘书长作出必要的任命。

五、专设仲裁庭应自行制定其程序。但仲裁庭在制定程序时可以参照解决投资争端国际中心仲裁规则。

六、仲裁庭的裁决以多数票作出。裁决是终局的，对争议双方具有拘束力。缔约双方根据各自的法律应对强制执行上述裁决承担义务。

七、仲裁庭应根据接受投资缔约一方的法律（包括其冲突法规则）、本协定的规定以及普遍承认的国际法原则作出裁决。

八、争议各方应负担其委派的仲裁员和出席仲裁程序的费用，首席仲裁员的费用和仲裁庭的其余费用应由争议双方平均负担。

第十条

如果缔约一方根据其法律和法规给予缔约另一方投资者的投资或与投资有关的活动的待遇较本协定的待遇更为优惠,应从优适用。

第十一条

本协定适用于在其生效之前或之后缔约一方投资者依照缔约另一方的法律和法规在缔约另一方的领土内进行的投资。

第十二条

一、缔约双方代表为下述目的应不时进行会谈:

(一) 审查本协定的执行情况;

(二) 交换法律情报和投资机会;

(三) 解决因投资引起的争议;

(四) 提出促进投资的建议;

(五) 研究与投资有关的其他事宜。

二、若缔约任何一方提出就本条第一款所列的任何事宜进行磋商,缔约另一方应及时作出反应,磋商可轮流在北京和基多举行。

第十三条

一、本协定自缔约双方完成各自国内法律程序并以书面形式相互通知之日起下一个月的第一天开始生效,有效期为五年。

二、如缔约任何一方未在本条第一款规定的有效期期满前一年书面通知缔约另一方终止本协定,本协定将继续有效。

三、本协定第一个五年有效期满后,缔约任何一方可随时终止本协定,但至少应提前一年书面通知缔约另一方。

四、第一至第十二条的规定对本协定终止之日前进行的投资应继续适用十年。

由双方政府正式授权其各自代表签署本协定,以昭信守。

本协定于一九九四年三月二十一日在北京签订,一式两份,每份都用中文、西班牙文和英文写成,三种文本同等作准。若解释上发生分歧,以英文本为准。

中华人民共和国政府代表　厄瓜多尔共和国政府代表
　　　石广生　　　　　　　迭戈·帕雷德斯
　　　（签字）　　　　　　　（签字）

二　厄瓜多尔历史上的国家元首[*]

安·何塞·弗洛雷斯（Juan José Flores）

1800年7月生于卡贝略港,1829年升任南方军队总司令（General en Jefe del Ejército del Sur）。1830年先后任大哥伦比亚共和国南方区行政长官、临时总统和总统。1864年10月1日于普纳岛去世。

总统任期：1830~1834年,1839~1843年,1843~1845年。

比森特·罗卡富埃尔特·贝哈拉诺（Vicente Rocafuerte Bejarano）

1783年5月1日生于瓜亚基尔,在法国和西班牙受过教育。1810年曾任瓜亚基尔市长。1812~1814年任西班牙加迪斯众议员（Diputado Corte de Cadiz）。曾在驻墨西哥外交使团工作。1834年当选皮钦查众议员。1839~1842年为瓜亚斯省省长。1847年5月16日在秘鲁去世。

总统任期：1835~1839年。

---

[*] *Enciclopedia Ecuador a su alcance*, Editorial Planeta Colombiana, Páginas 389~391, Bogotá, Colombia, febrero de 2004.

何塞·华金·德奥尔梅多、文森特·拉蒙·罗加和迭戈·诺沃亚（José Joaquín de Olmedo, Vicente Ramón Roca y Diego Noboa）

执政官任期：1845年。

比森特·拉蒙·洛加·罗德里格斯（Vicente Ramón Roca Rodríguez）

1792年9月2日生于瓜亚基尔，曾经商。1830年当选瓜亚斯众议员。1837~1839年为参议员。1835年任瓜亚基尔省长。1833年当选国会副议长。1845年为临时政府成员。1858年11月23日在瓜亚基尔去世。

总统任期：1845~1849年。

曼努埃尔·德阿斯卡苏维·马特乌（Manuel de Ascásubi y Matheu）

1804年12月30日生于基多。1846~1847年为参议员。曾任共和国副总统。1876年12月25日在基多去世。

总统任期：1849~1850年。

迭戈·德诺沃亚·阿特塔（Diego de Noboa y Arteta）

1789年4月15日生于瓜亚基尔。1831年任驻秘鲁大使。1834年当选参议院议长。1845年任临时政府成员。1849年当选国会议长。1850年代理国家首脑。1863年任瓜亚斯省委员会主席。1870年11月3日在瓜亚基尔去世。

总统任期：1851年2月至6月。

何塞·马丽亚·乌尔维纳·比特里（José María Urbina Viteri）

1808年3月19日生于皮里亚罗。1845年升任将军。1849年当选众议院议长。1850年任瓜亚斯省行政和军事长官。1864年在瓜亚基尔去世。

总统任期：1852~1856年。

弗朗西斯科·罗夫莱斯（Francisco Robles）

1811年5月5日生于瓜亚基尔。1847年任瓜亚斯军区总司令。1851年获将军军衔。1854~1856年任瓜亚斯省长。1893年3月7日在瓜亚基尔去世。

总统任期：1856~1859年。

加夫列尔·加西亚·莫雷诺、赫罗尼莫·卡里翁和帕西菲科·奇里沃加（Gabriel García Moreno, Jerónimo Carrión y Pacífico Chiriboga）

执政官任期：1859~1861年。

加夫列尔·加西亚·莫雷诺

1821年12月24日生于瓜亚基尔。曾任基多市长。1857年任大学校长。1858年当选共和国众议员。1859年任临时政府成员。1869年任因巴布拉行政和军事长官。1875年在基多遭暗杀。

总统任期：1861~1865年，1869~1875年。

赫罗尼莫·卡里翁·帕拉西奥（Jerónimo Carrión y Palacio）

1804年生于洛哈。1846年任阿苏艾省长。1847年当选参议员。1852年当选众议员。1856年任共和国副总统。1849年任临时政府成员。1873年在基多去世。

总统任期：1865~1867年。

佩德罗·何塞·阿特塔（Pedro Jose Arteta）

执政官任期：1867~1868年。

哈维尔·埃斯皮诺萨·伊埃斯皮诺萨（Javier Espinosa y Espinosa）

1815年生于基多。1838年获法律博士学位。1849年任驻秘鲁领事馆领事。1865年任最高法院法官。1870年在基多去世。

总统任期：1868~1869年。

安东尼奥·博雷罗·科塔萨尔（Antonio Borrero Cortázar）

1827年10月28日生于昆卡。1863年获得律师资格。1873

年任最高法院法官。1888年任阿苏艾省长。1911年10月9日在基多去世。

总统任期：1875～1876年。

伊格纳西奥·德·本特米利亚（Ignacio de Veintimilla）

1828年7月31日生于基多。1865年任国防部长。1908年7月19日在基多去世。

最高执政官和总统任期：1876～1882年。

巴勃罗·埃雷拉、路易斯·科尔德罗、佩德罗·利萨萨武罗、拉斐尔·佩雷斯·帕雷哈和奥古斯丁·格雷罗（Pablo Herrera, Luís Cordero, Pedro Lizarzaburo, Rafael Pérez Pareja y Agustín Guerrero）

执政官任期：1883年。

何塞·马丽亚·普拉西多·卡马尼奥（José María Placido Camaño）

1838年10月5日生于瓜亚基尔。中央大学毕业。1888～1895年任瓜亚斯省长。1901年12月31日在西班牙去世。

总统任期：1884～1888年。

安东尼奥·弗洛雷斯·希洪（Antonio Flores Jijón）

1833年10月23日生于基多。1867年任众议院副议长。1915年8月30日去世。

总统任期：1888～1892年。

路易斯·科达罗·克雷斯波（Luís Cordero Crespo）

1833年4月6日生于卡尼亚尔。为诗人，语言科学院院士。1883年任基多临时政府成员。1892年任共和国参议员。1910年任驻智利大使。1912年在昆卡去世。

总统任期：1892～1895年。

埃洛伊·阿尔法罗·德尔加多（Eloy Alfaro Delgado）

1842年7月25日生于马纳比。1860年任埃斯梅拉达斯行政和军事长官。

最高执政官任期：1895~1896年；临时总统任期：1896~1897年；总统任期：1897~1901年；最高执政官任期：1906~1907年；总统任期：1907~1911年。

莱昂尼达斯·普拉萨·古铁雷斯（Leonidas Plaza Gutiérrez）

1865年4月18日生于马纳比。1896年任阿苏艾省长。1932年9月17日在钦博拉索去世。

总统任期：1901~1905年，1912~1916年。

利萨尔多·加西亚（Lizardo García）

1844年4月25日生于瓜亚基尔。1895年任阿尔法罗政府财政部长。1898年任参议院副议长。1927年5月28日在瓜亚基尔去世。

总统任期：1905~1906年。

维克托·埃米利奥·埃斯特拉达（Víctor Emilio Estrada）

1855年5月28日生于基多。1895年任瓜亚斯代理省长。1906年任瓜亚斯省长。1911年12月21日在瓜亚基尔去世。

总统任期：1911年（任期为3个月21天）。

卡洛斯·弗雷莱·萨尔敦比德（Carlos Freile Zaldumbide）

执政官任期：1911~1912年。

弗朗西斯科·安德拉德·马林（Francisco Andrade Marin）

执政官任期：1912年。

阿尔弗雷多·巴克里索·莫雷诺（Alfredo Baquerizo Moreno）

1859年9月28日生于瓜亚基尔。1884年获律师资格。1894年任瓜亚基尔大学教授。1899年任最高法院法官。1902~1912年任外交部长。曾任共和国副总统。1925年任法律审议委员会主席。1951年3月20日在纽约去世。

总统任期：1916~1920年；执政官任期：1931~1932年。

何塞·路易斯·塔马约（José Luís Tamayo）

1858年7月29日生于瓜亚斯。1886年获律师资格。1895年任马纳比行政和军事长官。1947年7月7日在瓜亚基尔去世。

总统任期：1920~1924年。

贡萨洛·赛贡多·科尔多瓦·里韦拉（Gonzalo Segundo Córdova Rivera）

1863年7月15日生于昆卡。作家、记者、文学家和政治家。1891年任瓜亚斯政府秘书。1898年任卡尼亚尔省长。1903~1906年任政府内政部长。1918年任参议院副议长。1928年4月13日在智利去世。

总统任期：1924~1925年；执政委员会成员任期：1925~1926年。

伊西德罗·阿约拉·奎瓦（Isidro Ayora Cueva）

1879年8月31日生于洛哈。1905年在中央大学获得医学博士学位。1925年任中央大学校长。1925年任社会保障部长。1978年3月22日在美国洛杉矶去世。

最高执政官任期：1926~1929年；总统任期：1929~1931年。

路易斯·拉雷亚·阿尔瓦（Luís Larrea Alba）

执政官任期：1931年。

卡洛斯·弗雷莱·拉雷亚（Carlos Freile Larrea）

执政官任期：1932年8~9月。

阿尔弗雷多·格雷罗·马丁内斯（Alfredo Guerrero Martínez）

执政官任期：1932年9~12月。

胡安·德·迪奥斯·马丁内斯·梅拉（Juan de Dios Martínez Mera）

1875年3月8日生于瓜亚基尔。1929年任财政部长。1955年在瓜亚基尔去世。

总统任期：1932~1933年。

阿韦拉多·蒙塔尔沃（Abelardo Montalvo）

执政官任期：1933~1934年。

Ecuador

何塞·马丽亚·贝拉斯科·伊瓦拉（José Maía Velasco Ibarra）

1893 年 3 月 19 日生于基多。1922 年获律师资格。自 1926 年从事记者工作。1933 年任众议院议长。1979 年 3 月 30 日在基多去世。

总统任期：1934～1935 年，1944～1946 年；最高执政官任期：1946～1947 年；总统任期：1952～1956 年，1960～1961 年，1968～1970 年；最高执政官任期：1970～1972 年。

安东尼奥·庞斯（Antonio Pons）

执政官任期：1935 年 8～9 月。

费德里科·派斯（Federico Páez）

最高执政官、临时总统任期：1937 年。

阿尔韦托·恩里克斯（Alberto Enríquez）

最高执政官任期：1937～1938 年。

曼努埃尔·马丽亚·博雷罗（Manuel María Borrero）

代理总统任期：1938 年 8～12 月。

奥雷利奥·莫斯克拉·纳瓦埃斯（Aurelio Mosquera Narváez）

1883 年 8 月 2 日生于基多。1924～1932 年任中央大学医生。曾任参议院副议长。1939 年 11 月 16 日在基多去世。

总统任期：1938～1939 年。

卡洛斯·阿罗约·德尔里奥（Carlos Arroyo del Río）

1894 年 11 月 23 日生于瓜亚基尔。在法国和西班牙接受教育。1910 年任瓜亚基尔市长。1939～1942 年任瓜亚斯省长。1947 年 5 月 16 日在秘鲁去世。

执政官任期：1939 年 11～12 月；总统任期：1940～1944 年。

安德烈斯·F. 科尔多瓦（Andrés F. Córdova）

执政官任期：1939 年 12 至 1940 年 8 月。

胡利奥·E. 莫雷诺（Julio E. Moreno）

执政官任期：1940 年 8 月。

厄瓜多尔

卡洛斯·曼切诺（Carlos Mancheno）

最高执政官任期：1947年3~8月。

马里亚诺·苏亚雷斯·本蒂米利亚（Mariano Suárez Veintimilla）

1897年6月4日生于奥塔瓦罗。曾任众议院副议长。农业部长。1946年任制宪大会主席。1947年任国会主席。曾任共和国副总统。先后5次任最高选举法庭成员。1980年10月23日在基多去世。

总统任期：1947年（任期14天）。

卡洛斯·胡利奥·阿罗塞梅纳·托拉（Carlos Julio Arosemena Tola）

1888年4月12日生于瓜亚基尔。1952年2月20日在瓜亚基尔去世。

总统任期：1947~1948年。

加洛·普拉萨·拉索（Galo Plaza Lasso）

1906年2月17日生于纽约。曾任国防部长，厄瓜多尔驻美国大使。1987年1月28日在基多去世。

总统任期：1948~1952年。

卡米略·庞塞·恩里克斯（Camilo Ponce Enríquez）

1912年1月31日生于基多。曾任外交部长。1946年任制宪大会副主席。1947年任公共工程部长。1976年9月14日在基多去世。

总统任期：1956~1960年。

卡米罗·加列戈·托莱多（Camilo Gallego Toledo）

执政官任期：1961年11月。

卡洛斯·阿罗塞梅纳·蒙罗伊（Carlos Arosemena Monroy）

1919年8月24日生于瓜亚基尔。曾获法律博士学位。曾任瓜亚基尔律师协会主席、国防部长、国会主席、共和国副总统。1966年、1967年、1979年和1984年先后当选众议员。

总统任期：1961～1963年。

拉蒙·卡斯特罗·希洪、路易斯·卡夫雷拉·塞维利亚、马科斯·甘达拉·恩里克斯和吉列尔莫·弗雷莱·波索（Ramón Castro Jijón, Luís Cabrera Sevilla, Marcos Gándara Enríquez y Guillermo Freile Posso）

军事执政官任期：1963～1966年。

克莱门特·耶罗维·因达武鲁（Clemente Yeroví Indaburú）

代理总统任期：1966年3～11月。

奥托·阿罗塞梅纳·戈麦斯（Otto Arosemena Gómez）

1925年7月19日生于瓜亚基尔。曾任众议院议长。1961年任参议院副议长。曾任货币委员会主席。1984年4月20日在萨利纳斯去世。

代理总统任期：1966～1968年。

吉列尔莫·罗德里格斯·拉腊（Guillermo Rodríguez Lara）

最高执政官任期：1972～1976年。

阿尔弗雷多·波韦达·布尔瓦诺、吉列尔莫·杜兰·阿森塔莱斯和路易斯·莱奥罗·弗朗哥（Alfredo Poveda Burbano, Guillermo Durán Arcentales y Luís Leoro Franco）

军事执政官任期：1976～1979年。

海梅·罗尔多斯·阿吉莱拉（Jaime Roldós Aguilera）

1940年11月5日生于瓜亚基尔。1968年当选众议员。1968～1970年任常设立法委员会成员。瓜亚斯律师协会主席。1981年5月24日在洛哈的撒波迪略飞机失事遇难。

总统任期：1979～1981年。

奥斯瓦尔多·乌尔塔多·拉雷亚（Oswaldo Hurtado Larrea）

1939年6月26日生于钦博拉索的迁波。大学教授。曾任国家恢复司法立法委员会主席。

总统任期：1981～1984年。

厄瓜多尔

莱昂·费夫雷斯·科尔德罗（León Febres Cordero）

1931年3月9日生于瓜亚基尔。在美国获机械工程师资格。多次任众议员和参议员。1968～1970年任国会经济和财政委员会主席。

总统任期：1984～1988年。

罗德里戈·博尔哈·塞瓦略斯（Rodrigo Borja Cevallos）

1935年6月10日生于基多。1960年获得法律博士学位。曾4次当选众议员。民主左派创始人、纲领缔造者和领袖。1963～1983年任中央大学政治学教授。

总统任期：1988～1992年。

西斯托·杜兰·巴连·科多韦斯（Sixto Durán Ballén Cordovez）

1921年7月14日生于美国波士顿。曾在卡米略·庞塞政府中任公共工程部长。1970年8月至1978年2月任基多市长。

总统任期：1992～1996年。

阿夫达拉·布卡拉姆·奥尔蒂斯（Abdalá Bucarám Ortiz）

1945年2月20日生于瓜亚基尔。黎巴嫩后裔。创建厄瓜多尔罗尔多斯主义党（Partido Roldosista Ecuatoriano）。曾任瓜亚斯警察局局长，瓜亚基尔市长。

总统任期：1996～1997年。

罗萨莉亚·阿特亚加·塞拉诺（Rosalia Arteaga Serrano）

1956年生于昆卡。在杜兰·巴连政府中任教育部长。曾任共和国副总统。

代理总统任期：1997年2月9～10日。

法维安·阿拉尔孔·里韦拉（Fabián Alarcón Rivera）

1947年4月14日生于基多。曾获得政治学学士学位。律师和法律博士。众议院议员，国会主席。

代理总统任期：1997～1998年。

哈米尔·马瓦德·维特（Jamil Mahuad witt）

1949 年 7 月 29 日生于洛哈。获美国哈佛大学法律博士学位。1983~1984 年任劳工部长。1986~1988 年，1990~1992 年受人民民主党推举，当选众议员。1997 年任基多市长。

总统任期：1998~2000 年。

古斯塔沃·诺沃亚·贝哈拉诺（Gustavo Noboa Bejarano）

1837 年 8 月 21 日生于瓜亚基尔。在瓜亚基尔圣地亚哥天主教大学任教近 30 年。任该校校长 10 年。在奥斯瓦尔多·乌尔塔多总统时期任瓜亚斯省长。与秘鲁边界谈判特命全权大使。1998 年任制宪大会副主席。

总统任期：2000~2003 年。

卢西奥·埃德温·古铁雷斯·布尔布阿（Lucio Edwin Gutiérrez Burbua）

1957 年 3 月 23 日生于基多。土木工程师，预备役陆军上校。曾先后在基多埃洛伊阿尔法罗军事学院和军事理工学校学习。

总统任期：2003~2005 年。

阿尔弗莱多·帕拉希奥（Alfredo Palacio）

总统任期：2005~2007 年。

拉斐尔·科雷亚·德尔加多（Rafael Correa Delgado）

总统任期：2007 年~

三　1979~2002 年最高法院历届首席大法官[*]

1979~1981 年　卡洛斯·桑布拉诺·帕拉西奥斯
　　　　　　　（Carlos Zambrano Palacios）

---

[*] *Almanaque ecuatoriano*: *Panorama 2003*, Edipcentro, p. 223, Riobamba, Ecuador, 2003.

厄瓜多尔

1981~1983年　阿曼多·帕雷哈·安德拉德（Armando Pareja Andrade）

1983~1985年　卡洛斯·波索·蒙特斯德奥卡（Carlos Pozo Montesdeoca）

1985~1987年　贡萨洛·科尔多瓦·加拉尔萨（Gonzalo Córdova Galarza）

1987~1989年　赫尔曼·卡里翁·阿雷涅加斯（Germán Carrión Areiniegas）

1989~1991年　拉米罗·拉雷亚·桑托（Ramiro Larrea Santos）

1991~1993年　瓦尔特·格雷罗·比万科（Walter Guerrero Vivanco）

1993~1995年　弗朗西斯科·阿科斯塔·耶佩斯（Francisco Acosta Yépez）

1995年　米格尔·马西亚斯·乌尔塔多（Miguel Macias Hurtado）

1995~1997年　卡洛斯·索洛萨诺·康斯坦丁（Carlos Solorzano Constantine）

1997~1999年　埃克托尔·罗梅罗·帕杜西（Héctor Romero Parducci）

1999~2002年　加洛·比科（Galo Pico）

2002年　阿曼多·贝尔梅奥（Armando Bermeo）

四　1978~2002年最高选举法院历届首席大法官[*]

1978~1984年　奥斯托尔希奥·门多萨·库维略（Eustorgio Mendoza Cubillo）

---

[*] *Almanaque ecuatoriano: Panorama 2003*, Edipcentro, p. 223, Riobamba, Ecuador, 2003.

附录 **E**cuador

1984~1987 年　奥拉西奥·纪廉·伊德洛博（Horacio Guillén Idrovo）
1987~1988 年　福斯托·佩雷斯·贝尔加拉（Fausto Pérez Vergara）
1988~1990 年　弗朗西斯科·罗曼·加列戈斯（Francisco Román Gallegos）
1990~1992 年　蒂托·卡韦萨斯·卡斯蒂略（Tito Cabezas Castillo）
1992~1995 年　卡米洛·庞塞·甘戈特纳（Camilo Ponce Gangotena）
1995~1997 年　卡洛斯·帕尔多·蒙铁尔（Carlos Pardo Montiel）
1997~1999 年　帕特里西奥·比万科（Patricio Vivanco）
1999~2000 年　爱德华多·比拉基兰（Eduardo Vilaquiran）
2000~2002 年　卡洛斯·阿基纳加（Carlos Aguinaga）
2003 年　尼卡诺尔·莫斯科索（Nicanor Moscoso）

主要参考文献

一　中文著作

艾·巴·托马斯:《拉丁美洲史》,商务印书馆,1973。

莱斯利·贝塞尔主编《剑桥拉丁美洲史》第1卷,经济管理出版社,1995。

托马斯·E. 斯基德莫尔、彼德·H. 史密斯:《现代拉丁美洲》,世界知识出版社,1996。

奥·埃·雷耶斯:《厄瓜多尔简明通史》,商务印书馆,1973。

印卡·加西拉索·德拉维加:《印卡王室述评》,商务印书馆,1993。

E. 布拉德福德·伯恩斯:《简明拉丁美洲史》,湖南教育出版社,1989。

李春辉:《拉丁美洲史稿》,商务印书馆,1983。

沙丁等著《中国和拉丁美洲关系简史》,河南人民出版社,1986。

李春辉、苏振兴、徐世澄主编《拉丁美洲史稿》第3卷,商务印书馆,1993。

李明德主编《拉丁美洲和中拉关系——现在与未来》,时事出版社,2001。

洪育沂主编《拉美国际关系史纲》,外语教学与研究出版社,1996。

李明德主编《简明拉丁美洲百科全书》,中国社会科学出版社,2001。

欧亨尼奥·陈-罗德里格斯:《拉丁美洲的文明与文化》,

商务印书馆，1990。

宋晓平等著《西半球区域经济一体化研究》，世界知识出版社，2001。

陈芝芸和徐宝华等著《发展中的"新大陆"——拉丁美洲》，世界知识出版社，1990。

徐世澄主编《帝国霸权与拉丁美洲——战后美国对拉美的干涉》，世界知识出版社，2002。

徐世澄主编《美国和拉丁美洲关系史》，社会科学文献出版社，1995。

国际复兴开发银行/世界银行：《世界发展数据手册》，北京，中国财政经济出版社，2006，第79页。

高放：《耕海帆丛书：美洲大洋洲卷》，新华出版社，1998。

宗教研究中心：《世界宗教总览》，东方出版社，1993。

世界宗教研究所：《各国宗教概况》，中国社会科学出版社，1984。

夏丽仙：《拉丁美洲的印第安民族》，中国社会科学出版社，1997。

陈作彬、石瑞元等著《拉丁美洲国家的教育》，人民出版社，1986。

A. B. 叶菲莫夫、C. A. 托卡列夫主编《拉丁美洲各族人民》，生活·读书·新知三联书店。

维·沃尔斯基主编《拉丁美洲概览》，中国社会科学出版社，1987。

孟淑贤：《各国概况（南美）》，世界知识出版社，1997。

焦振衡：《外国象征标志手册》，新华出版社，1988。

陈自明：《拉丁美洲音乐》，人民教育出版社，2004。

二　外文著作

Lola Vázquez y Napoleón Saltos：*Ecuador*：*Su realidad 2004 -*

2005, Fundación "José Peralta", Décima Segunda edición, Quito, Ecuador, 2004.

Enciclopedia Ecuador a su alcance, Editorial Planeta Colombiana, Bogotá, Colombia, 2004.

Enrique Ayala Mora: *Resumen de historia de Ecuador*, Biblioteca General de Cultura, Quito, 2003.

Almanaque ecuatoriano: Panorama 2003, Edipcentro, Riobamba, Ecuador, 2003.

Francisco López Segrera: *América Latina 2020, Escenarios, alternativas, estrategias*, FLACSO, Temas Grupo Editorial, Buenos Aires, Argentina, 2000.

David W. Schdt: *Ecuador: An Andean Enigma*, Westview Press, INC.

Cepal: *Globalización y desarrollo*, Brasilia, Brasil, 2002.

Cepal: *Situación y perspectivas: 2002 ~ 2003*, Santiago de Chile, 2003.

Cepal: *Panorama social de América Latina: 2001 ~ 2002*, Santiago de Chile, 2002.

Cepal: *Anuario Estadístico de América Latina 2006*.

Country Profile 2006: Ecuador, Economist Intelligence Unit, Lomdom, United Kingdom.

Pablo Lucio-Paredes: *La dolarización: Un amor eterno*? Grupo Santillana, Quito, Ecuador, 2004.

Alberto Acosta: *Breve historia económica del Ecuador*, Segunda Edición, Corporación Editora Nacional, 2001.

Jaime Díaz marmolejo: *De China con honor*, 2000, Guayaquil, Ecuador.

Fander Falconí y julio Oleas: *Economía ecuatoriana*, Flacso, Sede Ecuador, Quito, Ecuador, 2004.

Enrique Sierra y Oswaldo Molina: *Ecuador: Su pueblo*, Edarsi, Quito, Ecuador, 2000.

《列国志》已出书书目

2003 年度

吴国庆编著《法国》
张健雄编著《荷兰》
孙士海、葛维钧主编《印度》
杨鲁萍、林庆春编著《突尼斯》
王振华编著《英国》
黄振编著《阿拉伯联合酋长国》
沈永兴、张秋生、高国荣编著《澳大利亚》
李兴汉编著《波罗的海三国》
徐世澄编著《古巴》
马贵友主编《乌克兰》
卢国学编著《国际刑警组织》

2004 年度

顾志红编著《摩尔多瓦》

厄瓜多尔

赵常庆编著《哈萨克斯坦》
张林初、于平安、王瑞华编著《科特迪瓦》
鲁虎编著《新加坡》
王宏纬主编《尼泊尔》
王兰编著《斯里兰卡》
孙壮志、苏畅、吴宏伟编著《乌兹别克斯坦》
徐宝华编著《哥伦比亚》
高晋元编著《肯尼亚》
王晓燕编著《智利》
王景祺编著《科威特》
吕银春、周俊南编著《巴西》
张宏明编著《贝宁》
杨会军编著《美国》
王德迅、张金杰编著《国际货币基金组织》
何曼青、马仁真编著《世界银行集团》
马细谱、郑恩波编著《阿尔巴尼亚》
朱在明主编《马尔代夫》
马树洪、方芸编著《老挝》
马胜利编著《比利时》
朱在明、唐明超、宋旭如编著《不丹》
李智彪编著《刚果民主共和国》
杨翠柏、刘成琼编著《巴基斯坦》
施玉宇编著《土库曼斯坦》
陈广嗣、姜俐编著《捷克》

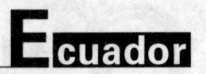

2005 年度

田禾、周方冶编著《泰国》

高德平编著《波兰》

刘军编著《加拿大》

张象、车效梅编著《刚果》

徐绍丽、利国、张训常编著《越南》

刘庚岑、徐小云编著《吉尔吉斯斯坦》

刘新生、潘正秀编著《文莱》

孙壮志、赵会荣、包毅、靳芳编著《阿塞拜疆》

孙叔林、韩铁英主编《日本》

吴清和编著《几内亚》

李允华、农雪梅编著《白俄罗斯》

潘德礼主编《俄罗斯》

郑羽主编《独联体（1991~2002）》

安春英编著《加蓬》

苏畅主编《格鲁吉亚》

曾昭耀编著《玻利维亚》

杨建民编著《巴拉圭》

贺双荣编著《乌拉圭》

李晨阳、瞿健文、卢光盛、韦德星编著《柬埔寨》

焦震衡编著《委内瑞拉》

彭姝祎编著《卢森堡》

宋晓平编著《阿根廷》

张铁伟编著《伊朗》
贺圣达、李晨阳编著《缅甸》
施玉宇、高歌、王鸣野编著《亚美尼亚》
董向荣编著《韩国》

2006 年度

章永勇编著《塞尔维亚和黑山》
李东燕编著《联合国》
杨灏城、许林根编著《埃及》
李文刚编著《利比里亚》
李秀环编著《罗马尼亚》
任丁秋、杨解朴等编著《瑞士》
王受业、梁敏和、刘新生编著《印度尼西亚》
李靖堃编著《葡萄牙》
钟伟云编著《埃塞俄比亚 厄立特里亚》
赵慧杰编著《阿尔及利亚》
王章辉编著《新西兰》
张颖编著《保加利亚》
刘启芸编著《塔吉克斯坦》
陈晓红编著《莱索托 斯威士兰》
汪丽敏编著《斯洛文尼亚》
张健雄编著《欧洲联盟》

图书在版编目（CIP）数据

厄瓜多尔/张颖，宋晓平编著．－北京：社会科学文献出版社，2007.10
（列国志）
ISBN 978 – 7 – 80230 – 829 – 9

Ⅰ.厄… Ⅱ.①张… ②宋… Ⅲ.厄瓜多尔 – 概况 Ⅳ.K977.6

中国版本图书馆 CIP 数据核字（2007）第 150479 号

厄瓜多尔（Ecuador） ·列国志·

编 著 者 /	张 颖　宋晓平
审 定 人 /	江时学　吴国平

出 版 人 /	谢寿光
出 版 者 /	社会科学文献出版社
地　　址 /	北京市东城区先晓胡同 10 号　（邮政编码：100005）
网　　址 /	http://www.ssap.com.cn
网站支持 /	(010) 65269967
责任部门 /	《列国志》工作室　(010) 65232637
电子信箱 /	bianjibu@ssap.cn
项目经理 /	宋月华
责任编辑 /	李正乐
责任校对 /	王玉珍
责任印制 /	盖永东

总 经 销 /	社会科学文献出版社发行部
	(010) 65139961　65139963
经　　销 /	各地书店
读者服务 /	市场部　(010) 65285539
排　　版 /	北京中文天地文化艺术有限公司
印　　刷 /	三河市尚艺印装有限公司

开　　本 /	880×1230 毫米　1/32
印　　张 /	12.25
字　　数 /	298 千字
版　　次 /	2007 年 10 月第 1 版　2007 年 10 月第 1 次印刷
书　　号 /	ISBN 978 – 7 – 80230 – 829 – 9/K・102
定　　价 /	35.00 元

本书如有破损、缺页、装订错误，
请与本社市场部联系更换

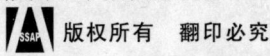

版权所有　翻印必究

《列国志》主要编辑出版发行人

出 版 人	谢寿光
总 编 辑	邹东涛
项目负责人	杨　群
发 行 人	王　菲
编辑主任	宋月华
编　　辑	(按姓名笔画排序)
	孙以年　朱希淦　宋月华
	宋　娜　李正乐　周志宽
	范　迎　范明礼　赵慧芝
	薛铭洁　魏小薇
封面设计	孙元明
内文设计	熠　菲
责任印制	盖永东
编　　务	杨春花
编辑中心	电话：65232637
	网址：ssdphzh_cn@sohu.com